南京大屠杀研究：历史与言说

孙连红 · 孙宅巍　主编

민속원 아르케북스 132 minsokwon archebooks

난징대학살
진상과 역사 기록을 담다

| 장롄훙 · 쑨자이웨이 엮음 |
| 신진호 · 탕쿤 옮김 |

민 속 원

서문

　1928년 일본군의 제2차 산둥 출병부터 1945년 일본 패망까지 일본군이 중국 전역에서 조직적으로 집중적으로 벌인 학살 만행은 중국의 역사자료와 문헌 기록에 따르면 2,300여 차례에 이른다. 한 번에 100명 이상의 희생자를 낸 사건은 390차례였다. 그 중에는 1930년 일본군이 독가스를 사용해서 1,300명을 학살한 사건이 포함된다. 1968년 베트남전쟁에서 미군이 저지른 월남 양민 학살 사건은 세계를 경악케 하였다. 침략전쟁 기간동안 '성스러운 전쟁'이라는 명분으로 일본군은 중국 각지에서 이런 사건을 밥먹듯 저질렀다. 1937년 12월 13일 당시 중국 수도였던 난징을 점령하여 벌인 난징대학살은 여러 사건들 중에서도 두드러진 상징적 사건이다.

　1947년 3월 10일, 난징 전범재판 군사법정은 다음과 같이 판결하였다. "도시 함락 후에 각 공격부대는 난징시 전체를 쏘다니며 대규모 학살을 전개하였다.… 집단 학살을 하고 시신을 불태워 흔적을 없애고 하였으며, 그 숫자가 9만에 달했다.… 자선단체가 매장한 시신이 15만 이상에 달한다. 전체 피해자 숫자는 30여만 명에 이른다.… 피고와 공격 부대 장교들은 부하들을 이끌고 우리 수도를 점령한 후 배를 가르고, 윤간을 하는 등의 잔혹한 행위를 저질렀고, 맨손의 민중들과 무고한 국민들을 학살하였다. 인류 문명의 중대한 오점이며 그 수단은 악랄하기 이를 데 없다. 극형에 처해 경계로 삼아야 할 것이다."

난징 전범 재판을 통해 공개된 난징대학살의 진상은 당시 중국 국내에 널리 전파되었고, 중국 민중은 민족이 당한 크나큰 희생에 쓰디쓴 눈물을 삼켰다. 이로부터 난징대학살은 중국인이 영원히 잊지 못하는 살아있는 민족 기억의 일부분이 되었다.

일본군의 난징대학살 범죄행위는 극동 국제 군사법정에서 정죄되었다. 당시의 화중 방면군 총사령관 마쓰이 이와네는 A급 전범으로서 전쟁책임을 물어 교수형에 처해졌고, 일본 정부는 중국 정부가 승인하지 않은 〈샌프란시스코 조약〉에서 국제 사회에 판결을 수용하였다.

하지만 작년 연말 아베 신조 수상이 A급 전범을 수용하고 있는 야스쿠니 신사를 참배하여 중국과 한국을 비롯한 아시아의 피해 국가들에게 상처를 안겨 주었다. 아베 신조와 일본 사회, 정치, 교육계의 난징대학살에 대한 부정과 왜곡은 중국인에 대한 중대한 도전으로서 좌시할 수 없다.

난징대학살과 일본의 패전 이후 많은 세월이 흘렀다. 일본이 일으킨 침략전쟁에서 엄청난 고통을 겪은 전쟁 피해자의 정신적 상처는 치유되지 않았고, 오히려 더 심해졌다. 그 주요 원인은 가해자인 일본정부와 일본 사회가 일본의 다음 세대에게 정확한 역사 사실을 알리는 데 노력하지 않고, 과거의 침략행위와 난징대학살 역사사실을 부정하는 사람들에 대한 명확한 태도를 보이지 않고, 그들의 태도를 조장하고 있기 때문이다. 일본 문부성과 우익정객들은 과거의 침략 전쟁을 미화하고 있다. 일본사회는 총체적으로 과거의 전쟁을 미화하고 침략사실을 부정하고 있다. 이렇게 과거의 침략전쟁에서 피해를 입은 중국인의 마음은 평정을 유지할 도리가 없다.

난징대학살에서 30만 이상의 중국 국민과 군인이 학살당했고, 이 역사적 사실은 반드시 존중되어야 한다. 중국인은 어느 날 갑자기 난징대학살을 제기한 것이 아니다. 중국인은 자기가 겪은 실제 상황을 드러내기 위해서가 아니라, 그것을 역사의 교훈으로 삼기 위해서 많은 시간과 인력을 들여 방대한 증언과 증거를 수집한 후에 결론을 내렸다. 하지만 일본의 역사 수정주의자들은 중국인을 멸시하는 관념에 기초하여 중국인의 증언은 믿을만 하지 못하다고 하면서 각양각색의 이유를 달아 역사사실을 왜곡, 수정하고 있다.

지금 일본에서 전해져 오는 난징대학살을 부정하는 목소리는 죽은 사람들의 상처에 수술칼을 들이미는 격이다. 이는 인간으로서의 피해자들의 존재를 모욕하는 것이고, 그들의 민족적 존엄을 짓밟는 것이다. 가해자가 가해사실을 부정하는 것은 피해자에 대한 2차 폭행이고, 말이 필요없는 가해인 것이다.

　일본 제국주의가 아시아를 침략하는 과정에서 각지에서 저지른 각종 비인간적 행위들 중에서 난징대학살은 잔혹성과 추악한 정도에서 가장 두드러지고 규모가 가장 커서 인류 문명에 대한 모독이라고 할 수 있다. 이 사실을 세계에 전하는 것은 피해를 입은 민족의 중대한 임무이자 사명이다. 역사의 진실을 지키기 위해 모든 도전에 대처하는 사상적 준비와 실제 사업 준비가 필요하다. 국내외 자료와 문헌을 더 찾고, 생존자와 목격자를 찾아 그들의 구술조사와 기록을 해야 한다. 과거 조사가 이루어지기는 했지만 충분하다고 할 수 없다. 난징대학살을 역사문제로만 처리할 것이 아니라 현재 살아있는 사회적 과제로 내놓아야 한다. 즉, 지금도 여전히 정신적, 육체적, 사회적으로 후유증을 앓고 있는 난징대학살 생존사와 유족에서 사회적인 도움이 있어야 하고, 역사학자, 심리학자, 정신과 의사, 사회학자, 공무원, 자원봉사자들은 반드시 적극적으로 참여해야 한다.

　난징대학살의 역사적 사실이 인류의 기억이 되기 위해 각자 맡은 분야에서 최선의 노력을 기울여 나가야 할 것이다.

장롄훙張連紅 · 쑨자이웨이孫宅巍

차례

서문 • 4

제1장   난징 보위전 연구
        - 중국군을 중심으로
        ─────────── 014
        1. 난징 보위전의 배경 ···································· 14
        2. 난징 보위전의 준비 ···································· 19
        3. 난징과 생사를 함께 하겠다는 맹세 - 중국 군대의 완강한 저항 ············ 30
        4. 장한 의지는 보답을 받지 못했다 - 난징 보위전의 실패 원인 ············ 54
        5. 맺음말 ·· 6

제2장   난징대학살 기간 미국 선교사의
        일본군에 대한 태도
        ─────────── 070
        1. 일본군에 대한 선교사들의 환상 ························· 71
        2. 일본군의 만행에 대한 선교사들의 개입 ·················· 74
        3. 세계평화 수호자로서의 입장 ··························· 78

제3장   난징대학살 중의
        성폭력과 성별 분석
        ─────────── 080
        1. 난징대학살 기간의 성폭력 ····························· 81
        2. 성폭행이 여성에게 주는 상처 ························· 86
        3. 젠더의 시각에서 성폭력을 투시하다 ··················· 98
        4. 맺음말 ·· 102

제4장 국민당의 전시 대외선전과
　　　 난징대학살 진상 전파
　　　　　　　　106

1. 국민당의 전시 대외선전 ··· 106

2. 국민당 전시 대외선전 부문이 조직한 난징대학살 진상 전파 활동 ·············· 109

3. 몇 가지 결론 ··· 118

제5장 옌안延安 중국공산당 신문잡지와 도서의
　　　 일본군 난징대학살 보도와 평론
　　　　　　　　132

1. 옌안 지역의 수없이 많은 중국공산당 신문잡지 ································· 133

2. 1938년 2월 25일, 옌안 중국공산당 신문잡지의 일본군 난징대학살 최초 보도 ··· 136

3. 중국공산당 지도자가 난징대학살을 함락지구 연구의 중요한 자료로 삼다 ····· 142

4. 맺음말 ·· 149

제6장 난징대학살 기간
　　　 난징 군민의 반항
　　　　　　　　152

1. 대학살 중 난징 군민의 반항 기록 ··· 152

2. 대학살 중 난징 군민의 기본적 표현 ·· 154

3. 난징 군민들이 보여준 대응의 원인 분석 ··· 161

4. 맺음말 ·· 177

제7장 일본군의 배치 및 전략적 의도와
난징대학살의 원인 ————————180

1. 난징 공격의 경과 ···181

2. 일본군의 대규모 섬멸전 ···187

3. 속전속결 작전 ··191

제8장 난징대학살 피해자의 구성
- 난징시 상주인구를 중심으로
————————198

1. 전쟁 전 난징 상주인구의 구성과 변동 ·····················199

2. 난징대학살 발생 후 스미스의 조사 ··························203

3. 전쟁 이후 난징 대학살 사망 인구의 사회 조사 ·······206

4. 두 차례 조사 통계 결과의 추세 ·······························209

제9장 난징대학살 사건에 대한 국민정부 재판의
재판의 사회적 영향 ————————214

1. 재판 초기의 사회 참여 ···215

2. 재판의 사회 전파와 사회적 영향력 ··························219

3. 대중의 감정과 법리 원칙의 충돌 및 조정 ···············222

4. 맺음말 ··226

제10장 도쿄재판,
사실과 논쟁 ————————230

1. 도쿄재판과 관련된 몇 가지 기본적 사실들 ·············231

2. 도쿄재판에서의 난징대학살 ·····································239

3. 도쿄재판에서의 쟁점 ···245

4. 맺는 말 ··250

제11장　공간, 의식과 사회기억
　　　　- 장둥먼江東門 기념관을 중심으로 한 고찰
　　　　──────────── 254

　　　1. 기념관의 건립 배경과 건설 과정 ················· 254

　　　2. '공간' : 생성, 구성, 조성 ························ 266

　　　3. '의식' : 시간, 내용, 말 ························· 291

　　　4. 기념 장소와 사회 기 ··························· 311

제12장　민국 명사들이 그려낸
　　　　난징대학살
　　　　──────────── 322

　　　1. 국민당 고위인사가 그려낸 난징대학살 ··········· 324

　　　2. 경험자가 그려낸 난징대학살 ···················· 334

　　　3. 문화 명사가 그려낸 난징대학살 ················· 341

　　　4. 중국 공산당측이 기록한 난징대학살 ············· 348

　　　5. 맺음말 ······································· 350

제13장　일본 학술계 '난징대학살 사건' 논쟁 및
　　　　각 파의 논점
　　　　──────────── 354

　　　1. 난징대학살 사건 논쟁에 관한 간략한 회고 ········ 354

　　　2. 90년대부터 지금까지, 논쟁의 반복과 첨예화 ······ 360

　　　3. '허구파'와 '긍정파'의 주요 관점 ················ 363

　　　4. '허구파'의 최근 동향 ························· 369

　　　5. 난징대학살사건에 관한 일본 역사교과서의 기록과 그 변천 ·········· 374

찾아보기 • 379

제1장

난징 보위전 연구
- 중국군을 중심으로

1. 난징 보위전의 배경
2. 난징 보위전의 준비
3. 난징과 생사를 함께 하겠다는 맹세 - 중국 군대의 완강한 저항
4. 장한 의지는 보답을 받지 못했다 - 난징 보위전의 실패 원인
5. 맺음말

난징 보위전 연구
- 중국군을 중심으로

1. 난징 보위전의 배경

(1) 상하이사변 이후 난징이 직면한 심각한 형세

1937년 8월 13일 상하이사변이 시작되어 11월 12일 중국 군대가 서쪽으로 철수하기까지 3개월간 중국군은 일본군 4만여 명을 살상하였고, 상하이를 세 달간 지키면서 중국을 멸망시키려는 일본군의 헛된 꿈을 철저하게 분쇄하였다. 하지만 상하이 보위전에서중국군 전사자는 25만 명에 이르렀고, 그중에는 적지 않은 정예부대와 재능이 있는 군관들이 포함되어 있었다. 독일식 장비를 갖춘 88사단과 87사단은 제일 처음 상하이 전투에 투입된 부대였는데, 부상자와 사망자가 많아 여러 차례 보충을 거치면서 전투력이 급격하게 떨어졌다. 10월 하순이 되자 각 사단이 부상자와 사망자가 평균적으로 절반에 달했고, 서너 차례의 보충을 거치면서 신병을 합해도 3천 명을 넘지 못했다. 참전 병사 7,500명 가운데 11월 5일부터 9일까지의 전투에서 죽거나 다친 사람이 절반을 넘어 4천 명에 달했다. 상하이 철수 때에 부대의 피로는 극에 달했고, 질서는 무너졌다. 더 심각한 것은 중국군이 우푸吳福와 시텅錫澄 두 국방선까지 철수했을 때 사전에 준비가 잘 되어 있지 않았던 까닭에 뿔뿔이 흩어지게 되었다는 사실이다. 상하이에서 난징 사이에는 탄탄대로여서 난징의 방어 문제가 급속하게 대두하였다.

일본군은 상하이를 점령한 후에 난징 방면으로 공격의 칼날을 돌려 11월 19일에 쑤저우蘇州를 점령하였고, 25일에는 우시無錫, 26일에는 이싱宜興을 점령하였다. 12월 1일에 일본군 본부는 제한선을 없애고 지나 방면군 사령관과 해군은 함께 중국의 수도 난징을 공격하라고 명령하였다. 일본군은 본부의 명령을 받고 나서 난징을 공격하는 군사 배치에서 크게 우회하여 포위하는 작전 방침을 세워 난징으로 공격해 들어갔다. 12월 2일에는 상하이 파견 주력군이 네 갈래로 나뉘어 난징을 공격하였다. 그 가운데 9사단과 3사단은 진탄金壇, 텐왕사天王寺, 춘화진淳化鎭을 따라 난징으로 진격하였다. 그 목표는 광화먼光化門이었다. 16사단은 단양丹陽과 탕산진湯山鎭을 따라 난징으로 공격해 들어갔다. 13사단의 주력은 장인江陰, 챵저우常州, 번니우진奔牛鎭을 따라 전쟝鎭江까지 나아갔고, 일부는 강을 건너 북상한 뒤에 강을 끼고 서쪽으로 나아가 중국군의 퇴로 차단을 시도하였다. 11사단(10여단) 카와타니 지대는 단양에서 전쟝으로 진격한 후 강을 건너 양저우揚州와 선녀묘仙女廟를 점령함으로써 강북 대운하를 절단하였다. 10군은 세 갈래로 나누어 전진하였다. 왼쪽을 맡은 18사단은 광더廣德, 닝궈寧國, 쉬엔청宣城을 거쳐 우후蕪湖로 진격하였고, 항저우 방면을 경계하였다. 가운데 길을 맡은 5사단의 보병 9여단은 광더, 랑시郎溪, 당투當塗를 따라 전진한 후에 강을 건너 포구 부근으로 접근하여 난징 수비군의 도강 퇴로를 차단하였다. 왼쪽 길을 맡은 제 114사단은 이싱, 리양溧陽, 리수이溧水를 따라 난징으로 진격하였다. 6사단은 랑시에서 홍란부洪蘭埠를 거쳐 114사단의 좌측에서 나란히 난징을 공격하였다. 난징은 심각한 상황을 맞이하게 되었고, 피로가 누적되고 온전한 상태가 아니었던 중국군은 육해공 모두 철저하게 준비된 일본군의 공격을 맞이하게 되었다.

　수도는 국가의 정치 문화 중심으로 일반적으로 수도가 함락된다는 것은 한 국가나 왕조의 종말을 의미하는 것이다. 역사적으로 명나라의 멸망은 베이징 함락을 그 표지로 삼는다. 태평천국의 실패는 난징의 함락을 그 표지로 삼는다. 따라서 한 나라의 수도가 함락된다는 것은 작은 일이 아니다. 수도를 잃거나 옮겨간다는 것은 그것이 정권에 미치는 영향은 매우 큰 것이다. 난징을 가볍게 잃어버리는 것은 국민정부의 군사 책임자 장제스에 대해서 말하자면 엄청난 정치적 시련이며 어떠한 노력을 다해서라도 피해야 할 일인 것이다.

　차츰 옥죄어오는 일본군의 침략을 직면한 난징 국민정부는 상하이가 함락된 이후 난징의 방어 문제를 의사 일정에 올렸다. 방어냐 포기냐의 문제에서 중국군의 고위층에서는 치열한 토론을 벌였다. 11월 17일에 장제스는 일기에 다음과 같이 썼다. 난징을 지킬 것인가? 버릴 것인가? 정말 결정하기 어려운 문제이다. 난징의 방어 문제를 해결하기 위해서 장제스는 11월 15일부터 18일까지 세 차례에 걸쳐 허잉친何應欽, 바이충시白崇禧, 탕성즈唐生智, 쉬용창徐永昌, 리우페이劉斐, 꾸정룬谷正倫 등을 불러 회의를 열었다. 회의에서는 명목상으로만 저항, 즉 어느 정도까지만 저항하고 철수하는 작전을 펴자는 주장이 나왔다. 사령부 제1작전 부장 리우페이 등이 내놓은 것이었는데, 소수 병력 6개에서 12개의 부대만 이용하여 상징적인 방어만을 하자는 것이었다. 또 다른 의견은 수도 난징에서 시기를 정해 사수 작전을 펴자는 것이었다. 훈련 총감 탕성즈의 의견이었는데, 그 이유는 난징이 국가의 수도이고 국부 쑨원孫文의 묘가 있는 곳이며 국제적 관심지이므로 난징을 지키는 것은 항전에 대한 우리의 의지와 결심을 보여주는 것이기 때문이라는 것이었다. 아울러 적들의 병력을 견제하고 부대를 보충할 시간을 벌자는 것이었다. 쌍방의 견해차가 크게 나뉜 상황에서 장제스는 의견을 내놓지 않고, 다만 탕성즈의 의견이 옳고 고려할 만 하다고 생각하였다. 제3차 막료 회의에서 탕성즈는 자신의 의견을 견지하였고, 장제스는 찬성 의사를 밝혔다. 난징 방어라는 중대한 임무를 맡을 것인가를 장제스가 묻자 고급 장교들은 한 사람도 나서는 사람이 없었다. 한참이 지나서 탕성즈는 벌떡 일어나 다음과 같이 말했다. "위원장님, 나라에 몸을 바친 군인이 이런 어려운 시기를 맞이하여 어찌 어려움을 두려워하고 편안함을 구할 수 있겠습니까. 만일 책임 맡을 사람이 없다면 제가 맡아서 반드시 사수할 것이고, 난징과 존망을 함께 하겠습니다." 장제스는 크게 칭찬하면서 승낙하였다. 11월 20일에 탕성즈를 위수 사령관으로 결정하였고 난징 위수 사령부를 꾸렸다.

(3) 장제스가 난징을 지킨 이유

○ 전략방침과 국제형세면에서 난징 보위가 중요했다.

장제스는 어째서 당시 다수 막료의 수도 방위 포기 또는 상징적 방어 건의를 받아들이지 않고 군대를 소집하여 일정 시간 동안 난징 방어를 했던 것일까? 그 이유는 여러 가지가 있다. 항전 발발 후 장제스는 중국과 일본의 충돌이 지구전이 될 것이라고 판단했다. 1년의 세월이 걸릴 것으로 계산하고 그는 "전술로 무기 부족을 메꾸고, 전략으로 전술의 결점을 보충하여 왜적들을 곳곳에서 수동적인 위치로 빠뜨리기로" 결정하였다. 중국과 일본 두 나라의 군사력이 현격히 차이가 나기 때문에 중국은 지구전을 벌일 수밖에 없고 시간상으로 일본군을 늘어지게 함으로써 국민정부가 제정한 "공간을 시간으로 바꾸는" 전략은 일본군을 동쪽에서 서쪽으로 진격하게 하여 강이라는 그물과 구릉 등을 이용하여 일본군의 기계화 부대를 막아내자는 전략상의 고려였다. 중국군은 일찌감치 설치해 놓은 베이징 상하이 간 국방공사를 이용하여 일본군의 진격을 막아내고 그 속도를 늦추자는 것이었다. 또 일본군을 화북평원으로부터 강남으로 유인하여 화북평원에서의 압력을 경감시키는 작전을 취했다. 당시 국제적인 형세로 보았을 때, 일본의 중국 침략에 대해서 서방의 영국, 프랑스, 미국 등은 불간섭 정책을 취하고 수수방관하고 있었다. 일본의 동맹국인 독일만이 자신들의 이익을 위해서 중국과 일본의 충돌을 조절하는 데 비교적 열심이었다. 장제스는 독일 대사 타오더만의 중재에 대해 환상을 가지고 있었다. 중국의 수도를 점령하는 것이 그렇게 쉬운 일이 아니니 중재의 길로 나오라는 뜻을 일본에 전하고자 하였다. 만약 중국과 일본 사이에 평화가 이루어진다면 난징의 방어는 담판의 저울추가 늘어날 것이고, 담판이 성공하게 되면 정치적 수단을 이용하여 전쟁으로 이룰 수 없는 결과를 낳을 수 있는 상황이었다. 장제스 연구에 조예가 깊은 양티엔스楊天石에 따르면 장제스의 난징 방어는 소련의 출병을 기대했기 때문이었다. 소련은 당시 무기와 자금, 인력 면에서 중국에 크게 도움을 줄 수 있는 유일한 나라였다. 중국이 존망의 갈림길에 처한 이 순간, 소련이 군대를 보내 도움을 줄 가능성은 있었다.

○ 국내 형세에서 봤을 때 난징 보위는 정부 이미지를 세우고 군심을 안정시키는 데 유리했다

11월 26일 일기에 장제스는 이렇게 썼다. "외로운 도시 난징은 지킬 수가 없다. 하지만 지키지 않을 수 없다. 나라와 백성을 대하기가 정말 어렵다." 장제스가 외로운 도시 난징을 지킬 수가 없다고 말한 것은 군사적으로 봤을 때, 난징이 양쯔강의 굽어지는 부분에 있고, 일본군은 동남쪽에서 진격해 들어오니 양쯔강은 방어막 역할을 하지 못하고 반대로 철수하는 데 방해물만 되어 방어 가치가 없다는 말이다. 하지만 또 지키지 않을 수 없는 것은 난징이 중국의 수도이고 총리의 묘소가 있는 곳이며, 국제적인 관점에서 볼 때나 국내 민심에 미치는 영향이 커서 반드시 지켜야 한다. 장제스 개인적으로 봐서 난징은 1927년에 직접 이뤄낸 수도로서 깊은 애정이 깃든 곳이다. 11월 27일 일기에 그는 이렇게 쓰고 있다. "위와 아래, 삶과 죽음, 어렵게 만들어낸 수도를 하루라도 포기할 수는 없다. 아쉬운 마음은 이루 다 말할 수 없다." 난징 함락이 필연적이라는 것을 장제스도 알고 있었다. 잠깐 난징을 지키는 것이 단순하게 군사적인 측면에서 문제를 고려한 것은 아니었다. 그는 정치적으로 문제를 바라보고 있었다. 국민정부의 군사 지도자로서 수도를 뺏긴다는 것에 대한 책임을 져야 했고, 정치적 위기를 감수해야 했다. 유명한 군사학자 클로사비츠는 "전쟁은 또 다른 수단을 통한 정치"라고 말했다. 전쟁은 일종의 군사 행위일 뿐만 아니라 진정한 정치적 도구이자 정치적 거래의 계속인 것이다. 장제스가 난징을 일정 기간 지킨 것은 국가와 민중을 위

해 정치적인 대가를 완성하기 위한 것이고, 용감하게 싸우는 국민정부의 이미지를 세우기 위한 것이었다.

또 다른 측면에서, 당시 중국군은 상하이에서 퇴각했을 때 일시에 무너졌고, 사기는 땅에 떨어졌으며 형세는 매우 심각한 상태였다. 만약 수도를 지키지 못하고 쉽게 내주거나 상징적인 방어를 한다면 이후 군사 지도자들에게 난징에서 도망칠 구실을 줄 수도 있고, 군심을 안정시키는 차원에서 부대 이동을 위해 시간을 벌어주는 것을 고려하여 난징 방어의 시간은 필요했다.

2. 난징 보위전의 준비

(1) 군사 당국은 난징 보위를 굳게 결심하다

난징을 지키기로 결정한 이후 국민정부의 군사 당국은 난징 방어를 위해 여러 가지 조처를 하였다. 부대에 인원과 물자를 보충하는 것 이외에 정신적인 조치도 취하였다. 사기를 고취하기 위하여 군사 당국은 특수 병과에 수당을 주었다. 예를 들어 수고의 고사포 부대에 11월분의 특별수당을 주었고, 비행기 한 대 추락시키는 것에 대해 500위안의 현상금을 걸었다. 꾸이용칭桂永淸은 장제스에게 난징 보위를 부탁하였고, 장제스는 교도총대에게 10만원의 상금을 내걸면서 교도총대가 보위 작전에서 중요한 역할을 해줄 것을 희망하였다.

12월 7일에 일본군이 쥐롱句容을 공격한 후에 장제스는 쑹메이링宋美齡과 함께 탕성즈의 거처로 와서 사단장 이하 부대장들의 소집하였다. 고급 간부들의 사기를 고취하기 위해서 모두 파부침주破釜沈舟의 용기와 결심을 가져야 한다고 역설하였다. 또 윈난 루한盧漢의 3개 사단을 인솔하여 난징의 포위를 풀 것을 승낙하였다. 장제스는 자신의 약속을 이행하여 12월 이후 윈난 루한의 3개 사단은 난징 보위를 위해 이동하였다. 단지 부대가 우한武漢에 이르렀을 때 난징은 이미 함락되었고 작전은 중도에 중단되고 말았다. 11월 26일에 장제스는 수도 경찰청 각 단위의 장을 능원에 모아놓고 훈화하였다. "이번에 우리나라는 세계정의를 지키고 민족의 생존을 위하여 싸운다.… 이 시기에는 군대에 대한 도움이 더욱 필요하다. 굽히지 말고 굳건히 지켜나가자. 거기에 희망이 있다." 경찰은 공손하게 훈화를 듣고 나서 "전 대원은 일로매진하여 밤낮으로 노력하기로 다짐"하였다. 그뿐만 아니라 장제스는 도처에서 군대를 모았고, 동원 가능한 부대는 모두 수도 방위에 투입하였다. 장제스는 자신의 '어림군御林軍'을 교도총대로 하고 가장 선진적인 독일식 무기로 무장된 88사, 87사, 36사를 상하이 전투에 참여시켰다. 손실은 비교적 컸는데, 쏭시리엔宋希濂의 36사는 난징으로 철수했을 때 3,000여 명만 남았다. 87사는 전장鎭江으로 철수하여 정비 보충을 받은 후에서야 제 모습을 찾았다. 당시 거의 모든 정예 부대가 상하이 전투에 참여했었기 때문에 모두 손실을 보았다. 독일 무기를 들고 훈련에 임한 부대는 여전히 당시 중국의 최정예 부대였다. 그 밖에 장제스는 자신의 직계 부대 74사를 남겨 놓았다. 또 후베이湖北에서 쉬위엔취엔徐元泉의 제2군단을 보위전에 참가하도록 하였다. 이로 보아 장제스의 난징 보위 결심은 매우 굳건했다는 것을 알 수 있다. 그는 난징을 지키는 부대에 대해서 커다란 희망을 가지고 있었다는 사실도 알 수 있다.

난징 위수 사령관에 오른 탕셩즈는 말과 행동으로 끝까지 저항하겠다는 의지를 여러 차례 피력하였다. 11월 20일 난징 위수 사령관 취임식을 하고 11월 27일 오후 6시에 탕셩즈는 기자회견에서 다음과 같이 밝혔다. 본인은 명을 받들어 난징을 보위하고, 최소한 두 가지 내용은 잘 파악하고 있다. 먼저, 본인과 소속 부대는 난징과 존망을 함께 하며 희생을 무릅쓰고 난징을 보위하겠다. 둘째, 이러한 희생으로 인해 적들은 막대한 대가를 치르게 될 것이다. 12월 7일에 탕셩즈의 거처 백자정百子亭에서 군사 회의가 개최되었다. 그 자리에서 탕셩즈는 비장한 말투로 난징과 존망을 함께 할 것과 수도 보위를 위해 희생을 각오하겠노라고 밝혔다. 회의를 마치고 그는 장제스 부부를 전송하면서 위기를 당하여 혼란스럽지 않고 어려움에 부닥쳐 구차하지 않으며 각하의 명령이 없이는 절대 물러나지 않겠다는 의지를 밝혔다. 탕셩즈가 끝까지 저항하겠다고 한 것은 허장성세가 아니었다. 그는 또한 살기를 바라고 죽음을 두려워하는 부류는 아니었다. 예를 들어, 그가 공무를 보던 곳은 그의 거처인 백자정이었고, 백자정은 쉬엔우호玄武湖 가까이에 있어서 일본군이 찾아내기 쉬운 곳이었다. 후에 일본군의 공습을 받아서 충격파가 유리창을 부수는 바람에 문구와 종이가 산지사방으로 흩어지기도 하였다. 그의 참모들은 이장먼挹江門 근처 철도부의 지하실에서 공무를 처리하였다. 하지만 그는 뤄줘잉羅卓英, 리우싱劉興 등과 함께 백자정에 남아 근무하였고, 전화로 지시를 내렸다. "나는 적들의 포탄 몇 발에 놀라 도망치지 않는다."고 탕셩즈는 말했다.

중국 정부 대변인은 다음과 같이 선포하였다. "한 번 숨 쉬면 여전히 살아 있고, 포탄 한 발은 여전히 난징에 있다. 모두 반드시 끝까지 저항한다." 이 대변인은 또 장제스가 구호 하나를 내놓았다고 말했다. "하나, 일본에 투항하면 모든 것을 잃는다. 하나, 일본에 저항하면 모든 것을 얻는다." 난징 시민은 대부분 피난 길에 오른 까닭에 시내 모습은 황량하기 이를 데 없었다. 상점은 대부분 문을 닫았고, 행인도 드물었다. 하지만 난징 시내의 식량 비축은 충분해서 굶주릴 일이 없었다. 중국 정부가 죽음을 각오하고 일본의 침략에 맞서겠다는 결심을 보여준 것은 일본의 공격을 끝까지 막아내겠다는 것을 나타낸 것이다. 요컨대 중국 당국은 어떠한 희생을 치르더라도 난징을 지키고 머지않은 장래에 난징은 중국의 마드리드가 될 것이었다.

(2) 군사 진지의 구축

지리적 위치에 대해서 말하자면 난징 시내에는 텐바오성天堡城이 있고, 위화타이雨花臺가 시 남쪽에 높게 자리 잡고 있다. 시 동쪽과 북쪽으로 양쯔강이 흐르고, 서쪽과 남쪽으로 모링관秣陵關과 쥐룽이 병풍 역할을 하고 있다. 또 쯔진산紫金山과 탕산, 룽탄龍潭, 치샤산棲霞山, 우룽산烏龍山, 야오화먼堯化門 등이 모두 군사 요지이다. 따라서 난징은 호랑이와 용이 사는 곳이라 불린다. 하지만 만약 적군이 북쪽으로부터 쳐들어오지 않는다면 양쯔강이라는 험한 방어막은 그 기능을 잃게 되고 공격하기는 쉽고 방어하기는 어려운 지형이 되고 만다. 따라서 난징시 남쪽의 방어 문제가 해결되어야 한다. 군사 당국에서는 사전 조치 차원에서 항전 발발 전에 적지 않은 준비작업을 하였다.

○ 항전 발발 전 군사 당국은 난징 방어 문제를 계획하고 실시하였다

1934년 참모본부에서는 난징 방면의 방어방안을 세웠다. 적들이 난징을 공격하게 될 네 가지 방식을 예측하였다. 1) 군함에서 폭격 2) 공습 3) 강에 군함을 정박시켰다가 보병을 통한 습격 4) 이상의 부대를 연합하여 베이징 상하이간 철로를 따라 공격하거나 탕산을 거쳐 난징으로 공격하는 방안. 아울러 이 네 가지 공격방식에 맞춰 대응 방안을 마련하였다. 같은 해 8월에 국민정부 군사위원회는 참모본부에 난징 부근의 방어 시설을 구축할 때 수륙 두 방면을 고려하고 적당한 방법을 채택하여 위화타이, 톈바오성, 쯔진산의 군사시설을 중점적으로 해결할 것을 명하였다. 구체적인 방안은 다음과 같다. "첫째, 위화타이 부근의 방어시설 구축은 독일 고문의 의견에 따라 노선을 선정하고 좌측 날개를 둥악묘 입구까지 뻗어가게 하고, 보병 지탱점과 기관총 진지, 관측소 등을 구축하라고 하였다. 둘째, 톈바오성의 옛터는 수리하고 성 주변으로 기관총 진지를 구축하며 산으로 올라오는 적을 내려다 볼 수 있도록 하였다. 셋째, 톈바오성과 쯔진산의 주변을 따라 중요한 포인트마다 보병의 중화기 진지를 구축하도록 하였다. 넷째, 이 두 곳은 가능한 범위 내에서 철제와 다른 장애물, 예를 들어 발목지뢰나 촉발지뢰 등을 후방으로 올수록 점점 더 많이 설치하도록 하였다. 참모본부는 이러한 구축 방법이 효과가 크고 범위가 넓고 쓰임새가 많으며 신속하면서도 비용이 많이 들지 않는 방법이라 생각하였다. 난징 공병학교의 연습부대는 난징시 내외의 몇몇 거점, 지하실, 쯔진산 부근의 중화기 시설의 구축을 맡았고, 헌병부대는 난징 성벽 공사의 구축을 맡았다.

1935년 11월에 중국군은 난징 방어를 중심으로 하여 4, 5만 명의 병력을 소집하여 군사훈련을 진행하였다. 당시 탕셩즈가 훈련의 총지휘를 맡았고, 장제스는

통감부 통감 자격으로 실탄연습을 지켜보았다. 이 실전연습은 이후 난징 방어에 작전 근거를 제공하였다.

수도 방위를 도모하는 측면에서 성곽과 진지는 충분하지 못했다. 상하이 방위군이 철수하던 최초의 두 지점, 즉 오복선과 석징선은 수도 난징을 지키기 위해서 구축된 것이었다. 이로부터 알 수 있는 것은 중국군 당국에서는 수도 난징의 안전을 매우 중시하였고, 성곽과 동남쪽 진지를 구축하였을 뿐만 아니라 더욱 큰 범위로 오복선과 석징선을 구축함으로써 수도의 안정을 꾀하였다.

○ 항전 발발 후 군사 진지의 구축을 날로 완비해 나가다

항전 발발 이전의 노력을 거쳐 난징 부근의 방어 공사는 밖으로 따성관大勝關 - 니우셔우산牛首山 - 팡산方山 - 춘화진 - 탕산 - 롱탄으로 이어지는 철근 콘크리트 작업으로 이어졌고, 경화기와 중화기를 갖춘 토치카와 관측소, 지휘소, 엄폐부가 구축되었다. 상하이 전쟁이 치열하게 벌어지고 있던 1937년 9월 2일에 장제스는 군정 부장 허잉친에게 전보를 쳐서 다음 사항을 요구하였다. 수도 부근의 각 진지는 주민들을 소집 편성하여 교도총대의 지도를 받도록 한다. 구축 공사를 빨리 진행하여 제1, 2, 3기로 나누어 완성 일자와 공사계획을 상세하게 보고하도록 한다. 명령을 하달받은 허잉친은 난징 경비사령관에 꾸정룬과 교도총대 대장에 꾸이잉칭을 배치하여 책임지고 처리하도록 하였다. 9월 9일에 장제스는 다시 꾸정룬에게 전보를 쳐서 명하였다. 53사단, 77사단, 121사단은 신속하게 난징으로 가서 사령부의 지시를 받아 수도 부근의 공사에 박차를 가하도록 하였다. 77사단은 창저우, 이싱, 창싱 일대를 맡고 53사단은 푸전과 지저우 일대를 맡으며 121사단은 쥐룽과 톈왕사天王寺 일대를 맡도록 한다. 이 전보에서 알 수 있는 것은 진지 구축에 대한 장제스의 생각이 수도 난징을 핵심으로 하여 일본군의 침입을 막아내고 난징 외곽 동남 방향의 창저우, 이싱, 창싱과 난징 북쪽의 푸전과 지저우 일대, 난징 교외 지역인 쥐룽, 톈왕사 일대를 원형으로 구축하는 공사를 통해 일본군이 상하이를 함락한 뒤에 난징으로 공격해오는 것을 막아내려 했다는 사실이다.

당시의 자료가 보여주듯이 구축 공사에 대한 난징 시민들의 열정은 매우 높았다. 당시 난징 경비사령부 참모를 맡고 있던 청쿠이랑程奎郎은 다음과 같이 기술하고 있다. "본부에서는 교도총대의 한 공병이 독일 고문의 지도를 받아 탕산진에서 야전 진지 공사를 한 것 이외에 헌병학교의 학생을 룽탄, 따롄산大連山, 춘화진에 파견하여 근로자들이 개축공사를 진행하였다.… 헌병학교의 학생과 근로자들은 매우 적극적이었다. 현지 군중들은 우리에게 물을 데워 주었고 밥을 해주었다." 중국군이 상하이에서 철수함에 따라 난징 방어 문제는 날로 긴박해졌다. 11월 8일 제3 전투지구에 철수 명령이 하달되었다. 난징 군민의 협동 노력을 거쳐 11월 말이 되어 난징 외곽 포위 공사는 이미 마무리되어 100리에 달하는 반원형 참호가 구축되었다. 일본 측에서는 한 통신사가 난징발 보도를 인용하여 다음과 같이 알렸다. "수천 명의 시민들의 군 간부의 지휘 아래 참호를 구축하였고, 참호는 성곽으로부터 양쯔강 연안까지 반원형으로 이어졌으며 길이가 58km에 이른다." "사용 계획 병력은 동남쪽 진지에 12개 사단, 제1선에 3개 군, 예비부대 1개 군, 강북 연안 포구 지역에 1개 군 사용, 총병력은 15개 사단이다."

11월 말부터 12월 초까지 난징성 안팎의 곳곳에는 참호로 가득 찼다. 주요 주도로에는 모래 자루가 배치되었고 날카로운 가시가 달린 철망이 설치되었다. 광화면, 중산면, 타이핑면 등에도 모래 자루를 배치하여 틀어막았다. 군민은 모두 각양각색의 방어 공정에 바쁘게 움직였다. 12월 초 상하이의 〈시보時報〉에 실린 난징발 보도에 따르면, 난징의 각 주요 주도로는 가시가 달린 철사 장애물이 설치되었고, 성 밖에는 참호를 파놓았으며 그 밖의 방어시설을 배치하였다고 하였다. 이로부터 중국 당국이 수도의 방위를 매우 중시했다는 것을 알 수 있다. 난징 방어의 문제를 여러 차례에 걸쳐 계획하였고, 군대를 동원하여 직접 실전 연습을 함으로써 방어계획이 철저한지를 점검하였다. 항전 발발 후에 정세가 날로 심각해짐에 따라 장제스는 여러 차례에 걸쳐 방어 진지의 구축을 독촉하였다. 하지만 시간이 촉박했고, 인원과 물자가 부족한 까닭에 수도 부근의 공사는 기대했던 효과를 달성하지 못하였다.

(3) 인력과 물자의 보충

난징 보위전에 참가한 부대 대부분은 상하이에서 후퇴한 부대였다. 부대는 형편없이 파괴되었고, 무기와 탄약도 부족했다. 난징 부근까지 철수한 부대는 조건적인 제약으로 인해 몇몇 부대만이 인력과 무기의 보급을 받을 수 있었다. 87사단의 경우에는 전장으로 후퇴한 후에 군과 사단 모두 난징에서 남쪽으로 수십리 떨어진 주린사竹林寺에 주둔하고 있었다. 87사단은 전장에서 신병을 보충한 이후에 병력이 만여명으로 늘어나 사기가 높아졌다. 36사단은 난징으로 철수했을 당시에 3,000여 명밖에 없었는데, 난징에서 약 4,000여 명을 보충받았고 동시에 경화기와 중화기 및 보총과 통신, 그리고 공병 자재들을 보급받았다.

난징 보위전의 포성이 울리기 전에 장제스는 중국군이 1개월 이상 막아낼 수 있을 것으로 판단했다. 10여만 대군을 준비하기 위해서 국민정부는 단시간 내에 많은 무기와 탄약, 식량 등의 필수 물자를 대대적으로 모았다. 위수사령부가 세워진 날부터 명에 따라 난징 보위를 위해 편입된 각 부대는 충분한 식량과 기름 등의 물자를 모으기 위해서 밤낮으로 난징 부근의 강남과 강북 지역에서 활발하게 움직였고, 양적인 면에서 교도총대가 가장 풍부하였다. 교도총대는 푸꾸이산富貴山 지하실과 산등성이 아래의 임시 막사에 각종 식량 천여 포대를 쌓아놓았고, 띵위엔定遠에서 사들여온 흑돼지 약 200여 마리와 신선한 채소가 식당 안팎에 가득 쌓였다. 그 당시 유행하던 '치엔먼前門', '메이리美麗' '챵다오强盜' '바이진롱白金龍' 등의 담배가 방 안 가득히 쌓여 있기도 했다. 동시에 난징성 안에 있는 푸꾸이산 동굴에는 식량과 탄약이 가득 쌓여 있었고, 전쟁 전 준비는 충분하다고 할 수 있을 정도였다. 난징 방어에 참여한 군대는 식량과 탄약을 난징 위수사령부 병참 창고에서 수시로 반출할 수 있었다. 이로부터 식량과 탄약의 준비는 충분했다는 사실을 알 수 있다. 이는 난징을 지키는 데 튼튼한 물질적 기초가 되었다.

중화기에 있어서 장제스는 독일 전차 15대를 남겨놓았다. 당시에 독일 전차는 국민당 군대에서 가장 좋은 전차였다. 장갑차 부대 사령관 두위밍杜聿明은 영국 전차를 남기자고 제안했다. 독일 전차는 총은 있지만 대포가 없어서 그 위력이 크지 않은데, 영국 전차는 수륙양용인 데다가 필요할 때 강북으로까지 철수할 수 있다는 이유에서였다. 군정부장 허잉친은 장제스의 생각을 전달하였다. "강북으로 후퇴하지 말라. 위원장께서는 난징을 사수하라 하셨으니 명령을 받들어 독일 전차를 남기도록 하라." 이외에도 21문의 고사포를 확보하였고, 양쯔강의 부두와 연락선, 비행장과 전선의 진지에 대한 보위 책임을 맡겼다.

⑷ 민중의 동원과 안내

일본군이 침략하는 상황에서 난징시 정부도 군부와 적극적으로 협력하여 응전 준비를 하였다. 그것은 두 가지 측면에서 잘 드러난다. "그 하나는 민중을 움직이게 하여 집과 나라를 지키는 운동에 적극적으로 참여하게 함으로써 전쟁의 승리를 쟁취하자는 것이고, 다른 하나는 전쟁 과정에서 불가피하게 해를 입는 상황에서 최선을 다하여 민중을 보호하고 전쟁으로 인해 민중들이 겪게 되는 고통과 손실을 최소한으로 감소시키는 각종 조치를 취하는 것이다." 난징시 정부는 막강한 적이 쳐들어오는 상황에서 이 두 가지 측면에서 준비하였다.

○ 각급 정부는 항전에 민중들이 참여할 수 있도록 하는 측면에서 여러 모습을 보여주었다

항전 발발 이후 국민정부의 수도인 난징은 항일 선전에 있어서 상당한 특색을 보여주었다. 정부 요원들은 텔레비전 방송을 통해 끊임없이 연설하면서 사기를 고취했고, 항일에 관련된 각종 애국 영화나 연극도 계속 상연하였다. 상하이사변이 끝난 이후 일본군이 한 걸음씩 난징을 향해 쳐들어오는 상황에서 항일활동은 더욱더 뜨겁게 불타올랐다. 11월 14일부터 중국 아동협회가 주최한 전국 아동항적 만화여행전이 중화로 청년대회당에서 개최되었다. 난징시의 각종 선전 활동도 상당히 깊이 있게 진행되었다. 항전 만화와 표어가 곳곳에서 눈에 띄었다. 시내 곳곳에 항일 표어들이 내걸렸고, 대다수는 '일본제국주의를 타도하자' '일치단결하여 항일에 나서자' '장기 항전을 이어나가 최후 승리를 쟁취하자' 등의 구호가 적혀 있었다. 찻집 등에서는 군대 관련 이야기를 금하도록 알렸다. 각 사회단

체는 항일선전을 구국 의연금 활동과 연계시켜 민중들에게 항일운동을 휘애 의연금을 내줄 것을 호소하였다. 11월 2일에 난징시 상인연합회는 1위안 구국운동을 일으켰고, 기부 희망자들은 매우 활력에 넘쳤다. 11월 6일부터 7일까지 각지에서 활동하는 여가수들이 공연을 통하여 모은 1만위안을 항전을 위해 모으기도 하였다. 11월 15일에 수도 신원회新運會 비상시기 봉사단은 1지아오 모으기 운동을 전개하였다. 거리에서 모금 운동을 벌여 항일에 나선 병사들을 위로하였다. 같은 날, 난징시 부녀단체는 '구국 공채 모금 선전조' 행사를 열었다. 대학 총장 우이팡吳貽芳은 직접 거리로 나서 사람들에게 '자유채권'을 사도록 권하였다. 이러한 모금 활동은 군대에 자금을 모아주었고, 군대의 사기를 고취해 주었다.

나라가 백척간두의 위기에 처하게 되었다. 정부의 인도하에 난징 시민 또한 적극적이고 조직적으로 움직였다. 당시 한 잡지는 다음과 같이 보도하였다. "난징의 일반 민중들은 조직적이고 훈련을 받았으며 항적 정서가 시종일관 최고의 수준을 유지하고 있다. 전쟁이 시작된 이후 적기의 위협을 받아 부녀자와 노약자들은 일부분 수도를 떠나기도 했다. 하지만 모든 장정, 생산자들은 침착하게 또 적극적으로 일하고 있다. 전방에서 돌아온 부상병들에게는 호송부대와 구호단이 있어서 신중하고 민첩하게 지정 병원으로 옮겼다. 증원부대는 난징을 거쳐서 열렬하게 맞이하였고, 환영하였다. 모든 병사는 나라를 위해 싸우는 것에 대해 영광스러움을 느꼈다."

난징시 정부는 복잡한 항전 정세에 대처하기 위해서 수도의 교통과 전기 공급 및 식품업의 정상적 운영을 확보하였다. 10월부터 난징시 정부는 비상시기 근로자 훈련소를 열어서 전체 시 근로자를 5개 부문으로 나누어 훈련을 진행하였다. 훈련 기간은 3개월이고 훈련내용은 정치와 군사 두 부분이었다. 1937년 11월 5일까지 세관 부두 노동자, 수도회사, 밀가루 노동조합 등 5개 지구 1,898명의 근로자가 훈련을 받았다. 비상시기에 근로자들이 제 자리를 지키면서 안심하고 일할 수 있도록 시 정부에서는 매우 후한 대우를 마련하였다. 예를 들어 전기회사 근로자들에 대해서 〈긴급 시기 우대조치 6조항〉을 발표했는데, 일본기의 공습을 받아 다치거나 죽는 사람은 일률적으로 15년 치 연봉의 절반을 위로금으로 주는 식이었다. 이 밖에도 시의 장정들은 모두 훈련을 받고 각종 업무에 종사하고 그 밖의 일반 시민들은 당국의 명령에 따라 각종 사업을 하게 되며 명령에 따르지 않는 소수의 사람은 매국노로 취급하여 엄벌에 처했다.

그 밖에 군대의 사기를 고취시키고 민심을 안정시키는 면에서 각종 매체는 중요한 작용을 하였다. 상하이가 함락되기 전후에 난징에서는 〈중앙일보〉 〈난징일보〉 〈신민보新民報〉 〈신징일보新京日報〉 〈조보朝報〉 등이 계속 발행되고 있었다.(모두 지면 수는 줄어듦) 그 밖에 전쟁 발발 후에 발행된 10여종의 크고 작은 신문은 모두 대동소이하게 전쟁상황을 보도하고 있었다. 신문팔이는 거리에서 신문 사세요를 외쳐댔고, 판매는 잘 되는 편이었다. 이들 신문은 끊임없이 사람들에게 전선의 상황을 알려주고 있었다. 〈신보申報〉와 〈대공보大公報〉는 중국 군대에 큰소리로 끊임없이 응원을 보내고 있었고, 적극적이고 낙관적인 말로 기사를 쓰고 있었다. 매체는 난징의 방어에 대단한 관심을 보였고, 낙관적인 입장을 취하고 있었나. "수도의 선 시민들은 매우 차분한 상내이고, 군사 시노자들은 모두 난싱에 남아 부대를 지휘하고 있다. 수도 근교에는 12개 이상의 정예부대가 포진하고 있어서 막아내는 데 충분하다. 동쪽 전투지역에서 중국군 일부분이 후방으로 이동했지만, 인심은 더 안정된 모습을 보였고, 정예부대가 난징 일대에서 일본군에게 커다란 타격을 안겨줄 것이라는 믿음을 가졌다. 현재 상황은 적들이 육상에서 점차 쳐들어오는 추세이기는 하지만 우리 야전군이 막강한 데다가 함께 살고 함께 죽는다는 굳은 결심을 가지고 있기 때문에 적들에게 통쾌한 타격을 가할 수 있을 것이다." 비록 당시 난징이 직면한 형세는 매우 심각했지만, 매체에서 흘러나오는 낙관적인 말들은 넘쳐났고 군심을 안정시키고 사기를 진작시키며 민중들을 위로하는 데 큰 작용을 하였다.

○ 민중을 위로하고 사회를 안정시키는 정부 노력은 군대 저항 투쟁에 좋은 환경을 제공했다

8월 15일부터 일본군은 중국 인민을 굴복시키기 위하여 중국의 수도 난징을

끊임없이 공습하였다. 매번 공습할 때마다 군경과 방호단의 적극적인 지도하에 시 전체는 질서정연하게 움직였고, 시민들은 당황하지 않았다. 시민들은 좋은 훈련을 받았고, 난징 시내에는 방공호가 만들어졌다. 군경 헌병기관과 방호단의 독촉으로 시민들이 만든 것 외에도 자원위원회, 난징시 방호단 등 기관 단체는 시내 각 교통 요지와 거주 밀집 지역에 많은 방공호를 구축하였다. 10월 18일 난징시 정부 회의석상에서 공무국장이 보고 중에 난징시 방공호 시설을 언급하면서 시내 주도로 양쪽과 주요 지역은 인구수에 따라 150곳의 방공호가 건설되었고, 인구가 밀집된 시 남쪽에는 50개를 증설할 것이라고 하였다. 많은 방공호의 건립으로 시민의 안전을 지켜줄 뿐만 아니라 전시에도 군대가 일본의 공습을 피하는 피난처가 될 수 있었다.

전쟁이라는 비상한 시기에도 난징시의 물가는 안정 상태를 유지하고 있었다. 정부에서는 여러 가지 엄격한 조처를 하여 매점매석 행위로 인한 물가를 상승시키는 행위를 단속하였다. 긴요하지 않은 상품, 예를 들어 수입품, 잡화 및 옷감, 면제품, 모직물, 담배 등이 가격에서 두 배로 상승한 것을 제외하고 그 밖의 상품들은 정상을 유지하였다. 시장이 안정됨에 따라 민심은 안정되었고, 정부의 항전 활동도 순조롭게 진행되었다.

일본군 병력이 점차 다가오는 상황에서 민중들의 식량이 안전하게 지켜지는 것은 항전 시기 민심을 안정시키고 식량 부족이 발생하지 않는 것은 군대의 전투에도 영향을 미친다. 장제스는 9월 초에 실업부장 우딩창吳鼎昌과 난징시장 마차오쥔馬超俊에게 명령을 하달하여 "난징시는 현재 있는 쌀을 제외하고 별도로 50만 명이 6개월을 먹을 수 있는 쌀과 소금을 마련하라"고 하였다. 명령을 하달받은 두 사람이 월말까지 임무를 완성했는지 여부는 자료가 부족한 관계로 알 수는 없다. 하지만 영국 기자가 쓴 〈외국인이 목도한 일본군의 폭행〉에 기록된 내용에 따르면 중국군은 난징성을 방어하기로 결정한 뒤에 "마차오쥔은 난징 안전구 국제위원회에 쌀 3만 가마와 밀가루 2만 포대를 제공하였다." 게다가 "중국군 당국은 난징 부근에 쌀 10만 가마를 쌓아두고 있다." 마차오쥔 시장은 도 안전구에 350포대의 소금을 제공하였다. 이로 보아 중국 당국은 난징성에 상당히 풍부한 자원을 비축하고 있었다는 사실을 알 수 있다. 이 물자는 장기간에 걸친 항전에 쓰기 위한 것이었고, 남아 있는 민중들에게도 나누어 줄 수 있는 것이었다. 이는 모두 보위전을 진행하는 데 유리한 작용을 할 수 있는 것이었다.

3. 난징과 생사를 함께 하겠다는 맹세 - 중국 군대의 완강한 저항

(1) 동남 진지에서의 중국군대의 용감한 저항

탕셩즈는 난징 보위전의 군대를 성곽과 동남 두 라인 진지로 나누어 배치하였다. 동남 지지의 방어계획은 다음과 같다. 1) 제72군은 우측의 지대로 파견하여 강녕진 부근까지 가서 오른쪽 날개를 엄호하게 한다. 2) 제74군은 니우셔우산에서 춘화진 부근의 방어를 맡는다. 아울러 모링관, 후셔우진湖熟鎭에 파견하여 부대를 전진시킨다. 3) 세66군은 춘화진 부근에서 핑니우산鳳牛山에 이르는 지역의 방어를 맡는다. 아울러 쥐룽 부근으로 보내 부대를 전진시킨다. 4) 제83군은 핑니우산 부근 배경대에서 룽탄까지의 수비를 맡는다. 샤슈下蜀로 보내 부대를 전진시킨다. 하지만 탕셩즈가 생각한 방어의 중점은 외곽을 둘러싼 진지에 있지 않았기 때문에 소집된 군대는 매우 적었다. 또 소집할 수 있는 군대도 제한적이어서 동남 진지를 방어하는 부대는 제66군(6000여명)과 74군(17000명)과 제83군(5500명) 등 모두 약 28500명이었다. 외곽진지 보위전이 시작되고 나서 제83군의 156사단은 아직 단양, 전장 사이에서 전투를 벌이고 있었다. 위수 사령부는 제154사단을 보내 돕게 하였다. 이로 인해 동남 진지 방어를 맡고 있던 군대는 더욱 부족해지게 되었다. 비록 동남 진지를 방어하는 중국 군대의 숫자가 적기는 했지만 그들은 강력한 적군을 두려워하지 않았고, 있는 힘을 다해 전투에 임하였다.

○ 피로에 지친 군대가 황급히 전쟁에 나서다

제66군과 제74군은 동남 진지 방어의 주력군이다. 상하이 전쟁에 참여했다가 철수하는 과정에서 입은 손실이 매우 컸다. 난징으로 철수했을 때 이미 피폐해져 있었고, 시간의 긴박함으로 인해 충분히 쉬지도 못했다. 육군 160사단은 전투 보고에서 다음과 같이 쓰고 있다. "11월 11일 명령대로 철수할 때 우군의 엄호가 힘을 발휘하지 못하여 안팅安亭의 쉬공교徐公橋 부근에서 적들의 습격을 받아 엄청난 손실을 봄" 전체적으로 전투병력 3천명이 부족했고 11일 저녁 전선에서 후퇴한 이후로 쉬지 않고 움직인 까닭에 정리나 보충할 기회가 전혀 없었다. 이로 인해 전투력이 크게 줄어들었다. 제66군은 상하이에서 철수한 이후로 오랜 시간 동안 전투를 벌이는 바람에 인명피해가 엄청났다. 159사는 두 단으로 축소 개편하였다. 실제로 제66군의 실력은 한 개 사단에 불과했다. 위지스俞濟時의 제74군은 상하이에서 난징으로 철수할 당시에 "이 부대는 상하이 일대에서 전쟁을 하면서 희생이 매우 커서 그 손해가 막심했다" 춘화진을 방어하던 제51사는 상하이 전쟁 과정에서 뤄디엔羅店을 방어하면서 적들과 두 달간 악전고투를 벌였는데, 장병 절반이 죽거나 다쳤다. 철수 과정에서 또 엄호의 임무를 맡기도 했다. 고군분투를 벌이는 가운데 정예부대는 없어지고 중간에 몇 차례에 걸쳐 보충되기는 했지만 모두 농촌 출신의 신병으로서 전투 역량은 심히 부족하였다.

동남 진지에서 전투를 벌이는 기간에 중국 군대는 한편으로 저항하면서 다른 한편으로는 진지를 이동하느라 분주하였다. 본래 샤오진샨小金山, 간자항甘家巷, 시엔허꽌仙鶴觀 라인 방위를 맡은 제83군은 명령을 받들어 단양과 쥐롱 라인으로 지원을 나가 작전을 벌였다. 제2군단 제41사단은 12월 5일에 난징에 상륙하였고, 날이 밝기 전에 위수사령부의 명령을 받들어 롱왕산龍王山 시샤산 라인을 점령하고 구축공사를 벌여 차례로 일본군을 막아냈다. 12월 8일에 롱왕산을 방어하는 제41사단 제245단은 왼쪽 날개에서 출격하여 동먼산東門山, 딩쟈산丁家山 일대에서 적들과 격렬한 전투를 벌였다. 문서 기록에 따르면, "종일 육박전을 벌였고, 뺏고 뺏김이 이어졌으며 장병들 중 죽고 다친 자가 매우 많아서 18시까지 원래 위치를 고수하고 있다"고 하였다. 제48사단은 안칭安慶, 우후 사이에서 공습을 받았고, 8일 전후하여 상륙을 마쳤다. "난징 위수사령부는 제48사에 양팡산楊坊山, 우롱산 라인으로 가서 진지를 점령하라."고 명령을 내렸다. 제2군단 전체가 난징에 도착했을 때 중국 군대는 이미 동남 진지의 방어를 포기하였다. 12월 8일이 되어 중국 군대는 전장 방어를 포기하였다. 전장의 103, 112사는 난징으로 급하게 나아갔다. 10일이 되어 난징에 도착하였다. 전장을 방어하던 제87사는 8일 저녁에 난징으로 진군하였고, 허딩교河定橋에서 하이즈리孩子里 라인의 방어를 책임졌다. 우측으로는 제88사와 제51사, 좌측으로는 교도총대와 연계하였다. 제83군의 156서 나머지와 154사는 난징을 향해 진군하였다. 난징 보위전의 외곽 전투는 중국 군대가 급하게 전투에 나섰고 일전을 벌이고 곧 후퇴하였다. 비록 중국 군대가 용감하게 싸우기는 했지만, 병력이 부족하고 방어구역이 너무 넓어서 오랫동안 저항하기는 어려웠다.

.

○ 강력한 적들을 두려워하지 않고 중국 군대는 중과부적의 상태로 일본군에 저항하였다

12월 4일에서 8일 사이에 동남 진지의 전투 과정에서 부대는 아직 배치되는 과정에 있었기 때문에 제83군이 명을 받아 전장과 단양 라인에서 작전을 벌이고는 있었지만 실제로는 주요 작전부대는 제66군과 제74군이었다. 12월 5일부터 막강한 무기를 가진 일본군 제114사단이 춘화진을 방어하던 제51사 진지 정면에 공습을 감행하였다. "보병도 맹렬하게 공격해 들어왔고 전황은 매우 처참했다." 5일부터 7일까지 우리 장병의 사상자는 900여 명에 달했다. 하지만 제51사의 사기는 매우 높았고 진지는 매우 견고했다. 적의 보총 30여 자루와 깃발 13개, 지도 두 장을 얻었고, 200여 명의 적들을 죽였으며 300여 명에게 상처를 입혔다. 일본군은 10여 차례에 걸쳐 순화를 공격했지만 효과를 보지 못했다. 8일 새벽에 일본군은 2,000여 명을 추가하였고, 대포 10여 문, 비행기 포병 탱크의 엄호를 받으며 춘화를 향해 공격을 퍼부었다. 격렬한 전투가 이어졌다. 춘화진의 수비군과 적군 간에 육박전이 이어졌고, 죽고 죽이는 소리가 하늘에 울려 퍼졌다. 51사 수비군

은 용감하게 항전하였고, 적들을 많이 죽였으며 진지는 잃었다 얻기를 반복하면서 사상자가 속출하였다. 제301단 단장 지홍루紀鴻儒가 중상을 당했고, 중대장 9명이 죽거나 다쳤으며 분대장 이하 사상자가 400여 명에 달했다. 제305단 단장 장링푸張靈甫는 상처를 입었고, 중대장은 5명이 죽거나 다쳤으며 분대장 이하 사상자가 600여 명에 달했다. 적들도 사상자가 매우 많아 들판에 가득하였다. 51사 부대는 용감하게 싸워 사상자가 매우 많았고, 그 가운데 5병영의 장병 거의 전부가 장렬하게 희생되었다. 마지막으로 어쩔 수 없이 제51사를 예비대로 가게 하여 진지를 공고히 하도록 했다. 후방 지원 병력이 없었던 까닭에 이 진은 오후 4시에 함락되었다. 8일 저녁에 사령장관 당성즈의 명령을 받들어 춘화와 팡산 진지를 포기하고 이동하였다. 그 밖에 이 군의 제58사는 니우셔우산에서 공격해 들어오는 일본군과 격전을 벌였다. 일본 측 자료에 따르면, 일본군의 다케시다와 오카모토 부대는 이날 저녁에 30여 차례에 걸친 반복 살해를 거쳐 군산 서쪽의 고지를 점령하였고, 아울러 군산 측면 날개의 도로를 따라 신속하게 전진하여 10일 동트기 전에 난징 성벽에서 얼마 떨어져 있지 않은 곳에 진지를 구축하였다. 난징 위수사령부는 이 작전에 대해서 긍정적 견해를 피력하였다. "니우셔우산 일대 진지의 방어를 맡은 제58사는 관리자의 조치가 신중하고 법 집행을 엄격하게 함으로써 수없이 많은 강적을 맞닥뜨린 상황에서도 굳건하게 지켜냈다."

제66군이 방어하고 있던 쥐롱, 신탕新塘, 따후산大胡山 라인은 병력이 지나치게 적었던 까닭에 죽을 지경에 처해 적당한 기회를 잡지 못하고 있었다. 반대로 일본군 제16 사단에게 우회 돌파를 당했다. 제66군은 한편으로는 싸우면서 또 한편으로는 따수이관大水關 부근으로 퇴각하여 명령을 기다리는 수밖에 없었다. 하지만 제66군은 매우 용감하게 싸웠다. 가까운 거리에서 전투를 목격한 뉴욕타임스 기자에 따르면 그는 전선에서 광둥의 두 부대가 쉬지도 못하고 매우 피곤한 상태에서 적군의 공격을 저지하기 위해서 필사적으로 전투를 벌였다. 그들은 쉬지도 못하고 눈도 못 붙이고 배고픈 상태에서 3일간 전투를 벌인 끝에 이 마을을 야간 휴식의 장소로 만들어냈다. 광둥의 부대는 악전고투를 벌였고, 고전 끝에 물러나 적들을 섬멸하려는 목적을 달성하지 못했다.

탕산 부근에서는 제83군 제154사와 제156사의 나머지 300명 중국군이 난징에서 12마일 떨어진 탕산 대로변의 뾰족한 산봉우리에 포위된 상태로 꼬박 하루가 걸린 격전 끝에 한 사람만 남을 정도로 몰살당하고 말았다. 자동소총만을 가지고 있던 그들은 탄약이 빨리 소진되었고, 3면이 일본군에게 포위되어 거의 전부가 살육을 당했다. 서방 기자는 이를 두고 실력이 크게 차이가 나는 전투라고 여겼다. 조금도 의심할 여지 없이 중국군은 쥐롱과 리수이에서 필사적으로 일본군의 공격을 저지하였다. 하지만 방어시설은 요구에 들어맞지 않았고 중국군의 무장 또한 그들을 지켜내 주지는 못했다. 일본 비행기는 마음먹은 대로 중국군을 찾아내 폭격을 가했고, 그들의 위치를 자기편 야전 포병에게 알려주었다. 탱크와 장갑차는 보병의 진군을 인도하였고, 중국군의 총은 그것과 견줄 수가 없었다.

동남 진지의 면적은 비교적 넓은 편이다. 중국군과 일본군은 4일간 전투를 벌였고, 기본적으로 전투의 목적을 달성하여 일본군의 전진 속도를 늦추었다. 성벽을 둘러싼 전쟁을 벌일 순비 시간을 확보한 셈이나. 당시 중국군의 지도 사상은 외곽진지를 방어의 중심으로 삼는 것이었기 때문에 위수사령부는 외곽진지 방어를 위해 더 많은 군대를 불러 모으지는 않았다. 당시 난징 위수군 참모였던 탄다오핑譚道平은 다음과 같이 회고하고 있다. "탕성즈는 나에게 난징 방어계획의 초안을 만들라고 지시했다. 외곽 방어에 치중하는 것이었다." 외선에는 주로 제66군과 제74군 두 부대를 배치하였다. 그리고 제83군은 전장 일대에서 작전을 벌이고 있었다. 그 밖에 동남 진지의 전선은 매우 길었다. 서북쪽의 따성관으로부터 니우서우산, 팡산, 후서우진, 쥐롱을 거쳐 전장까지 이어져 있다. 두 부대는 피로한 상태로 넓은 면적의 외곽진지를 막아내며 10만 일본군의 공격을 막아내다 보니 빈틈없이 기하기 어려웠고, 순화진에서 격렬한 전투를 벌인 것을 제외하면 나머지 중국군은 동남 진지를 방어할 때에 싸우면서 퇴각하였고 차례대로 저항하였다. 제51사 대장 왕야오우王耀武는 "난징성을 지키기 위해서는 난징 성곽의 중요한 사항을 지켜야 하는데, 지역은 넓고 병력은 부족해서 제대로 된 배치를 하기가 어려워 쉽게 돌파당했다."고 판단하였다. 중국 군대는 곳곳에서 저항하였지만 계속 후퇴하는 양상을 보였다. 중국군이 외곽진지를 방어하는 목적은 뉴욕타임스의 기자가 말한 바와 일치한다. "이번 관찰은 사람들에게 다음과 같은 인상을 준다. 즉 중국군의 이른바 외곽 방위는 실질적으로 일본군의 수도 성문 공격 전개 과정을 늦춤으로써 시간을 벌기 위한 것으로 난징성 사수의 준비 작업이었다."

12월 8일 중국군이 지키던 외곽진지는 일본군에게 돌파당했다. 일본군은 난징 교외로 공격해 들어갔고, 남쪽으로 따성관, 니우셔우산, 춘화진까지 이르렀다. 동남쪽으로는 탕산진, 따후산을 점령했고, 동북쪽으로는 서샤산을 점령했다. 난징 위수사령부는 "상술한 정황과 병력을 집중하여 난징을 지키기 위하여 오늘 저녁 외곽진지에서 물러날 것을 명령"하였다. 위수사령부의 이 명령으로 동남에서 철수하여 돌아온 군대는 새롭게 진지를 배치받았다. 제66군은 대수관 근처에 모여 명령을 기다렸고, 제74군은 니우셔우산 일대부터 허딩교 거점을 굳건하게 지켰다.

(2) 성벽 부근의 결전

난징 위수사령부는 방어의 중점을 성벽 부근에 두었다. "성곽 거점과 성벽을 지키는 목적으로 방어배치를 정하기로 했다." 탕셩즈는 성곽 진지에 병사들을 겹겹이 배치하여 보초를 세웠고 준비도 비교적 충분히 했다. 구체적인 배치는 다음과 같다. (1) 제88사는 우측 지구 위화타이와 성 남쪽 수비를 맡는다. (2) 교도총대는 중앙지구 쯔진산과 성벽 동쪽을 수비한다. (3) 제36사는 좌측 지구 강산, 막부산과 성 북쪽의 수비를 맡는다. (4) 헌병부대는 청량산 부근의 수비를 맡는다. 전장에서 막 난징으로 철수해 온 제87사는 중화먼에서 광화먼에 이르는 라인의 수비를 맡는다. 성벽 부근의 진지 수비를 맡은 각 지대는 방어 공사를 잘 배치하고 지뢰를 매설하여 일본군의 공격을 저지한다.

○ 견고한 성벽과 깨끗한 들판에서 초토화 항전을 실행하다

난징에서 성곽 전투가 벌어지기 전에 난징성 주변의 그들에게 방해가 되는 장

애물을 깨끗이 치웠다. 그들이 사격하는 것에 방해가 되고 일본군의 매복에 유리하거나 일본군을 엄호해줄 가능성이 있는 장애물들을 깨끗이 치운 것이다. 몇몇 주민들의 집도 불태웠다. "중국군은 마을 주민들을 이동시킨 후에 마을을 불태웠고, 이것은 현실적인 '초토화 정책'이었다." 농민들은 성안으로 옮겨지기도 하고 포구를 거쳐 북방으로 보내지기도 했다. 사실은 그랬다. 수도 경찰도 "경찰이 인민들을 강을 건너도록 호송하고 나서 거주지에 불을 놓아 태움으로써 견고한 성벽과 깨끗한 들판 계획을 실행하였다."고 기술하였다. 교도총대는 "일본군의 공격에 맞서기 위하여 교도총대가 머물고 있던 막사를 스스로 불태워서 사격의 시야를 확보하도록 하였고, 이를 통해 우리의 '초토화 항전'의 결심을 보여주었다."

난징 성벽의 동쪽과 남쪽 지구 일대에서 병사들은 신속하게 방위 공사를 준비하였다. 도로와 교량에 지뢰를 설치하였고, 보루를 쌓았으며 나무를 베어내고 총포와 무기 및 탄약 등을 옮겼다. 중국군은 일본군의 공격을 막아내기 위하여 '초토화 작전'을 펼칠 수밖에 없었다. 이로 인해 인민들에게 커다란 물질적 재산 피해를 안겨줄 수밖에 없었다. 하지만 그 목적은 일본군의 공격을 막아내는 조건을 만들어내기 위한 것으로서 당시 중국군이 일본군의 침략에 결사적으로 맞서는 결심과 용기를 잘 보여주고 있다.

막강한 적군을 맞닥뜨린 상황에서 난징에는 이미 계엄이 실행되고 있었다. 중국군은 모든 성문을 닫아걸었고, 몇몇 성문들은 완전히 폐쇄해 버렸다. 가장 중요한 성문은 조그마한 통로만 남겨 놓았다. 성문 안에는 20인치가 넘는 두께의 모래 포대를 몇 겹으로 쌓아 올리고 그 위에 콘크리트를 올렸다. 성안도 전쟁터 모습이었다. 중국군은 신속하게 도로에 장애물을 설치했고, 거의 모든 교차로마다 가시가 달린 철사 그물을 설치하였다. 도로에는 황색 견장을 찬 헌병들로 가득했고, 그 위에는 검은색으로 '위수' 두 글자가 씌어 있었다. 난징의 주요 성문 위에는 '나라의 원수를 갚을 것을 맹세한다.'는 글자가 큼지막하게 적혀 있어 중국군이 침략자와 끝까지 일전을 벌이겠다는 결심을 보여주었다.

○ 탕셩즈가 투항을 거부하고 난징을 사수하다

12월 9일에 난징성 주변의 쯔진산, 광화먼, 니우셔우산에서 격렬한 전투가 벌어졌다. 일본군은 60~70대의 전투기를 출격시켜 난징성 안팎을 반복해서 공격했다. 수백 발의 폭탄을 투하하였고, 계속해서 일본군은 전투기에서 엄청난 양의 전단을 뿌렸다. 전단에는 "백만 일본군은 이미 강남을 석권하였고, 난징성은 이미 포위되었다. 전세를 크게 보건대 백 가지 해가 있을지언정 한가지 이로움도 없다."고 씌어 있었다. 또한 난징에 대한 위협을 가하면서 "귀 군대가 계속 교전하고자 하면 난징은 전쟁의 화를 면치 못할 것이고, 천년 문화는 다 불타버릴 것이고, 10년을 애를 써도 물거품이 되고 말 것"이라고 협박하였다. 중국군이 평화롭게 난징성을 개방하라는 것이었다. 일본군은 싸우지 않고 이기려는 생각으로 계속 압박을 가했지만 그들의 계산은 뜻대로 되지 않았다. 난징 위수사령관 탕셩즈는 일본군의 요구를 딱 잘라 거절하였다. 반대로 맹렬한 포격으로 일분군의 요구에 답하였다. 군심을 동요시키려는 일본군의 심리전에 대해서 위수사령부는 9일 저녁 7시에 〈제36호 명령〉을 발표하였다. "본 군은 현재 외곽진지를 차지하고 난징 방어의 마지막 전투를 벌이고 있다. 각 부대는 진지와 생사를 함께 한다는 결심으로 최선을 다해 방어하고 절대로 물러서지 마라. 만약 명령에 따르지 않고 뒤로 물러선다든가 하면 법에 따라 엄하게 벌할 것이다." "또 각 군이 소유하고 있는 모든 선박은 일률적으로 운수사령부가 보관하고 개인 소유를 허락하지 않는다. 제78군 군장 쏭시리엔이 강 연안 경비 지휘 책임을 맡는다. 계엄부대는 흩어져 개별적으로 배에 타고 강을 건너며 위반자는 즉시 체포하여 엄히 처벌한다."고 규정하였다. 그 자신도 후퇴에 사용될 어떠한 배 한 척도 남기지 않고, 위수사령부가 후퇴할 때는 배는 12월 7일에 강음의 강 방어사령부가 일부 인원과 군수품을 싣고 오룡산으로 갔고 위수사령부의 참모장에 의해 남겨졌다. 그래서 후에 위수사령부 인원들이 목숨을 구할 수 있었던 것은 전적으로 이 배에 의지한 덕분이었다.

탕셩즈는 전선 부대와 진지가 생사를 함께 할 것을 요구하고 후퇴를 불허하였다. 고대 항우가 사용했던 파부침주의 계책을 본받아 자신의 퇴로를 차단함으로써 군심을 안정시키고 부하들에게 결사 항전의 결심을 밝혔다. 자신 주변에 일하는 사람들을 염두에 두고 그는 "12월 1일과 2일에 자신 주변의 주요 참모들에게 생활을 개인당 오백 위안에서 천 위안(라오컨廖肯, 리종신李仲辛 탄다오핑은 모두 천 위안을 받음)을 나누어 주었다. 리종신, 런페이성任培生, 그리고 나는 성이 포위되기 전에 유서를 써서 집으로 보내 죽을 각오로 싸우겠다는 결심을 밝혔다." 12월 12일이 되어 장제스의 철수 명령을 받은 이후에 그는 헌병부대와 제36사에게 성안에 공사 구축을 하여 시가전 준비를 하도록 하였다.

탕성즈는 자신을 위한 철수용 선박을 남겨놓지 않았다. 또한 난징이 함락되었을 때의 대군이 강을 건너는 문제를 고려하지 않았다. 왜냐하면 그는 자신이 했던 '난징과 생사를 같이한다'는 명령을 실현하고자 했기 때문이었다. 전체 전투에서 적은 수의 삼판선과 모터보트를 제외하고 강을 건넌 배가 없다는 것이 주명해 준다. 뉴욕타임스의 기자가 한 말처럼 "전쟁 전 탕성즈 사령관과 그의 부하들이 군대 절대 퇴각하지 않을 것이라고 한 것은 진심으로 한 말이었다. 또한 중국 장병들이 진정한 의도를 표명한 것이었다. 결론은 바로 철수하지 않았다는 것이다."

○ 중국군은 성벽 부근에서 격렬한 공방전을 전개하였다

전투는 먼저 광화먼에서 시작되었다. 광화먼을 지키던 군대는 교도총대, 제87사, 제156사 등이었다. 광화먼 전투는 가장 처참하게 벌어졌다. 성문은 몇 차례나 위험에 직면했다. 하지만 위수사령부는 적절하게 증원 병력을 파견하였고 위험에서 벗어났다. 광화먼 전투 중에 성문은 9일에 일본군에 의해 세 차례 돌파되었다. 하지만 방어군의 완강한 저항으로 성문을 지켜냈다. 10일에 방어군은 일본의 제36연대 이토 대대장을 죽였다. 이는 일본군이 난징을 공격하는 과정에서 전사한 최고위 장교였다. 중국과 일본 군대간의 치열한 공방전은 특히 적들의 포탄은 끝없이 광화먼에 떨어졌고, 성문에 큰 구멍을 냈다. 방어군은 고개를 거의 들지도 못하는 상태였다. 하지만 완강한 저항은 계속되었다. 일본의 맹렬한 포탄 공격으로 방어군은 엄청난 피해를 보았다. 제87사 제259부대 부대장 이안화, 제

261부대 참모장 예국정 및 소대장 2명, 중대장 이하 30여 명도 광화면에서 희생되었다. 일본군 제36연대는 광화면 공방전에서 257명이 전사하였고, 546명이 다쳤으며, 그 결말은 비참했다.

중앙통신사는 난징으로부터 이 비장한 장면을 보도하였다. "10일 저녁, 광화면 일대 성벽은 대포에 의해 여러 군데가 헐려 나갔고, 적군 일부가 성안으로 진입하기는 했지만, 그 즉시 아군에 의해 섬멸되었다. 적 500여 명이 사망하였고, 살아 돌아간 자는 10여 명에 불과했다. 헐린 성벽은 아군 기술부대가 수리하였고, 방어공사를 보강하였다. 우리 군의 사기는 비장하며 모두 필사의 결심을 다지고 있다." 난징 위수사령부에서 작전에 참여하여 지휘한 참모 정규명은 "내가 아는 바로 광화면 방어 전투는 난징 보위전 가운데 가장 장렬한 전투라고 생각했다." 일본군 제9사단은 비록 중화기, 전투기, 전차를 동원하여 맹렬하게 공격을 퍼부었지만, 실패를 거듭하였고, 광화면 공격은 백약이 무효였다. 13일 새벽에 중국 방어군이 자발적으로 전장에서 물러날 무렵에 일본군은 비로소 어렵게 성벽에 올랐다.

성 동쪽의 쯔진산은 난징성 부근에서 가장 높은 곳으로 전략적으로 매우 중요한 위치에 있다. '자금이 불타면 진링金陵이 망한다.'는 옛말이 있을 정도이다. 이로 인해 쯔진산은 중국과 일본 모두 꼭 쟁취해야 하는 지점이었다. 쯔진산과 광화면 일대를 방어하던 교도총대는 가장 좋은 장비에 전투력이 가장 뛰어난 부대이다. 교도총대의 막사는 샤오링웨이孝陵衛에 있었는데, 쯔진산 일대에 견고한 진지를 구축하고 있어서 지형을 매우 잘 파악하고 있었고, 장병들의 작전 또한 매우 용감했다. 이런 연유로 쯔진산 부근의 전투가 가장 격렬하게 이루어졌다. 12월 9일부터 12일까지의 전투 중에 교도총대와 일본군 제16사단은 라오후동老虎洞, 홍마오산紅毛山, 시산西山, 링위엔신춘陵園新村, 쯔진산 제2봉, 쯔진산 제1봉 등 6곳에서 격렬한 전투를 벌였다. 교도총대는 쯔진산 제2봉과 중산링中山陵 동편, 링위엔신춘과 시산 일대에 이르기까지 일본군 제16사단과 철야 전투를 벌여 쌍방 모두 엄청난 인명피해를 입었다. 교도총대의 사기는 왕성했다. 장병들은 용감하게 전투를 벌였고, 우리 본진을 향해 맹공을 퍼붓는 적들을 격퇴하였다. 장병들은 시종 진지를 지키면서 적들이 며칠 동안 한 발짝도 전진하지 못하도록 하였다. 12일 정오가 될 때까지 쌍방은 여전히 쯔진산 일대에서 전투를 벌였다. 총과 대포 소리가 밀림이 우거진 계곡과 숲속에 울려 퍼졌고, 구름과 안개를 뚫고 퍼져 나갔다. 쌍방의 전사자와 사망자는 부지기수였다. 12일 오후 6시쯤에 쯔진산 제2봉이 적들에게 돌파되었다. 하지만 제1봉은 아직 방어군이 장악하고 있었다. 교도총대는 난징 보위전에서 가장 늦게 퇴각한 부대이다. 13일 새벽이 되어 이미 밍샤오링明孝陵으로 퇴각한 교도총대 리무챠오李慕超 분대장은 "중산문 밖의 진지에서 정적이 흘렀고 오직 쯔진산 위에 있는 방어군만이 적들과 접전을 벌이고 있었고, 섬광이 하늘로 치솟았고, 외침 소리가 땅을 뒤흔드는" 장면을 목격하였다. 쯔진산 전투에서의 교도총대의 용감한 모습은 난징 위수사령부의 인정을 받았다. 그들은 장제스에게 다음과 같이 보고하였다. "쯔진산을 지키는 부대는 침착하고 용감했고, 우리 군이 난징을 철수한 그다음 날, 일부 장병들이 진지를 지키다가 장렬하게 희생되었다."

12월 11일에 일본군 제16사, 제114사난을 주력으로 하여 쯔진산과 그 양쪽 지역, 그리고 위화타이 성곽 진지를 맹렬하게 공격하였다. 같은 날 탕셩즈는 한커우에 전보를 쳐서 다음과 같이 알렸다. "우리 쪽에 중상자와 사망자가 많은 것은 자연스러운 일이다. 왜냐하면 우리는 피투성이 몸으로 강철로 된 장비를 맞아서 싸우고 있기 때문이다." 그는 중국군이 얼마나 더 버틸 수 있을지 예상할 수 없었다. 하지만 군대의 사기는 여전히 하늘을 찔렀다. 설사 일본군이 난징에 진입한다고 해도 중국 군대는 더 유리한 진지에서 침입자에게 저항할 수 있을 것이다. 왜냐하면 일본군이 중심으로 깊이 들어갈수록 더욱더 커다란 어려움에 직면하게 될 것이기 때문이다.

12일 날이 밝자 일본군은 난징성에 대한 총공격을 시작했다. 일본군의 공격이 맹렬해짐에 따라 성벽 수비는 위급한 상황에 빠지게 되었고, 위수사령부는 성내의 제66군과 헌병부대에 명령을 내려 시가전 준비를 하도록 했다. 66군은 "12월 7일에 명령에 따라 쉬엔우먼玄武門에서 수이시먼水西門 남쪽까지 진지를 구축하여 시가전을 준비하였다." 헌병부대는 명에 따라 반드시 난징과 생사를 함께 하겠다는 결심을 굳히고 시가전 준비 공사를 진행하였다. 성 서편의 사이공교賽公橋 부근에서 일본군 제6사단은 사이공교와 서남성 모퉁이를 집중적으로 포격하였다. 탱크 10여 대와 전투기 20여 대의 엄호를 받으면서 보병은 사이공교를 공격하였다. 유례가 없을 정도로 전황은 치열했다. 사이공교와 수이시먼 부근을 방어하던 제51사 장병들은 용감하게 죽어갔고, 3시간에 걸친 악전고투 끝에 회복하였지만, 이 전투는 302단장 청즈程智가 사망하였고, 소대장 차오슈루曹恕如가 다쳤으며 중대장 이하 사상자가 1,700여 명에 달했다. 오후 2시에 제306단은 성벽을 기어오르는 일본군 200여 명을 막아냈고, 위화타이에서 일본군의 화력을 맞아 저녁 7시까지 대치하였다. 이 과정에서 소대장 완치웅萬瓊, 후하오胡豪 두 사람이 전몰하였고, 단장 치우웨이다邱維達와 중대장 이하 1,300여 명이 다쳤다.

같은 날 일본군 제6사단 주력부대는 중화먼中華門 밖의 위화타이 진지에 맹공을 퍼부었다. 위화타이는 난징의 남쪽 문으로서 지세가 비교적 높고 병가에서는 역대로 반드시 차지해야 하는 곳으로서 위화타이를 얻으냐 잃느냐는 전투 당사자들로서는 매우 중요한 의미가 있었다. 10일부터 위화타이를 지키던 제88사는 혼자만의 힘으로 일본군 114사단과 제6사단 각 일부의 연합부대 협공을 막아냈다. 적들은 전차, 전투기, 대포를 이용하여 끊임없이 공격을 퍼부었고, 제262여단의 여단장 주츠朱赤, 제264여단의 여단장 까오즈송高致嵩은 번갈아 가며 육박전을 벌여 일진일퇴를 거듭하면서 피 튀기는 전투를 벌였다. 12일 오전이 되어 한시엔위엔韓憲元, 황치黃琪, 저우홍周鴻, 푸이팅符儀廷 등의 장교들이 순국하였고, 오후에는 주츠, 까오즈송, 화핀장華品章, 쑤텐쥔蘇天浚, 왕홍리에王宏烈, 리창화李强華 등의 장교들도 실탄과 식량이 떨어지면서 장렬한 최후를 맞이하였고, 하늘의 해도 색이 달라졌다. 제88사 전체 장병 6천여 명도 모두 순국하였다. 정오가 되어 위화타이는 함락되었다.

이 밖에 중국군은 양팡산楊坊山, 인콩산銀孔山, 중화먼, 위화먼 등에서 격전을 벌였다. 편폭의 제한으로 여기에서는 일일이 그려낼 수가 없다. 외곽진지 전투에서 중국군의 작전 범위는 성 북쪽의 이장먼, 중앙먼을 제외하고 난징의 거의 모든 성문과 성벽 부근 진지에 걸쳐 있었고, 성 동북쪽의 롱탄과 우룽산 라인을 포함하여 성 동쪽의 쯔진산과 중산먼, 성 동남쪽의 광화먼, 통지먼通濟門, 성 남쪽의 위화타이, 위화먼, 중화먼 일대, 성 서쪽의 수이시먼, 미엔화티綿花提, 사이공교 등의 진지에 걸쳐 있었다.

전투를 벌이는 중에 중앙군이나 지방 부대를 막론하고 모두 용감하게 맞서 싸웠고, 중국군의 희생은 매우 컸다. 제88사는 위화타이 전투에서 6천여 명이 전사했고, 제51사는 사이공교 전투에서, 제302단과 제306단은 모두 3천여 명이 전사하였다. 쯔진산을 지키던 방위총대는 적들과 철야 격전을 벌여 쌍방에서 사상자 다수 나왔다. 비록 적의 주력부대의 공격을 받아서 많은 피를 흘렸지만 용감하게 싸워 적들이 며칠 동안 한 발짝도 전진하지 못하도록 하였다. 12월 9일부터 12일 밤까지 나흘 동안 중국군은 매일 격전을 벌였다. 일본군이 계속성 아래로 도착하면서 방어도 날이 갈수록 어려워졌다. 요컨대 중국군은 완강하게 저항했지만, 적군은 강했고 아군은 약했다. 일본군은 한 걸음씩 난징성으로 밀고 들어왔다. 당시 상황을 딕슨은 독일 외교부에 다음과 같이 보고하고 있다. "난징을 향해 나아가는 일본의 군사력은 중국의 중앙군(그들이 열심히 저항하기는 하지만)이 막아내기 쉽지 않겠다고 사람들이 빠르게 느끼게끔 하였다.

(3) 철수 과정에서 저항하는 중국군

11일 저녁, 난징 보위전이 치열하게 전개될 당시에 위수사령부는 장제스가 보내온 두 통의 전보를 받았다. "만약 정세가 오래 지속할 수 없을 때는 기회를 보아 철수할 수 있다. 그 의도는 정리하고 나중에 반격하기 위한 것이다." 하지만 전방 부대는 일본군과 교착상태에 있었기 때문에 위수사령부는 강북으로 철수할 준비를 고려하지 않고 있었다. 게다가 물샐틈없는 일본군의 포위하에 신속하게 철수작전으로 전환하는 것은 매우 어려운 일이었다. 철수를 위해서는 최소한 12일 저녁이 되어야 한다고 탕성즈는 생각했다. 그래서 명령을 집행하지 않고 철수를 위한 적기를 놓치고 말았다.

사실 11일에 철수 관련한 장제스의 전보를 받은 탕셩즈는 12일 오후 5시 무렵에 백자정 거처에서 부대장 회의를 열고 있었다. 이 자리에서는 제36사, 헌병부대 및 직속부대를 당일 밤 11시에 도강시키는 것을 제외하고 그 나머지 부대는 포위를 뚫고 완난皖南 후이저우徽州 일대로 철수하는 것으로 결정하였다. 하지만 탕셩즈는 마지막으로 구두 명령을 내렸다. 제87사, 제88사, 제74사와 교도총대는 포위를 뚫지 못할 경우 배를 타고 강을 건너 제주로 집결한다. 탕셩즈 임의대로 내려진 이 명령으로 도강 부대가 순식간에 많이 늘어났고 능력 범위를 벗어났다. 더 심각한 것은 광둥의 두 부대, 제66군과 제83군은 명령을 집행한 것을 제외하고 그 나머지 정면으로 포위를 돌파해야 할 부대가 모두 각자 생각만 하고 일제히 부두로 몰려들어 도강을 위해 배를 찾아 나섰다는 것이다. 위수사령부 운수담당 간부 저우아오샨周鰲山은 이미 직분을 저버리고 강북으로 도망쳐 버리고 말았다. 이는 철수하는 부대에 심각한 결과를 안겨다 주었다. 위수부에서는 사전에 강을 건널 배를 준비하지 않았고, 각 군대는 명령을 중시하지도 않아 모두 미리 자신만을 위해 준비해놓은 소수의 선박만이 몰래 도강하는 바람에 부대는 그 사실을 알지도 못했고 통제할 방법도 없어서 놀라고 의심스러운 마음에 갈피를 잡지 못했다. 이런 상황에서 각 장교들은 그 직책을 버린 채 서로 쳐다보지도 않고 강기슭으로 달려가 소리를 질렀다. 개미떼와 벌떼가 날아들 듯하였고, 온 들판에 기관총 소리가 난무하는 가운데 강을 따라 배를 구하기 위한 난리굿이 펼쳐졌다. 많은 장병은 강을 건널 도구가 없었기 때문에 뗏목이나 널빤지, 통나무, 심지어는 세숫대야 등을 이용해서 강을 건너다가 물에 빠져 죽기도 하였다. 떠내려가거나 일본군에게 학살당한 사람도 부지기수다.

○ 난징 함락 후 중국군의 산발적인 저항

위수사령부가 철수 명령을 내린 후에 중국군의 작전상황은 어떠했을까? 12월 13일 일본군은 광화문, 중산면, 중화면을 통해 입성하였다. 난징 방어군이 철수한 후, 중국군은 자발적인 저항을 하지 않았나? 12월 12일 오후에 중국군이 받은 명령은 눈앞에 있는 적을 격파하고 절서, 완난 후이저우 일대로 철수하고 일부는 강을 건너 북상하여 리우허에 집합하는 것이었다. 따라서 군대의 주요 임무는 포위돌파와 철수였지 남아서 시가전을 벌이거나 계속 저항하라는 것이 아니었다. 계속 저항하는 것은 헛수고였다. 왜냐하면 10만 일본군이 점령한 상황에서 저항은 곧 쓸모없는 희생이었기 때문이었다. 하지만 소수의 장병은 자발적으로 저항에 나섰다. 12월 14일 황혼 무렵부터 깊은 밤까지 몇몇 중국 병사들은 불을 질러 일본군이 차지한 석탄 창고에 불을 질렀다. 성안에도 몇몇 중국 병사들이 사법원 4층 옥상에 일본군에 의해 포위되어 있었는데, 스스로 뛰어내려서 죽거나 아니면 일본군에 의해 죽을 것이라는 사실을 잘 알고 있었다. 앞뒤 가릴 것 없이 일본군 수중에 있는 무기를 탈취하였다. 결국 그들은 모두 희생되었지만, 그 자리에서 몇 명의 일본군을 죽였다. 12월 12일 저녁에 전차부대는 하관으로 철수한 후에 배가 작아서 강을 건널 수 없게 되자 윗선에서 전차를 폭파할 것을 요구하였다. 이때 운전병 두 명과 탱크병 두 명이 "우리 네 사람은 여기에 남아 일본을 때려잡는 귀신이 될 것"이라고 하였다. 상급 명령은 포진으로 철수하는 것이었지만 두 탱크병은 "우리 전차에는 무기가 있는데, 파괴하느니 차라리 일본놈들과 한바탕 벌이겠다"고 결기 넘치게 말했다. 이렇게 그들은 모제르총과 돈을 가지고 배에서 뛰어내려 어둠 속으로 사라졌다. 양쯔강 기슭에서 적군이 하관을 향해 추격하다가 길에서 산발적인 저항을 맞닥뜨렸다. 황색 군복을 입은 장교가 강변에서 패잔병들에게 포위되어 있었다. 모두 크게 "장관 나으리! 우리가 반격을 가하고 저항할 수 있도록 지휘해 주시겠습니까? 안 그러면 죽을 길밖에 없습니다." 장교는 군의관이었다. 병사들의 간청 끝에 동의하였다. 그러자 그는 팔을 흔들며 소리쳤다. "형제들, 침략자 놈을 때려잡읍시다!" 병사들은 적의 추격병을 향해 불을 놓았다. 12월 12일 밤 샹신허上新河에서 우후로 통하는 도로는 이미 봉쇄되었다. 이때 장교 차림새를 한 어떤 사람이 사람들 속에서 크게 소리를 질렀다. "형제들이여, 우리는 이미 갈 길이 없습니다. 우리는 싸워야 합니다!" 이어서 어떤 사람이 소리쳤다. "우리는 모두 염황의 자손입니다. 우리는 절대로 침략자 놈들의 포로가 될 수는 없습니다. 싸웁시다. 전진합시다!" 이때 포병 제42단 제1소대 제3부중대장을 맡고 있던 심함이 난징성이 함락된 후 19명의 장병을 이끌고 성내로 들어가 전투를 벌여 주민들을 학살한 일분군을 6명 죽이고 무기를 확보했으며 자신은 2명을 잃었다. 15일 밤까지 그들은 난징성에서 탈출하였다. 하지만 포위망을 뚫은 사람은 세 사람뿐이었다.

필자가 살펴본 난징 보위전에 관한 중국과 일본 양측의 자료에서는 규모를 갖춘 조직적인 저항운동이 기록되어 있지 않았다. 난징 함락 후 중국군은 산발적인 저항을 했다고 할 수 있지만, 애국적인 장병들의 자발적인 행위였다. 게다가 이 저항은 하루도 안 되어 끝나 버렸다. 13일 저녁에 일본군은 이미 난징성을 장악했기 때문이었다. 비록 개별적인 곳에서 소규모 전투가 있기는 했지만, 중국인의 이러한 저항은 탱크로 무장된 일본군에게 무참하게 깨지고 말았다.

○ 최후의 순간에 중국 군대는 저항을 포기하였다

난징 보위전에 참전했던 장병들은 12월 12일 이전까지 사기가 드높았고, 완강한 의지로 우세한 무기를 앞세워 이루어진 일본의 공격을 막아냈다. 10일부터 12일까지의 중국군의 완강한 저항 상황에 관한 내용은 일본 장병의 일기에도 여실히 나타나 있다. 위로는 화중 방면 군사령관 마쓰이, 사단장 나가시마부터 아래로는 일반 병사에 이르기까지 중국 병사들의 완강한 저항, 결사 항전 등의 단어를 곳곳에서 볼 수 있다. 일본군은 자신의 부대가 앞으로 많이 나아가지 못하고 악전고투를 하고 있다는 등의 말로 묘사하고 있다. 하지만 12일 철수 명령을 받은 후에 하룻밤 사이에 중국군은 다른 부대가 된 듯했다. 명령을 하달받은 후에 장병들은 대부분이 철수만을 신경 쓰면서 일본군을 끝까지 무찌르겠다는 결심은 사라지고 말았다. 어떤 사병은 무기를 버리고 자신들보다 숫자가 훨씬 적은 일본군에 투항하기까지 했다. 관련 내용은 일본군 장병의 일기와 서신 등에서 비교적 자세하게 기술되어 있다. 일본군 제16사단 사단장 나가시마는 12월 13일 일기에서 다음과 같이 기술하고 있다. "1,000명, 5,000명, 10,000명으로 이루어진 집단인 까닭에 무장도 제때 해제하지 못했다. 하지만 그들은 이미 싸우려는 의지를 상실 했다. 다만 무리를 지어서 걸어왔다. 지금 우리 군에 대해서 그들은 안전하다. 비 록 안전하긴 하지만 일반 소란이 발생하면 처리하기 어려울 것이다." "길 따라 계속 전진하였고, 오전 8시 무렵에 적들의 투항부대와 맞닥뜨렸다. 나는 호기심 어린 눈으로 그들의 무장해제를 바라보았다. 정말 패배자의 슬픔이었다. 또 몇 무리가 투항해 와서 모두 3,000명 정도였다." "우리는 아직 공격을 시작하지도 않았는데, 적군은 이미 싸울 생각이 없었고, 투항해 왔다. 우리는 총알 한 발 쏘 지 않고 몇천 명의 무장을 해제하였다. 저녁에 포로들을 난징의 한 병영으로 압 송했는데, 뜻밖에도 만 명이 넘었다." "적들은 싸울 의지가 전혀 없었고, 우리는 적병 450명을 포로로 잡았다. 또 많은 무기를 획득하였다.… 저녁시간이 되어 또 400여 명의 포로를 잡았다." "대여섯 명의 패잔병을 발견하고 그들에게 소리를 질렀다. 소리를 치자마자 그들은 뛰어왔다. 그들은 자신들의 부대가 완전히 실패 했다는 것을 아는 듯이 총을 내려놓고 비무장한 중국인이 되었다." "하지만 우리 가 가까이 다가오는 그들에게 총을 쏘자 다가오던 사람들은 모두 손을 들어 투항 하였다. 그들은 비록 무장하고 있었지만 완전히 투지를 상실한 상태였다." 강을 건너지 못하고 난징성에 남아 있던 수만 명의 중국 병사들은 이리저리 흩어졌고, 투지는 사라졌으며 어찌할 바를 모르는 상태에서 제멋대로 이루어진 일본군의 학 살 대상이 되었다.

⑷ 일본 장병들의 눈에 비친 중국군의 저항

이상 우리는 중국군과 중국 측 자료를 중심으로 난징 보위전에서의 중국군의 전투 준비와 작전 상황에 대한 연구를 진행하였다. 하지만 당시 중국군의 전투 상황을 객관적으로 재현해내기 위해서는 다른 각도에서 중국군의 저항 문제를 살 펴보고 연구할 필요가 있다. 난징을 공격하는 과정에서 일본군 또한 방대한 자료 를 남겼다. 그 안에는 일본 장병의 일기와 서신, 일본군 각 부대의 전투 상보, 일본군 장병과 종군기자의 회고, 파견군 사령관 마쓰이의 진중일기, 제16사단 사단장 나가시마의 일기, 상하이 파견군 부참모장 우에무라의 진중일기, 또 중견 장교와 사병들의 일기와 서신 등이 포함된다. 이러한 자료들은 당시 중국군의 작전상황을 연구하는 데 매우 귀중한 자료이다. 따라서 아래에서는 일본군의 시각에서 당시 중국군의 작전상황을 연구해 보도록 하겠다.

상하이를 점령한 후 일본군은 멈춰서 쉬지 않았다. 11월 22일 화중 방면군은 전보를 쳤다. "사변을 해결하기 위하여 난징을 공격해야 한다." 같은 해 12월 1일 일본 본부에서는 명령을 내렸다. "화중 방면군은 해군과 협동하여 적국의 수도 난징을 공격하라." 일본군은 즉각 부대를 나누어 난징 공격을 전개하였다. 일본 장병들은 대체로 중국의 수도 난징을 손에 넣으면 전쟁은 끝날 것이고, 그렇게 되면 명예롭게 돌아갈 수 있다고 생각했다. 그런 까닭에 그들의 사기는 하늘을 찔렀다. "어떤 부대를 막론하고 마치 경주를 하는 것 같았다. 일착으로 성문에 올라가려고 공격했다. 상상을 해보면, 이런 공격은 통일된 지휘 아래 일사불란하게 이루어지는 전투라기보다는 1등을 위해 맹렬하게 달려가는 운동회에서의 이어달리기와도 흡사했다." "각 사단은 모두 난징을 목표로 달려가는 마라톤 대회 같은 공격 모습이었다." 12월 10일 마쓰이는 난징 위수군이 성을 버리고 투항하는 것에 대해 애석함을 느끼면서 공격하는 것은 부득이한 일이라고 여기면서 당일 일기에서 경멸하듯 쓰고 있다. "적군의 저항은 이른바 정신적인 상징성 저항이지 분명히 실제 효과는 없는 것이다." 하루가 지난 12월 11일 전선의 상황은 마쓰이로 하여금 다음과 같이 느끼게 했다. "성을 지키는 병사들의 저항은 매우 완강하다. 우리 포병도 아무런 도움이 되지 않았다. 성 공략에 2, 3일의 시간이 필요했다." "만약 성을 지키는 부대가 난징성을 완강하게 사수한다면 난징성을 차지하기는 어려웠다. 이 때문에 나는 방어하는 사람들의 자질이 매우 중요하다는 사실을 뼈아프게 느꼈다." 일본군 장병의 일기와 서신 및 회고를 통해 우리는 다음과 같은 사실을 알게 된다. 즉 중국 측 자료에서 제기한 춘화진, 쯔진산, 위화타이, 광화먼, 중화먼 등의 전략 요충지에서 진행된 전투는 일본 측에서 제기한 중점과 일치한다는 것이다. 쌍방의 자료를 대비해서 보면 전투의 전모를 분명하게 파악할 수 있고, 일본군 자료로부터 중국군 저항의 몇 가지 특징을 발견할 수 있다.

○ 중국군은 진지 공사나 성벽에 의지하여 완강하게 저항하였다

일본군의 공격에서 보병과 포병 간의 협동은 비교적 좋았다. 하늘에서는 전투기가 폭격을 해주었다. 중국군은 공군의 엄호와 중화기가 부족했다. 이런 상황에서 방어공사는 일본군의 공격을 막아내는 이로운 도구가 되었다. 중국군이 구축한 공사는 비록 많은 문제가 있기는 했지만, 일본군의 공격에 커다란 걸림돌이 되었다. 쯔진산을 공격한 제16사단 33연대는 "적군이 쯔진산 일대 고지를 중시하여 상당히 견고한 진지를 구축한 것을 발견했다. 군에서 가장 우수한 교도총대의 일개 여단을 주축으로 하여 겹겹이 배치하였고 우리 군에 완강히 저항하고" 있는 것을 보게 된다. 순화진에서는 "난징의 주요 방어선 순화진에 3중으로 방어보루를 배치하였고, 그것들 사이에 참호를 연결했고, 누 갈래 지붕형 철소낭와 선차 참호를 구축하였다. 또한 각 곳에 지뢰를 매설하였다. 적들의 중앙군의 저항의지는 매우 굳건했다. 우리 보병 제36연대가 아무리 공격해도 전진하기가 힘들었다." 안더먼安德門 진지에서 일본군 제6사단 제23연대, 제13연대, 제45연대는 안더먼을 점령한 뒤에 위화타이를 향해 총진군하였다. "대대는 이미 제2 방어선 진지인 안덕문 고지로 방향을 틀어 공격하였는데, 진지에는 철조망과 토치카와 참호 등의 장애물이 있었고, 적군은 이것에 의지하여 결사적으로 저항하고 있었다. 특히 그날 밤에 제1 방어선에서 공격 책임을 맡았던 제2중대가 철조망을 부수고 진지로 들어가 고지 일부분을 탈취하였다. 하지만 중국군의 반격이 매우 맹렬하게 전개되었다. 저녁 내내 그들은 여러 차례에 걸쳐 반격해 왔다." 남쪽 라인 위화타이 진지에서는 "적군이 성벽 위의 총구멍과 성안에 있는 진지를 이용해서 완강하게 저항하였다." 이뿐만 아니라 일본군 일기의 곳곳에서 중국 장병이 진지를 이용해서 완강하게 저항했다는 기록이 발견된다. 진지를 방어할 때에 중국군은

중화기가 부족했기 때문에 토치카, 철조망, 참호, 성벽 위의 총구멍 등의 시설을 충분히 이용하였고, 온갖 방법을 모두 동원하여 일본군의 공격에 맞섰다.

중국군이 방어 시설물을 이용하여 완강하게 저항하는 것에 대해 일본군으로서는 뾰족한 해결방법이 없었다. 전진하는 과정에서 매번 중화기와 전투기, 야포 등의 협동 공격에 의존하였다. 광화먼 공격 전투에서 일본군은 거의 모든 중화기를 투입하였다. "12월 11일 이후로 150밀리포, 100밀리포, 240밀리포 등 중화기 부대의 협조를 받아 견고한 성벽에 세 군데 구멍을 낼 수 있었다." 남쪽 위화타이 진지는 중국 방어군의 완강한 방어하에 일본은 아무 대책이 없었다. 마지막으로 "포병부대의 증원이 끝없이 이어졌고, 전투기도 하늘에서 적진을 향하여 폭격을 가하였다. 난징성 사방에는 천둥 같은 포격 소리와 전투기 폭격 소리가 울려 퍼졌다." 일본군이 쯔진산을 공격할 때 제16사단은 보병 제33연대, 제38연대가 오른쪽 날개로부터 쯔진산을 공격하였고 제9연대, 제20연대는 좌측 날개로부터 쯔진산을 공격하게 하였다. 또 야전 포병 제22연대는 48문을 포를 가지고 있었고, 각종 포에 관측기구를 장착하여 적들의 가장 견고한 진지를 부수는 임무를 맡았다. 나가시마 부대는 쯔진산 요새를 파괴하였고, 부대는 전진할 수 있었다. 일본군의 포화는 쯔진산 방어군의 진지를 맹렬하게 공격하였고 그로 인해 일어난 불은 며칠간 꺼지지 않았다.

○ 중국군이 용감하고 끈질기게 싸우다

각 성문을 지키는 부대이건 쯔진산을 지키는 교도총대를 막론하고 각 부대는 철수 명령이 하달되기 전에 모두 필사적으로 자신들의 진지를 지켰다. 일본군의 공격은 계속 맹렬하게 이어졌다. 하지만 중국군은 완강하게 저항하였다. 중국군도 여러 가지 전술을 사용하였다. 일본군과 백병전을 벌이기도 하였고, 수차례에 걸쳐 반격을 가하는 등 멍하니 당하고만 있지는 않았다. 광화먼에서 방어 책임을 맡고 있던 교도총대 시에청루이謝承瑞 부대는 야음을 틈타 반격을 해왔고, 성루에서 떨어지기도 하고, 자동차 기름을 이용하여 불을 지르기도 하였다. 또한 수류탄을 터뜨려 일본군 제9사단 36연대의 이토 부대장을 죽이기도 하였다. 이는 방어 과정에서 몇몇 중국군은 필사적으로 싸웠고 심지어는 백병전을 벌이기도 하였으며 기존의 시설물을 충분히 이용하여 기민한 전술을 구사함으로써 적들을 소멸시키려 했다는 것을 말해준다.

춘화진에서 일본군과 가장 먼저 격전을 벌인 51사는 일본군 제9사단 주력의 공격을 막아냈다. 일본군은 보병, 포병, 공병 그리고 전투기의 협조를 받아 12월 8일 악전고투 끝에 적들의 진지를 돌파하였고, 난징으로 전진할 수 있었다. 하지만 일본군은 3일간 혈전을 벌여 사상자가 다수 발생하였고, 피로가 극에 달했다.

중화면 아래에서는 적들의 수많은 포와 기관총이 견고한 성벽 위에서 우리들을 향해 인정사정없는 공격을 계속하고 있었다. 아군은 후방에서 야전포를 끝없이 쏘고 있었고, 큰길에서는 탱크로 맞서고 있었다. 치열한 전투는 온종일 계속되었다. 후지다는 〈전차전기戰車戰記〉에서 중화면 전투를 다음과 같이 기록하고 있다. "하지만 중화면 적군의 저항은 상당히 완강했다. 기관총과 대포로 옥상에서 전차 부대를 도왔다. 하지만 1분도 채 되지 않아서 석의 탄환에 쓰러지고 말았다." 교도총대는 쯔진산에서 일본군 제16사단과 혈전을 벌였다. 교도총대의 활약에 대해서는 자신만만한 일본군도 찬사를 금하지 못하였다. 쯔진산 공격을 책임진 일본군 제30여단 단장 사사키는 교도총대가 "장제스의 가장 용맹스러운 직계 부대이기 때문에 끝까지 완강하게 전투를 벌이는 가장 용감한 부대"라고 감탄을 금하지 못했다. 또 "다른 중국군과는 다르게 장제스의 직계 군대라는 말에 걸맞게 수차례 반격을 하였고, 비록 적이지만 정말 감탄할 만하다"고 하였다. 제16사단 소속 야전 포대 제22연대의 편지에서 다음과 같이 쓰고 있다. "최후의 전선에서 중국군의 저항은 상당히 완강하다. 아마도 죽기 직전의 반항인 듯하다." "특히 난징 쯔진산 천문대의 격전에서 용감하게 싸우고 있고 다수의 사상자가 나왔다. 우리 포병이 쯔진산을 계속 공격하고 있고 적의 포탄이 끊임없이 떨어지는 상황에서 3일 밤 3일 낮을 싸우고 있다." "난징 동쪽 쯔진산에서의 전투에서 백병전이 벌어졌다. 적들에게 커다란 타격을 입혔고, 아군 사상자도 67명이 나왔다."

난징성 동쪽의 제2군단은 일본군 제16사단의 맹렬한 공격을 받았다. 양팡산, 인콩산이 연이어 함락되었고, 성내와 연락이 끊겼다. 12월 11일 제2군단의 인콩산 방어 전투에 대해서 일본군 제16사단 제30여단 단장 사사키는 당일 날짜 일기에서 다음과 같이 쓰고 있다. "오전 11시에 인콩산 동서 양쪽의 적군 진지를 빼앗았다. 적군의 저항은 정말 대단히 완강했다. 그래서 포병에게 그들을 향해 포격을 퍼부으라고 명령했다. 참호 안에는 적군 사병의 시체가 가득 쌓였다. 그런데도 우리 보병이 비탈을 따라 위로 내달릴 때 아직도 적군은 물러나지 않았고, 죽음을 불사하는 자세로 진지를 사수하고 있었다."

난징의 남쪽 문 위화타이에서 "12월 10일 무렵 우리는 중국 방어군이 참호를 파고 지키고 있는 연병장 유적지의 위화타이 입구 근처에 도착하였다. 이곳은 중화먼에서 2km 떨어진 곳인데, 입구 전방 1km 전방에서 추격포와 기관총이 맹렬하게 불을 뿜었다. 필사적인 공방전이 시작된 것이다." 결국 제6사단은 비행기와 중화기의 대대적인 지원으로 12일 정오에 위화타이를 접수하였다. 적군과 아군의 힘은 크게 차이가 났지만, 어느 일본군 부대도 신속하게 성문을 차지하지는 못했다. 일본군이 각각의 성문을 차지한 것은 거의 13일 새벽이었다. 중국군이 철수한 뒤에도 광화먼의 방어군은 새벽 1시에 일본군이 사격을 가하자 반격을 하였고, 3시 무렵이 되어서야 잠잠해졌다. 교도총대는 쯔진산에 12일 오후 5시 전후에 제16사단 보병 제33연대와 세 차례 충돌하였고 마침내 일본군은 쯔진산 정상을 차지하였으며 계속해서 천문대로 공격해 들어갔다. 13일 새벽까지 일본군 일기에는 산 중턱에서 날아오는 '적탄'이 언급되고 있다.

○ 비참한 전투 결과

중국군은 방어의 중점을 성벽 근처의 진지에 두고 진지 위에는 막강한 군대를 배치하였다. 진지에서 중국과 일본 쌍방은 계속 공방전을 벌였고, 그 전투는 3, 4일간 지속하였다. 이로 인해 성벽 부근 중국군의 사상자는 다수 발생했다. 광화먼 공격에 나선 제9사단 보병 제36연대의 부관 스가와라 히게토시는 13일 새벽에 "성벽 아래에 가서 보니 성벽 진지가 매우 처참해져 있었다. 장렬한 전사자의 시체가 눈에 가득 들어왔다." 제9사단이 13일에 광화면을 접수할 수 있었던 것은 중국군이 주도적으로 철수했기 때문이었다. 그렇지 않았다면 한바탕 악전고투는 피할 수 없었다. 도로 양옆의 비탈길에는 무수한 참호가 있었고, 사방에 철조망이 설치되어 있었으며 성벽에는 한 군데의 사각지대도 없었다. 물로 가득 찬 참호 도랑은 성벽의 그림자를 또렷하게 비추고 있었다. 제36연대 병사들이 얼마나 고생스럽게 싸웠는가를 정확하게 알 수 있었다. 육군성 정보부가 펴낸 〈대륙 전사〉에 실린 광화면 전투 기록에 따르면, "적들이 한 것은 인간 탄환 전술과 수류탄 전술이었다. 우리 군의 사상자는 매우 많이 늘어났고, 돌격대장 이토 소좌도 희생되었다. 양쪽 모두 조금의 양보도 없었다. 성 곳곳에서 적군과 아군 쌍방 모두는 상대방의 거친 숨소리와 말소리를 들을 수 있었다. 전투는 점차 교착상태로 빠져들었다. 10일의 격전은 11일까지 이어졌다. 각각의 성문을 향해 돌격해 들어간 각 부대가 공격을 거듭하였지만 높고 높은 성벽을 공략하지는 못했다." 중화면도 예외는 아니었다. 성벽 무근은 "곳곳이 붉은 피로 낭자하였고, 바닥에는 머리가 잘리거나 내장이 밖으로 드러난 시체와 갈가리 찢겨 나간 살덩어리들이 나뒹굴어 참으로 눈 뜨고 볼 수 없을 지경이었다." "성문 주위에는 적군의 시체가 쌓여서, 눈 뜨고 볼 수 없을 정도로 비참했다." 제115연대 제2대대의 보고서는 매우 자세한 편이다. "특히 저우자아오周家四 동편 고지전이 벌어진 참호 안팎에는 적들의 시체가 즐비하였고, 붉은 피가 강물처럼 흘러내렸다. 밟고 지나가기 일쑤였고, 어떤 사람은 비명을 지르기도 하였다." 중국과 일본 간에 벌어진 격렬한 교전은 서방 기자가 잘 전하고 있다. "성을 두고 벌어지는 전투에서 쌍방의 사상자는 심각했는데, 중국 측의 사상자가 더 심각했다. 두 나라는 성벽 주변에서 기관총을 조준하여 쐈고, 중국군은 성벽에 불을 질러 성 밖에 있는 일본군을 막아내는 경우가 많았다." 그리고 일본군은 포 사격과 족집게 폭격을 강화하였는데, 중국군은 피가 줄줄 흐르는 몸으로 빠르게 전진하는 일본군의 발걸음을 막았다.

일본군의 전투 상보에 기록된 중국과 일본 장병들의 전투 과정에서의 사상자

상황은 양국 간의 벌어진 전투가 얼마나 치열했었나를 잘 보여준다. 일본은 난징 외곽과 성곽을 공격하는 전투에서 참전했던 부대의 전투 상보에 나타난 통계는 다음과 같다. 제16사단(제33연대) 장병 사상사 199명, 제9사단 난징 공격 과정(춘화진 포함)에서 간부급 이하 사망 460명, 부상 1156명, 합계 사상자 616명, 중국군 희생자 4,500명, 제114사단의 모링관, 장쥔산, 난징성 공격 전투에서 장병 사망 206명, 부상 682명, 합계 888명, 중국군 전사자는 6,000여 명에 달했다. 제6사단 다니히사오 부대는 난징성 전투에서 전사 306명, 부장 884명, 사상자 합계 1190명, 중국군 전사자는 7,200명이었다.

12월 6일에서 12월 12일까의 전투 중 일본군 사상자

일본군	부상	사망	중국군 사망자
114사단	682	206	6,000여 명
6사단	884	306	7,200
16사단(33연대)	159	40	1,330
9사단	1,156	460	4,500
합계	2,881	1,012	19,030

주) 중국군 사망자 수는 전투 중 사망한 사람의 숫자이고, 12월 13일 난징에 진입한 이후 학살된 사람들은 포함되지 않음

표에 나타난 통계를 보면 난징 공격 전투에서 일본군의 사상자는 3,893명이고, 중국군 사망자는 19,030명이다. 사실상 제16사단의 자료가 빠져 있기 때문에 제16사단의 나머지 부대의 사상자를 더하게 되면 일본군 사상자는 4,000명을 넘게 된다. 1938년 12월 일본 문화정보국이 펴낸 〈주도쿄 외국인 중국 시찰 여행 보고서〉에는 다음과 같이 기록되어 있다. "우리가 적들에게 안겨준 병력 손실은 8만 명이고, 그중 버려진 시신이 53,000구로서 말하자면 우리가 적군의 총병력 10만 가운데 8만 명을 없애버린 것이다. 이와 반대로 우리 군은 4,000명만 손실을 보았다." "사망 1,000명, 부상자 3,000명 내외" 이 내용은 일본군 전투 보고서에 나오는 수치와 서로 대조해 볼 수 있다. 마찬가지로 전투 중 사망한 중국군 숫자는

2만 명을 넘는다. 상하이사변에서 중국군이 죽거나 다치게 한 일본군은 4만여 명이고 중국군은 25만 명이 희생되었다. 그렇다면 중국과 일본 양국 군의 사상자 비율은 6대1이고, 일본군 통계의 부분적인 자료에 근거한 난징 보위전 중에 일본군 사상자는 3,893명이고, 중국군은 19,030명으로서 중일 양국의 사상자 비율은 5대1이 된다. 쌍방의 사상자 수를 비교해 보면 난징 보위전의 저항 효율이 상하이 사변보다 높고, 격렬한 정도가 상하이 사변에 못지않았다는 사실을 알 수 있다.

4. 장한 의지는 보답을 받지 못했다 - 난징 보위전의 실패 원인

난징 보위전 실패의 원인에 대해서는 학자들도 분석을 진행하였다. 일본의 저명 학자 가사하라 주큐시笠原十九司는 난징 보위전에 대해 전 과정을 연구하였다. 장제스, 탕셩즈와 난징 보위전의 관계를 논술하였고, 중국 사병의 입장에서 보위전에 참전한 각 부대의 전투 과정에 대한 연구를 진행하였으며 마지막으로 난징 보위전 실패의 원인을 규명하였다. 가사하라는 〈헌병 사령부의 난징 항전부대의 전투 상보〉에서의 난징 보위전 실패에 대해 총결하였고, 이 총결에 대해 개괄하였다. 그는 지휘관의 능력, 부대원의 자질, 퇴각 시 구축 등의 측면이 난징 보위전 실패의 원인이라고 진단하였다. 장쑤 사회과학원 쑨자이웨이 교수는 그의 저작 〈난징보위전사〉의 마지막 장에서 난징 보위전 실패의 원인을 결론지으면서 주관적, 객관적 측면에서 상세하게 분석하였다. 그는 난징 보위전 실패의 주관적 원인이 군 당국의 지휘와 후방 지원에서의 문제라고 보았고, 객관적으로는 적은 강하고 아군은 약한 현실과 난징의 불리한 지형으로 진단하였다. 중국의 제2 역사문서관의 천창허陳長河는 〈탕셩즈와 1937년 난징 보위전〉이라는 글을 써서 난징 보위전에 대해서 주, 객관적으로 분석하였다. 보위전에서의 탕셩즈의 역할에 대해 적극적으로 평가하였다. 중국사회과학원 근대사 연구소의 양티엔스楊天石는 논문 〈장제스와 1937년 상하이, 난징의 전쟁〉에서 난징 보위전 실패가 외곽 방어를 소홀히 하였고, 자신의 역량 보존을 하지 못했으며 적과의 과도한 소모전에 있다고 분석하였다. 필자는 난징 보위전의 실패가 여러 요인에서 기인하다고 생각한다. 난징 보위전 이전에 중국의 군 당국이 일련의 준비를 했고, 또 보위전에서 중국군이 완강하게 저항하기는 했지만 자신의 문제와 일본군의 막강한 군사력으로 인해 소기의 목표를 달성하지 못했다. 난징 보위전은 실패한 전쟁이다. 그 실패 원인은 여러 측면이 있지만 주요한 측면은 아래에서 서술한다.

(1) 전술 수준과 보장 능력의 검토

○ 작전 지도 방침에서 판에 박힌 단순한 전술을 채택하였다

난징 보위전에서 시행한 것은 단순한 방어정책으로서 기민한 기동성이 결여된 전략 전술이었다. 위수사령부가 외곽진지의 방어에 편중되어 있었고, 외곽 거점과 성벽을 지키기로 하고 방어 배치로 정책을 결정하였다. 병사들을 성 근교에 배치하여 난징성 근교에는 7개 군과 교도총대 약 7만여 명을 집중시켰다. 그리고 외선 동남쪽 진지의 넓은 구역에는 제16군, 제83군과 74군 약 3만 명만 배치하였다. 게다가 수도의 병풍 역할을 하는 진탄, 쥐룽, 리수위, 리양, 전장 등은 아무런 전투가 벌어지지 않은 상태에서도 급하게 포기해 버렸고, 그로 인해 일본군 진군 속도를 더 빠르게 해주는 결과를 초래하고 말았다. 적들이 성 아래까지 밀고 들어올 때 방어군은 주동적으로 출격하지 못하고 병력을 나누어 각 진지를 지키게 함으로써 수동적으로 공격을 당하는 국면을 연출하고 말았다. 제2군단 제41사 딩즈판丁治磐은 전투의 교훈을 결론지으면서 다음과 같이 말했다. "아군은 처음부터 끝까지 모모 라인의 명을 지켜야 했고, 주도적인 힘이 전혀 없었다. 결국 전쟁의 국면은 비참하게 끝나고 말았다." 제2군단장 쉬위엔취엔徐元泉은 탄식하였다. "방어군이 공세를 취하지 않고서는 목적에 도달할 수는 없는 법이다."

난징 보위전에서는 일선의 많은 하급 지휘관들이 실제 상황에 근거하여 주동적으로 출격하여 적들을 섬멸할 것을 요구하였다. 하지만 이런 합리적인 건의는 대부분 무시당했다. 12월 초에 쥐룽 전선에서 제156사의 작전을 지휘하던 제83

군 참모 리우샤오우劉邵武가 군장 덩롱광鄧龍光에게 제156사를 출격시켜 적 지휘부를 해결하고 공격의 창끝을 쥐롱을 향해 서진하고 있는 적들을 섬멸함으로써 난징 방어부대에 준비할 시간을 주자고 건의하였다. 하지만 사령관 리우싱劉興은 소극적인 입장을 나타냈다. 그 이유는 잘 지키지도 못하는데 공격을 한다는 염려였다. 12월 7일에 교도총대와 일본군 제16사단이 쯔진산 일대에서 격전을 벌일 때에 당시 교도총대 부대장 저우전창周振强은 제3여단의 여단장 마웨이롱馬威龍, 공병단 단장 양허우찬楊厚燦과 함께 병력을 쯔진산의 갈림길에서 출격시켜 적들의 후방을 위협하자고 건의하였다. 하지만 꾸이용칭과 탕셩즈의 동의를 얻어내지 못했다. 그들이 내세운 이유는 다음과 같다. 현재 소모된 병력이 너무 많은데, 만일 출격했다가 성공하지 못하면 난징을 지키는 병력이 부족해지게 된다. 12월 9일에 광화먼을 지키는 제87사단의 부사단장 겸 제261여단의 여단장 천이청陳貽程은 상부에 하이즈리에서 장자상張家上을 거쳐 샤오스산小石山 쪽 적의 뒤쪽을 공격하자는 건의를 하였다. 이 건의도 마찬가지로 만일 출격했다가 성공하지 못하면 수비 병력에 영향을 미치기 때문에 받아들일 수 없다는 내답을 들었다. 결국에는 앉아서 적들에게 공격을 당하는 꼴이 되고 말았다.

○ 고급장교의 지휘능력과 기율의식이 비교적 부족했다

난징 보위전에서 몇몇 고급장교는 전략전술 면에서 기민성이 부족하여 적들의 상황에 근거하여 기민한 전술을 취하지 못했다. 위수 사령관 탕셩즈의 지휘는 심각한 실수가 있었다. 난징 보위전의 마지막 포위돌파는 뜻밖의 일이었다. 하지만 탕셩즈는 도강 철수의 도구와 심리적 준비가 없었다. 오로지 결사 방어만을 강조하였고, 철수시기에 대한 판단을 잘못하였고, 포위 돌파 명령을 하달하는 것도 너무 늦었다. 12일 오전이 되자 위수사령부는 이미 철수를 결정하였다. 하지만 탕셩즈가 하달한 명령은 진지를 구축하고 시가전을 준비하라는 것이었다. 12일 오후가 되어 군대는 거의 붕괴상태가 되었는데, 탕셩즈는 그제야 비로소 철수 명령을 내렸다. 장병들은 결사 방어에서 철수로 이어지는 심리적 준비가 되어 있지 않았다. 게다가 중국과 일본의 군대는 교착상태에 있었고, 근본적으로 질서 있게 철수하는 것은 불가능한 상태였다. 명령을 하달할 때에 탕성즈는 마음대로 하는 모습을 보여주었다. 본래는 대부분이 포위를 돌파하고 일부는 강을 건너는 것이었다. 위수사령부 기관과 직속 부대, 제36사, 제2군단은 도강을 하고, 그 나머지는 정면 돌파해야 한다는 것이었다. 하지만 탕성즈는 나중에 구두 명령을 내려 제87사와 88사, 제74군, 교도총대 등의 부대는 전체가 정면 돌파를 하지 못하면 제주 방면으로 집결해도 된다고 하였다. 이들 부대는 일제히 하관으로 몰려갔고 운송 도구는 부족한 상태였다. 이로 인해 애초 계획은 실패하고 말았다. 대다수 부대의 장병들은 목숨을 구하고자 하는 본능의 지배를 받아서 서로 짓밟아가며 하관 강변에 이르렀지만, 강을 건널 배가 없었다. 결국 몇몇 사람만 강을 건넌 것을 제의하고는 대다수는 일본군에게 죽임을 당했다.

　몇몇 고급 장교는 보위전에서 적극적인 태도를 보이지 않았다. 헌병부대 전투상보에는 "각급 지휘관들은 적극적으로 해보려는 마음이 부족했고, 적군의 약점을 틈타 적시에 반격을 가하지 못했고, 지휘관 다수가 전술적 두뇌가 부족했으며 적정 판단에 밝지 못했다"고 적혀 있었다. 몇몇 고급 장교는 보위전에서 직책을 포기하고 냉랭한 태도를 보였다. 제71군장 왕징지우王敬久는 황푸黃浦군관학교 제1기 학생으로서 상하이 보위전에서 탁월한 활약상을 보여주었지만, 난징 보위전에서는 완전히 다른 사람이 되어 있었다. 무기력한 상태로 푸꾸이산 지하 교도총대의 사령부에서 밥 먹고 담배 태우고 졸기도 하고 심지어 마작까지 하였다. 철수 명령이 하달되자 그는 부대를 버리고 앞서서 시아꽌下關으로 달려갔다. 교도총대의 총대장 꾸이용칭은 철수 명령을 부하에게 하달한 후에 경호 몇 명을 데리고 부대는 버려둔 채로 시아꽌으로 달려갔다. 그 밖에도 제2군단 제48사 사단장 쉬지우徐繼武는 제142여단을 통제하여 참전하지 못하게 하였다. 그는 진지에서 멀리 떨어진 숲속에서 경호군과 함께 마작을 하며 시간을 보냈고, 작전지휘는 참모장에게 맡겼다. 그런데 참모장도 1시간에 한 차례씩 전화로 적의 동태를 묻기만 했다. 제87사 부사단장 겸 제261여단 여단장 천이딩은 다음과 같이 회고하고 있다. "우리 윗선은 우리를 만난 적이 없다. 또 난징 보위전의 일반적인 배치 상황을 우리에게 알려준 바가 없다. 교도총대 제3여단 여단장 마웨이롱은 나에게 난징 보위전이 노래하는 것은 우리 여단장의 연극이라고 말했다."

난징 위수군 전투 상보는 실패의 교훈을 다음과 같이 결론짓고 있다. "각급 지휘관들은 상부의 명령에 대해서 중시하지 않는 경우가 많았다. 더욱이 지정된 시간에 따라 임무를 수행하지 않는 것이 가장 큰 폐단이다." 12월 12일 오후에 난징 보위전이 가장 중요한 순간으로 접어들 무렵, 제72군 일부가 제멋대로 위화타이에서 성내로 철수하여 인장먼으로 달려가 중화먼 일대 전선이 위급한 상태에 빠졌다. 제74군도 싼차허三汊河에서 부교를 설치하여 시아꽌으로 철수할 준비를 하고 있었다. 이러한 명령 불복종과 영이 서지 않는 현상은 보위전을 진행하는 데 심각하게 영향을 미쳤다.

이 밖에 난징의 위수부대는 임시로 합쳐진 부대들로서 각 부대 간의 연락도 주도면밀하게 이루어지지 않았고, 그런 까닭에 서로 간에 믿음도 적었다. 제114사가 난징에 도착한 후에 제102사는 교도종대가 지휘하게 되었고, 세112사 참모장은 연락 참모를 파견하여 교도총대부에 상주하도록 하면서 여러 차례에 걸쳐 당부하였다. "어떤 상황이 발생하면 빨리 보고하도록 하고, 특히 주의할 것은 그들 중앙군이 우리를 버리고 도망가지 않도록 하라." 중국군은 비록 희생하고자 하는 결심은 있었지만, 협동심은 없었다. 제48사 사단장 쉬지우는 적들이 아군을 공격할 때 한 곳에 집중하여 석권하려는 목적이 있으니 아군은 적들과 붙었을 때 어떠한 희생을 치르더라도 힘껏 저항하고 가까이에 도와줄 부대가 없으면 각개격파할 수밖에 없고 패전상황은 되돌이킬 수 없게 된다고 생각하였다. 난징 위수부의 전투 보고서에는 "각 부대장은 서로 믿음이 없었고, 독립 작전 정신이 없었으며 아군의 상황이 불리하다는 것을 길에서 듣거나 지레짐작하고서는 스스로 작전의 순서를 어지럽히기도 하였다."고 적혀 있다. 각 부대의 협조와 조합 능력은 비교적 뒤처진 편이었고, 중국군의 저항 효과에 영향을 미치는 중요한 요소였다.

○ 군사 진지의 구축과 후방 지원도 심각한 문제가 있었다

　난징성 근교에는 이미 영구적인 공사가 설치되어 있었다. 비록 지어진 지는 오래되기는 했지만, 질적으로 좀 뒤떨어져서 실용성과 과학성이 부족했다. 또한 난징 보위전에 매우 큰 어려움을 안겨주었다. 동남 진지의 대부분은 질적인 요구에 맞춰 지어진 것이 아니었다. 공사 위치는 엄폐를 고려하지 않았고 대부분은 높은 산꼭대기나 능선을 따라 지어졌고, 진지 편성계획이나 요약도가 없었다. 그저 공사 위치도는 참고용에 불과했다. 그런 까닭에 진지 편성계획을 세울 때 관측용으로 쓰이거나 지휘소 용도로 쓰이는 것을 제외하고는 많은 공사가 이용되지 못하여 다시 위치를 선정하여 구축할 필요가 있었다. 니우서우산 일대에 예전에 잘 지어놓은 철근 콘크리트 국방 공사가 있었는데, 어떤 것은 흙에 묻혔고, 문은 잠겨 있고 문을 여닫는 데 너무 크게 만들어 놓아서 많은 공사들가 이용을 할 수가 없고, 적들에게 너무 쉽게 발견되어 집중 공격을 당하기 쉽다. 이런 문제로 장병들은 이미 설치된 국방공사에 대해 불만이 매우 많았다. 공사에 대한 불만은 한두 부대에 그치지 않았다. 중화먼 밖의 위화타이 앞에 언덕에 자리 잡은 진지가 있는데, 철근 콘크리트로 지어져 경화기와 중화기를 숨길 수 있었다. 튼튼한 이중문으로 되어 있었지만, 사격 구멍이 높고 넓은 데다가 적과 정면으로 마주 보고 있어서 적들에게 완전히 노출되어 적들의 포 공격을 받아 제대로 된 역할을 할 수 없다. 돈만 들였지 이 시설물을 이용할 수 없으니 국방의 대사를 그르치는 것이다. 반장을 맡았던 사람까지도 입만 열면 공사를 배치한 사람이 적폐라고 욕을 해댔다.

　경비사령부가 진지의 편성과 화력 배치를 할 때 참모처의 편제 인원이 너무 적어서 현장으로 가서 두루두루 살펴볼 참모 인원을 파견하지 않고 작전을 주관하는 참모는 5분의 1의 지도 위에 표시할 뿐이었다. 이에 따라 실제 공사와 지도 간에 심각한 차이가 생겨났고 많은 인력과 물자와 돈을 낭비하였고, 그러면서도 소기의 목적은 달성하지 못했다. 이는 불가피하게 중국군의 방어에 큰 어려움을 안겨주었다. 또한 작전 효과에도 영향을 미쳤다. 하지만 당시 전쟁 국면은 긴박

한 상태였고 인원 편제는 부족하여 이러한 상황은 피할 수 없는 일이었다.

후방 지원 측면에서 군대는 도강에 필요한 운반 도구가 부족했다. 강북으로 향한 포위돌파를 결행할 때에 군대 10여 만은 건널 배가 없었다. 〈난징 위수군 전투 상보〉의 기록이다. "국민정부가 서쪽으로 옮겨간 후 각각의 교통 기자재가 함께 따라갔다. 각 군은 상하이 철수 과정에서 피해를 보아서 남아 있는 것이 많지 않았다. 탄약의 보급, 부상병 간호와 구멍 난 성벽을 막을 자재 운송 등은 모두 느리기만 했다." 많은 교통수단은 국민당 정부에게 징발당했고, 군대에 많은 영향을 미쳤다. 난징에서 임시 진지를 구축할 때에 운송 수단과 필요한 자재와 노동력이 부족하여 한밤중을 이용해서 공사하고 정면을 너무 넓게 하고, 자재가 부족한 관계로 진지는 기대했던 만큼 견고하게 완성되지 못하였다. 전선에서 철수한 수많은 부상병도 의료진과 약이 부족했다. 준비했던 의약품 2만 위안어치가 약속되었으나 막상 도착한 것은 1,500위안어치였다. 방어 공병학교의 제87사 제261여단의 여단장 천이딩은 오왕분吳王墳 근처에서 개설한 부상병 수용소는 부상병을 시아꽌으로 옮길 준비를 하고 있었다. 하지만 길은 멀고 운송수단이 제시간에 도착하지 않아 부상병들의 요구를 받아들일 수 없었다. 결과는 적들에게 참살당하는 것으로 마무리되었다. 더욱 심하면 보위전이 격렬하게 진행될 때에 중국군 소속의 많은 의료인이 직책을 포기하고 도망치기에 바빴고 부상병들은 알맞은 치료를 받지 못하였다. 결과적으로 장병들의 사기에 심각한 영향을 미쳤다.

(2) 중국과 일본의 전력 비교

난징을 공격한 일본의 화중 방면군은 그 인원이 비록 10만 명이었지만 대부분은 훈련이 잘되어 있는 노병들이었고 게다가 전투력은 막강하고 사기는 왕성하여 전투를 벌일 때 보병과 포병 및 공군의 협조가 잘 이루어져 위력이 엄청나게 컸다. 거기에 전차와 탱크 등 중화기까지 합세하였다. 그 밖에 일본은 중국 대륙과 타이완 및 조선 등의 비행장에서 출동하는 전투기가 전투에 참여하고 또 야마사가 타다하루가 이끄는 제3 비행단은 화중 파견군에 직접 배속되어 작전에 협조하였다. 독일 대사관이 독일 외교부에 보낸 보고에서도 일본군의 공격 능력에 찬사를 보내고 있다. "지금 난징을 향해 시작된 달리기 경쟁에서 획득한 위대한 성과는 한 줄 한 줄의 방어전선 만이 아니고 견고한 도시가 하나하나 점령당하고 있으며 지세가 매우 어려운 곳조차도 일본군의 공세 앞에서는 그 위력을 잃고 있다. 때로 이 행동들은 빠른 전략과 양호한 전술이 되기도 한다." 이로 보아 일본군이 군자 장비 면에서나 대원들의 소질, 전략전술 면에서 중국군에 훨씬 앞섰다는 사실을 할 수 있다.

중국과 일본 양측의 장비 면에서의 차이는 당시 중국 최정예 부대였던 육군 제88사와 일본군 육군사단의 전쟁 전의 비교표를 보면 중일 양국 군대의 실력상 차이를 볼 수 있다.

구분	단위	일본 육군사단	국민당 육군 88사	비율
사람 수	명	22,000	14,000	1.6:1
보총	자루	9,476	4,000	2.4:1
경기관총	정	541	324	1.7:1
중기관총	정	104	72	1.4:1
야포	문	48	12	4:1
전술방어포	문	미확인	4	
기관포	문	16	24	0.7:1
추격포(단)	문	20	24	0.8:1
추격포(영)	문	24	24	1:1
고사포	문	미확인	4	
탱크	대	24	0	
자동차	대	262	미확인	

자료출처 : 장모영, <일본의 중국 침략 시기 국민당 정부 육군의 무기장비 고찰>, <<항일전쟁연구>> 2008년 제1기, 61쪽.

위의 표를 통해 미루어 단정할 수 있는 것은 일본군 1개 사단의 화력이 제88사의 2, 3배라는 것이다. 국민정부는 군대를 조직할 때에 직계부대와 비직계부대로 나누고 있었다. 직계부대 중에서도 가장 장비가 좋은 제88사조차도 무기가 일본군에 미치지 못하니 다른 비 직계 부대의 장비 상황은 어땠을지 상상할 수 있다.

항전 시기에 무기 장비와 대원들의 소질 요소의 영향으로 일본 사단의 화력은 국민당 육군 사단 수준의 약 4배에 달했다. 국민정부는 대체로 3개 반의 제대로 된 국민당 육군 사단이 편성되어야 일본군 1개 사단에 맞설 수 있었다. 이러한 비교는 아직 전쟁 전이었고, 쌍방이 정상적으로 편제가 이루어진 상황에서 상하이 사변을 거치면서 중국 군대는 손실을 크게 입었고, 보충된 신병은 훈련이 부족하여 전투력에 영향을 미쳤다. 상대적으로 일본은 손실이 적었다. 게다가 자국으로부터 인력과 탄약의 보급을 제때 받을 수 있었다. 그런 까닭에 쌍방의 차이는 더욱 벌어졌다. 구체적으로 난징 보위전에서 중국군에 보충된 신병은 훈련이 부족했고 중화기와 공군의 엄호가 부족한 데다가 난징의 지리적인 위치도 보위전 실패의 객관적인 원인이 되었다.

○ 신병의 훈련 부족은 부대의 전투력에 영향을 주었다

중국 측은 난징 방어를 매우 중시하여 13개 사단과 15개 군단, 약 15만 명을 난징 보위전에 투입하였다. 하지만 중국군의 구성에서 상당한 부분을 차지한 것은 막 입대한 신병이었다. 심지어는 잡아 온 청년들을 복무하게 하는 경우도 있었다. 탄다오핑은 다음과 같이 계산하였다. "직접 적들을 죽일 수 있는 전투원은 60%에 불과했고, 막 입대한 신병은 80%를 차지했다."

어떤 신병은 전투 전에 총을 만져본 적도 없고, 사격하는 방법도 알지 못했으며 부대가 진지를 구축하기 시작하면 한편으로 공사를 하면서 한편으로 사격을 가르치며 군사적 지식이 전혀 없어서 사격을 가르치고 군사 지식을 강의하면서 진지를 지키는 수밖에 없었다.

보충 신병의 훈련 부족은 새로운 무기에 대한 잘 모르고 연기를 독가스로 잘못 알며 탱크를 보고는 혼비백산 도망치는 지경까지 이르게 하였다. 제2군단 제41사단의 딩즈판의 생각은 이러했다. "차출된 사단에서는 다수의 신병을 섞어 넣었고, 교육을 하지 않는 것은 버리는 고통으로, 본 사단은 이번 전투에서 간부 노병은 신병을 위해 총을 장전하는 이도 있었고, 신병을 위해 지형을 고르는 이도 있었으며 신병을 인솔하여 전진하는 이도 있었다. 노병 간부의 사상자는 심각한 지경에 이르렀다. 노병은 항상 전투가 끝나면 피를 흘리며 말하길, 적은 공격하기 쉬우니 우리 신병이 지치는 것이 안타깝다고 하였다." 신병의 존재는 비록 전투 인원을 증가시키기는 했지만, 군대의 전투력은 뚜렷하게 향상되지 않았고, 반대로 뒷다리를 잡아끄는 형국이었다.

○ 중국군은 중화기와 공군의 엄호가 부족했다

난징 보위전에 투입된 15만 명은 훈련이 부족했을 뿐만 아니라 중화기도 부족했다. 보위전에 투입된 중화기는 포병 제8단, 포병 제10단의 15포대, 전차 방어포 8문, 경전차 10대와 크고 작은 고사포 27문 등이었고, 가장 부족한 것은 공군이었다.

1937년 항전이 발발한 이후 중국 공군의 비행기 숫자는 일본의 10분의 1에도 미치지 못했다. 동시에 중국은 자체적으로 비행기를 제작하지 못하여 모두 외국에서 구매할 수밖에 없었고, 그 품질과 항속은 모두 일본에 미치지 못하였다. 난징 보위전이 시작되고 중국 공군은 상하이 항전을 겪으면서 엄청난 손실을 보았고, 전투에 참여할 수 있는 비행기는 이미 몇 대 남지 않았다. 11월 초부터 12월 12일 사이에 일본의 폭격기와 전투기는 난징 상공으로 계속 날아와 미친 듯이 폭격을 퍼부었고, 소련 공군의 지원 부대가 여러 차례 난징 상공으로 날아와 대적하였다. 12월 초가 되어 난징의 성곽과 성벽에서 치열한 전투가 벌어졌을 때, 중국 공군의 전투기는 이미 그 수명을 다했다. 12월 8일에 12월 8일 중국 수비군은 시내의 무기고와 휘발유 엔진, 격납고 및 공장 등에 대해 체계적인 파괴를 시작하여, 파손된 모든 비행기가 일시에 복구할 수 있는 것이 아니어서 일률적으로 파괴하였다. 성한 비행기는 난징을 떠나 내지의 근거지를 향해 날아갔다. 성벽의 전투는 아직 시작되지 않았고, 중국 방어군은 공군의 엄호를 전혀 받지 못했다.

중국군은 공군의 지원과 엄호를 받지 못했다. 광둥 부대의 왕통링王同嶺이라는 상위上尉가 작전의 고단함을 한 가지 측면에서 말하였다. "우리는 적들이 어느 방향에서 공격을 시작하는지 몰랐다. 우리는 적군 비행기의 움직임을 탐지하지 못했다. 또한 공중에서 정탐할 수 있는 도구도 없었다. 그래서 늘 적들로부터 폭격을 받기 일쑤였다." 반드시 있어야 하는 정찰 수단이 부족하고, 정보는 통하지 않음에 따라 중국군의 일본군 봉쇄계획은 기본적으로 실패할 수밖에 없었다.

　중국 공군의 방해를 거의 받지 않은 관계로 일본군 비행기는 제멋대로 보병, 포병과 힘을 합쳐 아군의 진지에 폭격을 퍼부을 수 있었다. 제2군단 제41사단장 정치경은 다음과 같이 회고하고 있다. "이번 항전은 적의 육군이 포 공격을 제외하고는 우리보다 나은 점이 없었다. 우리 입장에서 가장 큰 위협이 되었던 것은 우세한 적의 공군 폭격기가 우리 보병의 진지를 폭격하는 것이었다." 이밖에도 공군의 정찰이 없어 중국군의 대포가 위력적인 역할을 하는 데 영향을 주었다. 왜냐하면 포병은 적군의 위치를 알 도리가 없기 때문이었다. 중국 비행기는 일본군이 난징성을 공격하기 며칠 전까지 전투에 참여하지 않았고, 그 결과 중국군은 전혀 모르는 전투를 벌일 수밖에 없었다. 쳐들어오는 적군을 맞닥뜨리고 있으면서도 적군의 위치를 알지 못했다. 일본군의 위치를 알 도리가 없었던 중국군은 하관 부근의 사자산, 쯔진산, 남문 밖과 성안의 태고산에 있는 값비싼 대포를 성을 방어하는 데 요긴하게 사용할 수 없었다.

　이 밖에도 난징의 특수한 지형 또한 난징 보위전이 실패하게 된 원인 가운데 하나이다. 난징은 비록 지형이 험준하고 양쯔강이 천연 요새 역할을 해주고 있기는 하지만 만약 일본군이 남쪽으로부터 쳐들어오게 되면 막아내기는 어렵고 공격하기는 쉬운 지형으로 변해 버린다. 난징을 지킬 것인가 여부를 결정하는 회의에서 많은 고급 장교들이 난징 사수를 반대하였는데, 중요한 원인 가운데 하나가 바로 난징의 지형 때문이었다. 이종인은 난징의 지형이 매우 험준한 곳으로서 만약 적들이 3면에서 공격을 하게 되면 아군은 퇴로가 없어진다고 판단했다. 유비는 난징이 양쯔강이 굽어지는 부분에 있어 물을 등지는 지형이어서 일본군이 강과 육지로 협공할 수 있기 때문에 방어하기가 어렵다고 생각하였다. 그 밖에 바이총시, 허잉친 등도 리우페이의 의견에 찬성하였다. 후에 난징 방어군의 포위

돌파 작전이 실패한 것은 지휘 상의 실패 이외에도 난징의 강물을 등지는 지형 또한 중요한 요인이 되었다.

이상의 분석을 통해서 알 수 있듯이 난징 보위전 실패의 원인은 여러 가지 측면에서 찾을 수 있다. 객관적으로 보아서 몇몇 원인은 항전 시기 중국군이 모두 가지고 있던 문제였다. 무기라든가 훈련 수준, 후방의 보급 등이 일본군에 미치지 못했고, 이런 요소들은 난징 보위전에서 비교적 두드러지게 드러나는 문제로서 중국군이 작전을 펼치는 데 영향을 미쳤다. 하지만 작전 실패의 가장 중요한 원인은 주관적인 실패였다. 먼저 병력을 성벽 부근에 집중시켜 외곽진지의 방어를 소홀히 해서는 안 되고 전술상으로 수동적이고 소극적인 방어전략을 택하지 말았어야 했다. 위수 사령관 탕셩즈는 지휘 능력이 부족하여 거시적인 시각에서 전투의 진전 상황에 대해 정확한 평가를 하지 못했다. 특히 포위 돌파 과정에서 중대한 잘못을 저질렀다. 각각의 고위 지휘관들은 작전 시에 기민한 책략을 취하지 못하여 결사적으로 막아내야 하는 진지전에서 적들에게 돌파당하였다. 포위 돌파 과정에서는 또 공중 장악 부대와 포위 돌파에 효과적인 조직이 없어서 부대에 막대한 손실을 안겨주었다.

5. 맺음말

항일전쟁이라는 전체 판도에서 난징 보위전은 항전 초기의 상하이 사변, 화북 지구의 항전, 그리고 그 직후 벌어지는 타이얼좡臺兒莊 전투와 우한 전투와 마찬가지로 모두 적은 강하고 아군은 약하며 점차 경색되어 가는 국면에서 중국군이 피가 줄줄 흐르는 몸으로 또 애국의 뜨거운 피와 군건한 의지로 일본군의 공격을 막아낸 전쟁이다. 비록 최후의 진지나 성이 일본군에게 점령당하기는 했지만 어느 정도는 일본군을 무찔렀고, 공격 속도를 늦춤으로써 '공간을 내주며 시간을 벌자'는 국민정부의 책략에 부합하였다. 동쪽으로부터 서쪽까지 일본을 견제하고 많은 사람 수와 광활한 땅의 이점을 이용하여 부대원의 자질과 무기 장비 면에서의 우세를 상쇄시켜 항전에서 최후의 승리를 거둘 수 있도록 조건을 만들어내자는 것이었다.

또 다른 측면에서는 항전 초기에 일본과의 전쟁에 있어 국민 정부가 적극적으로 노력하는 태도를 보여주었다는 점이다. 난징 보위전에서 장제스는 상하이 사변 후에 중국군이 피로 상태에 빠지고 일본군이 맹렬하게 공격을 퍼붓는 상황이 되어 난징을 지킬 수 없는 상황에서 수도를 지키기 위하여 15만 병력을 소집하여 난징을 방어하였고, 직계 정예부대를 남겨 놓았으며 직접 진지를 시찰하였다. 또한 동원 대회를 개최하여 사기를 진작시켰다. 장제스는 일본군의 공격에 저항하기 위해서 커다란 결심을 하였다는 것을 말해준다. 다른 고급 장교와 막료들이 비록 '상징적 방어'를 주장했지만, 그들이 일본군의 침략에 대해서 저항하지 않는 태도를 가졌다고 표명하지 않았다. 다만 그들은 난징에서 어느 정도의 저항이 있었는지에 대해서는 다른 견해가 있을 뿐이다. 위수 사령관으로서 탕성즈는 병든 몸으로 난징 사수의 중임을 맡았고, '난징과 생사를 같이할 것을 맹세한다.'는 의사를 수차례 표시하였다. 12월 9일에 일본군이 성 아래에 이르러 최후통첩을 하는 상황에서 그는 군을 이끌고 맹렬하게 포 공격을 퍼부음으로써 적들에게 답하였다. 12월 12일 장제스의 철수 명령을 받은 후에 탕성즈는 헌병부대와 제36사단에 시가전 준비를 잘할 것을 명령하였다. 보위전 과정에서 탕성즈는 최선을 다하였다. 이 점에서는 긍정과 칭찬을 받아 마땅하다.

성 방어 전투에서 일본군의 공격을 막아낼 때 중국군의 각 부대는 용감하고 굳세게 싸웠다. 이러한 사실은 중국과 일본 양국의 전투 상보와 장병들의 일기와 편지에 잘 드러나 있다. 위수 사령관 탕성즈는 굳건한 신념으로 난징과 생사를 함께 할 것을 맹세하였고, 장병들의 결사 항전 정신은 항전 가운데 어느 전투보다 못지않았다. 중국군의 저항은 일본군이 난징을 공격하는 과정에서 막대한 대가를 치르게 하였다. 중국군의 용감하고 굳센 전투 용기는 일본군의 예상을 뛰어넘었다. 무엇보다도 소중한 것은 중국군이 상하이에서 철수하면서 피로가 누적되고 신병들은 훈련이 부족하며 무기도 열악한 등 불리한 조건 속에서 지휘부의 명령에 잘 따르고 오직 애국의 뜨거운 피에 의지하여 수도 방어의 전투에 투입되어 용감하게 저항하고 적들에게 큰 타격을 안겨줌으로써 강대한 폭력에 두려워하지 않고 죽음으로서 조국을 지켜내겠다는 중국군의 존엄한 정신이다. 보위전에 참전한 애국 장병들의 희생을 두려워하지 않고 용감하게 항전하는 정신은 중국군과 중국 인민들에게 민족의 독립과 해방을 위한 투쟁을 해나가는 데 큰 힘을 주고 있다.

난징대학살 기간
미국 선교사의
일본군에 대한 태도

—

1. 일본군에 대한 선교사들의 환상
2. 일본군의 만행에 대한 선교사들의 개입
3. 세계평화 수호자로서의 입장

난징대학살 기간 미국 선교사의 일본군에 대한 태도

난징대학살 기간에 난징에 머물고 있던 10여 명의 미국 선교사들은 난징 안전구 국제위원회, 국제 적십자회 난징 지회의 사업에 적극적으로 참여하여 중국 난민들을 보호하고 일본군의 만행을 폭로하는 등 장렬한 인도주의적 찬송가를 만들어냈다. 하지만 이러한 활동은 일본인의 감정을 상하게 하였다. 대학살 기간 일본군 당국은 그들이 반일을 한다고 비난하였다. 전쟁이 끝나고 나서는 몇몇 일본인들이 이런 전시 논리를 이어받아 난징 체류 외국인들이 반일입장에 있어서 그들의 남겨 놓은 글들의 객관성을 부인하고 나아가 난징대학살의 존재를 부정하기에 이른다. 이 글의 목적은 대학살 기간 선교사들이 보인 일본군에 대한 태도를 분석하여 이를 통해 일본에 대한 입장을 검증해 보고자 하는 것이다. 아랫글에서는 두 가지 측면으로 나누어 이야기해보고자 한다. 난징 함락 전날부터 만행을 목격하는 시간까지 일본군에 대한 선교사들의 태도 변화가 그 하나이고, 다른 하나는 일본군의 만행을 폭로했을 때 일본군에 대한 태도가 그것이다.

1. 일본군에 대한 선교사들의 환상

난징 함락을 전후하여 선교사들의 일본군에 대한 태도 변화는 대체로 세 단계로 나누어 볼 수 있다. 함락되기 전에는 일본군에 대해 신임하는 태도를 보이고, 함락되었을 때에는 일본군을 환영하는 모습을 보이며, 만행을 목격한 뒤에는 실망하는 모습을 보이는 것이다.

일본군의 미친듯한 만행을 목격하기 전에 선교사들은 일본군에 대해 실제와는 걸맞지 않은 환상으로 가득 차 있었다. 일본군의 군기에 대해 실제와는 다른 신임을 하고 있었다. 그들은 다른 지역에서 일본군이 만행을 저질렀다는 사실을 믿지 않았고, 그것은 단지 '헛소문'일 뿐이라고 생각하였다. 일본군이 무고한 사람들을 죽일 리가 없다고 생각했고, 일본군이 약탈과 방화를 저질렀을 리가 없다고 생각하였다. 이런 것들은 일본군의 군기에 대해 선교사들이 매우 크게 신임하고 있었다는 것을 말해준다. 또한 그들은 일본군이 어질고 의로운 군대라고 생각하고 사람들은 일본군의 인자함을 믿어야 한다고 생각하였다. 난징에서 도망쳐 나온 사람들을 맞닥뜨리면서 기독교 선교사이자 국제위원회 비서 스미스Lewiss. C. Smythe는 비판적인 의견을 피력하면서, 난징을 떠날 필요가 없고, "일본군의 인자함을 믿으라"고 하였다. 난징시민들에게 일본군의 인자함을 믿으라고 했다는 것은 그들 자신이 일본군의 인자함에 대해 조금도 의심하지 않았다는 것을 말해주는 것이다. 또 일본군이 난징으로 들어오고 나서 엄격한 기강을 가질 것으로 생각하였다. 예를 들어 바티스가 난징 주재 일본 총영사에게 보낸 편지(1938년 5월 11일)에서 한 가지 사실을 언급한 내용이다. 즉, 난징 함락 전에 그는 많은 외국 친구들에게 난징에 머물 것을 권하였다. 도움이 되는 각종 사업을 펼치기에 좋다는 이유에서였다. 사람들을 설득한 논리는 바로 "과거 일본군의 기록과 명성에 비추어볼 때, 일본군이 들어오기만 하면 엄격한 명령과 기강이 세워질 것"이라는 것이었다.

그들은 왜 이렇게 일본군의 군기를 믿었던 것일까? 그 하나는 일본이 메이지 유신 이래로 서방을 스승으로 삼아 서방 학습에 비교적 성공한 동방 국가로서, 서방인에게 '문명'이라는 인상을 남겨주었고, 그에 상응하여 그들의 눈에 일본군도 문명의 군대가 되어 있었기 때문이었다. 다른 하나는, 기독교 평화주의자로서 그들은 "전쟁의 근원이 지구상에서 영원히 소멸시켜 줄 것"을 경건하게 기도하였고, "전 세계 사람들에게 평화를 가져다줄 것"을 바랬으며, 평화를 쟁취하고 전쟁을 반대하는 행동을 취하였다. 이런 것들을 크게 비난할 바는 없다. 하지만 평화주의자는 전쟁 반대와 평화를 향한 신념에 기초하여 늘 극단으로 달려나가 평화를 위한 평화에만 매달리고, 인류의 사악한 측면에 대한 인식이 부족하여 악에 대한 필요한 경계를 빠뜨리곤 한다. 이 기독교 평화주의자들은 자신의 기준대로 다른 사람을 헤아리고, 자신의 선량함으로 다른 사람을 추측함으로써 일본군도 의로운 군대일 것으로 생각하면서 일본군에 대해 실제와는 맞지 않는 환상을 가지게 되었다.

일본군의 군기에 대한 믿음으로 가득 차 있었기 때문에 난징이 함락되었을 당시에 그들은 일본군이 난징에 진주한 뒤에 수반될 공포를 전혀 염려하지 않았다. 이것과 선명한 대조를 이루는 것은 중국군이 철수할 때에 조성될 수도 있는 혼란에 대한 염려였다. 이는 바티스의 관련 언론에서 그 증거를 발견할 수 있다. 그는 12월 12일 저녁이 지나면 가장 엉망진창인 날이 지나게 되는 것으로 생각하였다. 잘 알려진 대로 12월 12일 저녁은 중국군이 철수하던 시각이었다. 그 이튿날 일본군은 난징을 점령하였다. 바티스가 12월 12일 저녁을 가장 괴로운 시각이라고 한 것은 선교사들이 중국군이 철수할 때 발생할 수 있는 혼란을 그들이 맞닥뜨릴 수밖에 없는 '가장 엉망진창인 일'로 보았다는 것이다. 이는 또한 이날, 이 시각까지도 일본군의 군기에 대한 그들의 환상이 여전했었다는 것을 말해주는 것이다.

이뿐만이 아니다. 그들은 심지어 일본군이 난징 점령에 대해 어느 정도의 환영하는 태도를 보이기까지 했다. 한 선교사는 집으로 보내는 편지에서 이렇게 쓰고 있다. "월요일(일본군이 난징을 점령한 12월 13일)에 일본 군대는 구러우鼓樓 병원을 거처 중산로에 도착했다. 곳곳에 일본 국기가 펄럭였다. 우리는 안도의 한숨을 내쉬었다. 중국군이 철수하면서 만들어진 공포와 소란스러움은 이제 끝나고 질서가 바로 잡히리라 생각했다." 일본 국기를 보고 안도의 한숨을 내쉬고, 일본군을 대하는 기쁜 마음이 표현에 넘쳐난다.

하지만 난징에 들어오고 나서의 일본군의 행위는 일본군 군기에 대한 그들의 모든 상상을 깨뜨렸다. 난징에 들어오자마자 일본군은 '소탕'을 벌였다. 포로를 학살하고 평민에게 총격을 가하며, 재물을 약탈하고 여성을 강간하였다. 일본군의 만행은 그들의 시야에 하나씩 잡히기 시작한 것이다. 14일에 일본군 병사들은 진링金陵대학 농경제학과 정문에 붙여놓은 미국 대사관의 포고문을 찢어버렸다. 그리고 교수와 조교를 잡아갔다. 같은 날, 안전구 제2구역 전체 거주민들은 집 밖으로 쫓겨난 뒤에 깡그리 약탈을 당했고, 안전구의 많은 여성이 강간을 당하거나 잡혀갔다. 15일, 안전구의 거리 청소원 6명이 일본군에게 살해당했다. 같은 날, 진링대학 도서관에서 여성 네 명이 강간을 당했고, 세 사람은 붙잡혀 갔다.… 비록 선교사들이 볼 수 있는 일본군의 만행은 전체 가운데 극히 일부분이고 안전구 이외에서 벌어진 살인, 방화, 강간, 약탈에 대해는 그들은 알 방법이 없었지만 직접 목격한 이 만행들은 그들이 이전에 믿었었던 일본 군기라는 것이 어떤 것이었는지 하는 것은 충분히 증명하고도 남는 것이었다. 일본군의 만행을 맞닥뜨리면서 선교사들은 "일본군이 이 정도로 야만적인지도 꿈도 꾸지 못했다." "나는 꿈속에서도 생각해보지 못했다. 지금 이런 무서운 일이 일어나다니"라는 말을 하기에 이르렀다. 인제야 선교사들은 꿈에서 깨어났고, 일본군의 군기에 대한 믿음은 더 존재하지 않게 되었다.

종합해 보면, 난징이 함락되기 전에 중국과 일본 양국 군대를 비교해 볼 때, 선교사들은 일본군의 군기를 더 신임하였다. 그들은 일본군이 난징으로 들어온 후의 만행을 걱정하지 않았다. 오히려 중국군이 철수할 때에 일어날지도 모르는 혼란을 더 우려하였다. 난징이 함락될 무렵에 그들은 난징 함락으로 인한 슬픔을 느끼지 않았다. 그와는 반대로 전쟁이 끝나고 평화가 찾아오리라 생각했다. 심지어 그들은 일본군을 환영하는 모습을 보이기까지 했다. 난징이 함락된 이후에 벌어진 미친 듯한 일본군의 만행은 그들이 생각을 신임에서 실망으로 바꾸어 놓았다. 일본군에 대한 선교사들의 태도 변화에서 우리는 그들의 일본군을 미워했다는 증거를 발견할 수는 없다. 일본군에 대하여 그들은 선입견에 입각한 미움이 없었다. 만약 무슨 편견이 있었다고 한다면 그런 편견은 일본군에 대한 지나친 신임이었다.

2. 일본군의 만행에 대한 선교사들의 개입

　일본군의 만행은 그들의 태도를 치나 친 신임에서 극단적인 실망으로 바꾸어 놓았다. 이후 선교사들은 다른 외국 거류민들과 함께 일본군의 만행에 대해 적극적으로 개입하기 시작했다. 이런 개입은 기본적으로 항의, 제지, 폭로 등의 몇 가지로 나눌 수 있다.

　일본군의 만행에 대한 선교사들의 대규모 항의는 12월 16일에 시작되었다. 1938년 2월 14일까지 국제위원회가 난징 주재 일본대사관에 보낸 편지는 70통에 달한다. (이 편지들은 기본적으로 모두 비서 스미스가 초안을 잡은 것이다) 그 안에는 바티스가 1937년 12월 16일부터 단독으로 대사관에 보낸 편지는 포함되지 않는다. 이 편지들 가운데 대부분은 일본군의 만행에 항의하는 내용이다. 12월 16일 일본대사관에 보냈던 일본군의 안전구에서의 만행을 시작으로 1938년 3월까지 스미스가 책임지고 정리할 일본군 만행 사건은 470건에 달한다. 이것은 의심할 바 없이 선교사들이 일본군의 만행에 항의했다는 실제적 증거이다. 선교사들은 일본 정부에 항의했을 뿐만 아니라 생명의 위협을 무릅쓰고 한창 진행되고 있던 일본군의 만행을 직접 제지하였다. 일본군의 만행이 무자비하게 이뤄지고 있을 무렵에 그들은 안전구의 각 모퉁이로 흩어져 각양각색으로 벌어지고 있는 잔혹한 행위를 저지하였다. 이런 사례는 일일이 그 수를 헤아리기 힘들 정도였다. 그들의 일기와 집으로 보내는 편지, 그리고 난민들의 수많은 구사일생 기록에서 이런 이야기들은 흔한 일이었고, 여기에서는 덧붙일 필요가 없다.

항의와 제지 이외에도 그들은 외부세계에 난징의 진상을 폭로하고 일본군의 만행을 폭로하기 위해 노력했다. 그들은 자칭 '가장 부지런한 통신원'으로서 신문사에 기삿거리를 제공하거나 친구들에게 편지를 써서 난징 현상에 대한 잘못된 인식을 바로잡아 주거나 일본군의 만행을 몰래 촬영하는 등 엄청나게 바쁜 시간을 보냈다. 그 가운데 가장 영향력이 있었던 것은 당시 사람들의 기록에 근거하여 바티스가 당시에 상하이에 있던 '진보적이고 영명한' 일본 국회의원에게 난징에서의 일본군 만행을 보고한 것이었다. 이를 통해 일본 당국이 중화 방면 파견군의 책임자 대체가 이루어질 수 있도록 촉구하였다.

문제는 일본군의 만행에 대한 항의와 제지, 그리고 폭로를 통해 그들의 입장이 이미 반일로 바뀌었음을 증명할 수 있는가 여부이다. 나는 그렇지 않다고 본다.

먼저, 그들이 일본군의 만행을 제지하고 항의하고 폭로한 동기로 말하자면, 가장 기본적이고 가장 직접적인 동기는 바로 난징의 살육을 최대한 줄여보자는 것이었다. 그리고 더욱 심층적인 동기는 여러 가지 노력을 통하여 같은 참극이 다른 지역에서 재발하는 것을 막아보자는 것이었고, 이를 통해 다른 지역 주민들의 고통을 줄여보자는 것이었다. 더 심층적인 동기는 진상에 대한 보도를 통해 전 세계 사람들에게 일본군에 대한 경각심을 높이고자 하는 희망이었다. 왜냐하면 그들은 일본군이 전 세계 안전을 위협할 수도 있다고 걱정했기 때문이었다. 이로부터 알 수 있는 것은 선교사들이 일본군의 갖가지 잔혹한 행위를 제지하고 항의하고 폭로하려는 동기는 세계평화 보호에 있는 것이지 반일이나 일본 혐오와는 무관한 것이었다는 사실이다. 마치 한 선교사가 표현하는 것처럼 말이다. "나는 일본인을 미워하는가? 아니다. 나는 그들의 정책을 좋아하지 않는다. 나는 그들이 평범한 중국인들을 대하는 방식을 좋아하지 않는다. 나는 진리가 결국에 가서는 세상 사람들에게 알려질 것이라는 사실을 믿는다." 사실상 그들은 일본인들을 특별히 중시하였다. 그들은 일본인이 진상을 알고 나서 일본군의 잔학한 행위를 제지할 능력이 있다고 믿었다. "일본은 아름다운 나라이다. 나는 일본인들과 친하게 지낼 수 있다고 생각한다." "만약에 일본의 생각 있는 인사들이 난징에서 발생한 일들을 알게 된다면 얼마나 좋을까!" "군대와 문관을 포함해서 책임감이 강한 정치가가 그들 조국의 명예를 위해서 그들의 환영을 받지 못하는 군대가 저지른 악을 줄이기 위해 노력해야 한다." 만약 그들이 반일 견해가 있었다면 일본 국민에 대해서 어떻게 이런 높은 평가가 가능했을까? 또 일본의 생각 있는 인사들과 책임감이 강한 정치가에게 일본군의 만행을 제지할 희망을 어떻게 걸 수 있었겠는가?

둘째, 그들이 비록 일본군의 야만적인 행위에 대해 분노의 마음으로 충만하고 있는 힘껏 제지하고 엄정하게 항의하며 세계를 향해 있는 그대로 비인도적 만행을 폭로하였지만, 그들이 대학살 기간 썼던 많은 일기와 편지, 통신 등의 자료를 꼼꼼하게 읽어보면 그들은 전체 일본군을 부패와 혼란 집단으로 묘사하지 않고 있다는 사실을 알 수 있다. 그들은 줄곧 일본 장병들에게서 표현하기 좋은 사람과 행위를 발견하기 위해 노력하고 있다. 한 선교사는 간행물 기자에게 보낸 뉴스 원고에서 이렇게 말하고 있다. "어떤 병사와 장교는 오염되지 않은 직업과 제국의 신사 모습을 보여주고 있다." 또 다른 선교사가 집으로 보내는 편지에서는 두 명의 일본인이 소개되고 있다. 그 가운데 한 명은 군의관으로서, 일본 사병이 중국 부상병을 결박하자 그는 풀어주라고 명령한다. 또 다른 한 사람은 고급 장교로서 "영어를 할 줄 알고, 비교적 단정한 사람이다." 한 선교사의 집으로 보내는 편지와 다른 선교사의 일기에는 이런 일이 기록되어 있다. 일본군 사병 몇 명이 1938년 정월 초에 진링대학에 100근의 감자와 약간의 소고기를 보냈다. 말할 것도 없이 중국에 침략한 일본군이 난징에서 보여준 모습은 악마의 그것이었다. 하지만 선교사들은 여러 가지 잔학한 만행을 객관적으로 기록하는 것 이외에 비교적 좋은 모습을 보이는 장병과 그 행위를 편지나 일기에 담아냈다. 이 기록들이 난징 점령군에 대한 그들의 실사구시적인 태도를 설명해주는 것은 틀림없다.

셋째, 선교사들은 심지어 행동거지가 신분에 걸맞은 장병들과 우호적인 관계를 맺기도 하였다. 선교사들의 일기와 편지에서 그들이 일본 병사와 홀가분한 교제를 나눈 예들을 찾아내기는 그다지 쉽지는 않다. 하지만 그 예가 전혀 없는 것은 아니다. 성공회 목사인 포스터Emest. H. Foester는 대학살 기간에 국제 적십자회 난징 지회 비서를 맡은 인물이다. 그가 자신의 아내에게 보낸 편지로 우리는 다음의 사실을 알게 된다. 일본 병사와 그가 오랜 시간 동안 면담을 했는데, 이 병사는 요코하마 출신이고, 입대 전에는 상인이었다. 대화를 나누는 중에 그 병사는 포스터에게 말하길, 일본군이 난징을 공격하는 과정에서 군수품이 너무 부족해서 병사들이 크게 실망했다는 것이다. 그의 또 다른 편지로 우리는 다섯 명의 일본 병사가 선교사가 주재하는 예배에 참여한 적이 있고, 그 가운데 노가미野上라는 병사에게 조그만 선물을 했었다는 사실을 알게 된다. 포스터는 일본 병사와 무슨 인연이 있는 것 같았다. 그런 이유로 사병은 포스터를 도와 편지를 난징 밖으로 부쳐주고자 하였다. 진링 여자문리대학 교육학과 주임 바우트린Minnie Vautrin은 위대한 여성 선교사이다. 대학살 기간 진링 여자문리대학은 만 명 안팎의 여성과 어린이를 수용하였다. 그녀는 여성 난민들을 보호하는 데 커다란 공을 세웠다. 지금도 예일 신학원 도서관에 소장되어 있는 바우트린이 친구에게 보내는 편지에는 아주 소소한 이야기가 적혀 있다. 1938년 1월 10일, 일본 헌병의 하급 장교와 그의 부하 세 명이 함께 바우트린을 방문하였다. 이 장교는 자신의 아내 사진을 바우트린에게 보여주면서, 바우트린의 사진을 자신의 아내에게 보내주고 싶어 했다. 바우트린은 흔쾌하게 사진을 그에게 건네주었다.

선교사들이 비교적 예의 바른 일본 장병들과 우호적인 관계를 맺을 수 있었던 것은 그들의 중립자적인 신분과 관계가 있다. 또한 그것은 그들의 넓은 사랑의 마음 때문이기도 하다. "내 마음은 양쪽 병사들로 인해 아픔을 느낀다." 사랑을 인류 전체에게 베푸는 예수 그리스도와도 비슷한 이런 인자함이 없었다면 어떻게 악마 같은 일본군에게서 반짝이는 빛을 발견할 수 있었단 말인가? 선교사들이 대학살 기간 행동거지가 올바른 몇몇 일본군과 우호적인 관계를 맺을 수 있었던 것은 일본군에 대한 그들의 태도가 다른 사람들을 대할 때와 마찬가지로 객관적이고 공정하며, 실사구시적이고, 불편부당한 자세로 반일 언론이 믿을 만하지 못하다는 사람들을 충분히 통박하고도 남는다. "어떤 병사, 장교, 또는 민간인이라도 나쁜 일을 하거나 다른 사람을 다치게 하면, 그 사람이 중국인이건 일본인이건, 미국인이건, 독일인이건, 우리는 모두 반대한다. 우리는 어떤 나라 사람이라도 유익한 일을 하는 것을 존중한다." 대학살 기간과 그 전후 선교사들의 언행을 볼 때, 이 말은 사람과 사물을 대하는 그들의 태도를 객관적으로 묘사한 것이다.

3. 세계평화 수호자로서의 입장

이상의 논의를 통해 알 수 있는 바와 같이, 난징이 함락되기 전에 일본군의 군기에 대한 선교사들의 신임은 중국 군대에 대한 것보다 높았고, 선입견에 입각한 적대시는 없었다. 난징에서 일본군이 벌인 미친 듯한 만행으로 말미암아 실제와 부합하지 않는 이런 신임은 산산이 조각났다. 하지만 대학살 기간 일본군에 대한 태도로 말하자면, 여전히 객관적이고, 공정하며, 한쪽으로 치우치지 않았다. 그들은 일본군의 만행에 항의하고 제지하며, 폭로했는데, 그 목적은 세계 평화를 수호하기 위해서였지, 반일정서 때문은 아니었다. 사실상, 그들이 사실에 따라서 수많은 일본군의 만행을 폭로하기는 했지만, 그들은 여전히 일본 장병들 속에서 비교적 양호한 행위를 발견하려고 노력하였고, 아울러 교양 있는 장병들과 비교적 우호적인 관계를 맺기도 하였다.

난징대학살 중의
성폭력과 성별 분석

1. 난징대학살 기간의 성폭력
2. 성폭행이 여성에게 주는 상처
3. 젠더의 시각에서 성폭력을 투시하다
4. 맺음말

난징대학살 중의 성폭력과 성별 분석

1937년 12월 13일 난징을 점령한 후 난징 시민들에 대한 일본군의 대학살은 장장 몇 달씩 이어졌고, 30만 명이 살육을 당했다. 이것은 이미 역사적 사실이다. 하지만 대학살 기간 중 난징의 여성들에 대한 일본군의 성폭력은 지금까지 충분한 관심을 받지 못했다. 역사학자들이 다루기도 했고, 주목한 점도 중국을 침략한 일본군의 범죄행위라는 점에 모여 있기는 하지만 피해자 여성 자신이 겪은 상해와 오랜 기간에 걸친 영향 등에 대해서는 중시를 받지 못했다. 본문은 대학살의 생존자, 목격자의 개인적 진술을 통하여 난징대학살 기간 일본군의 난징 여성들에게 가한 성폭력에 대한 기억의 조각을 전체적으로 맞춰 보고자 한다. 이를 통해 세상 사람들이 그 성폭력의 피해자가 어떤 상처를 입었는지를 알게 하고, 그녀들의 몸과 마음의 고난사를 그려내 보고자 한다. 또 다른 측면에서 본문은 사회성별의 시각에서 대학살 기간 일본군 성폭력의 더욱 심층적인 본질을 분석해보고자 한다.

본문에서 이용한 분석자료는 주로 난징대학살 생존자의 구술, 일기와 항전 승리 후 난징 시민들이 쓴 글, 그리고 난징이 일본에 점령당한 기간 동안 안전구 국제위원회의 보고, 난징에 머물던 외국 선교사, 의사, 상인의 일기, 편지 등이다.

그중에서 안전구의 보고와 일기는 사건 발생 당시의 가장 직접적인 기록이다. 난 징 시민들이 쓴 글들은 1945년에서 1946년 것들이며, 생존자의 구술과 구술 정리 는 이미 몇십 년이 흘러서 그 가운데 1980년대에 난징의 위화雨花, 장닝江寧 두 구 의 문사 자료 작업자가 진행한 취재기록이다. 또한 난징사범대학, 난징대학 등 8 개 학교의 교수와 학생이 2001~2003년 여름방학 기간에 시행한 취재기록이다. 아 울러 일본 학자가 1990년대 시행한 취재기록이다. 취재에 응한 생존자들이 대부 분이 고령이어서 기억이 흐릿한 상태가 되었고, 또 여러 가지 이유로 상세하게 말하기를 꺼리고, 취재하는 사람의 전공 배경, 훈련의 차이 등이 작용하여 성폭력 에 대한 기록이 대부분 간략하고, 서로 다른 시대에 취재하는 까닭에 언어 환경 이 변화가 있기도 했다. 하지만 직접 경험하고, 직접 눈으로 본 구술 실록으로서 생생한 현실감이 있어서 글을 쓰는 데 귀중한 자료를 제공해 주었다.

1. 난징대학살 기간의 성폭력

(1) 이것은 세계 역사상 최대 규모의 집단 강간 사건 가운데 하나이다

난징대학살 기간 일본군의 난징 여성들에 대한 강간은 난징에서 벌어진 끔찍 하고 천인공노할 만행 가운데 하나이다. "이곳(난징)은 이미 인간 지옥이 되어 버 렸다. 여기에 적고 있는 것은 두려운 이야기이다. 나는 어디서부터 시작해서 어 디에서 끝을 맺어야 할지를 모르겠다. 이런 포악한 짓을 나는 들어본 적도, 본 적 도 없다." "강간! 강간! 강간! … 조금이라도 반항하거나 순순히 말을 듣지 않으 면 즉각 칼로 찌르거나 총을 쐈다." 이 말은 난징에 머물던 외국인 맥카룬James Henry MaCallum이 일기에서 일본군의 성폭행에 대해 고발한 내용이다.

도대체 얼마나 많은 여성이 이 재난 중에 침략자에게 유린당했을까? 1938년 난 징국제위원회 회원인 스미스 교수가 즉석에서 조사한 난징의 가정 조사에 따르 면 13,530가구 중 16~50세 여성 14명당 1명이 강간당한 것으로 나타났다. 이 조

사는 분명 완전할 수 없다. 온 가족이 살육된 경우는 포함되지 않았기 때문이다. 1945년 피해 생존자와 목격자의 고발로, 극동 국제군사법원은 난징 시내에서 발생한 강간 사건을 2만 건 정도로 인정했다. 그러나 타이완의 한 사학자 리언한李恩涵에 따르면 약 8만 명의 부녀자가 강간을 당하고 사지 절단을 당한 것으로 추정된다.

부녀자 강간에 대한 정확한 통계를 제대로 집계하지 못하는 것은 부녀자 강간과 전 가족이 몰살당하는 것은 늘 동시에 일어나서 많은 가정이 멸절되고, 또 많은 여성이 성폭행을 당한 후 학살당하고, 모욕을 당한 많은 여성이 죽음으로 항거하기 때문이다. 원한을 품고 떠난 이 여성들은 이미 영원히 입을 열어 그들의 고통을 호소할 수 없었다. 살아남은 경우 수치심으로 인해 보고하는 경우는 매우 드물었다. 항전승리 후 국민정부, 난징시 정부가 즉시 난징 대학살사건과 손실을 알려 달라는 공고를 냈는데, 일부 시민들이 자신의 친족이 윤간을 당해 죽었다거나 강간을 당한 후에 살해되었다는 진정서를 내기는 했지만, 이 또한 강간당한 뒤에 살해당한 사람들 가운데 매우 극소수였다. 수치스럽다는 등의 이유로 많은 가정에서 알리고 싶어 하지 않았다.

하지만 극동 국제법원에서 인정한 2만 건의 강간 사건에 대해서만도 장춘루張純如의 판단처럼 "이것은 세계 역사상 최대 규모의 집단 강간 사건 가운데 하나라고 단정 지을 수 있다."

〈난징대학살 사료집〉에서 〈생존자 조사 구술〉에는 생존자 구술 1,661편이 실려 있는데, 그 가운데 중복된 케이스를 빼고, 강간 사건 246건(사건은 반드시 구체적인 인물과 장소가 있어야 하고, '많은 여성이 강간을 당했다' 등과 같은 것은 일률적으로 계산에 넣지 않음)이 다루어졌고, 그 가운데 집단 강간 8건, 윤간 96건(윤간 여부가 불확실한 것은 계산에 포함하지 않음)이다. 〈난징대학살 시민 진정서〉에 수록된 백여 건의 진정서 가운데 친족이 강간을 당했다고 호소하는 내용과 정부 기관이 제보받은 강간 관련 진정서 9 케이스가 있다. 안전구 국제위원회의 안전구 문서에 일본군의 만행 기록 444건이 기록되어 있다. 그 가운데 부녀자 강간 사건이 148건, 그 가운데 집단 강간 사건이 8건(그 가운데 2건은 30여 명의 부녀자가 일본군에게 집단강간을 당한 것이다)이다. 이는 국제안전구라 해도 여성들은 강간을 피할 수 없었다는 것을 말해준다. 아울러 난징대학살 기간 중국 여성에 대한 일본군의 폭력은 상당히 보편적이었다고 말할 수 있다.

(2) '난징 강간' - 가장 나쁜 사건

〈우리의 뜻에 어긋나는 : 남자와 여자, 그리고 강간〉의 저자 수잔 브라운 밀러 Susan Brownmiller는 1차 대전 이후 여성에 대한 성폭력을 체계적으로 연구한 뒤 "난징 대학살은 아마도 전쟁 시기, 민간인에게 폭력을 가한 최악의 사건"이라고 주장했다. '난징 강간'은 전 세계 범위 안에서 한 도시를 침략하는 비유가 되었다.

가장 나쁜 사건이라고 말하는 것은 포악함의 규모가 크다는 것만이 아니라 동시에 성폭행이 야만적이고 잔혹하다는 것을 가리켜서 하는 것이다. 국제 안전위원회 회장인 독일 시몬스 회사의 대표이사 존 라베John Rabe는 당시 한 미국인의 말을 인용하여 말했다. "안전구는 이미 일본인의 기생집으로 변해 버렸다." 그는 "이 말은 거의 사실에 부합한다고 말할 수 있다.… 이 때 들었던 소식은 온통 강간이었다. 만약 형제나 남편들이 말리러 나오면 일본인에 의해 총살당했다." 미국인 선교사 바티스Miner Searle Bates는 일기에 이렇게 쓰고 있다. "사람들은 이런 고통과 공포를 상상할 수 없을 것이다. 11살 된 어린 여자아이와 53세 여성이 나쁜 짓을 당했다. 신학원 안에서 17명의 군인이 대낮에 한 여성을 윤간하였다. 사실상 이런 종류의 사건들 3분의 1이 낮에 벌어졌다." 일본군의 부녀자 강간은 시간과 장소를 가리지 않았다. 국제 안전구, 난민소, 여승 사찰, 교회, 여학교 내에서 "부녀자를 강간하지 못하는 신성한 전당은 그 어디에도 없었다."

일본군의 부녀자 강간은 어린아이나 노인을 가리지 않았다. 각 연령층의 여성들이 모두 유린의 대상이었다. 노인, 유부녀, 여자아이, 심지어는 출산을 앞둔 여성도 불행을 피할 수는 없었다. 진링여자 문리대학 난민소 책임자 바우트린Minnie Vautrin은 강간을 당한 여성 가운데 최연장자가 76세로 기록하였는데, 그녀는 두 차례 강간을 당했다. 생존자 구술 기록에는 강간당한 여성 중 최연장자는 80세였고, 최연소자는 양밍전楊明貞으로 강간당할 당시 나이가 7세에 불과했다.(피해자 구술)

일본군 성폭력의 잔혹함은 또 중국 여성을 강간할 때 사람들이 듣고 깜짝 놀랄 만한 성 학대와 살상이 함께 한다는 것으로 표현된다.

일본군은 여성의 몸을 강제로 차지하려 할 뿐만 아니라 아무 이유 없이 그녀들의 목숨을 빼앗아 버린다. 당시 난징 구러우鼓樓 병원에 근무하던 미국인 의사 월슨이 보고한 바에 따르면, 6명의 난징 여성이 안전구에 와서 말하길, 일본군 장교에게 세탁을 해주었는데 "매일 밤 그녀들이 반복해서 강간을 당했다고 하였다. 나이가 좀 많은 여성은 하룻밤에 10~20차례 당했고, 젊고 좀 예쁘장한 여성은 40차례 정도 당했다고 했다. 1월 2일, 일본 병사 두 명이 여성 환자를 구석진 교사로 끌어내어 칼로 관절, 얼굴 할 것 없이 난도질하였다. 이 두 일본 병사는 그녀가 죽었다고 생각하고 버려두었다."

더더욱 사람을 화나게 하는 것은 강간 이후의 '초강간'–피해 여성을 다시 능욕하고 학살하는 것–이다. 피해 여성이 사람들 앞에서 나체로 뛰게 하고 그녀의 친족과 근친상간을 하게 하고, 중국인이 중국인을 강간하게 하며, 피해 여성의 배를 가르고 유방을 자르고 질에 이물질을 삽입하는 등 잔인무도한 짓을 저지르는 것이다.

대학살 생존자 구술 기록 246 케이스의 강간 사건 가운데 강간 치사가 26건, 강간 후 살해가 23건, 먼저 죽이고 나서 강간한 케이스(시간)도 있었다. 이 밖에 18 케이스는 학살이고, 그 가운데 유방을 자른 예가 3건, 질에 이물질을 삽입한 케이스가 13건(칼을 질 안으로 삽입하여 죽인 케이스가 5건, 몽둥이나 죽창 삽입이 5건, 사이다 병 삽입이 3건)이다. (이 밖에도 질에 돌을 넣었지만 죽음을 면한 케이스가 3건이 있음) 임산부의 배를 갈라 모자를 동시에 살해한 케이스도 2건 있다. 그 밖에 시민의 진정서에는 다음과 같은 것들이 있다. 1945년 12월 난징 시민 청궈둥程國棟은 자신의 58세 된 모친이 윤간을 당하자 장제스에게 편지를 보내 통렬하게 퍼부었다. "일본군이 비인도적인 만행을 저질렀습니다. 제 모친을 윤간하고 이어서 나무 몽둥이로 하복

부를 공격해 모친을 사망하게 했습니다." 중국 생존자들의 구술이 이런 종류의 학살 행위를 실제 증언하고 있을 뿐만 아니라 난징에 머물던 외국인들도 똑똑히 지켜보았다. 한 영국대사관 직원은 강간을 당한 중국 여성의 몸에 골프채가 박힌 것을 목격하였고, 성공회 포스터 목사는 일기에 이 폭행 사실을 기록할 때에도 믿을 수가 없었다. "이렇게 인두겁을 쓴 악마는 있을 수 없는 것 같다. 하지만 이런 사건들은 계속해서 전해져 왔다."

매기 목사가 1937년~1938년에 촬영한 4번의 9에는 난징 시내에 살던 하哈 선생 일가 네 식구와 시아夏씨 집 7식구가 살해당한 후 안치된 현장이 기록되어 있다. 어린아이를 품에 안은 시아씨 부인은 몇 명의 병사에 의해 윤간을 당했고, 질 속에 병이 박혀 있었다. 2살 된 여자아이는 윤간을 당한 후에 단검으로 찔려 죽었다. 그 가운데 큰딸의 질에는 나무 몽둥이가 박혀 있었다.

노년층 여성과 여자아이 강간도 있었다. 한 독일 상인은 몇천 명에 이르는 아이와 어린 소녀에 대한 학대와 강간은 사람들을 화나게 한다고 보고하고 있다. 안전구 문서에서 안전진 내에서 발생한 14세 이하 강간 피해자가 8 케이스에 이르고, 그 가운데 5명은 12세에 불과했다. 피해 진술자 9명 가운데 2명은 12세였고, 3명은 14세였다.

연령이나 신체 등의 원인으로 노년 여성과 여자아이들이 성폭력을 당했을 때 받는 상해 정도는 더욱더 심하다.

"우리 고모할머니는 성이 주朱 씨인데, 일본 사람 8명에게 윤간을 당하고 나서 맞아서 돌아가셨어요."(왕지잉王吉英 구술)

"80세 되신 이웃집 할머니가 일본 군인에게 강간을 당했고, 아래에 나무 몽둥이를 꽂아서 비참하게 돌아가셨어요."(쉬슈훙許書宏 구술)

"할머니가 도망치지 못하고 일본놈 8명에게 강간을 당했어요. 몸은 온통 부어올랐고, 할아버지가 돌아와서 씻는 것을 도와줬는데 얼마 지나지 않아서 돌아가셨어요."(왕밍즈王明芝 구술)

여자아이에 대한 성폭행은 그 나쁜 결과가 더욱 심각하다. 대학병원 의사 윌슨은 아직 충분히 자라지 않은 14세 여자아이가 강간을 당한 후에 몸에 크게 상처를 입어 수술치료가 필요하다고 기록하고 있다.

"그 여자아이(12~13세)는 자신이 일본 군인 14명에게 윤간을 당했다고 말했어요. 그 후에 얼마 지나지 않아서 죽고 말았죠."(루구이잉陸桂英 구술)

"친척 중에 아가씨 세 명이 일본 군인에게 끌려갔었어요. 12살 먹은 어린애도 있었는데, 며칠 지나고 나서 돌아왔는데, 손에 양초가 들려 있었고, 비틀거리는데, 사람 모습이 아니더라고요. 어린아이는 너무 놀란 나머지 황달에 걸렸는데, 돌아오자마자 죽고 말았어요."(주서우이朱壽義 구술)

그 밖에 여자아이가 나이가 너무 어려서 일본군이 강간하지 못하고 죽인 경우도 있었다.

"일본 놈들이 야오姚씨 집에 가서 어린 여자아이를 강간하는데, 그 아이가 너무 어려서 일본놈이 뜻을 이루지 못하자 칼로 그 애를 찔러 죽였어요."(진쭝메이金忠美 구술)

"일본놈들이 7, 8세 된 어린 여자애를 잡아갔어요. 두 놈이 거꾸로 들고 한 놈은 다리 하나를 잡고는 산 채로 두 토막을 내버렸어요."(차오위청曹玉成 구술)

강제로 친족 간에 근친상간을 하게 하고 중국인과 일본 군인이 잡아 온 여성을 강제로 성교를 하게 하는 이런 극단적인 능욕 사건이 수없이 일어났다. 일본군이 샤오肖아무개를 강제로 그의 딸과 근친상간 하게 하고 샤오가 불응하자 그 자리에서 죽이기도 하였다. 또 아들과 누이동생을 근친상간 하게 하고 아들이 불응하자 또 그 자리에서 죽이기도 하였다. 그 후에 일본군은 샤오의 딸을 강간하고 칼로 하반신을 찔러 죽였다.

2. 성폭행이 여성에게 주는 상처

성폭력은 여성에게 어떤 결과를 가져올까. 먼저 몸에 가해지는 상해는 반항에 수반되는 살인, 강간 후 살인, 강간치사 등 생명까지 위태롭게 한다. 강간당하는 것은 이 여자들의 고난의 시작일 뿐, 육체적인 고통 외에도 깊고 오래 가는 정신 상해가 있다. 이 밖에도 간과된 것은 강간에 의한 성병, 낙태, 영아 포기 등 일련의 문제들이다.

(1) 그림자처럼 따라다니는 죽음

많은 여성이 도망치거나 강간에 저항하다가 살해되었다. 생존자들의 구술에 따르면 여성들은 강간을 피해 도망치다가 총에 맞아 죽은 경우가 5건, 도망치다가 강물에 뛰어들어 자살한 경우가 3건, 직접 반항하다가 살해당한 경우가 8건이 있다. 그 가운데 장푸껀姜福根의 13세 딸은 더욱 비참하게 죽었다. 그녀는 가족들과 함께 갈대숲 속에 숨어 있었는데, 액운을 피할 수는 없었다. 일본인이 그녀의 옷을 벗겨 모욕을 주려 하자 그녀는 죽기 살기로 반항하면서 일본인의 뺨을 때렸다. 장교 차림을 한 일본군이 장검을 뽑아 들고는 그녀의 머리를 반으로 잘랐다. 그녀는 죽었고, 장푸껀은 생생하게 기억하고 있다. "이제 그녀의 얼굴은 절반만 남았고, 머리카락도 반만 남았고, 나머지 반은 제방 아래로 떨어졌다."(장푸껀 구술)

1946년에 난징 시민 정리는 탄원서를 통해 말하길, 대학살 기간에 대여섯 명의 일본 군인이 그의 24세 된 딸을 강간하려 했고, "딸아이는 굳은 결심으로 따르지 않고 손으로 가슴을 보호하면서 있는 힘을 다해 저항하였는데" "곧 총을 맞고 사망하였다." 역사 문서에서 일본군의 강간에 저항하여 익사하거나 총에 맞거나 칼에 찔려 죽은 사람은 또 량양梁楊, 천왕陳王, 왕차이王蔡, 장천張陳, 저우시周奚, 천샤오샹陳筱香(11세) 등이 있다.

진링대학 역사학과 교수인 바티스는 일기에 "아가씨 두 명이 힘껏 반항하다가 일본 군인에게 칼로 질려 죽었다."고 적고 있다. 라베는 1938년 2월 11일 일기에 이렇게 적고 있다. "집안에 여성 한 명이 그녀의 두 딸과 살고 있었는데, 이 군인이 그 여성을 강간하려 하자 여성이 반항하였고, 잠시 후에 그는 이 여성 세 명을 집안에 가두고 불을 질러 불태워 죽였다.…"

진링대학의 미국인 교수 스더웨이는 1938년 6월 14일 일기에 난징성 남쪽의 쌴차허에서 일어난 비참한 사건을 기록하고 있다. "아버지는 두 손이 묶이고 목이 베인 채로 나무 위에 매달렸다. 일본 사람은 이미 결혼한 그의 딸을 강간하려 하였다. 그녀의 어머니가 그녀를 보호하려다가 그 자리에서 칼에 찔려 죽었다. 딸이 순순히 응하지 않자 그녀의 몸으로 칼이 날아들었다.…"

미국인 매기 목사가 촬영한 〈난징 만행 사실 기록〉 7번 필름에는 15세 여성의 피해 사실이 기록되어 있다. "일본 군인이 그(여성의 오빠)의 목을 베려고 그를 꿇어앉게 하였다. 하지만 그는 거절했고, 살해되었다. 그의 부모는 일본 군인 앞에 꿇어앉아 아이들의 목숨을 살려달라고 애원하였다. 그러고 나서 이 일본 군인들은 여성의 친척 언니를 강간하려고 하였다. 그녀는 트레이닝을 받은 간호사였는데, 그녀가 완강하게 저항하자 그들은 그녀를 죽였다. 그들은 또 그녀의 큰 언니를 강간하려 했고, 그녀가 따르지 않자 그녀의 부모가 꿇어앉아 애걸할 때 일본 군인은 그들을 칼로 찔러 살해하였다."

대학살 기간 중국 여성에 대한 일본군의 윤간은 흔한 일이었다. 윤간은 피해자의 몸에 끼치는 상해는 말할 수 없이 크다.

진링 여자 문리대학 난민 수용소 사감 청루이팡程瑞芳은 일기에서 "오늘 한 아가씨가 실려 왔다가 돌아가지 못했다. 군인 몇 명으로부터 짓밟혀서 배가.…"라고 적었다.

윤간의 결과는 때로는 치명적이다. 장張아무개는 아이를 출산한 지 6일 만에 일본놈 손에 침대에 실린 채 실려 왔는데, 눈먼 시어머니가 간호하러 왔다. 시어머니는 걷어차여 혼절했다가(그녀의 아들은 일본군에게 맞아 이미 사망한 상태였다) 깨어나서 도랑에서 며느리를 찾아냈다. 이미 피범벅이 되어 있었고, 혼수상태에 빠져 있었다. 장아무개는 일본놈 넷에게 윤간을 당했고, 침대에서 일어나지 못한 채 2개월 만에 사망하였다.(위지엔팡余建芳 구술)

앞에서 언급한 생존자가 구술한 강간 사건 중에서 현장에서의 강간치사는 26건에 이른다.

어린아이의 경우에 강간을 당한 후 받게 되는 상해는 더욱 심각하다.

13세인 진청즈金橙子는 강간을 당한 후에 "어린 아가씨의 피가 바지 사이에서 땅으로 흘러내렸다."(쉬파인 徐發銀 구술)

양밍전楊明貞은 7살 때 강간을 당했는데, 몸에 엄청나게 큰 상해를 입었다. 어머니도 강간을 당했는데, 정신적으로 이상이 왔다가 사망하였다. 고아가 된 어린 밍전은 그 후에도 계속해서 일본군에 괴롭힘을 당했다. "너덜너덜해진 바지를 벗겨내고 강간하려고 했다. 하지만 부어오른 하반신을 보고는 욕을 해대면서 가버렸다. 70년간 나는 요실금 때문에 골치를 앓았고, 정상적으로 소변을 볼 수가 없었다. 지금까지도 기저귀에서 벗어나지 못하고 있다."

천陳 아무개와 두시우잉杜秀英은 강간당했을 때 나이가 겨우 12살이었다. 두시우잉은 "나는 짓밟힌 후에 하반신이 온통 피범벅이었고, 걸을 수가 없었다." (천 아무개, 두시우잉 자술)고 말했다.

12살의 나이에 강간을 당한 장시우홍張秀紅은 면담 과정에 자신이 겪었던 일과 목격한 만행을 자세히 진술하였다.

"그(일본 군인)는 내 바지를 벗겼다. 내 다리, 불쌍한 내 다리를 내가 아―하고 소리를 지르며 울 정도로 사정없이 긁어 댔다. 그는 내가 울지 못하게 내 입을 막았다.… 일을 치르고 나서 나는 일어날 수도 없었고, 걸을 수도 없었다. 피가 뚝뚝 떨어졌고, 걸을 수가 없었다.… 움직이지도 못한 채로 잠이 들어 버렸다. 나중에 할아버지가 나를 안고 왔다. 울음이 나왔다.… 불쌍해 죽겠다. 다리를 질질 끌면서 … 아주 천천히 … 일어났다."

"이 여자아이는 그(일본 군인)에 의해 잡아당겨 졌다. 모두 해서 대여섯 명이었다. 그녀는 일어날 수가 없었다.… 그녀가 불쌍해 보였다. 불쌍해 죽을 정도였다. 일어나서 걸을 수가 없었다.… 결국 숨을 거두고 말았다. 당신 생각에 이 지경인데 살아날 수 있겠는가? 살지 못한다. 살 수가 없다. 안 죽을 수가 없다."

(2) 정신적인 상처

성폭력은 여성에게 신체적으로 직접적인 상해를 가할 뿐만 아니라 정신적으로 거대한 상처를 남긴다. 1937년 12월 18일 바티스 교수는 일본대사관에 보낸 편지에 "3일 동안 많은 사람이 잠들지 못했다. 일종의 히스테릭한 공포가 나타난 것이다."라고 썼다. 난징 안전구 국제위원회는 1937년 12월 21일 일본 대사관에 보낸 편지에서 최근 벌어진 폭행 98가지를 열거하면서 "12월 20일 임신 9개월의 17세 어린 여성이 두 명의 일본 군인에게 강간을 당해 산전 진통을 보였으며 … 모친은 히스테리 상태에 처했다."라고 알렸다.

바티스는 아내에게 보낸 편지에서 자신이 족히 200명 되는 여성이 귀가하다가 강간을 당한 후에 되돌아갔다고 하면서 다른 사람들도 돌아간 후에 표정이 매우 차가워지고 한마디도 하지 않는 것을 보았다고 하였다.

구러우 병원에서 일하는 매카룬은 1938년 1월 1일 일기에 정신이상 증세를 보이는 여성 환자를 기록하고 있다. "한 명은 강간을 당했고, 다른 한 명은 잔인하게 얻어맞았는데, 그녀 아버지의 도움으로 도망쳤지만 창문을 넘다가 상처를 입었다. 그녀들은 정신 이상 증세를 보인다."

생존자의 구술 가운데에는 소녀가 강간을 당한 후에 정신이상이 된 사건도 있다. 초등학생 판잉潘英은 여러 차례 윤간을 당한 뒤에 "머리를 풀어헤치고 정신이상이 되어 길에서 계속 울었다."(차오서우위엔曹守源 리우커우劉克武 구술)

이웃집 부인이 일본 군인에게 강간을 당했는데, 남편이 막아 나섰다가 "처는 구하지 못하고 도리어 일본인에게 맞아 죽었다. 그의 부인은 정신이상이 되어 버렸다."(허펑친何鳳琴 구술)

또 많은 여성이 강간을 당한 뒤에 자살하였다. 246건의 사례 중에서 강간을 당한 뒤에 자살한 건수는 7건에 달한다. 또 두 건은 강간을 당한 후에 자살을 시도하였다가 구조되었다.

"… 신혼인 여성이 풀려나 돌아왔다. 하지만 안색이 창백하고 몸은 바짝 말랐으며 행동도 부자연스러웠다. 그녀는 온종일 눈물만 흘렸고, 빨리 죽기를 바라면

서 밥도 먹으려 하지 않았다.…"(마오더린毛德林 구술)

"아무개의 며느리는 20살 갓 넘었는데 … 일본 군인 6명에게 윤간을 당해서 강에 뛰어들어 자살하였다." "… 세상이 좀 조용해진 다음에 사람들과 맞닥뜨리면 온통 그 사람이 강간을 당하고 나서 자살했다는 말들만 했다. 그 사람이 죽임을 당했다는 말만 하는 것이다."(장용허姜永和 구술)

집단 강간 사건도 있었다. "여자들이 우는 소리가 들렸다. 그 다음 날 많은 여자가 강물에 뛰어들어 죽었다."(둥화이진董懷晋 구술)

히스테리, 실언, 실언, 정신 이상, 자살 등이 모두 즉각적인 고통 반응인데, 긴 상처가 바닥이 얼마나 깊고 긴지, 이런 상처의 고통을 안고 어떻게 이번 생을 살아가야 하는가? 비록 그녀들 중 많은 사람이 이미 영원히 소리를 낼 수 없지만, 다행히 살아남은 사람들의 구술과 일부 문헌 자료는 우리에게 성폭력을 당한 여성의 마음에 깊게 새겨진 지울 수 없는 상처를 보여준다.

쉬훙徐洪은 1945년 10월 10일 "가족 4명이 일본군에 의해 피해를 보고 허잉친何應欽에게 진정서를 보냈다."

"동짓달 14일에 저와 제수씨인 왕王 씨가 함께 일본군에게 모욕을 당했습니다. 왕 씨는 그 자리에서 사망하였습니다. 동생인 요우칭幼卿(당시 나이 30세)이 자기 부인이 여러 명의 왜병에게 강간을 당하고 죽는 것을 보고는 울면서 욕을 퍼부었습니다. 그러자 총소리와 함께 요우칭이 죽었고, 또 칼로 요우칭의 아들 윈바오云寶(당시 4세)를 찔러 죽였습니다. 저는 일가 식구들이 일본놈들의 손에 죽는 것을 보고 살고 싶은 생각이 사라져 우물에 뛰어들었는데, 뜻밖에 우물에는 물이 말라 없었습니다. 그런데 갑자기 저의 딸(당시 15세)이 우물로 뛰어들었습니다.… 미국의 지원을 받아 난민 질서를 유지하는 미스 황黃이 소식을 듣고는 사람을 보내 저와 딸을 건져 올려주었습니다.… 저는 치욕을 참아가며 구차하게 살아가고 있습니다.… 매일 매일 눈물이 앞을 가리고 있습니다.…"

'너무 괴로워 살고 싶지 않다'든가 또 '치욕을 참아가며 구차하게 살아간다'는 말은 아마도 강간을 당하고 나서 살아남은 사람들의 공통된 체험일 것이다.

'치욕을 참아가며 구차하게 살아간다.'는 것은 여성으로서, 그녀는 이미 '죽은' 것이기 때문이다. 여성의 '정조를 중시하는 사회에서 강간을 당했다는 것은 커다란 수치이다. 여성의 몸은 더럽혀졌는데 자살하지 않았다는 것은 치욕이다. 이는 가부장적 사회에서 보편적인 현상이었다. 하물며 그녀는 남성에게 더럽혀진 정도가 아니고 적국의 남자에게 점령당한 것이니 치욕의 자국은 특별히 선명한 것이다.

그러나 혹독한 전쟁 시기에 침략자에게 유린당한 운명과 함께 난징 시민들의 전통적 성 관념이 충격을 받아, 특수한 상황에서 여성의 생명권은 '정조'보다 무겁다는 것을 인정해야 한다. 예컨대 천陳씨 성의 젊은 여성이 강간에 저항하기 위해 물속으로 뛰어들고, 일본군은 총으로 쏘면서 그녀를 기슭으로 올라오게 했는데, "그 당시 나이 많은 사람들은 이 상황을 보고는 그녀에게 올라오라고 하면서 올라오지 않으면 죽게 된다고 하였다." (차오스라오曹視繞 구술) 또 다른 세 건의 경우에는 며느리가 강간에 저항하는 상황에서 시어머니나 시아버지가 목숨을 잃을까 봐 며느리에게 저항을 포기하라고 권하기도 했다.(왕싱란王興蘭, 왕훙차이王宏財 기술)

다음으로, 성폭력 피해를 본 여성에 대하여 시민들은 동정과 이해의 모습을 보여 주었다. 한 여성이 윤간을 당한 뒤에 물에 뛰어들어 자살하려고 하였다. 그러자 사람들이 말리면서 "지금은 전쟁 때라 일본인들이 도리에 맞지 않는 짓들을 하는 것이니, 됐어, 죽을 필요 없어요."라고 하였다. (저우룽파周榮發 구술) 또 다른 젊은 임산부가 많은 사람 앞에서 강간을 당했는데, 일본군이 떠나고 나서 사람들은 그녀에게 "더럽지 않아요, 상관없어. 이건 어쩔 수 없는 일이야."라고 말했다.(바이따저우白大州 구술)

"… 어머니는 당시에 울면서 소리를 질렀어요. 전체 과정을 나는 다 봤지요. 어머니가 절망적으로 말했어요. '어떻게 일본놈 걸 담고 있단 말이냐, 더 살 수는 없는 일이다. 죽고 싶구나,' 어머니는 자살하려고 했는데 아버님이 필사적으로 뜯어말리며 말씀하셨어요. '절대로 죽을 수는 없어. 당신 잘못이 아니야.'"(차오즈파曹治發 구술)

몇몇 피해자의 친척들도 피해자를 잘 대해 주었다. 천陳 아무개가 일본군에게 강간을 당한 후에 "남편이 그녀에게 예전처럼 대해 주었다."(쑨따오안孫道安 구술)

"(외숙모가 강간을 당한 후) 외삼촌이 돌아와 이 문제에 대해 이성적으로 대처하면서 예전처럼 외숙모를 대해 주었다. 예전 모습 그대로 생활하였다."(쑨꾸이하이孫貴海 구술)

"형수가 일본놈 7명에게 윤간을 당했다.… 일본놈들이 떠나고 나서 주변 사람들은 이 문제를 더 거론하지 않았다. 형수는 예전처럼 잘 지냈다."(쉬안잉徐安英 구술)

하지만 정조 지상의 관념은 여전히 뿌리 깊었다. 그런 까닭에 일본군에게 유린을 당하고 나서 "돌아오지 못하는 여성들이 매우 많았고, 도망쳐 돌아오는 여성은 매우 적었다. 매우 수치스러웠기 때문이었다."(시아룽루이夏榮瑞)

"당시 유가 사상이 뿌리 깊이 지배하고 있었고, 여인들은 강간을 당하면 면목이 없어져서 부끄러운 나머지 문밖을 나서지 못했기 때문이었다."(왕싱란 구술)

강간을 당한 몇몇 여성들이 자살하는 것은 '남편 얼굴을 볼 수 없고, 사람들을 볼 수가 없기 때문'이었다. 앞에서 언급한 차오즈파 모친은 능욕을 당한 후에 '더 살 수가 없다'고 말했고, "입에 일본놈의 물건을 머금은 것"을 제외하고는 이 모친이 가장 수치스러웠던 것은 아들이 전 과정을 지켜보았다는 사실이었다.

피해자는 자신의 몸을 지키지 못했다는 이유로 사람으로서의 존엄이 없어졌다고 느낀다. 당시에 죽지 않고 훗날 수치감 속에서 우울한 나날을 보내다가 생을 마치는 여성들도 적지 않다. 74세인 홍왕洪王은 일본군에게 강간을 당했는데, "불쌍하게도 34살 젊은 나이에 수절하며 살다가 일본 놈들에게 강간을 당하고 치욕스러움과 답답한 마음이 쌓이고 배가 부풀어 오르는 병까지 걸렸다가 죽을 때까지 그렇게 살아갔다.…"(홍치엔洪錢 씨 진정서)

"(윤간을 당한) 고모가 집으로 돌아온 후 계속 울기만 하고 밥도 먹으려 하지 않았다. 우리는 모두 그녀에게 괜찮다고 말했지만, 고모는 사람들 얼굴을 볼 낯이 없다고만 하였다. 반년이 지나지 않아 고모는 죽고 말았다."(왕싱란 구술)

"… 그 여자는 강간을 당한 수치스러움을 이기지 못하고 물에 뛰어들어 자살하였다.… 스무 살이 넘은 내 사촌 형 며느리는 일본군 두 명에게 윤간을 당했다. 정신적으로 큰 충격을 받아 밥도 먹지 못했고, 몸은 극도로 쇠약해져 죽고 말았다.”(천펑잉 구술)

“… 그 여자는 우리들에게 윤간을 당한 후에 살고 싶지 않아서 저수지에 뛰어들 때의 상황을 자세하게 설명하였다.… 1년이 좀 지나서 그녀는 죽었다.”(장퉁쉬엔張桐軒 구술)

“형수(24세)와 장시우잉張秀英(20세)은 (도망치지 못했다)”“세 명의 일본 병사가 그녀들을 차례로 강간하였다. 풀려나서 돌아온 후에 줄곧 방구석에서 얼굴을 파묻고 울었다. 형수의 어머니가 물을 떠 와서 울면서 치욕을 당한 그녀의 몸을 씻어주었다. 너무나 불쌍했다. 어떤 위로의 말도 할 수 없었다.”(장위에잉張月英 구술)

강간을 당한 뒤에 몸을 씻는 것은 더러운 것을 씻어내는 의식과 유사한데, 이는 생존자들의 구술에서 많이 언급된다. 하지만 이 과정에서도 알게 모르게 그녀들에게 알려주는 것이 있다. 그것은 바로 그녀들의 몸은 이미 불결한 몸이 아니고, 자신이 몸을 지키지 못해서 비록 정상을 참작할 만 하지만 자기 자신은 무참하게 망가졌다는 것이다.

다른 사람들이 설사 동정심에서 불쌍한 마음을 가지면서도 남다른 눈빛을 띠게 마련이다. “당시 18, 19살의 손아래 동서가 일본놈들에게 포루炮樓로 끌려가서 능욕을 당한 뒤에 마을로 돌아왔다. 사람들 얼굴을 볼 낯이 없어서 집에 숨어 집 밖으로 나오지 못했다.”(궈런친郭仁琴 구술)

“… 이웃 사람들의 그 사람의 부인이 일본놈들과 잠을 잤다고 비웃었다. 그 남자는 분하기 짝이 없었지만 어쩔 도리가 없었다. 그저 이를 바득바득 갈면서 담배만 피워댔다.”(마란잉馬蘭英 구술)

이런 정조 문화가 강간을 당한 여성들에게 주는 2차 피해는 얼마나 깊고 오래 갈까? 한 생존자는 지금까지도 강간당한 여성의 이름을 말하지 못한다. “당시 사회는 다른 사람에게 말할 수 없게 만들었기 때문이다.” 바로 오늘날, 그 피해자들은 벌써 존재하지 않는다. 하지만 그녀들은 “아직 자녀들이 살아 있고, 그들에게 이것은 치욕이다. 그녀들의 자녀가 없다고 해도 그녀들의 자녀의 자녀들이 있을 것이고, 그렇기 때문에 나는 여러분에게 그녀들의 이름을 말하지 못한다."(루치두어陸其鐸 구술)

정조 지상주의 사상의 영향을 깊이 받은 남성들은 강간을 당한 무고한 여성을 멸시하고 심지어는 학대하기도 한다. 생존자 양전밍은 그녀 이웃의 사례를 구술로 전해 준다. 16, 17세 된 이웃집 민며느리가 일본군 3명에게 윤간을 당하자, 그 남편은 그녀에게 '일본군과 잠을 잔여자'라고 욕을 퍼부으며 구타를 가했다. 나중에 절망에 빠져 그녀는 인근 저수지에 뛰어들어 자살하였다. 어린 나이에 일본군에게 강간을 당하고 나중에는 남편과 시누이에게 매일 얻어맞고 욕을 먹는 등 고초를 겪은 것이다.… 한 여성이 일본군에게 강간을 당한 후에 엉엉하고 울었다. 구술자의 모친이 그녀에게 울지 말라고 하면서 "애야, 울지 말아라. 울어봐야 무슨 소용 있겠니?"라고 말했다. 이것은 말할 수 없는 고통이고 굴욕적인 고통이다. 또 정당성을 하소연할 기회를 박탈당하는 고통이다. "강간을 당하고 창피해서 말을 할 수가 없었다."(장시우팡 張秀芳 구술) 오랜 세월에 걸쳐 치욕의 기억은 강간당한 여성의 몸에 새겨져 있고, 치욕의 느낌은 평생을 뒤덮는다. 노인 두시우란杜秀蘭은 12세 때 일본군에게 강간을 당했다. 그 악몽은 시종 그녀를 따라다녔다. 세 번에 걸친 결혼은 모두 실패로 끝나고 말았다. 2001년에 그녀는 방문 취재를 하러 간 사람에게 그 당시 강간을 당했던 경험을 말해주었다. 비록 64년의 세월의 흘렀지만 슬픔과 비통함은 억제할 수가 없었고, 통곡하며 눈물을 흘렸다. 가장 고통스러운 것은 피해를 보는 것이고, 피해자 자신이 부끄럽게 생각하는 것이다. 한 피해자는 하늘에 대고 애원하기도 한다. "나는 60여 년을 고통받았습니다. 왜요?" "이렇게 고생하는 것이 창피합니다."

(3) 성병, 낙태, 영아 유기

일본군이 난징에서 저지른 여성에 대한 성폭행의 결과물은 또 성병, 낙태, 영아 유기 등이 있다.

그렇듯 특수한 상황에서 성병 감염률에 대해 전체적으로 통계를 내는 것은 어려운 일이다. 하지만 상황은 매우 심각했다. 대학병원 의사 월슨은 12월 18일에 다음과 같이 기록하고 있다. "17세 된 한 여성이 저녁 7시 30분에 강간을 당했는데, 9시에 분만 예정이었다. 그녀는 급성 임질이 악화하여 불시에 소리를 지르는 환자였다. 화씨 105도의 고열이 지속하였고, 상태가 매우 좋지 않았다.···" 1938년 1월에 구러우 병원에서 치료를 받던 여성이 대학살이 있던 밤에 남편이 데리고 갔는데, 그녀는 갇힌 상태에서 매일 7~10차례 강간을 당했다. 그녀의 상황이 너무 좋지 않아져서 병원으로 다시 오게 되었는데, 그녀는 이미 매독, 임질, 하감 등 세 가지 성병에 걸려 있었다. 짧은 시간 동안에 이렇게 지독한 성병에 걸린 것에 의사들은 매우 놀랐다. 매기 목사의 〈난징 만행 실록〉 9호 필름의 4번은 18세 여성이 일본군에게 윤간을 당하고 사병에 의해 성병에 감염된 내용을 담고 있다. 매기는 "성 전체에서 그녀 같은 사람이 8천 명 있었다"고 설명하였다.

성병이 빠른 속도로 퍼진 것에 대해서 진링대학의 스더웨이 교수는 다음과 같이 분석하였다. "군대는 많은 기녀를 필요로 한다. 주변 농촌에서 끊임없이 여성들을 끌어오고 그녀들을 시내로 보내 수요를 만족시킨다. 게다가 그녀들은 성병에 대해서 아무런 방어력이 없기 때문에 성병에 매우 빨리 걸리는 것이다. 이런 역할 속에서는 더 이상의 사용가치가 없기 때문에 새로운 여성을 찾아 끝없이 보충하는 것이다."

무고한 여성들이 강간을 당해 성병에 걸리고 또 치료를 받지 못하는 이런 상황은 일본군이 난징을 점령한 이후에 심각한 문제로 대두되었다. 난징 안전구 국제위원회는 1938년 2월 12일 회의에서 이에 대해 매우 심각한 우려를 표하였다. "가장 심각한 문제는 여성들이 일본군에게 강간을 당한 후에 성병에 걸리는 것이다. 우리는 최대한 빨리 치료에 박차를 가할 것을 희망한다. 무상치료를 통하여 이 환자들을 치료해 주어야 한다." 여성들의 성병 감염 문제는 얼마나 심각한 것인가? 밀스 부부는 자신들이 병원에서 경험한 것을 말해주었다. 일본인이 난징에 들어온 이후 성병 비율이 15%에서 80%까지 상승했다고 하였다.

전쟁이 여성에게 가져다준 또 하나의 고난은 바로 성폭력이 남겨 놓은 '죄업'을 어떻게 처리할 것인가 하는 것이다. 바티스는 1938년 2월 아내에게 보낸 편지에서 심각하게 말하고 있다. "지금 예상했던 일이 발생했습니다. 오늘 한 여성이 자기 딸을 데리고 진링대학으로 와서는 일본인에게 강간을 당해 임신한 딸의 낙태 수술을 해달라고 했습니다." 유사한 문제는 계속해서 이어졌다. 난징 안전구 국제위원회의 1938년 2월 12일 회의 기록에는 다음의 내용이 기록되어 있다. "또 수술 문제가 있는데, 그 어머니들은 우리에게 와서 결혼하지 않은 자신들의 딸이 일본군에 의해 강간을 당하고 임신한 문제를 해결해 달라고 요구하고 있다. 이전에 대학병원에서는 이런 낙태를 완강하게 거절했었다. 그 결과 이들 가정에서는 자신들 나름의 방법을 쓰기에 이르렀고, 그 젊은 여성들의 건강과 생명에 심각한 위험을 초래하였다." 진링대학 식물학과 교수인 스더웨이는 1938년 일기에서 이렇게 쓰고 있다. "최근 몇 달 동안에 많은 불행한 여성들이 대학병원으로 구해달라고 찾아온다.… 의사들은 그녀들을 위해 환영받지 못하는 보따리를 내려놓아 준다." "이런 방법이 정확한지 여부에 대해서는 의사들도 서로 다른 의견을 가지고 있다. 나는 강간을 당하고 임신을 한 상태에서 낙태하는 것은 합법 행위라고 생각한다." 블랙 코미디라고 부를 만한 일은 의사들이 자신을 난징에서 일본인을 소멸시킨 첫 번째 인물이라고 부른다는 사실이다.

낙태되지 못한 어린 생명은 매우 우려되는 상황에 부닥쳐졌다. 그들은 태어나면서부터 치욕과 고난의 흔적을 안게 되는 것이다. 대학살 기간 난징에 머물던 미국 사회학자에 따르면, "일본의 혈통을 절반 가지는 영아들은 태어나자마자 질식사하거나 익사한다."고 한다. 또 일부는 버려지기도 한다. 바우트린Minnie Vautrin은 천주교 수녀들이 머무는 것으로 29명의 버려진 영아들을 찾아갔다. 그 아기들은 일본의 강간과 '육욕의 산물'이었고, 그런 이유로 환영받지 못하였다. 그 가운데 6명은 아마 목숨을 유지하기 힘든 상황이었다. 아기들은 거의 대부분 매독에 걸린 상태였다. 바우트린은 아무런 잘못이 없는 아기들에 대해 깊은 동정심을 가졌다. 장춘루張純如는 우리에게 이 아이들을 키울 것인가 아니면 자신의 아이를 죽일 것인가에 대해, 그리고 "강간당한 중국 여성들이 얼마나 잔혹한 죄책감, 치욕감, 어찌할 수 없는 심리적 고통을 견뎌야 하는지 관심을 가지라고 주의를 환기했다." 그것은 바로 그녀들의 친척조차도 이 사실을 받아들일 수 없기 때문이다. 생존자의 구술에도 두 가지 사례가 있다.

"리엔베이蓮北 2대隊의 아무개가 일본인에게 강간을 당해 임신을 하고 아이를 낳았는데, 그녀는 자살하려다가 (17년간 과부로 지냈었기 때문에) 아들에게 가로막혀 살아났다고 할 수 있다."(루위팡盧玉芳 구술)

"(한 여성이 강간을 당하고) 시간이 흘러 두 아이를 낳았다. 그녀의 부모는 매우 화가 나서 두 아이를 던져 죽여버렸다. 그 여성도 대문 밖을 나서지 못했다."(친즈란 秦芝蘭 구술)

3. 젠더의 시각에서 성폭력을 투시하다

난징 여성들에 대해 일본군이 저지른 성폭력의 규모와 잔인한 정도는 수많은 선량한 사람들이 이해할 수 없는 수준이다. 어째서 이렇게 마음대로, 또 잔혹하게 만행을 저질렀던 것일까?

강간이 전쟁 유희의 부산물이라는 견해가 있다. 전쟁 중에 삶과 죽음에 대한 극심한 압력에 맞닥뜨리면서 고도로 남성화된 집단은 성에 대한 목마름이 누적되고, 살인을 통해 격려를 받으며, 살인을 영웅적인 것으로 취급받는 상황에서 이것은 금지하도록 명령받은 폭력행위를 할 수 있는 것을 의미하게 된다는 것이다. 전쟁 중의 강간은 분명히 잘못된 것이고, 현대 국제 전쟁의 준칙에 따라 강간은 범죄라는 논리를 피할 수 없다. 중국 여성에게 일본군이 가한 성폭력은 물론 성에 대한 목마름이라는 요소가 포함된다. 하지만 이와 같은 대규모적인 성폭행은 성에 대한 욕구에서만 발동되는 것은 아니다. 생존자가 구술하는 몇몇 사건에서 알 수 있는 것처럼, 때때로 일본군은 강간에서 그치지 않고 학살과 능욕을 즐겨

움으로 삼았다. 특히 나이든 여성과 여자아이들에 대해서 더욱 그랬다. 일본군의 성적인 능욕은 칼을 이용하여 중국 남성들과 중국 여성들을 성교하게 하여 그것을 구경하는 즐거움을 주도록 압박하는 것까지 포함된다. 이것은 절대로 전쟁을 이용하여 성욕을 미친 듯이 해소하는 것으로 해석될 수 없는 것이다.

대학살 기간에 일어난 일본군의 성폭력을 군대의 혼란이나 통제 상실로 일어난 것으로 해석하는 것은 말도 안 되는 궤변이다. 일본 오사카 대학의 야마다山田는 당시 일본군의 군기가 매우 엄했고, 군대는 혼란 현상이 나타나지 않았으며 각종 현상이 말해주는 것은, 대학살 기간에 일어난 성폭력이 성폭력을 통해 적들에게 타격을 가하라는 군대의 명령에 따라 일어난 것이라고 설명한다. 일본군의 협박을 받아 중국 남성들은 눈을 뜨고 여성들이 모욕당하는 것을 지켜보면서 좌절하고 낙담하였다. 그리고 남성들의 무능력함은 또 중국 여성들이 멸시와 회한의 감정을 가지게 했다.

중국학자 장성張生도 일본군이 중국 여성에 대해 대규모적인 성폭력을 가한 것이 중국 남성에게 치욕을 안겨주고 타격을 주기 위해서라는 관점을 가지고 있다. 그는 한 생존자의 회고록에 있는 중국 남성과 아이들을 협박하여 여성들이 집단으로 강간을 당하는 것을 볼 때의 반응을 예로 들고 있다. "… 아이들은 이런 짜증 나는 장면을 봤을 리가 없었다! 한 명씩 놀라서 울음을 터뜨렸다.… 거실 밖에서, 정원에서, 그 여성들의 남편들은 한 명씩 넋을 잃었고, 귀까지 빨개졌다. 어떤 사람은 담벼락에 엎드려서 슬프게 울었고, 어떤 사람은 두 손으로 머리를 감싸 쥐고 멍하니 서서 움직이지 않았다.…" 장성은 일본군이 많은 사람 앞에서 특히 남편들 앞에서 여성을 강간한 것, 심지어는 그것을 구경하게 한 것은 중국 남성에게 치욕과 충격을 주어서 그들의 저항 의지를 없애버리려는 데 목적이 있었음이 분명하다고 지적하였다.

우리는 여기에서 한 걸음 더 나아가 적들이 남성들에게 치욕과 충격을 안겨주는 수단으로 여성의 강간을 이용한 이유가 무엇인지를 살펴볼 필요가 있다.

성적 관점에서 볼 때, 강간은 일종의 상해이자 모욕이며 여성을 통제하는 폭력

행위이다. 남성의 권력, 통치욕이자 제어하고자 하는 욕구가 집약적으로 표현된 일종의 정복 행위이다. 수잔 브라운밀러Susan Brownmiller는 "강간과 여성은 재산이라는 개념과 관련이 있다"고 말한다. 이 점을 강조하는 것은 매우 깊은 의미가 있다. 여성을 남성의 재산이자 점령지로 보는 시대로부터 설사 강간이 범죄행위로 규정될지라도 여성의 권리에 대한 침해로 간주하는 것이 아니고 불법 점유 행위로 인정되어 왔다. 전쟁 중에는 이런 현상이 더욱 뚜렷하다. 수잔은 "전쟁 중의 강간은 여성의 몸을 침범하는 것뿐만 아니라 그녀의 남편 또는 아버지에 대한 일종의 전쟁"이라고 말한다.

민족 충돌 과정에서 강간은 민족 진압과 정복의 수단이 되기도 한다. 승리를 거둔 군대는 패한 군대의 영지를 짓밟고, 패전 군대의 여성들을 강간한다. 커너 츠웨크는 1990년대에 발생한 남슬라브 지역의 대규모 강간 사건을 분석하면서 민족 충돌과정에서의 여성에 대한 강간은 이미 성별 간의 성폭력 행위가 아니고 국가에 대한 수치와 더러움을 안겨주는 책략으로써 다른 나라와 다른 민족을 침략할 때에 땅을 뺏는 것과 수반된다고 하였다. 타자의 민족적 순결성에 대해 방해하거나 파괴하는 것은 '국가는 한 여성의 몸 또는 그 자체가 바로 여성'이기 때문이다.

적국의 여성을 강간하는 것이 적국에 치욕을 안겨주는 까닭은 자기편 여성들이 강간을 당하는 것이 자기편 남자들이 본래 자신들에게 속해 있는 것, 즉 그들의 여성을 통제할 능력이 없다는 것을 말해주는 것이기 때문이다. 따라서 '그들의 여성'을 강간한다는 것은 상대방에 대한 가장 커다란 모욕이고, 남성들이 전쟁에서 패했다는 치욕 위에 소금을 한바탕 뿌리는 것이다. 이처럼 "강간당한 여성의 몸은 정식 전쟁터이자 승전국 군대의 열병장이 변해 버린다." 강간당한 여성이 종종 2차 피해를 경험하는 이유는 바로 여성을 남성의 개인 재산으로 보는 가부장제 문화 때문이다. 강간당한 여성은 타인에게 쉬운 존재로 취급당하고, 이미 부서진 물건처럼 타인들의 멸시를 받게 된다. 자기 자신도 부끄러운 나머지 얼굴을 들지 못한다. 그래서 강간은 여성에 대한 가부장제의 체계적인 폭력 형태라고 말할 수 있다.

　일본군은 어째서 중국 여성을 강간할 때 많은 사람이 보는 앞에서, 그것도 피해자의 친지들, 어린아이들 앞에서 아무런 거리낌 없이 했던 것일까? 선량한 사람들은 도덕적 윤리와 국민성 측면에서 답을 구할 수 있을 뿐이다. 매기 목사는 이렇게 생각했다. "일본인들은 성도덕이 없는 것 같다. 이 나라에서 여성은 경제적으로 부모를 돕기 위해 몇 년 동안 기녀 생활을 하는 것을 효도로 생각한다. 그러고 나서 결혼을 한다.… 이들 일본인들은 아예 강간을 무슨 죄라고 생각하지 않는다." 대학살 생존자들도 이렇게 생각하고 있다. "그들 일본인은 무슨 치욕감 같은 것이 없었다."(마량요우馬良友) 하지만 이건 절대로 도덕 윤리도 아니고 또 국민성으로 해석될 수 있는 것도 아니다. 수잔은 1차 세계대전 이후 전쟁 과정에서의 성폭력에 대한 연구에서 다음과 같이 밝혔다. 전쟁 중에 남편 또는 부친이 친지가 강간당하는 장면을 보도록 압력을 받는 것은 보편적인 일이었다. 천순신陳順馨이 분석한 바와 같이 공공장소나 가족들이 보는 앞에서 집단강간을 하는 것은 그 의미가 바로 여기에 있다. 즉, 침략당한 민족의 남성들에게 강한 민족이 약한 민족을 침략했다는 현실을 정확하게 알려줌으로써 그들의 치욕감을 배가시켜 준다는 것이다.

　여성을 협박하고 치욕을 안겨줌으로써 적국의 남성들에게 타격을 주는 면에서 보자면 성폭력은 폭력이다. 하지만 상대방을 협박하고 치욕을 안겨주는 작용을 할 수 있는 것은 그 가운데 성이라는 깊은 의미가 포함되어 있기 때문이다. 한 도시의 정복자가 점령당한 도시 여성을 집단으로 강간하는 것은 전쟁을 복수나 개선의 쾌감, 그리고 정복당한 남성들의 재산을 파멸시키는 것에서 스트레스를 해소하는 것과 같은 것이다. 민족전쟁 과정에서 여성의 몸은 전쟁터인 셈이다. 마치 천순신이 정확하게 분석해낸 것처럼, "민족 주권 또는 자주성을 침범하는 것과 여성의 몸을 강간하는 것, 그리고 영토 점령과 여성의 자궁을 점령하는 것 사이에는 등호를 표시할 수도 있을 것이다. 바꿔 말하면, 침입자가 타자의 영토에 대해 진입penetration을 강행하는 것은 일종의 음경 패권 행위인 것이다."

강간 이후에 여성의 질에 이물질을 삽입하는 것에 대해 수잔은 '과도한 강간'
이라 불렀다. 그녀는 과거 횡행했던 흑인에 대한 백인의 사적 형벌—남성에 대한
거세와 비슷한—과 유사한 것으로 해석하였다. 하지만 필자의 생각으로는, 어떤
의미에서 이것은 여성에 대한 비열한 협박이고, 이런 '음경 패권'의 환상은 여성
에 대한 정복과 침입의 의례적인 표현이다.

4. 맺음말

이 글은 난징대학살 기간 중 중국 여성이 당한 성폭력과 이로부터 야기된 일
련의 상해에 관해서 썼고, 아울러 성의 측면에서 성폭력의 본질에 대해 초보적
인 분석을 하였다. 페미니즘은 일찍이 강간의 본질이 성이냐 아니면 폭력이냐를
두고 논쟁을 벌여왔다. 수잔 브라운 밀러는 강간은 바로 폭력이며 여성의 의지
를 무시하고 여성의 몸에 대한 권리를 침범하는 남성 폭력으로서 성과는 무관하
다고 주장한다. 하지만 캐서린 매키넌Catharine A. MacKinnon은 강간은 바로 성이며,
가부장제 사회에서의 '성'은 여성 관점에서 말하자면 모두 강간이며, 남성 관점에
서 출발하여 여성의 몸을 통제하려는 욕정에 기반한 행위라고 주장한다. 타이완
의 여성 작가 허춘루이何春蕤는 서로 다른 사회적 환경에서 일어나는 각양각색의
강간은 모두 성별 또는 성이라는 단일한 요소로 귀결되고, 지나치게 단순화되었
다고 주장한다. 물론 강간은 성과 폭력, 그리고 가부장제와 무관할 수는 없다. 하
지만 그중에는 성질이 매우 다른 수많은 차이, 즉 계급이나 종족의 요소가 포함
되어 있다. 난징대학살 기간에 일본군이 저지른 성폭력의 동기 역시 민족이나 성
별, 성 등의 여러 가지 요소가 혼합되어 있다고 할 수 있다. 하지만 치욕을 안겨
주거나 중국 남성에게 타격을 주어 그들의 저항 의지를 없애버리려는 목적이거
나 아니면 점령과 피점령지라는 절대적 불평등의 권력 관계 하에서 폭력이라는
형태로 성욕을 표출하는 것은 심각한 성별 의미를 포함하고 있다. 강간은 가부장

제의 여성에 대한 체계적인 폭력 형태이다. 여성의 몸은 전쟁 중에 또 하나의 전쟁터로 변해 버린다. 왜냐하면 영토를 점령하는 것과 여성의 몸을 짓밟은 것 사이에 등호를 그릴 수 있기 때문이다. 이 글에서 특히 강조하는 것은 과거 성폭력의 피해를 본 여성들의 고통이 왕왕 적군이 간음하고 불태워 죽이는 죄악을 증명할 때만이 그 의미를 부여해 왔고, 여성과 여성이 받은 피해 자체에 대해 마땅히 가져야 하는 관심에 대해서는 소홀했었다는 점이다. 오늘 우리는 침략자가 저지른 성폭력의 불의함을 꾸짖는 동시에 여성의 몸의 권리 신장에 관심을 가져야 하고 여성들이 2차 피해를 봤던 문화적 환경을 변화시키는 데 관심을 가져야 한다. 당시 성폭력에 대한 의분과 꾸짖음은 우리 여성이 짓밟혔다는 측면에서 출발하지 않을 때, 여성의 생명 권리, 몸의 권리, 성 권리라는 본질적인 의미는 비로소 진정으로 주목받을 수 있을 것이다.

제4장

국민당의 전시 대외선전과
난징대학살 진상 전파

1. 국민당의 전시 대외선전
2. 국민당 전시 대외선전 부문이 조직한 난징대학살 진상 전파 활동
3. 몇 가지 결론

국민당의 전시 대외선전과 난징대학살 진상 전파

1937년 12월 13일 일본군이 난징을 점령한 이후 장장 6개월에 걸친 대학살을 시작하였다. 일본군 당국이 일련의 뉴스 검열을 하고 선전을 전파함으로써 범죄 행위를 가리고 눈과 귀를 혼란스럽게 했지만, 서방 기자와 난징 안전구역 지도자, 서방의 외교관 및 중국 국민당 전시 선전부의 노력으로 일본군 난징대학살의 만행은 백일하에 드러날 수 있었다. 본문은 국민당 전시 선전기구가 지도하거나 실시한 난징대학살 진상 전파 활동을 분명하게 밝힘으로써 국민당 전시 선전이 전체 진상 전파 활동에서 차지하는 지위와 작용을 탐구해보고 그 전파 전략에 대해 평가해 보고자 한다.

1. 국민당의 전시 대외선전

제2차 세계대전 기간 독일, 이탈리아, 일본을 축으로 하는 파시스트 국가는 말할 것도 없고, 미국이나 영국, 러시아, 중국 등을 대표로 하는 동맹국들도 대외

선전을 담당하는 전문적인 기구가 없었다. 국민당이 처음으로 대외선전이 중시하기 시작한 것은 루거우챠오 사변 이후이다. 1937년 7월에 일본이 날마다 영어로 전 세계를 향해 방송했다. 이 사변의 책임을 중국에 떠밀면서 극히 좋지 않은 영향을 만들어냈다. 이것을 거울로 삼아서 군정 부장 허잉친은 "중앙선전부와 논의하여 매일 저녁 국제 방송을 강화하고 일본에 대항하라."는 지시를 내렸다. 같은 해 9월 8일에 군사위원회는 대외선전사업을 책임지는 제5부를 설립하여 쑹메이링宋美齡, 왕춍훼이王寵惠, 콩시앙시孔祥熙 등으로 이루어진 지도위원회를 꾸리고 쑹메이링을 주석으로 추대하였다. 11월에는 군사위원회는 제5부를 폐지하고 별도로 국제선전처를 만들었다. 1938년 2월, 국제선전처는 국민당 중앙선전부에 부속시켜, 동시엔꽝董顯光을 중앙선전부 부부장 신분으로 이 처의 처장을 장기적으로 겸임하게 함으로써 전시 중국의 대외선전사업을 구체적으로 이끌게 하였다.

초기에 국제선전처는 본부를 우한에 두고, 편찬과와 외사과, 대적과, 총무과, 대적 선전위원회 및 뉴스 촬영실 등을 배치하였다. 편찬과는 대외 활자선전, 뉴스 취재와 편집, 통신, 간행물 출판과 도서 번역 등의 업무를 맡았다. 외사과는 주로 중국을 방문하는 국제단체와 인사 접대, 중국에 주재하는 외국의 외교관과 신문 기자, 작가 등과의 연락 등의 업무를 맡았다. 대적과의 주요 사업은 중국을 침략한 일본군의 범죄행위 자료를 수집하고 중국 주재 일본군, 일본 본토 및 일본 교민에 대해 반전 선전 등의 업무를 맡았다. 대적 선전위원회는 대적 선전의 방침과 전략을 전문적으로 연구하고 〈적정보고敵情報告〉 등의 자료를 펴내며, 관련 분야의 참고자료를 정부에 정기적으로 제공하는 업무를 맡는다.

국제선전처는 제일 처음 상하이, 홍콩, 런던, 뉴욕, 제네바, 베를린, 모스크바 등지에 선전기구를 설립하였다. 우한이 함락당한 후에 홍콩, 상하이, 런던과 뉴욕 등의 네 군데 사무처만 남게 되었다. 그중에서 홍콩 사무처는 국제 선전처에서 가장 중요한 연락 포스트로서 국내와 해외 소식을 전하고 사람들이 모이고 흩어지는 특별한 작용을 해냈다. 런던 주재 사무처는 유럽에 대해 선전이라는 중대한 임무를 가지고 있었다. 하지만 그 핵심은 영국에 있었다. 런던 사무처는 영국에서 3개의 선전 그룹을 성공적으로 만들어냈다. 옥스퍼드대학 그룹, 런던 그룹, 그리고 비즈니스 그룹이었다. 옥스퍼드대학 그룹은 이 학교에 근무하는 다수의 유명 교수가 포함되어 있었고, 그들은 당시 영국 정부의 주요 인물이기도 했다. 예를 들어 외상 하리파커스, 재정 대신 시몬 등은 관계가 밀접하였다. 런던 그룹의 중요 구성원은 보수당 의원 아스터였는데, 그는 이튼 조사단의 비서였다. 아스터 가족은 당시에 영국의 가장 힘 있는 대가족 가운데 하나였다. 영국의 가장 영향력 있는 신문〈타임〉지와 〈위클리 옵저버〉는 모두 그 가족의 통제하에 있었다. 동시에 그들은 막대한 금융자산을 소유하고 있었다. 비즈니스 그룹은 런던 상공회의소 중국 분야 주석 니컬슨이 수장이다. 주로 비즈니스계의 인물들 사이에서 선전사업을 진행하였다. 뉴욕 사무처의 주요 임무는 "미국의 모든 친 중국 단체와 연락하고 일본제품의 불매운동을 전개하며 미국 정부로 하여금 일본에 대해 군수품 수송 제재를 시행하도록 하는 것이다. 또한 미국의 선전기구와 신문을 이용하여 항전을 선전하는 글을 발표하고, 미국의 상류계 인사들에게 연락하며 각지에서 집회를 열고 강연하고 교포 사업을 추진하며 대미 방송과 영화선전에 협조하는 것이다.

국민당 선전 부문의 외국 주재 기구 외에도 중국의 외국 주재 대사관과 영사관 등은 역대로 정부 대외선전의 중요한 기구가 되어 왔다. 그 기구들은 전시에 각 사무처에 주재하는 국제 선전처의 중요한 지지자이자 협력자였다. 그 사례는 매우 많다. 예를 들어 1938년 봄에 국제 선전처의 책임자 동시엔꽝이 런던 사무처를 개설하기 위해서 당시 영국 대사였던 궈타이치郭泰祺와 서신을 통해 여러 차례 협상을 진행한 일이 있었다. 궈타이치는 동시엔꽝에게 보낸 편지에서 중국의 대외 선전조직이 아직 충분하지 않고, 급선무는 장기적이고 주도면밀한 계획이라고 전했다. 동시엔꽝은 궈타이치에게 런던 사무처의 준비 작업을 진전시키라고 통보하였고, 관련 인사를 배치하는 것에 관하여 궈타이치의 의견을 청취하였다. 티엔보리에田伯烈는 국제선전처 런던 주재 사무처의 책임을 맡은 후에 영국과 유럽에 대한 선전 문제에 대하여 궈타이치와 교류와 협상을 늘 진행하였다.

항일전쟁의 발발과 함께 중국의 전시 당정시스템은 점차 정비되기 시작했고, 비교적 효율적인 대외 선전 망을 갖추게 되었다. 이 선전 망에 의지하여 국민당의 전시 대외선전 기구는 비교적 짧은 시간 내에 해외를 향해 난징대학살의 진상을 알리고 중국을 침략한 일본군의 만행을 폭로할 수 있었다.

2. 국민당 전시 대외선전 부문이 조직한 난징대학살 진상 전파 활동

1937년 12월 13일, 중국을 침략한 일본군은 세계를 놀라게 한 대학살 참극을 일으켰다. 국제선전처는 즉각 행동하기 시작하였다. 각종 채널을 통해 중국을 침략한 일본군의 난징대학살 만행 자료를 수집하였다. 아울러 여러 가지 방식으로 외부 세계에 대학살의 진상을 전파하였고, 일본군의 잔악한 죄악상을 폭로하였으며 국제 여론과 서방 사람들의 일본군 만행에 대한 질책을 불러일으키게 하였다.

(1) 매기의 기록 필름

일본, 미국, 영국에서 존 매기John Magee가 촬영한 난징대학살 기록영화를 방영하였다. 중국을 침략한 일본군이 난징대학살을 벌이던 기간에 난징의 안전구 국제위원회의 존 매기 목사는 16밀리 촬영기로 진링대학 병원과 그 밖의 다른 곳에서 대학살 피해자들의 모습을 촬영하였다. 이 필름은 대학살을 기록한 자료 가운데 지금까지 남아 있는 가장 이른 자료 가운데 하나이다. 이 필름은 난징 안전구 총간사였던 피치G.A Fitch가 1938년 1월 하순에 상하이로 가지고 갔고, 코닥 회사에서 4세트를 현상하였다. 한 세트는 영국인 미스 모리엘 레스터Murial Lester에게 넘겼고, 한 부는 매기가 직접 중국 주재 독일 대사관에 넘겼다. 또 한 부는 피치가 3월 상순에 미국 본토로 가지고 갔다. 마지막 한 부는 매기 본인이 소장하였다.

국제선전처가 조직한 난징대학살 진상 전파 활동에서 매기가 촬영한 기록영화는 일본의 만행을 기록한 중요한 증거 가운데 하나로써, 커다란 역할을 하였다.

국제선전처는 이 필름을 이용하여 일본과 미국, 영국 등에서 진상 전파 활동을 전개하였고, 좋은 효과를 보았다.

피치의 회고록에 기록된 따르면, 상하이에서 피치는 매기가 촬영한 기록 영화를 현상한 후에 상하이에 있는 미국 교회에서 외부세계에 이 영화를 처음으로 상영하자는 요구에 응하였다. 당시에 영국 화해위원회의 미스 레스터는 때마침 이 영화를 보게 되었다. 그녀는 만약 일본의 몇몇 기독교와 정치 지도자들이 이 영화를 볼 수 있다면 그들이 중국에서의 적대적 활동을 멈추게 할 수도 있을지도 모른다고 생각했다. 그래서 그녀는 자신이 일본에 가서 엄선된 조직에 이 필름을 보여줄 수 있도록 복사본을 달라고 하였고, 피치는 그녀의 요구에 응하였다.

1938년 3월에 미스 레스터는 중국에서 선교 활동을 하는 일본 기독교인 3명을 대동하고 상하이에서 출발하여 비밀리에 일본으로 갔다. 그들은 도쿄의 영사관에서 외국 기자, 일본 정당, 사단, 상공업계, 종교계 인사들에게 매기의 기록영화를 보여주었다. 아울러 일본으로 가져간 외국 인사들이 쓴 난징대학살 관련 신문 보도와 편지, 일기 및 일본군이 직접 촬영한 중국에서의 만행 사진 등을 재료로 널리 선전 활동을 펼쳤다. 구체적인 선전 전략에서 그들은 '귓속말 작전'을 썼다. 즉, 일본에 주재하는 각국 영사관 직원들, 일본에 주재하는 각국의 통신사 기자들, 일본 상공업계 지도자들, 일본의 기독교인 및 일본의 정당 요인들, 기관의 공무원 등을 대상으로 개별적으로 이야기하면서 일본군이 중국에 대해 벌이는 전쟁의 어리석음을 알렸다. 어떻게 자기 자신의 전투력을 소멸시키는지, 훗날 반드시 러시아에 당할 것이라는 사실을 알렸다. 또 중국 민중의 항전 정서가 얼마나 높은지, 끝까지 항전하겠다는 결심을 얼마나 가졌는지, 전 세계에서 일본 제품 불매운동이 얼마나 퍼지고 있는지, 국제사회에서 일본의 침략전쟁에 대해 얼마나 불만을 가졌는지를 알렸다.

미스 레스터 등 일행 4명이 비밀리에 일본으로 가서 일본군의 난징대학살 만행의 진상을 전파하는 것은 국제 선전처의 주도적인 계획 아래에서 이루어진 것이다. 그들 네 사람은 임무를 마친 후에 국제선전처에 정식 서면보고를 하였다.

이번 비밀 선전 활동은 정의롭고 성공적인 대적 선전이었다. 관련 자료가 증명하는 것처럼 이번 비밀 활동을 통해 국민정부 최고위 당국의 지시를 받았고, 장제스는 쏭메이링을 통하여 이번 일본에서의 활동계획과 활동 경과를 알게 되었고, 아울러 도쿄 비밀활동의 성공에 대해 높게 칭찬하였다.

국제선전처는 대원을 일본으로 파견하여 매기가 촬영한 기록영화를 방영하여 대학살의 진상을 전파한 것 이외에도 미국에 흩어져 있는 기관을 이용하여 미국과 영국에서 이 영화를 방영함으로써 어느 정도의 영향을 미쳤다.

얼 리프Earl H, Leaf는 국제선전처가 초빙한 미국인 친구로서 미국과 유럽의 대외 선전 사무를 책임지는 초기 책임자였다. 1938년 3월 무렵에 리프는 미국 하몬Harmon 기금회의 미스 메리 브래디Mary Brady에게 매기가 촬영한 난징에서의 일본군 만행을 기록한 영화를 보여주었다. 이전에 하몬 기금회는 미국에서 중국에 관한 영화 8편과 일본 관련 영화 2편을 발표한 적이 있었다. 그리고 미스 브래디 본인은 중국 항전 사업의 열정적인 지지자였다. 그녀는 중국의 전시 선전영화를 미국에서 발표하는 임무를 적극적으로 맡고 있었는데, 리프는 미스 브래디를 통해 미국에서 매기의 기록영화를 널리 발표할 계획이었다. 하지만 그녀는 이 영화가 일본군의 난징 만행을 폭로하는 것에 대한 평가를 높게 하기는 했지만, 영화 자체는 그저 사람들에게 공포심과 싫어하는 마음만을 불러일으킨다고 생각하고, 가장 좋은 방법은 영화의 방영과 강연을 함께 진행하는 것으로 판단했다. 즉, 강연자가 이 두려운 장면을 결합하여 미국인에게 이러한 공포를 끝내기 위해 마땅히 취해야 할 조치를 설명하는 것이다. 리프는 미스 브래디의 합리적인 건의를 받아들여 매기의 필름을 일본제품의 불매운동이나 중국 구제의 집회에서 함께 방영하기로 하였다.

매기가 촬영한 난징대학살 영화의 영향을 극대로 끌어올리기 위해서 리프와 미스 브래디는 미국의 사회적 역량을 충분히 빌려서 썼다. 미국 뉴욕에 조지 마샬George Marshall이라는 부인이 있었는데, 그녀는 평화주의자로서 사회복지에 열심을 보이는 인물이었다. 그녀는 매우 부유했고, 영화 제작과 발표를 좋아했다. 당시에 그녀는 일본제품 불매운동을 반영하는 영화를 한창 제작 중이었다. 이 영화에는 학생시위와 노동자들이 일본제품 선적을 거부하는 모습, 화물창고에 일본제품이 가득 쌓여 있는 모습, 상점 유리창에 반일 포스터와 각종 불매운동 선전전단이 가득 붙어 있는 모습 등을 담았다. 영화는 완성된 후에 미국 전역에서 상영될 예정이었다. 미스 브래디는 이 부인을 위해 매기가 촬영한 난징 영화를 방영하도록 안배하면서, 마샬 부인이 이 영화를 일본 제품 불매운동을 그린 그녀의 영화에서 중요한 내용으로 삼아주기를 희망하였다. 마샬 부인은 그렇게 하기를 바랐다. 리프 자신도 여러 차례 마샬 부인과 면담하였고, 일본 제품 불매운동을 그린 영화 편집에 협조하였다.

리프는 또 영국에서 매기가 촬영한 영화 발표를 시도했다. 리프는 영국에 체류하는 동안 중국 영화에 대한 현지의 수요가 매우 크다는 것을 잘 알고 있었다. 동시에 그는 중국의 전시 상황을 반영하는 발표와 방영을 이용하는 형식으로 선전을 전개하는 것이 중국에 대한 사람들의 진한 흥미를 갖게 할 수 있고, 중국을 돕는 조직에 자금을 모아 줄 수도 있다고 생각하였다. 영국 기자 팀펄리Harold John Timperley 측에서 매기가 난징대학살을 기록한 영화를 촬영했다는 것을 알고는 영국의 중국지원 모임China Campaign Committee의 버튼Basil Burton과 어떻게 이 영화를 영국에서 발표하고 방영할 수 있는지를 상의하였다. 버튼 선생은 영화 유통업자이자 감독이기도 한 사람이다. 그는 먼저 영화를 촬영한 사람이 상업적인 목적이 있는지를 물었다. 즉, 이 영화로 돈을 벌 준비를 하고 있느냐는 것이었다. 상황이 분명하지 않은 전제하에 그는 두 가지를 준비했다. 만약 촬영자가 돈을 벌 생각이면 이 영화를 'Unity'라는 회사에 넘겨 발표하도록 하고, 발생한 이윤을 중국의 관련 조직에 넘겨주는 방안이 그 하나였다. 만약 영리 목적이 아니라면 이 작품을 'Kino'라는 비영리 회사에 넘겨주어 발표하게 하는 방법이었다. 그들은 이미 계획을 세웠는데, 먼저 런던 지역에서의 군중 집회에서 방영하고 나서 다시 그 밖의 지역에서 방영하고, 동시에 의회의 의원과 정부 관리 등의 인사들을 대상으로 비밀리에 방영하는 것이었다.

리프와 버튼은 매기의 영화가 영국에서 심사를 통과하지 못 하는 일을 피하고자 기술적으로 35밀리 영화를 16밀리로 바꾸어 복사하였다. 왜냐하면 영국에서는 영화를 심사하는 사람이 35밀리 필름에 대해서는 반드시 심사하고, 16밀리 작품에 대해서는 때에 따라서 보지도 않기 때문이었다. 리프 등의 해외 선전에 임하는 사람들이 일 처리를 꼼꼼하고 진지하며, 문제에 대한 고려를 매우 주도면밀하게 했음을 알 수 있다.

현재 남아 있는 사료에 기록된 내용에 근거해 보면, 국제선전처는 관련자를 파견하여 일본에서 비밀리에 매기의 영화를 방영하였고, 사용한 복사본은 앞에서 서술한 네 부의 복사본 가운데 하나이다. 이 점은 의심할 바 없이 정확한 사실이다. 하지만 리프 등이 미국에서 방영한 매기의 영화는 그 복사본의 출처가 어떤 것인가 하는 것은 풀리지 않는 의문이다. 왜냐하면 앞에서 서술한 네 부의 복사본은 모두 그 구체적인 내력이 있고, 모두 리프와는 무관해 보이기 때문이다. 그렇다면 이런 가능성이 존재한다. 리프가 미국에서 방영한 매기의 영화는 또 다른 복사본일 가능성이 있다. 말하자면 사람들이 일반적으로 알고 있는 네 부의 복사본 외에 다섯 번째 복사본이 존재할 가능성이 있다는 것이다. 필자는 장시엔원張憲文 교수가 펴낸 〈중국 침략 일본군의 난징대학살 사료집〉 제12책 〈영국과 미국 문서, 안전구 문서, 자치위원회 문서〉를 훑어본 적이 있는데, 그 책에서 바티스Bei Deshi, Miner Searle Bates의 문헌 가운데 "팀펄리가 스탠리 박사에게 기록영화에 관해 보낸 편지"가 있었고, 이 문건에서 알 수 있는 것은 줄리안 아놀드가 1938년 2월 초에 '천황' 호를 타고 상하이를 떠나 미국으로 갈 때 매기 영화의 복사본을 가지고 있었다는 사실이다. 피치는 "3월 3일에 홍콩에서 출발하여 아놀드의 필름과 거의 같은 시각에 워싱턴에 도착할 예정이었고," "조지는 아마 준비된 필름을 가지고 비행기에 올랐을 것이다." 이에 근거해서 우리는 기본적으로 다음과 같이 단정할 수 있다. 즉 아놀드가 미국에 가지고 간 필름과 피치 자신이 미국에 가지고 간 필름은 같은 복사본이 아니라는 것이다. 아놀드가 미국에 가지고 간 필름은 매기 필름의 다섯 번째 복사본인 것이다. 리프가 미국에서 방영한 매기의 필름은 이 복사본일 가능성이 매우 높다.

⑵ 소책자의 출판

영국에서 난징대학살을 폭로하는 소책자를 편집 출판하는 데 협조하였다. 중국 국민당의 전시 대외 선전사업은 비록 국제 선전처가 담당하기는 했지만 외국에 주재하는 중국 대사관과 영사관도 적지 않은 사업을 해냈다. 국제선전처의 지도자 동시엔꽝董顯光은 초기에 런던 지부를 세우기 위해 영국에 대한 선전활동을 전개하였고, 영국 주재 중국 대사 곽태기와 여러 차례에 걸쳐 연락을 취하며 협상하였다. 궈타이치도 국제선전처로부터 비교적 이르게 일본군의 난징대학살 관련 자료를 받았다.

어림잡아 1938년 2, 3월 무렵에 궈타이치는 자신이 얻은 관련 자료를 영국 무역협회 주석, 영국 중국지원회 회원 벤 틸렛Ben Tilett에게 제공하면서 그를 통하여 영국에서 일본군의 난징대학살 만행의 진상이 전파될 수 있기를 희망하였다. 틸렛 선생은 영국 조합 운동의 지도자 가운데 한 사람으로서 영국의 유명한 좌익인사였다. 궈대사가 제공한 자료를 보고 나서 그는 일본군의 난징 만행에 대하여 매우 놀라면서 분노했다. 그리고 최대한 가능한 범위 내에서 이 이야기를 전파하고.… 이것을 세계적인 이슈로 바꾸어 전 세계가 이 가공할 민족적 만행을 성토하도록 하였다.

1938년 3월에 틸렛 선생은 궈타이치 대사가 제공한 일본군의 난징 만행 자료에 근거하여 영국에서 〈중국을 몰아내다 - 난징에서의 일본의 두려운 만행Hands Off China - Terrible Japanese Atrocities in Nanking〉을 써서 출판하였다. 초판은 1만 부를 발행하였다. 이 책은 두 부분으로 구성되어 있다. 첫 부분은 틸렛 선생이 쓴 머리말과 일본의 난징 만행을 폭로하는 자료이다. 진링대학교 교수인 미국인 바티스 박사가 1938년 1월 10일에 친구에게 써준 편지, 그리고 1937년 12월 하순에 주중 일본 대사관에 보낸 편지 등을 인용하였다. 둘째 부분은 이 책의 주된 부분으로서, 머리말 부분에서 틸렛 선생은 영국 대중들에게 다음과 같이 호소하고 있다. "평화, 자유, 민주에 관심이 있는 모든 인사는 중국을 침략한 일본군이 중국 인민들에게 범하는 만행에 놀라야 한다." "만일 우리가 지금 일본인이 이런 야만적인 방식으로 민간인을 대하는 방식을 앞세워 중국을 침략하는 것을 용인한다면 우리들도 곳곳에서 아비시니아 사건의 재현을 맞닥뜨리게 될 것이다!"

책이 출판되자 틸렛은 그 책들을 전국 무역협회의 회원과 신문사, 그리고 중국 인민의 고통에 관심이 있는 인사들에게 보내, 이 책의 출판이 사람들의 관심을 불러일으키고 그들의 강력하게 항의할 수 있는 계기가 되기를 희망하였다.

1938년 4월 24일 틸렛은 궈타이치에게 보낸 편지에서 일본군 만행에 관한 더 많은 자료를 자신에게 제공해 달라고 요청하였다. 아울러 일본군 만행이 담긴 책이 좋은 반응이 있다는 사실도 알렸다. "일단 일본군의 적나라한 전쟁 만행이 사람들에게 정확하게 알려지고 일본군의 침략으로 인해 초래된 공포에 대한 사랑과 평화의 국가들 관심이 증가할 것이다."

이 책은 바티스 교수가 1938년 1월 10일에 친구에게 보낸 편지를 인용하고 있다. 또 중국 고위관리가 2월 14일에 처음으로 난징대학살의 상세한 정황을 알게 된 것도 이 편지 때문이었다. 틸렛이 써서 출판한 이 책이 일본군의 난징대학살 만행을 폭로한 것으로는 영국에서 제일 처음 나타난 선전 자료이고, 일본군의 난징 만행을 기록한 단행본 자료로서는 세계 최초일 수도 있다는 것을 보여준다. 팀펄리가 써낸 〈외인이 본 일본군의 만행〉은 비록 내용이 매우 풍부하여 세계적으로 그 영향력이 컸지만, 출판 시점으로 보자면 틸렛의 책보다 5개월이 늦다.

(3) 외인이 본 일본군의 만행

팀펄리의 〈외인이 본 일본군의 만행〉을 출판하여 문자 선전의 형식으로 세계를 향해 일본군의 만행을 폭로한 것은 국제선전처의 중요한 사업이었다. 대략 1938년 3월 하순에 국제선전처는 팀펄리가 〈외인이 본 일본군의 만행〉을 완성했다는 사실을 알고, 즉시 이 원고를 구매하여, 귀중본으로 취급하였다. 아울러 역량을 모아 이 원고를 번역하고 출판하여 국내외에 널리 발행하였다. 현재 남아 있는 문서 기록과 관련 학자의 연구에 따르면 이 책은 출판 당시에 여러 종류의 언어에 다른 판본이 있었다고 한다.

1) 영문판에는 이른바 런던판과 뉴욕판 등이 있다. 런던판은 빅토르 골란츠Victor Gollanczrk 출판한 것으로 제목은 *What War Means : The Japanese Terror In China* 이며 6만 권이 발행되었다. 뉴욕판은 현대 총서출판공사Modern Age Books, Inc에서 출판되었고, 제목은 *Japanese Terror In China*로서 6만 권이 발행되었다.

2) 덴마크어판은 코펜하겐에서 출판되었고, 1만 권이 발행되었다.

3) 프랑스어판은 벨기에의 중국우호협회에서 영문판에 근거하여 프랑스어로 번역하여 벨기에에서 발행하였다.

4) 일본어판은 국제선전처가 번역하였고, 제목은 〈이른바 전쟁〉이다. 책의 서두에 일본의 유명한 반전 작자인 아오야마 가즈오의 서문이 있고, 일본의 만행 자신이 여러 장 실려 있다. 홍콩, 상하이 및 해외 각지에서 1만 권이 발행되었다.

5) 중국어판은 1938년 6월 중순에 번역이 끝났다. 같은 달에 장제스는 군수품 조달 부서에 명령을 내려 출판 비용을 지원하라고 하였다. 국제선전처는 〈소탕보〉에 의뢰하여 인쇄를 맡도록 하였다. 전쟁 시기라 종이 공급이 부족하여 국제선전처는 이 신문사에 특별대우를 요청했고, 경비와 종이 문제가 구체화한 이후 국제선전처는 국민출판사(한커우) 명의로 출판하기로 결정하였고, 역자는 양밍楊明으로 하였다. '7.7' 항전 1주년 전야에 초판본 1만 권을 급하게 발행했다. 같은 해 9월 말까지 총 6만 권을 발행하였다. 정부가 충칭으로 옮긴 후에 이 책은 더 발행되었고, 전체 발행된 책은 10만 권에 달했다. 중국어판은 궈모뤄郭沫若가 표제와 함께 서문을 썼고, 역자도 '덧붙이는 말'을 썼다.

팀펄리의 〈외인이 본 일본군의 만행〉을 공개적으로 출판한 것은 중국 국민당의 전시 선전기구가 일본군의 난징대학살 만행의 진상을 전파한 또 한 차례의 성공적 활동으로서 국내외에 중대한 영향을 미쳤다. 팀펄리는 외부 세계를 향해 난징대학살 만행을 전면적이고 체계적이며 공개적으로 폭로한 세계 최초의 서방인이다. 이 책 또한 난징 안전구 국제위원회의 일본군 만행 보고와 바티스, 피치, 그리고 매기 등 사건 목격자의 편지, 일기와 〈밀러 평론보〉, 〈자림서보〉 등 관련 보도를 인용하여 써낸 책이다. 국내에서 발행된 초판본 6만 권 가운데 45,000권이 전지문화복무단에 의해 전선의 장병들에게 보내졌고, 1만 권은 정중서국을 통해 민간에 판매되었다. 5천 권은 국제선전처를 통해 당정군 각 기관의 장과 각 단체 등에 보내졌다. 전선의 장병들은 이 책에 대해 모두들 환영의 뜻을 표했다고 한다. 책 공급이 충분히 이루어지지 않으면서 추가 인쇄 요청이 쇄도하였다. 이 책의 출판은 일본 침략자에 대한 중국 항일 군민의 증오와 분노를 불러일으켰고, 그들의 항일 결의를 더욱 군건히 하는 데 긍정적인 작용을 하였다. 국제적으로 이 책은 일본 파시스트의 흉악한 본성과 얼굴을 사람들이 똑똑히 볼 수 있게 해줌과 동시에 한창 진행되고 있는 반파시스트 침략전쟁에서 광범위한 국제적인 동정과 성원을 받을 수 있도록 해주었다. 이 책이 런던에서 출판되던 당일에 영국 〈가디언〉지는 칼럼에서 평론을 발표하였고, 〈에딘버러 이브닝 뉴스〉에서는 이 책에 대한 평론을 사설로 실었다. 〈더 타임즈·문학증간〉 7월 16일 평론에서 "안전구 국제위원회의 이 보고들은 확실하게 믿을 만 하다. 어떤 사람이 이에 대해 가장 합리적인 해석을 내놓았는데, 그것은 일본 침략군 중에 완전하고도 슬픈 군기 문란이 존재한다고 표명하였다. 의심할 바 없이 극단적 공포의 방식으로 민간인에 대해 집단적 학살을 하는 것은 일본군 장교의 명령을 집행한 것이다."라고 하였다. 저자 팀펄리 본인은 영국 독자들로부터 많은 편지를 받았다. 그들은 모두 "이 책에 씌어 있는 사실로 인해 내 마음이 뒤흔들렸다"고 하였고, 어떤 독자는 이 책이 "끔찍한 이야기들로 가득한 책"이라고도 하였다. 일본에서 팀펄리의 이 책을 본 사람은 그 수가 적지 않다. 당시 일본의 참모총장은 '전체 장병에게 고하는 글'을 발표하여 '황군'이 중국에서 '나라를 욕보이는 행동'을 했음을 인정하면서 '훈계'를 하였다. 일본 동맹사의 유명한 기자 마츠모토 시게하루는 이 책이 출판되고 나서 얼마 지나지 않아 한 권을 사서 읽었고, "그 안서 묘사되고 있는 사실 때문에 책을 다 읽지 못했다"고 하였다. 하지만 이 책에서 폭로하고 있는 일분군의 만행에 대해 일본인들은 인정하지 않는 분위기였다. 반대로 "왜 예전 동맹국의 대표적 인물이 이런 책을 출판하는 것인지"라는 질문을 던졌다. 이 책의 저자는 증오의 대상이 되어 버린 것이다. 항전이 끝나고 나서 이 책은 일본 침략자의 범죄행위를 청산하는 유력한 증거 가운데 하나가 되었다.

3. 몇 가지 결론

난징대학살 진상의 전파 주체는 다원화된 모습을 보인다. 피해자와 가해자가 있고, 사건의 목격자인 제3국의 중립인사가 포함되고, 정부, 기구, 단체 및 개인도 있다. 난징대학살의 진상을 전파하는 과정에서 국민당 전시 선전기구는 중요한 역할을 하였다. 하지만 그것은 진상 전파 주체의 하나일 뿐이다. 독일의 시몬스 공사의 직원 라베John H. D. Rabe, 진링대학 역사학 교수 바티스, 사회학 교수인 스미스Lewis S. C. Smythe 등의 외국인 인사들이 주축이 된 난징 안전구 국제위원회 회원들, 〈뉴욕 타임스〉의 더딘Frank Tillman Durdin, 어벤드Hallet Edward Abend(당시 상하이 주재), 〈시카고 트리뷴〉의 스틸Archibald T. Steele, 그리고 미국 연합통신사의 맥다니엘C. Yates McDaniel 등을 대표로 하는 서방 기자들, 로순G. F. Rosen, 앨리슨John M. Allison 등을 대표로 하는 중국 주재 서방 외교관 등, 이들은 난징대학살의 진상을 매우 중요한 초기 전파자들이다. 한동안 가해자인 일본 측에서조차 어느 정도의 사건 진상이 전파되기도 하였다.

앞에서 언급한 네 명의 미국 기자들은 난징대학살의 초기 전파 과정에서 매우 큰 역할을 하였고, 그 영향도 매우 컸다. 그들은 자신들의 직무대로 난징 사건에 관한 신문 보도를 작성하여 미국의 유명한 대형 신문의 눈에 잘 뜨이는 면에 발표하였다. 불완전한 통계에 의하면, 일본군의 난징 만행을 폭로하는 그들의 보도는 최소한 35편 이상 발표되었다. 게다가 양심과 인도주의를 주장하는 서방 인사들로서 그들 자신도 일본군의 만행에 충격을 받았으며 일본군에게 피해를 본 중국 난민 보호 활동에 스스로 가입하기도 하였다. 때때로 그들은 사건을 보도하는 사람이라는 중립적 관찰자의 입장에서 사건의 참여자로 바뀌지 않을 수 없었고, 자신들이 보도한 뉴스의 주인공 가운데 한 사람이 되기도 하였다.

대학살이 벌어지던 기간에 중국 주재 독일 대사관에서 참사관으로 근무하던 로슨은 난징에서 줄곧 자리를 지키고 있었다. 일본군과 일본 외교관과 접촉하는 과정에서 그는 일본군의 만행에 대한 증오의 감정을 조금도 숨기지 않았다. 그는 중국 주재 독일 대사관, 상하이 주재 독일 총영사관, 독일 외교부 등에 난징의 상황에 관한 보고를 제출하여, 유명한 '로슨 보고'를 만들어냈다. 그 가운데 한 보고에서 로슨은 존 매기가 촬영한 영화가 "일본인이 잔학한 범죄를 저지른 것에 관한 설득력 있는 증거"라고 하였다. 그는 외교부에 "자막이 있는 이 영화를 원수와 총리에게 한 번 볼 수 있도록 해달라"고 요구하였다. 독일 정부의 고위층을 통해 일본에 압력을 가함으로써 중국에서의 일본군 만행을 막아보려는 것이었다. 난징에 주재하던 미국인 엘리슨도 난징의 상황과 일본군의 만행에 대하여 미국 국무성에 수없이 많은 보고를 올렸다. 그의 보고는 미국 정부가 일본 측에 엄정할 수 있도록 하였고, 난징의 일본 당국은 그에 대해 증오의 마음을 품게 되었다. 1938년 1월 26일, 엘리슨은 일본군의 보복을 받았다. 한 병사에게 따귀를 맞은 것이다. 상하이 주재 영국 외교관은 정부에게 일본군의 만행에 관련된 많은 보고를 올렸다. 이 보고들은 전국 기독교위원회의 보인튼Charles L. Boynton 목사와 바티스 등이 제공한 것이다. 영국 외교부의 관리는 보고를 받은 후에 어떠어떠한 형식으로 매스컴에 이 소식들을 폭로할 것인지를 건의하기도 하였다.

난징 안전구 국제위원회의 지도자들은 일본의 점령군 당국과 접촉하는 과정에서 각종 전문, 보고를 통하여 난징의 비참한 장면을 진실하게 기록하였고, 일본군의 각종 만행을 폭로하였다. 국제위원회는 일본군이 난징을 점령한 1937년 12월 13일부터 이듬해 3월까지 일본군에 의해 저질러진 400건의 만행을 기록하여, 20여 차례에 걸쳐 일본대사관에 항의하였다. 바티스 교수는 라비의 건의에 따라 거의 매일 일본대사관에 보고서를 제출하였는데, 이 보고서에는 진링대학교 캠퍼스에서 일본군이 저지른 범죄사실이 적혀 있었다. 바티스, 스미스, 피치 등은 편지, 강연, 신문사 투고 등의 형식으로 끊임없이 외부세계에 일본군의 난징대학살 만행을 폭로하였다. 매기 목사는 또 자신의 소형 촬영기를 이용하여 일본군 만행의 생생한 움직임을 화면에 담아냈다. 이 일본군 만행의 진상을 기록하고 전파하는 안전구 지도자들의 태도는 매우 진지하고 공정한 자세를 유지했으며 거의 모든 기록이 증거로 제출할만한 자료가 되었다. 더욱 소중한 것은 그들 스스로 적극적인 방식으로 만행의 진상을 폭로하는 것은 일종의 도덕적 의무라고 생각했다는 사실이다.

일본군의 난징 점령 초기에 일본의 몇몇 전시 뉴스 매체들은 빛나는 '황군'의 무공을 비롯하여 중국인들을 한 군데에 몰아넣고 총살하는 장면, 시신이 가득 쌓여 강변에서 소각되기를 기다리는 장면, 일본 병사 간에 벌어지는 살인 경쟁 사진, 심지어는 어느 일본 기자의 학살에 대한 평론을 싣기까지 하였다. 일본 정부의 유관 부문에서는 주로 난징 주재 총영사관을 통하여 일본군 만행 상황을 알고서는 일정한 범위에서 전파하였다. 영국의 유명 기자 팀펄리는 난징대학살 내용을 전보로 치려는 시도하였으나 일본 상하이 당국의 저지로 무산되었다. 하지만 1938년 1월 17일에 당시 일본 외상 히로다 코오키는 도쿄에서 워싱턴으로 보내는 전보(제227호), 이른바 '히로다 전보'를 보내, 팀펄리의 전보를 '특별소식'으로 하여 외국 주재 대사관과 영사관에 통보하였다. 이는 난징과 그 부근 지역에서의 일본군의 만행이 이미 일본정부의 관심과 경각심을 불러일으켰다는 것을 말해준다. 이 밖에도 일본 외무성의 관리는 난징 주재 대리 총영사 후쿠이 아츠시가 난징에서의 일본군 만행에 관해 보고를 받은 후에 육군과 해군, 외무성 관리 등이 참석한 연석회의에서 일본군 만행 문제를 통보하였고, 제지 조치를 희망하였다. 이런 모든 것들은 일본 최고 당국이 난징의 일본군 만행에 대해서 그 내용을 속속들이 알고 있었다는 것을 충분히 설명해 주는 것이다.

난징대학살 진상의 전파 주체의 다양화는 국민당의 대외선전기구가 진상 전파의 참여자 가운데 하나였을 뿐이라는 것을 말해준다. 대외선전기구가 진상전파 활동을 전부 제어하는 것은 불가능한 일이다. 그뿐만 아니라 우리는 이런 생각도 해볼 수 있다. 비교해서 말하자면, 난징대학살 진상의 초기 전파 과정에서 더딘 등을 대표로 하는 서방의 신문 기자들과 바티스 등을 대표로 하는 안전구 국제위원회는 핵심적인 역할을 하였다. 그들은 중립적인 제삼자의 입장에서 중국을 침략한 일본군의 난징대학살 만행에 대해 가장 상세한 실록을 남겼다. 이 실록의 공정성과 진정성 및 세밀함으로 인해 오늘날 역사학자들의 칭송을 듣고 있고, 난징대학살을 극구 부인하는 일본 우익세력들이 정면으로 응시할 수밖에 없는 동시대의 직접적인 자료가 되고 있다. 그들은 자신들의 숭고한 직업의식과 고상한 인도주의 정신으로 일본군 만행을 폭로하는 대열에 기꺼이 참여하였고, 그 영향도 오래도록 남는 것이다.

국민당 전시 선전기구가 전파한 난징대학살 진상 자료는 완전히 사건을 목격한 증인들이 제공한 비망록, 편지, 일기, 보고서, 비디오 영상 등 직접적인 자료들이다. 자료들은 모두 참고할만한 출처가 있고, 조작이나 날조한 것은 절대로 없다. 그 내용의 신빙성은 이미 역사적 시험을 거친 바 있다.

국민당 전시 선전기구가 전파한 난징대학살 진상 자료는 다음의 몇 가지로 분류할 수 있다.

(1) 난징 안전구 국제위원회의 일본군 만행 관련 문건. 티펄리의 〈전쟁은 무엇을 의미하는가 - 중국에서의 일본군의 만행〉에는 국제위원회의 이 문건들을 부록으로 싣고 있다.

(2) 바티스, 피치 등의 안전구 지도자들의 보고문, 편지와 일기. 바티스는 진링대학 역사학과 교수이고, 진링대학 긴급위원회의 주석이다. 일본군에 의해 저질러진 난징대학살 기간 엄청난 재난을 겪고 있던 이 도시에 체류하고 있었고, 가장 중요한 대학살의 목격자 가운데 한 사람이다. 그는 난징 안전구 국제위원회와 난징 국제구제위원회의 조직에 참여하고 이끌면서 많은 보고서와 비망록과 편지 등의 자료들을 남겼다. 바티스는 옥스퍼드대학과 예일대학 등에서 엄격한 트레이

닝을 받은 역사학자이다. 그가 기록하거나 써낸 난징 일본군 만행 관련 문건은 '객관과 원칙'이라는 최고의 원칙을 따르고 있다. 그는 원시 보고의 반복적인 확인을 매우 중요하게 생각했고, 그 태도는 매우 신중했다. 난징의 민간인들이 피살당하고 부녀자들이 강간을 당하는 등에 대해 그 숫자를 다룰 때는 신중하다 못해 지나치게 보수적이었다. 피치는 난징 기독교청년회의 책임자였다. 그는 쑤저우에서 태어나 오랫동안 중국에서 일하고 생활한 미국인이다. 그는 난징 안전구의 총간사를 맡아 10만 명을 헤아리는 중국 난민의 생존과 안전을 위해 매일 분주하게 뛰어다녔다. 개인의 생명 안전은 전혀 돌아보지 않은 상태였다. 난징대학살에 관한 그의 일기(1937년 12월 10일~1938년 1월 하순)는 난징이 함락되고 외국 신문 기자들이 철수한 이후의 난징의 정세에 관한 첫 번째 뉴스로서, 상하이에서 큰 반향을 불러일으켰고 후에 널리 전파되었다.

(3) 매기가 촬영한 영화. 당시 매기는 국제적십자회 난징 분회의 주석이자 난징 안전구 국제위원회의 위원이었다. 매기는 다른 국제위원회의 위원들과 마찬가지로 아침부터 저녁까지 난징의 난민들을 보호하느라 바쁘게 움직였고, 가끔 시간을 내어 16밀리 촬영기로 일본군의 만행을 촬영하였다. 일본군에게 발각될 것을 염려하여 매기는 매우 신중하고 조심스럽게 움직였다. 그런 까닭에 그는 일본군이 민간인을 처형하거나 도시에 수많은 시신이 쌓여 있는 장면을 직접 촬영할 수는 없었다. 그래도 매기가 촬영한 영화는 엄청난 파급력이 있었다. 그것은 지금까지 난징대학살에 관련되어 남아 있는 유일한 영상으로서 매우 진귀한 것이다.

(4) 일본군 만행 사진. 이 사진 중에서 어떤 것은 매기가 촬영한 필름에서 잘라낸 것도 있고, 또 일본군이 직접 찍어 상하이에서 현상한 것들도 있다. 일본군이 이 사진들을 촬영한 목적은 전공을 자랑하기 위해서였다. 이 사진들은 국제선전처 총무처에서 발품을 팔아 구한 것들이다.

이상 네 가지 종류의 문건과 자료들은 모두 목격한 증인들이나 가해자에게서 나온 것들로서 논쟁의 여지가 없는 동시대의 직접적인 자료들이다. 그것들은 상호 간에 증거가 되어, 그것의 진실성이나 객관성 및 공정성에 대해서는 의문의 여지가 없다.

국민당 전시 대외 선전 부문은 난징대학살 진상 전파 활동에서 '성실함으로 사람을 대하고, 진실함으로 믿음을 얻는다'는 방침을 견지하였다. 당시 전시 선전을 맡은 최고위 간부 가운데 한 사람인 쑹메이링은 정중하게 의견을 피력하였다. "일본인의 선전propaganda과는 정반대로, 우리들의 전파publicity 사업은 사실과 믿을 수 있는 자료의 기초 위에서 이루어져야 한다. 우리가 앞으로 아무리 큰 어려움을 만난다고 할지라도 중국은 진실을 말하는 대가를 부담할 능력이 있다." 동시엔꽝도 다음과 같이 말했다. "선전은 허풍을 떠는 것이 아니고, 공공연히 배치한 병력을 파견하여 무력시위를 하는 것이 아니며, 더욱이 거짓을 꾸며 남을 속이는 속임수도 아니다. 효과적인 선전은 색깔 없는 선전이며, 막후에서 말없이 하는 사업이며, 성실함으로 사람을 대하고 진실함으로 믿음을 얻는 사업이다." 바로 이러한 사상적 지도 아래에서 국민당 선전기구는 난징대학살의 진상을 전파할 때에 선전 자료의 진실성과 신뢰도에 특별히 주의를 기울여 날조하거나 사실을 크게 과장하는 일이 절대 없도록 하였다. 그들은 국제적인 공식 판단을 믿고, 일본군 당국의 사기성 선전의 곡조에 맞추어 춤추는 일은 절대 없도록 하였다. 이런 모든 것들은 그들이 전시 대외 선전방법을 잘 알고 있는 전문가형 지도자라는 것을 충분히 설명해 준다.

전파학의 선구자인 미국인 라스웰Harold Dwright Lasswell은 "전파 자체는 이른바 좋고 나쁨이 없는 것이고, 그것에 대한 판정은 선전 정보가 진실하냐 아니면 거짓이냐에 달려 있다."고 말한 바 있다. 전파 내용의 진실성 측면에서 국민당 전시 대외 선전기구가 취했던 방법은 칭찬할 만하다. 아울러 역사적 시련을 견뎌낸 것이기도 하다. 국민당 대외선전부는 난징대학살의 진상 전파 활동에서 비교적 명망이 있고 사업능력이 뛰어나면서도 항전이라는 중국의 정의로운 사업에 동정과 지지를 보내는 외국인을 초빙하거나 그들의 도움을 받는 것을 매우 중시하였다. 그들은 중국인이 대체할 수 없는 역할을 하였다. 중국 인민이 가장 어려울 때 그들이 준 도움에 대하여 우리는 영원히 마음속에 기억해야 한다.

1938년 초에 국제선전처는 뉴욕, 런던, 제네바, 베를린, 모스크바, 홍콩 및 상하이 등지에서 사무처(지부)를 설치하였다. 그리고 사무처의 관리자는 심사를 거쳐 모두 선전 재능이 있고, 중국에 대해 동정심이 충만한 사람을 선발하여 임명하였다. 전시 국제선전처의 처지에서 보자면, 국제선전처가 이렇게 한 것은 매우 성공적이었다. 또한 전문적인 기교가 풍부한 것이었다. 왜냐하면 외국 친구들은 중국 국내의 중국 선전 관리들보다 자신이 사는 나라에서 일어난 소식을 더욱 빠르게 얻을 수 있기 때문이다. 아울러 자신이 사는 나라의 민심을 더 잘 이해하고 그것을 바탕으로 바람직한 선전 효과를 달성할 수 있기 때문이기도 하다. 물론 외국 친구들을 초빙한 것은 전시 중국 대외선전 전문 인력이 부족한 현실을 충분히 고려한 것이다.

　국제 선전처의 난징대학살 진상 전파 활동 과정에 영국 화해위원회 레스터 여사, 국제 선전처 뉴욕 주재 사무처 책임자, 미국인 리프, 영국 좌익노동조합 지도자 틸렛 등의 외국 인사들의 도움을 통하여 진행되었다. 동시에 국제 선전처는 영국의 〈맨체스터〉지 중국 주재 기자 팀펄리의 영향과 능력의 도움을 많이 받았다. 그는 일본군 만행을 진실하게 기록한 원고를 완성하고 나서 사람들을 모아 여러 종류의 문자로 그 원고를 번역하여 국내외에서 발행함으로써 세계적으로 큰 영향을 미쳤다. 팀펄리는 후에 국제선전처에 고문으로 임용되었고, 전시 중국의 대외선전을 위해 매우 크게 공헌하였다. 하지만 당시의 국민당 선전 부문의 이렇듯 매우 성공적인 용인 전략은 몇십 년 후에 일본의 몇몇 우익 학자들에 의해 난징대학살을 부정하는 이유와 핑곗거리 가운데 하나가 되고 말았다.

　일본인 카타무라 미노루는 2001년에 난징대학살을 부정하는 〈난징사건 연구〉를 출판하였다. 이 책에서 그는 '새로운 발견'을 했다고 주장하였다. 즉, 나중에 국제선전처의 고문이 된 팀펄리의 신분을 물고 늘어지면서, 기자라는 제삼자의 신분으로 일본군의 난징 점령을 폭로한 팀펄리의 저작은 실제로는 국민당 중앙선전부의 뜻에 맞춰서 출판한 것이라고 단정하였다. 나아가 팀펄리의 저서에서 기술된 내용은 틀림없이 국민당의 외교전략을 위해 도움이 되는 요소가 있으리라

의심하였다. 그의 논리는 매우 단순하다. 팀펄리의 책은 세계적으로 일본군의 난징대학살 만행을 폭로한 영향력이 가장 큰 출판물 가운데 하나이다. 만약 작가의 신분에 의혹이 있다면 이 책의 가치나 공정성은 의심을 할만한 가치가 있을 것이다. 또 이 책에서 밝히고 있는 난징대학살의 진실 또한 국민당 선전부가 날조한 것이라고 할 수 있을 것이다. 하지만 역사의 진상은 전혀 그렇지가 않았다.

팀펄리의 신분 문제에 관하여 필자는 조금도 틀린 말을 하지 않았다. 그는 국민당 중앙선전부 국제선전처의 고문으로서 유럽과 미국에서 오랜 기간 동안 중국의 전시 해외 선전사업을 이끌었다. 팀펄리J. Harold Timperley는 영국계 이탈리아 사람으로, 〈맨체스터〉지 중국 주재 기자였다. 1938년 3월에 상하이에서 유럽으로 돌아갔다가 국제선전처의 초빙을 받아 국제선전처 런던 지부와 뉴욕 지부 개편을 맡았다. 능력을 인정받아 나중에는 국제선전처 고문으로 초빙되었다. 팀펄리는 국제선전처에서 1943년 1월까지 근무하였다. 하지만 다음과 같은 기본적 사실을 가볍게 넘길 수는 없다. 즉, 일본군의 만행에 관한 책을 팀펄리가 완성한 것이 앞의 일이고, 국제선전처의 고문으로 초빙된 것은 후의 일이라는 점이다. 게다가 지금 차고도 넘치게 남아 있는 사료들은 그 증거가 될 수 있다. 당시 난징에서 난민 구제에 종사했던 바티스, 스미스, 밀스W.P. Mills와 상하이의 보인튼 등은 팀펄리의 〈외국인이 목격한 일본군의 만행〉의 기획에 참여하였고, 피치와 매기 등의 난징대학살 목격자들은 일기, 편지 등의 자료를 제공하였다. 그리고 바티스는 팀펄리가 이 책을 쓰는 데 가장 큰 도움을 주었다.

"적극적인 방식으로 만행의 진상을 폭로하는 것은 일종의 도덕적 의무이다." 이것은 바티스 개인의 관점만은 아니었다. 스미스, 피치, 매기 등의 선교사들의 공통된 견해였다. 신중하게 고려한 끝에 바티스 등은 기자 신분이었던 팀펄리, 더딘 등과 함께 외부세계를 향해 일본군의 난징대학살 만행을 폭로하는 데 힘을 모으기로 하였다. 합작의 성과로서 더딘은 1937년 12월 24일에 〈뉴욕 타임스〉에 〈미국 선교사가 서술하는 난징의 공포 통치American missionaries describe Nanking reign of terror〉라는 제목의 보도를 하게 된다. 1938년 1월 17일에 팀펄리는 〈맨체스터〉

지에 보도 원고를 보낸다. 바로 '히로다 전보'에서 전송한 '특별소식'이었다. 하지만 이 전보는 상하이 일본군 당국의 강압적인 저지로 인해 발송되지 못한다. 그러자 팀펄리는 증거가 되는 문건 자료를 수집하고 그것을 책으로 만들어 세상에 내놓게 된다.

팀펄리가 상하이에서 일본 당국으로부터 무리하게 제지당하고 있다는 사실을 바티스는 잘 알고 있었다. 그는 팀펄리를 격려하면서 책을 만드는 목적과 방법, 경험에 대해서 깊은 믿음을 가지고 있었다. 동시에 그는 스미스, 밀스 등과 함께 비밀리에 상의에 들어갔다. 신중한 고려와 적절한 안배를 거쳐 그들은 팀펄리에게 도움을 주기로 하였고, 상하이 전국 기독교회 도서관의 난징 안전구 국제위원회 문건을 그가 찾아보고 복사 보존하는 것에 동의하였다. 아울러 바티스 부인이 팀펄리를 도와 자료를 수집하고 복사하는 일을 하도록 하였다. 바티스는 또 최신 뉴스와 자료를 팀펄리가 참고할 수 있게 제공하기로 하였다. 2월 16일에 팀펄리는 상하이 전국 기독교회 책임자인 보인튼의 사무실에 가서 난징 안전구와 관련된 모든 문건들을 자세히 읽어보고 복사하였다. 팀펄리는 또 난징에서 상하이로 돌아온 비치의 일기를 얻었고, 그가 가지고 온 매기의 영화필름 가운데 사진을 한 세트 영인하였다. 아울러 매기가 쓴 필름 해설 원고를 얻었다. 책을 쓸 원고가 완성되자 바티스는 전문을 교열하였다.

이 밖에도 팀펄리가 이 책을 쓰기 전에 국제선전처의 이른바 '지시'를 받은 바가 없다는 사실을 증명할만한 한 가지 증거가 있다. 팀펄리는 애초 이 책의 집필에 대한 구상을 그의 친구인 국제선전처 홍콩 사무처 책임자인 원위앤닝溫源寧에게 알리면서 그의 의견을 구했다. 1938년 1월 28일에 원위앤닝은 편지 한 통을 써서 다음과 같이 말했다. "자네의 집필 계획에 관해서 나는 아직 최종적으로 결정하지 못했네. 하지만 내 마음속에 두고 있다가 조금 지나서 내 생각을 자네에게 알려주도록 하겠네." 이것은 국제선전처가 팀펄리의 책 구상을 사전에 알지 못했었다는 것을 말해준다. 물론 팀펄리가 이 책을 어떻게 써나갈 것인지에 대해서도 알지 못했다. 하지만 이후 국제선전처는 팀펄리의 책 집필 상황에 대해 줄곧 관심을 가지고 있었다. 아울러 집필이 완성되자 팀펄리가 상하이를 떠나기 전에 그에게서 원고의 부본을 사들여 번역 출판하게 되었다.

역사 조건의 제약으로 말미암아 국민당 대외선전부가 실시한 난징대학살 진상의 초기 전파 활동은 불가피하게 일정한 한계가 있었다. 그것은 다음의 몇 가지로 나타난다. 첫째, 난징대학살에 대한 거시적인 인식과 평가가 빠져 있다는 점이다. 예를 들어 대학살 피해자의 전체 수, 강간당한 사람들의 수, 재산 손실 총액 등이 그것이다. 말하자면 대학살 사례의 전파에 지나치게 치중한 나머지 상황에 대한 총체적 파악과 선전에 소홀했다는 것이다. 둘째, 전파 내용이 기본적으로 중립국인 제삼자 인사들이 제공한 자료들로서 중국 피해자 자료의 수집과 전파에 소홀하였다. 1938년 7월부터 중국의 신문과 잡지는 난징을 탈출한 중국 난민들이 직접 겪은 이야기를 연속하여 실었다. 이렇듯 중요한 피해자들의 자료는 일본군의 난징대학살 진상을 해외에 전파하기 위한 중요한 내용으로서 국제선전처에 의해 번역되지 않았다.

하지만 항일전쟁의 승리와 함께 국민당정부는 일본군의 난징대학살 범죄행위에 대한 전면적인 조사에 착수했다. 여러 해에 걸친 노력을 기울여 수많은 관련 증언과 증거물을 수집하여 정리하였고, 국민당 고위층의 심사, 비준을 거쳐 난징대학살의 피해자 총인원이 30만 명 이상이라는 결론을 내렸다. 아울러 난징과 도쿄에서 진행된 일본 전범 재판에서 난징대학살 피해자와 중국 측 목격자의 증언은 상당히 큰 역할을 하였다. 이는 대학살 진상의 후기 전파에 초기 전파에서 빠진 내용을 보완한 것이라 할 수 있다.

중국에 침략한 일본군의 난징대학살이라는 이 천인공노할 만행에 대하여 중국 국민당 고위층은 많은 관심을 기울였다. 1937년 12월 24일에 장제스는 미국 대통령 루스벨트에게 편지를 보내 일본군의 만행을 매섭게 규탄했고, 중국의 항전 결심을 전달하면서 미국 국민들이 중국에 효과적인 원조를 해줄 것을 호소하였다. 국민당의 전시 선전기구는 즉각 선전 망을 가동하였고, 조직원들은 각종 방식으로 해외에 대학살의 진상을 전파하였다. 이러한 노력은 일본 정부 및 일본군 당국과의 진상 봉쇄와 반 봉쇄라는 특수한 전쟁으로 이어졌다. 진상 전파의 내용은 사실과 믿을만한 자료의 기초 위에서 이루어진 것이었다. 중국에 대해 우호적이고 중국의 항전사업에 뜻을 같이하는 외국의 우호적 인사들을 이용한 것이었다. 해외에서, 심지어는 적대국인 일본에서 허풍떨지 않고 은연중에 이루어지는 선전을 진행하였다. 그 목적은 바로 극동 대륙에서 펼쳐지는 어둠이 밝은 빛을 잡아먹는 미치광이의 한 막을 전 세계 사람들에게 보여주어 사람들이 일본군의 잔혹함과 전쟁의 끔찍함을 알게 하려는 것이었다. 전시 난징대학살의 진상에 대한 국민당의 전파 활동은 성공적이었다. 진상을 알게 된 서방 민중들은 특히 우리를 동정하고 자동으로 중국에서의 일본의 짐승 같은 행동을 꾸짖으면서 일본 제품 불매운동에 나섰다. 각국의 민중 단체와 자선 기관들은 의료 분야의 인재들과 자료, 도구 등을 가지고 우리들을 구제하였고, 우리를 도와 전례 없던 재난을 극복하도록 해주었으며 깊은 동정을 나타냈다.

마지막으로 특별히 지적할만한 내용이 있다. 국민당 전시 대외선전부가 비록 대학살 진상 전파에서 어느 정도의 성공을 거두기는 했다. 하지만 진상 전파 활동을 거시적으로 보았을 때, 중국을 동정하고, 인도주의 정신과 정의감으로 뭉친 외국 친구들, 더욱이 난징에 체류하고 있던 미국 선교사 및 그 동반자들, 그들이야말로 진사 전파 초기 활동의 핵심적 역량이었다. 1938년 4월 쑹메이링은 무한 기독교 기도회에서 연설하면서, 일본군의 만행을 폭로하고 일본군의 총과 칼, 폭탄과 강간의 위협 아래 놓여 있던 중국 난민들을 구해준 선교사들의 인도적인 움직임에 대해 높이 평가하고 찬사를 보냈다. 그녀는 다음과 같이 말했다. "장위원장이 저더러 여러분들에게 이렇게 말하라고 했습니다. 여러분들이 우리 인민을 도와서 일해준 것을 매우 칭찬한다고 말입니다.… 바로 이 점에서 우리 부부 두 사람은 여러 말 하지 않고도 전 중국의 선교 기관들, 그리고 중국을 동정하여 일본군이 중국에 침략하여 저지른 갖가지 만행을 증언해준 많은 외국인을 향해서 우리의 다할 수 없는 감격을 표합니다. 이분들과 이 자리에 모인 여러분들은 모두 당당하게 바로 설 수 있었습니다. 일본의 위협과 모욕을 받았지만 여전히 공정함을 잃지 않았습니다. 여러분들의 해낸 일과 정신은 진정한 기독교의 의의를 나타냈습니다. 여러분들이 노력해 주신 결과 정부와 민중의 엄청난 존경을 받게 되었습니다."

옌안延安 중국공산당 신문잡지와 도서의 일본군 난징대학살 보도와 평론

—

1. 옌안 지역의 수없이 많은 중국공산당 신문잡지

2. 1938년 2월 25일, 옌안 중국공산당 신문잡지의 일본군 난징대학살 최초 보도

3. 중국공산당 지도자가 난징대학살을 함락지구 연구의 중요한 자료로 삼다

4. 맺음말

옌안延安 중국공산당 신문잡지와 도서의 일본군 난징대학살 보도와 평론

1937년 12월 초에 일본군은 중국 수도 난징에 대하여 포위 공격을 감행하였다. 12월 13일에는 난징을 점령하였고, 무기를 내려놓은 전쟁 포로와 무기를 전혀 소지하고 있지 않은 민간인 약 30만 명을 학살하였다. 천인공노할 대학살은 40여 일 동안 이어졌다. 이 소식이 전해지자 중국 국민들의 분노어린 성토가 이어졌고, 세계 여론의 매서운 질책이 이어졌다. 이 사건은 당시 중화민족과 중국 뉴스매체의 공동 관심사가 되었고, 또한 중국 공산당이 이끌고 있던 뉴스 매체의 관심과 보도, 평론의 중대한 사건이 되었다.

하지만 최근 몇 년간 일본 우익 인사 히가시나카노 슈우도오東中野修道는 자신의 의견을 다음과 같이 제기하였다. "당시 중국 공산당 측의 신문잡지와 저서들은 일본군의 난징대학살 만행에 대해 다룬 바가 없으며 질책을 한 바는 더더욱 없다." 또 다른 우익 인사인 다나카 마사아키는 자신의 의견을 더했다. "일본군의 난징대학살 만행에 대해 중국공산당은 기록도 없고 만약 전해지는 말처럼 몇만, 몇십만의 대학살이 있었다면 중국공산당이 침묵했을 리가 없다." "당시 국민당과 공산당의 잡지, 신문, 보고문에는 전쟁 상황과 피해 상황이 상세하게 기록되어 있다. 하지만 어떻게 찾아냈더라도 그 위에는 난징대학살 사건이 씌어 있지 않다." 일본 우익 인사들은 이것으로 난징대학살이라는 변하지 않는 역사적 사실을 부정하는 중요한 근거 가운데 하나로 삼는다. 이것은 분명히 다른 의도가 있는 것이고, 매우 음험한 왜곡이기도 하다.

항전 기간에 중국공산당은 비록 중국 국민당과 항일민족 통일전선을 결성하여 중국공산당이 이끄는 군대는 국민혁명군 소속 팔로군과 신사군으로 개편되었다. 하지만 중국공산당과 당이 영도하는 군대, 당무, 조직, 선전 계통은 줄곧 독립성을 유지하고 있었다. 중국공산당이 영도하는 뉴스 신문잡지의 일본의 중국 침략과 전쟁 만행에 관한 선전 보도는 나름의 특색을 가지고 있었다. 그중에서 옌안 지역의 〈신중화보新中華報〉〈해방〉 주간지 등은 매우 어려운 조건으로 일본군의 난징대학살을 보도하고 평론하는 문제에 있어서 중국의 여타 신문잡지와 마찬가지의 비분과 적개심을 가지고 일본의 중국 침략 전쟁과 일본군의 난징대학살이라는 '특수한 야만성'을 날카롭게 폭로하고 비판하였다. 또한 중국의 여타 신문잡지와는 다른 독특한 분석, 평론, 호소, 건의 등을 싣기도 하였다. 이것은 중국 항전 뉴스 역사에서 매우 찬란한 업적으로 기록될 수 있다.

1. 옌안 지역의 수없이 많은 중국공산당 신문잡지

1937년 7월 항일전쟁 발발 무렵부터 난징대학살이 일어난 뒤인 1938년까지 중국공산당은 조건과 환경의 제약으로 말미암아 장악하고 있던 신문잡지 등의 뉴스 매체는 그다지 많지 않았다. 국민당 통치 구역에서 국공 합작의 항일 민족통일전선이 형성됨에 따라 중국공산당은 신문사 운영 권리를 가지게 되었다. 난징이 함락되기 전에 중국공산당 대표단은 1937년 10월 전후하여 난징에서 신문사 창간을 준비하였다. 하지만 실행에 옮길 무렵에 전쟁이 발발하였고, 계획은 좌초되었다. 우한武漢까지 철수한 후에 중국공산당 중앙 창장국長江局은 1937년 12월

11일에 주간지 〈군중群衆〉을 창간하였다. 이후 1938년 1월 11일에 기관지 〈신화일보〉를 창간하였다. 이 두 신문과 잡지는 국민당 통치 구역에 있던 중국 공산당의 대표적 언론이 되었다. 이 밖에 코민테른 주재 중국공산당 대표단이 1935년 12월 9일에 파리에서 중국어 기관지 〈구국타임스〉를 창간하였는데, 이 신문은 당시 중국공산당의 해외 선전에 있어서 중요한 역할을 하였다. 그리고 중국공산당 중앙 소재지인 옌안 지역에는 〈홍색중화紅色中華〉를 개편한 〈신중화보新中華報〉와 주간지 〈해방〉 등의 신문 잡지만이 있을 뿐이었다.

〈신중화보〉는 1937년 1월 29일 〈홍색중화〉에서 이름을 바꾼 것이다. 〈홍색중화〉는 원래 중화 소비에트 중앙정부의 기관지로서 강서 중앙 소비에트 지역에서 창간되었다가, 장정 후에 샨베이陝北 바오안保安으로 옮겨가 출판되었었다. 1936년 12월, 시안사변과 평화적 해결 후에 1937년 1월 중국공산당 중앙기관이 바오안에서 옌안으로 옮겨왔다. 중국공산당 중앙은 단결 항일 계획에 따라 〈홍색중화〉의 명칭을 〈신중화보〉로 바꾸기로 하였고, 발행 호수는 이전 것을 계속 이어 나가기로 하여 제325기로 하고, 4×6배판 크기에 3일마다 한 번씩 발행하기로 하였다. 1937년 9월 6일 샨깐닝陝甘寧 변구 정부가 수립된 후에 이 신문은 샨깐닝 변구 정부 기관지로 개편되었고, 4×6배판 크기에 3일마다 한 번씩 발행하던 것에서 5일에 한 번 발행하는 것으로 바꾸었고, 등사방식에서 활판 방식으로 바꾸었다.

신화통신사는 신화사로 줄여 부른다. 1937년 1월, 원래 홍색 중화통신사에서 이름을 바꾼 것이다. 홍색 중화통신사는 1931년에 강서 소비에트 지구에서 처음 세워졌다. 신문 〈홍색중화〉는 사실상 같은 기관이다. 1937년 1월, 중국공산당 중앙은 〈홍색중화〉를 〈신중화보〉로 그 이름을 바꾸는 동시에 홍색 중화통신사를 신화통신사로 이름을 바꾸었다. 하지만 〈신중화보〉는 사실상 같은 기관이었다. 사장은 보꾸博古가 겸임하였고, 실제 사업은 샹종화向仲華, 랴오청즈廖承志 등이 구체적인 책임을 맡았다.

주간지 〈해방〉은 중국공산당 중앙의 정치 이론 간행물로서, 1937년 4월 24일에 옌안 란자핑藍家坪에서 창간되었다. 중국공산당 중앙당보 위원회의 주관하에 크기는 배판으로 하고, 활판 방식이었다. 나중에 격주간으로 바뀌었다. 주간지 〈해방〉은 시평, 논저, 번역, 통신, 문예 등으로 칼럼을 나누었다. 중국공산당 중앙의 지도자인 마오쩌둥, 장원티엔張聞天, 저우언쏭周恩宋, 저우더周德, 보꾸博古 등은 모두 이 잡지에 글을 발표하였다. 마오쩌둥은 이 잡지에 대해 특별한 관심을 보였다. 각각의 시기에서 선전 포인트에 대해 그는 직접 질문을 던지고, 중요한 사설, 평론 등은 직접 읽어보기도 했으며 중요한 글을 직접 발표하기도 하였다.

당시의 사회적 환경과 선전 조건의 제약으로 말미암아 중국 공산당이 지도하는 선전 매체 가운데 난징 보위전과 일본군의 난징대학살에 대해 처음으로 보도한 것은 〈구국타임스〉였다. 이 신문은 파리에 소재한다는 유리한 조건을 이용하여, 서방 국가의 신문잡지와 통신사의 소식에 근거, 일본군의 난징 폭격 만행과 난징 보위전, 일본군이 난징을 점령하고 나서 저지른 대학살에 대해서 보도와 함께 강력한 비판을 가했다. 계속해서 국민당 통치 구역인 우한의 〈신화일보〉와 주간지 〈군중〉도 중앙사와 외신의 뉴스를 이용해서 폭로와 함께 평론 비판을 내보냈다.

그리고 중국공산당 중앙 소재지인 옌안 지역의 〈신중화보〉와 주간지 〈해방〉 등은 비록 항일민족투쟁 선전에 온 힘을 쏟았지만, 인쇄시설과 종이의 부족 등 여러 조건의 어려움, 그리고 취재와 접수 및 뉴스 송출 등의 장비 등이 갖추어지지 않은 관계로 어려움을 겪었다. 이로 인해 난징에서 벌어지고 있는 전쟁 소식과 일본군의 난징 대학살 관련 소식을 제때에 듣지도 못했고, 들을 수도 없었다. 그 결과 신문에 제때에 보도와 평론을 상세하게 할 수가 없었다.

창간 초기에 〈해방〉은 항일민족 통일전선을 이루기 위한 중국공산당의 분투 임무를 짊어졌다. 당시 〈해방〉의 선전 중심은 수많은 대중이 항일민족 통일전선에 함께 할 수 있도록 노력하는 것이었다. 이를 위해 〈해방〉은 1937년 5월 1일에 출판된 제1권 제2기와 1937년 5월 15일에 출판된 제1권 제4기에 마오쩌둥의 〈중국 항일민족 통일전선이 현 단계에서의 임무〉와 〈천백만 대중들의 항일민족 통일전선 진입을 위한 투쟁〉 등의 글을 발표하였다. 이 글들에서는 당시 정세를 전체적으로 분석하고, 항일민족 통일전선에서의 중국공산당의 임무를 제기하였다. 1937년 7월 8일, 7.7사변이 발발한 그다음 날, 〈해방〉제10기가 출판 예정이었는데, 원판에 두 쪽을 추가하여 〈일본군의 루꺼우챠오 공격에 대한 중국공산당의 통전通電〉전문을 실어, "전민족이 항전에 나서는 것이 우리들의 출로"라고 호소하였다. 이후 〈해방〉은 7.7사변 이후 전쟁 국면의 진전에 관한 보도와 평론을 실었고, 국민당 제29군의 항일 지지와 국민정부 당국에 항전 결심을 촉구하는 글을 발표하였다. 1937년 8월, 중국공산당 중앙은 뤄촨洛川에서 정치국 확대 회의를 개최하여, 전민족 항전 방침 제정 문제를 토론하고 당의 임무와 각 항목의 정책을 확정하였다. 회의에서는 세 가지 문건을 통과시켰다. 〈목전의 형세와 당의 임무에 관한 중국 공산당 중앙의 결정〉〈모든 역량을 동원하여 항전승리를 위해 투쟁하자〉〈중국공산당 항일 구국 10대 강령〉〈해방〉제15기에 이 세 문건의 전문이 실렸고, 전국의 모든 역량을 동원하여 항전 승리 쟁취를 위해 나섰다.

일본이 중국 침략전쟁을 전면적으로 시작한 이래로, 일본군이 중국 각지에서 광범위하게 저지른 방화, 살인, 강간, 약탈 등 전쟁 만행에 대하여, 옌안의 중국공산당 신문잡지들은 줄곧 각별한 관심과 심도 있는 폭로를 하면서, 강력한 비판을 가하였다. 1937년 11월 13일에 출판된 주간 〈해방〉제23기에 실린 1937년 10월 25일에 옌안에서 이루어진 영국 기자 페트런과의 대담 기사에서 마오쩌둥은 중국 침략 일본군의 갖가지 전쟁 만행들을 폭로하면서, "일본제국주의의 시내 공격, 토지 약탈, 강간, 강도, 방화, 학살 등으로 망국의 위험이 중국인들에게 닥쳐오고 있다."고 하였다.

2. 1938년 2월 25일, 옌안 중국공산당 신문잡지의 일본군 난징대학살 최초 보도

1937년 11월 12일, 상하이를 점령한 뒤에 일본군은 곧바로 병력을 나누어 난징을 향해 맹렬하게 공격해 들어오기 시작했다. 난징 국민정부는 난징 보위전을 위한 부대의 배치를 신속하게 하는 한편, 1937년 11월 20일에 〈국민정부 수도 이전 선언〉을 발표하였다. 중국의 수도 난징에 대한 일본군의 공격과 난징 보위전이라는 항전 초기의 중대한 사건에 대하여 옌안의 〈신중화보〉, 〈해방〉 등은 각별한 관심과 주의를 기울였다. 1937년 11월 27일, 주간 〈해방〉 제25기에는 난징 국민정부의 수도 이전과 난징 보위전에 관련된 글들이 실렸다.

1. 〈국민정부 수도 이전 선언〉
2. 〈국민정부 수도 이전에 부쳐〉
3. 카이펑凱豊 작사, 루지呂驥 작곡 〈보위 난징〉 노래 발표. "우리의 수도가 위험 속에 빠져 있네. 동포들이여! 빨리 움직여서 무장하고 난징을 보위하자! 항전, 전민족의 항전을 실현하자. 이것이야말로 신성한 민족혁명 전쟁이니. 일제를 중국 밖으로 몰아내고 우리들의 수도를 난징으로 돌아오게 하자! 우리들의 수도를 난징으로 되돌려 오자!"

1937년 12월 13일부터 1938년 1월까지 난징에서 대학살이 일어났을 때, 일본군이 난징에서 실시한 음모적이고 계획적이며 치밀하게 이루어진 뉴스 봉쇄로 말미암아, 또 서북 벽지의 물질적 조건의 제한으로 말미암아 옌안의 몇 안 되는 뉴스 매체는 이에 관련된 상세한 정보를 제때에 받아볼 수가 없었다. 게다가 당시 일본군은 화북과 화중, 화남 및 동북 등지에서 중국 군민에 대한 피비린내 나는 학살을 자행하고 있었던 상황에서 난징 대학살의 상세한 상황은 완전히 드러나지 않고 있었다. 이로 말미암아 수천 킬로미터 떨어진 항전 후방 옌안은 난징 함락 지역의 상황에 대해 잘 알 수가 없었다. 이로 이해 옌안의 중국 공산당 신문 잡지는 제때 상세한 보도를 할 수가 없었다.

1938년 2월 25일에 〈신중화보〉(5일 간격 발행)는 난징대학살 관련 뉴스를 처음으로 보도하였다. 〈시신이 산을 이루고 피가 바다를 이루는 난징―적들이 난징에서 벌인 만행〉 글이 길어 전부 다 실리지는 못했고, 1938년 3월 1일에 출판된 다음기 〈신중화보〉에 이 글의 후반 부분이 실렸다.

이 글은 다음과 같이 시작하고 있다.

> 난징에서 탈출해 나온 사람의 말에 따르면, 난징에서의 적군의 만행과 난징의 현재
> 모습, 적군의 학살, 방화, 강간, 약탈, 식량 부족, 가짜 조직의 추태, 적군의 군사배치, 시
> 내의 각종 모습은 아래와 같다.…

계속해서 이 글에서는 단락을 나누어 난징에서의 일본군 만행을 써 내려갔다. 글에는 '잔인무도한 학살' '미친 듯이 벌이는 방화', '부녀자 강간' '약탈' 등의 내용이 있었고, 또 '식량 부족', '거짓 조직의 추태' '적군의 방어망 배치' '시내 상황' 등 난징의 현재 모습이 실렸다. 그 가운데 '잔인무도한 학살' 단락에는 다음과 같이 적혀 있다.

> 지난해 12월 12일 심야에 불빛이 하늘을 찌르고 사람 죽이는 소리가 땅을 진동하였
> 다. 우리 군은 포성 소리가 울려 퍼지는 가운데 비분 속에 철수하였다. 시내 전체는 극
> 단적인 공포 상황으로 빠져들었다.… 그날 오후에 총소리가 점점 잦아들더니 대규모 적
> 군 부대가 시내로 들어왔다. 각 기관을 점거하고 수비부대를 배치하였다. 동시에 군대
> 를 나누어 각 곳에 보내 집마다 뒤지기 시작했다. 우리 무장 군대는 저항 여부와 관계없
> 이 일률적으로 총살을 당했다. 이날부터 살인 공포는 시내 전체로 퍼졌다. 적들은 난민
> 구역 내에 무장군인이 숨어 있다고 주장하면서 국제적인 신의를 저버리고 국제 구제위
> 원회의 약속을 공공연히 위반하면서 난민 구역으로 난입하여 집마다 뒤져 군인과 비슷
> 한 용모를 한 사람들을 꽁꽁 묶어서 연행해 갔다. 10여 일 동안 매일 10대의 트럭에 비
> 무장 대원을 가득 싣고 시외로 끌고 갔는데, 전체적으로 10만 명 정도 되는 인원을 학살
> 하였다. 그 후로는 길거리를 걷는 시민이나 집안에서 발견되는 사람들에 대해서 적군은
> 행적이 의심된다는 이유로 즉시 시내 광장으로 끌고 나가 일률적으로 총으로 쏴 죽였
> 다. 체포된 시민들은 가까운 곳의 저수지나 강 속으로 떠밀려 빠지기도 하였다.…

'미친 듯이 벌이는 방화' 단락에서는 다음과 같이 기술되어 있다.

    수도가 함락되고, 적군은 13일에 시내로 들어와서 곳곳에서 미친 듯이 불을 질렀다. 거센 불길과 함께 짙은 연기가 피어올라 밤낮으로 온 시내를 뒤덮었고, 근 한 달간 지속하였다. 전례 없는 이 큰불은 시내 전체 주민들을 공포 속으로 몰아넣었다. 그 불길은 중화먼, 공자묘, 중화로中華路, 주췌로朱雀路, 타이핑로太平路, 중정로中正路, 궈푸로國府路, 주장로珠江路, 링위엔신춘(陵園新村 등에까지 이어졌고, 모든 고층 건물과 상점들은 모두 불길에 휩싸였고, 담장은 무너져 내렸으며 처참한 상황으로 차마 눈 뜨고 볼 수 없는 지경이다.

'부녀자 강간' 단락에서는 다음과 같이 기술되어 있다.

    시내로 들어온 적군은 집마다 부녀자들을 색출하여 끌고 가서 강간하였다. 만행은 점차 확대되어 매일 여자 수용소에 큰 트럭을 몰고 와서 많은 여성을 싣고 갔다. 통곡 소리가 하늘에 울려 퍼졌고, 비참하기가 이를 데 없었다. 깊은 밤중에 일부 돌아오는 사람도 있었지만, 온몸이 상처투성이였다.

'약탈' 단락에서는 다음과 같이 기술되어 있다.

    포악한 적군은 학살, 방화, 강간뿐만 아니라 병사들에게 제멋대로 약탈을 할 수 있도록 내버려 두었다. 난민들이 난민 구역으로 피신해 들어갔을 때, 대문을 잠가 버렸다. 목격자들의 전하는 바에 따르면, 거리에 있는 상점들의 문은 이미 열려 있고, 그 안에 있는 물건들은 이미 다 없어져 버렸는데, 적군들의 소행이었다. 적군들이 시내로 들어온 뒤에 매일 트럭에 물건들을 싣고 하관으로 가서 화물선으로 옮겨 실었다. 모든 가구도 남김없이 옮겨 갔는데, 진귀한 물건들은 일찌감치 동이 나 버릴 정도였다. 난민 구역 밖의 물건들은 모두 약탈당한 상태이다. 또 적병들은 검사한다는 명목으로 난민 구역으로 뛰어 들어와 이 잡듯이 뒤지고 있다.… 사람들의 가지고 있는 지폐와 물품들은 모두 남김없이 빼앗기고 말았다. 저항하지 않는 난민들은 이런 약탈을 당하고, 외국인들의 재산도 결국 면하지 못.…

내용으로 봐서 이 기사는 1938년 2월 20일 우한의 〈대공보大公報(한커우漢口판)〉에 실린 중앙사의 장편 보도 〈함락 후 난징의 참상─인성을 잃은 왜적들의 잔혹 무도함, 시민 8만명 학살, 여성 절반 강간〉을 옮겨 실은 것이다. 이 기사는 중앙사 기자가 2월 5일 난징을 탈출하여 우한에 도착한 난민을 방문 취재하여 작성한 것으로서, 난징대학살 과정에서의 일본군의 갖가지 만행과 식민통치를 하는 여러 배치를 기술하고 있다. 〈신중화보〉에 실린 이 기사는 비록 옮겨 실은 것이기는 하지만 옌안의 신문잡지가 난징대학살에 대해 처음으로 상세하게 보도한 것으로서, 중국공산당 샨깐닝 변구 등 근거지의 간부와 대중들에게 일본군이 난징에서 저지른 천인공노할 전쟁 만행을 알도록 해주었다.

1938년 6월 30일, 〈신중화보〉 제443기에 〈일본 도적의 1년간의 만행〉이라는 제목의 기사가 실렸다. 이 글에서는 1937년 7월 7일 루거우챠오 사변 이후부터 1938년 6월까지의 1년간 일본군이 중국 각지에서 저지른 만행을 기술하고 있다. 그 가운데 난징대학살에 관한 내용이 있다. 문장을 다음과 같이 시작된다.

일본 도적이 1년 동안 우리나라에서 저지른 갖가지 만행은 필묵으로 형용할 수 없을 정도이다. 아래에 열거한 된 것은 분명하게 드러난 것들로서 일본 도적의 야만적이고 흉악한 면을 볼 수 있다.

'학살'이란에서 다음과 같이 기술하고 있다.

1. 올해 1월에 일본 도적은 난징의 쯔진산에서 살인대회를 거행하였다. 먼저 150명을 죽이는 사람이 우승인 경기였다. 2. 올해 1월까지 양쯔강 하류 일대에서 적에 의해

죽임을 당한 동포가 30만 명에 달한다.

'약탈'란에는 다음과 같이 기술되어 있다.

난징이 함락된 이후에 집마다 가택수색을 했는데, 한 가구당 반드시 7, 8차례는 뒤졌
다. 이처럼 20일간 미친 듯이 뒤진 끝에 약탈한 물건이 2만 건에 달했다.

이상의 기술은 비록 간단하기는 하지만 난징대학살 과정에서 일본군이 저지른
가장 대표적이고 가장 피비린내 나는 천인공노할 사건들을 담아내고 있다. 그 가
운데 하나는 난징 쯔진산紫金山에서 일본군이 저지른 살인 경기 사건이다. 이 사
건은 일본군 제16사단 제19여단 제9연대(연대장 가타키리 마모루片桐護郎 대좌, 가타키리
마모루 부대라 불림) 제3대대(후지야마 부대)의 파시스트 청년 장교 무카이 아키토시向井
明敏 소위와 노다 다케시野田毅 소위가 난징 공격 과정에서 중국군 포로와 민간인
을 상대로 살인 경기를 벌였다. 일본의 〈도쿄 마이니치 신문〉 등의 신문 잡지는
이 미친 행동에 대해 10여 일의 시간 동안 연속 네 차례에 걸쳐 보도하였고, 이
악마들을 일본의 용사로 치켜세웠다. 또 다른 하나는 양쯔강 하류 지역에서 일본
군이 살해한 중국 동포의 숫자가 30만 명에 달한다는 내용이었다. 이 내용은 영
국의 〈맨체스터 가디언The Manchester Guardian〉 기자가 폭로한 숫자에 근거하여 보
도한 것이다. 1938년 1월 16일, 〈맨체스터 가디언〉의 상하이 주재 특파원 팀펄리
Harold John Timperly가 상하이와 난징 등지에서의 조사 자료에 근거하여 상하이와
난징 지역에서 일본군이 저지른 전쟁 만행에 대해서 종합적이고 전체적인 보도
를 한 것으로서, 이 지역에서 일본군이 중국 민간인 30만 명을 살해하였다고 최
초로 보도한 것이다. 의심할 바 없이 이러한 사례들은 근거지의 수많은 간부와
대중들에게 일본군의 난징대학살 만행을 폭로하고 선전하는 데 중요한 작용을 하
였다.

일본의 진보 학자 이노우에 히사시井上久士는 1938년의 〈신중화보〉를 통독하고

이상의 보도에 대해 초점을 맞추어 옌안의 신문잡지에 난징대학살 관련 기사가 비교적 적은 사실에 대해서 다음과 같이 지적하였다. "중국공산당 측에서는 난징 대학살에 충분한 주의를 기울이고 있었다. 하지만 사건이 발생한 후에 반년간 아무 보도가 없었다. 6월이 되어서야 비로소 난징대학살을 언급하였다. 그 원인은 옌안에 소식이 전해지는 것이 항상 늦었고, 완전히 정확하지도 않았던 것 같다."

3. 중국공산당 지도자가 난징대학살을 함락지구 연구의 중요한 자료로 삼다

이후에 중국 함락지역에서 일본군이 저지른 학살, 방화, 강간, 약탈 소식은 난징대학살 소식을 포함하여 점점 더 많이 옌안 지역에 전해졌다. 이 소식은 이 지역의 수많은 군과 민간인들의 강렬한 분노를 불러일으켰다. 또한 중국공산당 고위층 인사들의 각별한 관심을 끌어냈다. 아울러 이 소식은 근거지 군과 민간인들 대상으로 진행하는 교육의 중요한 자료가 되었고, 함락지역에서의 일본의 활동을 연구하는 데 중요한 대상이자 자료가 되었다.

1938년 7월, 주간지 〈해방〉 제43, 44기에는 마오쩌둥의 명문 〈지구전을 논함〉 이 발표되었다. 이 글은 마오쩌둥이 1938년 5월 26일부터 6월 3일까지 옌안에 있는 항일전쟁 연구회에서 행한 연설이다. 그는 중일 양국의 국정, 전력과 전쟁 태세 등을 깊이 있게 분석하여, 난징 보위전을 포함한 각 전투 지역의 경험과 교훈을 총결하였다. 동시에 그는 일본이 벌인 침략 전쟁의 '특수한 야만성'을 날카롭게 폭로하고 비판하였다. 그는 다음과 같이 지적하였다.

　　이것이 바로 일본 전쟁의 퇴보적 성격이다. 이 퇴보적 성격에 뒤이어서 일본이 또한 군사적 봉건성을 띤 제국주의라는 이 특징이 더해져서 이 전쟁의 특수한 야만성을 만들어낸 것이다.… 적들은 보편적인 야만 정책을 취하고 있고, 공개적인 약탈을 자행하고 있다.… 적들의 이러한 약탈, 즉 중국을 멸망시키려는 정책은 물질적인 부분과 정신적인 부분으로 나누어지는데, 모두 중국인에게 보편적으로 가해지는 것들이다. 하층 민중들에게 뿐만 아니라 상층인사들에도 마찬가지이다. ― 물론 후자가 약간 겸손하기는 하다. 하지만 정도의 차이가 있을 뿐이지 원칙적인 구분은 없다. 대체로 적들은 동북삼성에서의 낡아빠진 방법을 내륙으로 이식시키려고 한다. 물질 면에서 평범한 국민들의 의식을 약탈하고, 수많은 국민들을 배고픔과 추위에 떨게 만든다. 생산 도구를 약탈하여 중국의 민족공업이 파멸되고 노예화로 나아가게 만든다. 정신적인 면에서 중국 국민의 민족의식을 말살하고 일장기 아래에서 모든 중국인은 순한 백성이 되어야 하고 소와 말이 되어야 하며 털끝만큼의 중국 기백은 허용되지 않는다. 적들의 이러한 야만 정책은 내지 깊숙이 시행하려고 한다. 그의 식욕은 매우 왕성하여 전쟁을 멈추고 싶어 하지 않는다.

틀림없이 마오쩌둥의 이 분석은 일본군이 중국 각지에서 자행한 극단적으로 야만적인 학살과 방화, 강간과 약탈 등의 전쟁 만행에 대한 상세한 조사와 깊이 있는 연구의 기초 위에서 이루어진 것으로서, 여기에는 물론 수개월 전에 발생한 세계를 놀라게 한 난징대학살도 포함된다.

이어서 마오쩌둥은 일본이 벌인 침략전쟁의 '특수한 야만성'의 결과가 모든 계층의 중국인을 격노케 하였다는 점을 지적하였다. 또한 이것은 적들이 벌인 전쟁의 퇴보성과 야만성에 근거하여 생겨난 것이라는 점도 지적하였다.

1939년, 마오쩌둥의 지도로, 옌안의 시사 문제 연구회는 당시 중국 사회 각 방면의 관련 자료들을 모아서 분석 연구를 진행하였고, 여러 종류의 '시사문제 총서'를 편집 출판하였다. 이를 통해 당시 중국 사회 각 방면에 대한 깊이 있는 이해와 투철한 깨달음을 얻게 하였다. 아울러 중국공산당이 제정하는 정책 방침의 기초가 되도록 하였다. 동시에 수많은 간부와 대중들 대상으로 진행하는 정책 교육의 교재가 되도록 하였다. 그 가운데, 1939년 9월 펴낸 〈중국 함락지구에서의 일본 제국주의(함락지구에서의 일본으로 줄여 부름)〉는 '시사문제 총서' 제2집으로서, 옌안 해방출판사에서 출판되었다. 이 책은 중국 함락지구에서 일본이 벌인 만행과 침략 관련 자료를 엮어서 펴낸 것으로, 자료의 주요 출처는 당시 국내외의 신문 잡지, 서적, 보고문, 연감 등이었다. 편자는 항상 관련 자료에 편집인의 설명을 달아 해설이나 평론으로 삼았다 .이 책은 모두 3편으로 이루어져 있다. 제1편은 '함락지구에서의 적들의 경제침략', 제2편은 '함락지구에서의 적들의 정치 공격' 제3편은 '함락지구에서의 일본 도적의 만행' 등이다. 제3편 '함락지구에서의 일본 도적의 만행'은 동북, 화북, 화중, 광저우 등의 지역으로 나누어 일본군이 각 지역에서 벌인 만행 관련 자료를 수록하였다. 그 가운데 제3장은 '화중에서의 일본 도적의 만행'이고, 제1절 '난징에서'는 바로 일본군의 난징대학살 만행과 난징에서 이루어진 마약 판매 등의 자료를 모아서 엮은 것이다.

편자는 시작 부분에서 다음과 같이 쓰고 있다.

아래의 몇 가지 기록은 난징 난민 구역 국제위원회가 일본 당국에 제기한 고발 보고를 번역한 것이다. 원문은 난징에 거주하는 많은 외국인이 목격한 뒤 기록한 것에 근거한 것이다. 원 보고문은 110건에 달하는데, 여기에서는 손에 닿는 대로 몇 건만 발췌하였을 뿐이다.

계속해서 이 책은 난징대학살 기간 난징에 거주했던 서방 사람들이 일본 당국에 제출한 일본군의 난징대학살 만행을 고발하는 내용의 170건의 보고 가운데 제80건, 제81건, 제90건, 제91건, 제92건, 제96건, 제98건, 제99건, 제101건, 제102건, 제104건, 제105건 등의 자료를 발췌하였다. 이 자료들은 모두 일본군이 난징에서 저지른 만행의 전형적인 개별 자료로서, 그 해에 일본군이 난징에서 저지른 학살, 방화, 강간, 약탈의 피비린내 나는 장면을 보여주고 있다. 예를 들어 본다.

제80건 (1937년) 12월 20일 오전 7시 전후, 맥카룬이 구러우 병원에서 야간 당직을 서고 집으로 돌아오는 길에 많은 여성들이 진링대학으로 달려가는 것을 보았다. 각기 다른 곳에 거주하는 세 사람의 보고에 따르면 그들의 주택이 어젯밤 일본군에 의해 불태워졌다고 한다.

제81건(1937년) 12월 20일 오전 3시 전후, 두 일본 군인이 진링 여자문리대학 500호 방에 쳐들어와 두 여성을 강간하였다. 이 당시 일본 영사관의 경찰 한 사람이 입구를 지키고 있었다.

제90건(1937년) 12월 20일, 한 시각장애인 이발사가 구러우 병원에 와서 보고한 바에 따르면, 그가 13일에 아이를 데리고 난징에서 길을 가는데, 일본 병사가 그에게 돈을 달라고 했고, 돈이 없다고 하자 일본 병사는 그의 가슴에 총을 쏘았다.

제91건 (1937년) 12월 20일, 일본 병사가 난징이 어떤 모자가게 주인에게 돈을 요구하였다. 그는 가지고 있던 것을 일본 병사에게 몽땅 준 후, 일본 병사는 충분하지 않았는지, 계속 요구하였다. 모자가게 주인은 시키는 대로 할 수가 없었고, 총격을 받아 가슴에 총상을 입고 병원으로 와서 치료를 받았다.

제98건 (1937년) 12월 19일 오후 7시 30분, 두 일본 병사가 임신 9개월 된 17세 여성을 윤간하였다. 9시에 복통이 밀려왔고, 아이를 출산하였다. 오늘 새벽 2시에 병원으로 왔고, 산모는 정신착란을 일으켰고, 아이는 무사하다.

제99건 (1837년) 12월 20일 오후, 일본 병사가 한커우로 5호의 의사 다니엘의 집에 쳐들어왔다. 이 집 대문에는 일본 대사관의 포고문이 붙어 있었다. 그들은 2층 방으로 뛰어 들어가 두 여성을 아래층으로 끌고 내려와서는 3시간에 걸쳐 강간하였다. 그들은 또 지하실에 있던 자전거 세 대를 가지고 갔다. 다니엘은 난징에 없어서 지금 이 집은 윌슨이 사용하고 있다.

제102건 (1937년) 12월 20일. 일본 병사가 국제위원회의 위원인 독일인 쉴츠 판딩의 주택에 쳐들어갔다. 이 집에는 매기 목사와 전기를 담당하던 컬러 파도시로프, 그리고 일본의 자동차 수리를 해주던 치올 등 세 사람이 함께 살고 있었다. 일본 병사는 매기 목사의 많은 중국 친구들 앞에서 여성 몇 명을 강간하였다. 그 중국 친구들은 모두 샤시아꽌下關에서 온 크리스챤들로서 만행을 목격하고 경악을 금하지 못했다.

제105건 (1937년) 12월 21일 오후 1시 15분, 한 일본 병사가 진링대학 여학생 기숙사로 쳐들어가는 것을 윌슨이 목격하였다. 그는 일본 병사에게 나가라고 소리쳤고, 뒤에 있던 사람이 권총으로 위협하였다. 윌슨은 다시 그 일본 병사와 좁은 골목에서 마주쳤고, 뒤에 있던 사람이 실탄을 장전하였으나 쏘지는 않았다.

계속해서 이 책은 일본 당국이 난징에서 제멋대로 아편과 헤로인 등의 마약을 판매한 놀라운 상황을 기록하고 있다.

미국의 바티스 박사(난징 진링대학 미국인 교수 바티스)가 이전에 작성한 약간의 보고 가운데 가장 중요한 것은, 작년(1937년) 12월에 작성한 〈난징의 강간(바티스가 1937년 12월 15일에 쓴 일본군의 난징대학살 만행을 폭로한 '난징 일별一瞥')〉이다. 면밀하고 신중한 그의 계산에 따르면, 현재 헤로인 중독자는 이미 5만 명(어린이 포함)에 달한다. 아편과 그 밖의 불법 마약에 빠져 스스로 빠져나오지 못하는 천만 명은 이 숫자에 포함되지도 않는다. 난징에서 활동하고 있는 마약 판매단체 네 군데 가운데 일본 특무부가 조종하는 자들이 가장 세력을 갖추고 있다. 아래의 네 단체는 모두 마약 무역과 밀접한 관계를 맺고 있다. 1) 일본군 특무부 2) 가짜 '유신정부' 3) '독립'의 한일 마약판매업자 4) 일본 상점. 일본군 특무부가 이 지역에서 판매하는 마약은 한 달에 300만 위안에 달하고, 난징이 판매의 중심지이다. 가짜 '유신정부'는 아편 판매에 대하여 규정된 조례가 있다. 아편 판매소는 이미 17곳에 달하고, 그 밖에 다른 판매소도 준비 중에 있다. 이 판매소들은 세 단계로 나누어 징세하는데, 영업의 많고 적음에 따라 결정된다. 매 분기 4,200위안, 2,800위안, 1,420위안의 세 종류로 나누어진다. 이미 영업을 하는 아편방은 40여 개소에 이르며, 세금 징수는 아편에 불을 붙이는 등의 수에 따라 정해지는데, 등이 아홉 개면 150위안, 등이 여섯이면 100위안, 등이 세 개면 50위안이다. 가짜 정부의 말에 따르면, 아편방을 설치하는 이유가 "가난한 육체노동자들의 노고를 딱하게 여겨서"이고, 다른 이유는 국민의 탈세와 개인 판매를 막자는 것이었다. 여관과 기원 역시 마약을 판매한다. 며칠 전에 한일 기생 어미와 낭인이 아편 80상자를 운반해 드러갔다. 또 일본 상점은 겉으로 봐서는 통조림과 약을 판매하는 것처럼 보이지만 집안에서는 아편과 헤로인을 도매하고 있다. 물건을 팔러 상하이에서 난징으로 가는 자들도 마약을 함께 판다.

다롄大連에서 만드는 헤로인은 난징에서의 판매가가 상하이와 같다. 아편은 대부분 다롄에서 상하이를 거쳐 난징으로 온다.(27년 11월 28일 〈신보申報〉)

이상의 자료를 통해 일본군 난징대학살의 진상과 대체적인 상황 및 일본군이 난징에서 저지른 식민주의 통치의 갖가지 죄악을 독자들에게 비교적 분명하게 소개하였다. 1939년 10월 1일, 중국공산당 중앙의 지도자 마오쩌둥은 〈함락지역에서의 일본〉에 〈함락지역 연구〉라는 제목으로 서문을 써서 난징 등의 함락 지역을 연구하고 함락지역에서 적들이 무슨 짓을 했고, 또 어떻게 했는지를 아는 것이 매우 중요하다고 지적하였다. 마오쩌둥은 다음과 같이 말했다.

이런 상황에서 함락지역 문제를 연구하는 것은 더 늦출 수 없다. 이 문제에는 적들의 일면이 있고, 우리들의 일면이 있다. 우리들의 일면에서는 유격 전쟁을 어떻게 지지할 것인가 하는 것인데, 이 문제를 연구하는 것은 말할 것도 없이 매우 중요하다. 적들의 일면에서는, 적들이 함락지역에서 이미 무엇을 했고, 또 어떻게 할 것인가이다. 이 문제를 연구하는 것은 문제를 연구하기 전의 출발점이다. 적들의 상황을 알지 못하면 우리는 상대방을 대처하는 방법에 할 말이 없게 된다.

'적들이 함락지역에서 이미 무엇을 했고, 어떻게 할 것인가'를 알고 연구하는 것 가운데 중요한 내용은 바로 일본군이 함락지역에서 저지른 살인, 방화, 강간, 약탈에 관한 자료를 수집하고 연구하는 것이다. 그렇게 해서 일본 제국주의의 중국 침략전쟁이 정의롭지 못하고 극단적으로 야만적이라는 사실을 인식하고, '도리에 어긋나는 짓을 하여 도와주는 사람이 적다.'는 점을 알게 하는 것이다. 그중에서 일본군의 난징대학살 만행은 가장 전형적인 자료이다. 물론 〈함락지역에서의 일본〉은 한 권의 자료 도서일 뿐으로 관련 자료들을 테마별로 모아놓은 것이다. 이 책은 난징대학살을 포함하여 관련 테마를 연구하는 데 중요한 준비 작업이 될 것이다. 하지만 그것은 단지 연구의 시작에 불과하다. 마오쩌둥은 다음과 같이 말했다.

　　이런 시사문제총서는 자료 도서일 뿐이다. 이 책은 중요한 자료이기는 하지만 자료
일 뿐이고 그 내용이 불완전하다. 문제는 해결이 없는 것이다. 문제를 해결하기 위해서
는 연구가 필요하다. 자료에서 결론을 끌어내야 하는 것이다. 이것은 별도의 작업이다.
그리고 이런 책들 속에는 해결이 없다.

　난징대학살과 중국 침략 일본군이 중국 각지에서 저지른 수많은 전쟁 만행들
에 대하여 체계적이고 깊이 있는 연구와 폭로 비판은, 엄혹한 당시 전쟁 환경 속
에서, 더욱이 멀리 떨어져 있고 가난한 항일 근거지에서는 여러 가지 수많은 어
려움이 존재하였다. 하지만 마오쩌둥의 지도 아래에 〈함락지역에서의 일본〉은 항
일 근거지에서 미친 영향이 매우 컸다. 이 책은 중국공산당 간부의 필독서가 되
었고, 중국 공산당이 이끄는 각 항일 근거지에 일본군의 난징대학살 죄악은 널리
전파되었다
　아울러 지적하고자 하는 것은, 당시 중국공산당의 지도자들의 수많은 저서와
연설, 그리고 그들의 개인 일기, 편지 등에 전쟁 과정에서 만행을 저지른 일본군
에 대해 폭로와 규탄, 비난을 퍼부었고, 중국 난민에 대한 가슴에서 우러나는 동
정과 성원을 담아냈다는 사실이다. 물론 서로 다른 시간과 서로 다른 장소에서의
치중 포인트와 관심 포인트가 다른 점이 있는 것도 사실이다. 중국공산당 지도자
들의 관련 저서와 연설 모두에 일본군의 난징대학살 만행에 대하여 상세한 개별
사건에 대한 논술과 분명한 성토가 없기도 하고 또 그것이 가능하지도 않다. 하
지만 그렇다고 일본군의 난징대학살이 일어나지 않았다는 것을 설명할 수는 없
는 것이다.

4. 맺음말

이상에서 서술한 바와 같이, 옌안 지역의 중국공산당 신문잡지 〈신중화보〉와
〈해방〉 등, 그리고 중국공산당이 펴낸 〈함락지역에서의 일본〉 등의 저작은 매우
어려운 조건 아래에서, 일본군의 난징대학살 만행에 대하여 보도와 평론을 하였
다. 이런 활동은 각 항일 근거지의 수많은 군과 민간인들에게 강렬한 민족적 의
분을 불러일으켰고, 그들이 적을 죽이고 나라에 보답하는 항일투쟁에 더욱 용감
하게 매진하게 하였으며, 중국공산당이 함락지역을 연구하고 적과의 투쟁정책과
방침을 제정하는 데 있어서 중요한 참고자료가 되었다.

전후 일본 우익 인사들은 옌안 중국공산당 측의 신문잡지와 논저들이 일본의
난징대학살 만행에 대해 언급이 없었고, 질책도 없었다는 망발을 하였다. 거짓을
일삼는 그들의 언론은 정의로운 국내외 인사의 비판과 반박을 받았다. 일본의 저
명한 진보 학자 이노우에 히사시井上久士는 다음과 같이 지적하였다. "이는 정말
사람을 놀라게 하는 말이다! 비록 성명, 보고, 논문 형태로 대상에 대해 분석을
했지만, 난징의 소식이 도대체 어느 정도로 전해질 수 있는가에 대해서는 완전히
무시하는 처사이다. 이런 글들이 난징 학살을 언급하고 있지 않은 것은 분명하
다. 하지만 난징대학살이 존재하지도 않았다는 것을 완전히 증명해 주지도 못한
다. 이런 간단한 이치는 초등학생조차도 알 수 있는 것이다." 앞에서 서술했던바,
옌안의 신문잡지와 도서에서의 난징대학살 관련 보도와 평론은 더욱이 그들에게
강력하고도 직접적인 반박이 되고 있다.

난징대학살 기간
난징 군민의 반항

—

1. 대학살 중 난징 군민의 반항 기록
2. 대학살 중 난징 군민의 기본적 표현
3. 난징 군민들이 보여준 대응의 원인 분석
4. 맺음말

난징대학살 기간 난징 군민의 반항

중국에 침략한 일본군의 난징대학살 관련 연구 역사에서 중국과 외국의 학자들은 많은 연구를 하였다. 하지만 지금까지도 연구가 되지 않은 한 가지 문제가 있다. 난징이 함락되고 나서 성내에 남아 있던 몇십만에 이르는 시민과 무기를 놓아버린 수만 명이 중국 군인들이 일본인의 대량 학살, 강간, 약탈, 방화 등의 만행에 직면하여 어떤 반응을 보였고, 그런 반응을 보인 원인 등이 그것이다.

난징대학살과 관련하여 중국과 외국의 사료들이 엄청나게 많이 수집되고 체계적으로 출판되고 있는 오늘날, 우리는 현재 확보된 자료된 자료에 근거하여 이 문제에 대하여 기본적인 연구를 진행할 수 있다. 사료의 부족으로 인해 장님이 코끼리를 더듬는 잘못을 범하는 것을 걱정할 필요는 없는 것이다.

1. 대학살 중 난징 군민의 반항 기록

일본군의 난징대학살 기간 피해자의 태도 문제를 연구할 때 우리는 먼저 대학살 기간 중의 중국 군민의 반항 상황을 먼저 살펴볼 필요가 있다.

먼저, 집단 포로가 된 중국 군인들은 죽음에 직면했다는 각성과 함께 적은 수이기는 하지만 반항을 하였고, 폭동을 일으키거나 탈출을 시도하였다. 우롱산烏龍山 근처의 일본군 제13사단 야마다 부대의 학살장에서는 일본군에 포위된 만여 명의 중국인이 기관총이 불을 뿜을 찰나에 집단으로 적군에게 돌격하는 일이 벌어졌다. 하지만 결국 그들은 포위하고 있던 일본군에게 전부 사살되고 말았다. 12월 17일(일설에는 18일) 저녁에 무푸산幕府山 부근에서 잡혀 있던 수천 명의 포로가 반항에 나서 압송하던 사병을 습격하여 약 1,000여 명(일설에는 수천 명)의 포로가 맞아 죽었고, 그 나머지는 모두 도망쳤다. 12월 14일 황혼 무렵부터 한밤중까지 몇몇 중국 병사들이 불을 질러 일본이 노획했던 석탄 창고를 불태우기도 하였다. 25일 심야에는 한 무리의 중국 병사들이 일본군 장교 숙사를 습격하여 한창 잠들어 있던 12명의 장교를 죽이거나 다치게 하였다. 짚신 계곡에서의 대규모 학살과정에서 갇혀 있던 군민들은 비처럼 쏟아지는 총탄 세례 속에서 "총을 뺏자! 총을 뺏자!"를 외치면서 적들을 향해 돌격하였다가 일본군에게 무자비하게 학살당했다. 성내에 있던 일부 중국 병사들도 일본군에 의해 사법원 4층 옥상에 둘러싸여 있었는데, 그들은 뛰어내려서 죽거나 아니면 일본군에 의해 불에 타서 죽게 될 것을 잘 알고 있었기 때문에 일본군 수중에 있던 무기를 향해 용감하게 돌진하였다. 그들은 비록 모두 희생되었지만, 그 자리에서 일본군 여러 명을 죽였다.

다음으로, 평범한 난징 시민들도 일본군 만행에 반항하는 모습을 보였다. 어떤 사람은 매우 장렬한 모습을 보이기도 하였다. 일본군이 총탄을 운송하지 못하도록 일본군과 용감하게 싸우다가 죽음을 맞이한 량즈청梁志成, 일본군의 난폭함에 굽히지 않고 반항하면서 몸에 30여 군데나 칼에 찔리면서도 반항을 그치지 않은 리시우잉李秀英, 일본군의 난폭함에 반항하다가 절반으로 잘린 지앙건푸姜根福의 11살 먹은 동생, 자기 몸에 폭탄을 묶고 일본군 기차를 폭파한 무명의 부녀자, 그 밖의 수많은 부녀자가 자살을 하면 했지 욕을 당하지는 않겠다는 마음으로 일본군의 만행에 반항하였다. 이름이 알려지지 않은 수많은 중국의 가족 구성원들이 일본군의 만행이 저질러졌을 때 들고 일어나 반항하였고, 학살을 당하고 말았다.

일본군의 만행에 대해 벌인 난징 군민들의 영웅적인 반항 소식은 당시의 신문 잡지와 생존자들의 입을 통해 드문드문 알려져 비분강개하고도 장렬한 화면으로 합쳐지면서 사람들을 격동시켰다! 하지만 이미 발표된 중국과 외국의 사료와 관련 학자들의 저술을 통해 보자면 대학살 기간에 난징 군민의 반항은 보편적으로 대표성을 갖지 못하고, 게다가 개별적이고 분산되며 조직적이지 못한 특징이 있다. 그 밖에도 생존자들의 구술과 일본군 장병들의 일기 또는 회고록에서 우리는 저항 의식 없이 마음대로 유린당하는 수많은 피학살자 군민에 관한 기록을 발견하기도 한다. 수많은 사료를 통해서 보면, 대학살 기간에 난징 군민들 사이에서는 규모를 갖춘 상태에서 격렬하게 저항하는 관련 기록이 보이지 않는다. 어떤 상황에서는 사람들에게 상당한 정도로 '앉아서 죽음을 기다리는' 느낌이 들게 한다. 우리는 이런 사실을 만들어낸 것이 여러 가지 요인이 있다고 생각한다. 또한 제2차 세계대전 중에 수백만 명의 유태인들이 나치의 칼날 앞에서 보여주었던 모습과 비교해 보면 그렇게 특별한 예도 아니라고 생각한다.

2. 대학살 중 난징 군민의 기본적 표현

이 문제에 대해 깊이 있게 분석하기 위해서는 두 가지 측면을 포함해서 살펴봐야 한다. 그 하나는 성내에 체류하던 중국 군인이 규모를 갖춘 시가전과 최후의 저항작전을 펼쳤는가 하는 것이고, 다른 하나는 난징 군민들이 반항했는가, 그리고 그 정도는 어느 정도였나 하는 것이다. 이렇게 해야 객관적이고 종합적인 결론을 도출할 수 있을 것이다.

(1) 난징성 함락 후 방어군은 적과 대규모 시가전을 벌이지 않았다

성이 함락된 후에 철수하는 과정에서 중국군이 몇몇 지역에서 전투를 벌인 것은 확실하다. 하지만 이 전투는 포위를 돌파하는 과정에서 일본군과 벌인 조우전이 많았다. 성이 함락된 후 처음 몇 주 안에 중국 방어군은 규모를 갖춘 시가전을 굳세게 벌인 바가 있는가? 그에 대한 대답은 부정적이다.

　시가전은 단순히 시내에서 벌어지는 전투만을 말하지는 않는다. 시가전은 도시 또는 촌락의 골목에서 벌어진다. 통상적으로 건물, 도로 등에서 전투가 벌어지고 독립된 많은 병사가 서로 맞붙는 전투이다. 난징이 함락되기 전에 탕셩즈는 성의 방어를 강화하고 시가전을 준비할 것을 명령하였다. 난징의 각 성문에도 모래 포대를 쌓았고, 성문 밖 대로에는 참호를 팠다. 각 교통의 요지에는 모래 포대와 철조망을 설치하는 등 방어 준비를 하였다. 엄호 책임을 맡은 몇몇 부대 역시 시가전 준비를 하고 있었다. 11일에 (제78) 군은 명령을 받들어 성의 방어를 더욱 강화하고 시가전 준비를 하였다. 진링대학 근방에 있던 병사들도 캠퍼스 담장 안에 참호를 파고 시가전 시설을 늘렸다. 12일에 36사의 한 부대가 성안으로 배치되었다. 160사와 군 소속 발파작업 병영도 쉬엔우먼과 수이시먼 일대에 집결하여 시설물을 구축하고 시가전 준비를 하였다. 12일 저녁 8시에 중국 병사들은 마지막으로 한 두 개 거점을 세웠다. 하지만 일본군의 맹렬한 공격을 받아 전투라고 부를만한 대다수의 반항은 모두 궤멸하고 말았다. "성안에서 적군은 거의 발견하지 못했다" 일본군은 13일 저녁에 방어군이 기본적으로 철수를 하여 텅 빈 상태가 되었다고 선언하였다. 한 가지 언급할만한 것은, 일본군이 빠른 속도로 성안으로 공격해 들어왔을 때, 성 남쪽에서 적군과 아군은 격렬한 전투를 벌였다는 것이다. 몇몇 방어군이 포위를 뚫고 철수할 때에 전진하고 있던 일본군과 조우전 또는 포위돌파전을 벌인 것이다. 그리고 이런 종류의 전투를 주도적인 의식이 매우 강한 시가전으로 보는 것은 타당하지 못하다. 따라서 일본군 작전 일기 속에서의 "오늘(13일) 난징에서는 아직도 시가전이 벌어지고 있다"는 기록이나 신문 보도에서 등장하는 '격렬한 시가전', '총성이 크게 일어났다' 등과 같은 묘사에 근거하여 난징성에서 조직적인 시가전이 벌어졌다고 단정하는 것은 실제에 부합되지 않는다.

가장 관건이 되는 것은 12일 저녁에 탕셩즈의 철수 명령이 하달된 이후 성내 방어부대의 임무는 즉시 주력군을 보존하여 이동하는 것으로 바뀌었다. 이날 이후, 엄호 임무 또는 철수 통로를 지키고 적의 전진을 저지하는 임무를 맡은 부대를 제외하고 그 나머지 부대는 성안에 남아 시가전을 진행할 수 없었다. 필자 또한 중국군 최고위층이 명확하게 시가전을 계속할 것을 명령했다는 것을 보여주는 자료를 본 바가 없다. 그 밖에 성이 파괴되고 난징이 완전하게 점령당할 때까지 하루도 걸리지 않았다. 이것은 또한 중국군의 나머지 방어군이 어떠한 효과적인 시가전이 벌이지 않았다는 것을 증명해 준다. 마치 당시에 성안에 머물고 있던 외국인이 기록한 것과도 같다. 13일 이후에 성안에는 일본군의 만행에 대한 산발적인 반항만 있었다. 시가전은 흔적조차 없었고, 또 다른 형태의 조직적 저항 움직임은 일어나지 않았다. 이것은 역사적 사실이다. 이에 근거하여 우리는 성이 함락된 후 몇 주 동안 난징성 성내에서는 기본적으로 시가전이 일어나지 않았다는 사실을 인정할 수 있다.

난징성이 함락될 당시에 대략 9만 명의 병사들이 난징성 안팎의 지역에 머물고 있었다. 몇몇 장병들이 급박한 형세 속에서 잠시 무기를 숨기고 상황이 좋아지기를 기다렸다가 다시 부대로 복귀하기를 바라기도 했고, 또 어떤 사람은 강렬한 항일 열정을 품고 난징을 탈출하여 항전을 계속 이어나가길 바랐다는 것을 부인하지는 않는다. 하지만 여러 가지 원인으로 인해 대다수 병사는 난징이 함락된 이후에 전투 의지를 상실하였고, 혼란 속에서 각자 도망쳐 흩어졌다. 살기 위해서 많은 병사는 군장을 벗어버리고 무기를 버렸으며 민간인 복장으로 갈아입고는 난민 구역이나 민가에 숨어들기도 했다. 또 몇몇 부대는 아직 전투력을 상실하지는 않았지만, 병력이 자신들보다 적은 일본군에 투항하기도 하였다. 이 9만 명 안팎의 군인들은 포로가 되거나 민가에 숨어들었고, 결국 대부분은 일본군에게 학살당하고 말았다. 이는 30만 동포가 학살되는 중요한 구성 요소가 되었다.

(2) 일본군 만행에 대한 난징시민들의 반응

○ 전쟁 발발 후 난징사람들의 심리상태

7.7 사변이 발발한 이후 전국은 항일 분위기로 빠져들었고, 난징도 예외는 아니었다. 각종 항일 선전과 전쟁 준비 활동이 속속 전개되었고, 평범한 민중들도 전쟁이 점차 가까워지고 있다는 느낌이 들게 되었다.

1937년 8월 중순이 되자 일본군은 주력군을 합류시켜 상하이 지역을 공격하여 중국 국민의 항전 의지를 동요시키기 위해서 해군과 공군의 정예부대를 동원하여 화동과 화남 지역의 정치 경제 및 군사 요지를 목표로 대규모 공습을 단행하였다. 중국의 수도로서 난징은 일본 공격의 최우선 목표가 되었다. 일본의 공군은 폭탄과 기관총 및 항공포를 미친 듯이 퍼부어, 수많은 건물과 방어시설을 파괴하였고, 수많은 난징 시민들은 공격을 받아 사망하였다. "성안의 민심은 흉흉해졌고, 어찌할 바를 몰랐다." 국가기관, 정부 관리 및 그 가족들은 연이어서 이전하였고, 이는 보통 시민들에게 커다란 공포를 안겨주었다. 끊임없는 공습을 받는 가운데 난징시민들은 곧 전쟁이 벌어진다는 것에 대한 불안함과 공포가 날로 높아져 갔다. 그들의 응급 반응은 크게 세 가지로 나누어진다. 첫째, 중앙 정부 기관의 연이은 철수와 함께 돈이 있는 주민들은 대후방으로 피난을 떠나거나, 둘째, 돈이 없는 소시민들은 시골로 도피하거나 잠시 성을 떠나 전쟁의 화를 피해 몸을 숨기기도 하고, 셋째, 여러 가지 이유로 집을 떠나지 못하는 주민들(예를 들어 집에 노인, 아이, 환자 및 외출을 하기가 불편해서 집을 떠날 수 없는 경우)들은 집에 숨어서 '보살이 지켜주시기'만을 기도하면서 전쟁의 몰고 올 모든 상황을 견뎌낼 수밖에 없었다.

함락 전야에 성안에 남아 있던 시민들의 심리상태는 더욱 복잡해졌다. 한편으로 그들은 중국군이 이 도성을 지켜낼 수 있기를 희망하면서 다른 한편으로는 중국군이 필요 없는 모든 것들을 불태워 버린다는 유언비어로 인해 불안에 떨기도 하였다. 일본의 대병력이 밀고 들어오자 그들은 절망과 어쩔 수 없음을 느꼈고, 심지어 어떤 사람들은 일본군을 받아들이는 것이 자신과 가족의 생명을 보전할 수 있고, 전시의 긴장과 공습의 위험을 끝낼 수도 있다는 환상을 품기도 하였다. 또한 어떤 시민들은 전쟁에 대한 마비된 정서를 가지고 전쟁은 자신들과 무관하다고 생각하면서 중국 군대와 힘을 합치려고 하지 않기까지 하였다. 자신들이 무슨 반일 활동만 하지 않으면 일본군은 그들에게 폭력을 행사하지 않으리라 생각하기도 하였다.

전쟁통에 약자로서의 여성은 사람들에게 능욕을 당하고 생명의 위협을 받는 상황이 더욱 심각해졌다. 따라서 외지로 나갈 조건을 갖춘 여성을 제외하고는 난징이 함락되기 몇 개월 내에 많은 젊은 여성들은 결혼을 당겨서 하는 것을 선택하였다. 이렇게 하면 믿을만한 보호를 받을 수 있고, 가정의 부담도 줄일 수 있다고 생각한 것이다. 가장 중요한 것은 이렇게 함으로써 일본군이 쳐들어왔을 때 능욕당할 가능성을 줄일 수 있다고 생각한 것이다.

12월 초가 되자 많은 시민은 시내에 외국인이 운영하는 '안전구역'이 존재한다는 사실을 알게 되자 너도, 나도 '안전 구역'으로 몰려들었다. 아무런 힘도 없고 그저 난징에 머물 수밖에 없었던 난징 시민들로서는 '안전 구역'이 목숨을 구해줄 수 있는 동아줄이었기 때문이었다. 그리고 '안전 구역'을 관리하는 외국인들은 자체적으로 안고 있는 각종의 조건적 제약을 고려하여 더욱더 많은 부녀자와 아이들, 그리고 많은 시민을 받아들이고자 하였다. 자신의 집과 재산을 포기하지 않으려고 마지막 순간까지 집에 머무는 사람들이 있었다. 그들 가운데 대다수는 비록 전쟁이 임박했다는 공포 분위기를 느끼기는 했지만, 이 전쟁에 어떻게 대처해야 하는지에 대해서는 어찌할 바를 몰랐고, 그저 하늘의 명을 따르는 수밖에 없었다.

이에 까닭에 당시 난징 사람들의 기본적인 심리상황에서 말하자면 그들은 망연자실하였고, 조직도 없었으며 준비도 부족하였다. 더욱이 전례 없는 대재난이 코앞에 닥쳤다는 것은 상상도 하지 못하고 있었다.

난징성이 함락된 이후 일본군은 난징에 들어온 첫 순간부터 장장 6주, 심지어 더 긴 시간 동안 무기를 버린 중국 병사와 보통 시민들에 대해서 대규모 학살과 약탈, 방화 및 부녀자에 대한 대규모 강간을 시작하였다.

일본군의 무자비하고 포악한 행위를 맞닥뜨린 상황에서 난징에 남아 무기를 버린 중국 군인과 시민들은 대재난이 밀어닥친 상황에서의 아무 도움도 없는 두려움을 느끼면서 어찌할 바를 몰랐다. 기본적으로 그들은 모두 도망치고 숨는 전략을 썼다. 병사들은 무기를 버리고 민간인 복장으로 갈아입고 난민 구역으로 들어가 숨거나 난민의 대열 속으로 섞여 들어가 북쪽과 서쪽으로 성을 나갈 준비를 하였다. 보통 시민들은 대문을 단단히 걸어 잠그고 집 안에 숨어서 화를 피할 수 있기만을 기도하였고, 주도적으로 일본군의 침입에 저항할 생각을 하는 사람은 거의 없었다.

일본 군대는 길거리와 골목으로 밀고 들어가 묻지도 따지지도 않고 사람을 보면 곧 죽였다. 집마다 문을 부수며 군인을 찾아낸다는 명분으로 아무런 무기도 들지 않고 저항하지도 않는 주민을 사살하거나 칼로 찔렀다. 또한 수많은 부녀자를 강간하였고, 재산을 약탈하였다. 그들의 포악한 행위가 시내 전체로 전해지자 난징 시민들은 더욱더 공포에 떨었고, 사방으로 흩어져 도망쳤으며 어두운 공간으로 몸을 숨겼다. 저항하려는 사람들의 숫자는 더욱 줄어들었다. 수많은 사람이 압송되는 과정에서 중국 군민 중에서는 집중된 폭동으로 일본군의 학살에 반항하려는 이도 적게나마 있었다.

물론 몇몇 가정과 주민의 산발적인 반항이 있었다. 때때로 일어난 상황은 일본 군대가 집 문을 부술 때에 선량한 난징 시민들이 나와서 문을 열어주는 것이었는데, 이것은 매우 순박한 동기에서 그렇게 했다. 일본인에게 집안에 외부 사람이 없다는 것을 분명하게 말하면 찾아온 사람도 자신을 해치지 않으리라 생각한 것이다. 하지만 야만적이고 흉악한 일본군은 집안에 들어와서 문을 열어준 사람을 죽이고, 그뿐만 아니라 집안을 샅샅이 수색하였다. 젊은 장정을 보면 곧바로 죽였고, 여성을 만나면 강간하였다. 말이 통하지 않으니 서로 소통할 방법이 없었다. 일본군은 발견된 주민을 깡그리 살해하고 재물을 약탈한 뒤에 집을 불태우고 가버렸다. 일본군이 제일 먼저 점령한 성 남쪽 지역은 피해가 가장 컸다. 민가는 완전히 불타 버렸고, 큰불은 며칠간 꺼지지 않았다. 일본군이 만행을 저지를 때에 일부 시민이 살해와 강간을 당하는 참상을 보고는 들고 일어나 반항하면서 일본군과 육박전을 벌였다. 하지만 기본적으로 일본군과 맞설 수 없는 상황이 되었고, 곧바로 폭행을 당하고 살해되었다. 몇 사람만 살아남아서 죽음의 구덩이에서 도망칠 수 있었다. 리시우잉의 반항의 그 한 예이다. 시내 질서가 상대적으로 안정된 후에 또 소수의 사람이 서로 모의하여 흉악한 범죄를 저지르는 일본인을 응징하는 사례가 발생하였다. 하지만 이 시도 역시 개별적인 현상으로서 한 일본군 병사를 겨눈 것에 불과했고, 조직적인 활동은 없었다. 일단 과업이 이루어지면 각자 흩어져 도망쳤다. 이렇게 하는 것은 일본군의 더 큰 보복성 학살을 불어오곤 하였다.

객관적인 실제 상황에서 보자면 당시 약세 집단인 난징 시민들은 침략자의 만행에 대해서 폭넓은 대규모의 적극적인 반항을 하지 못했다. 또한 자신을 보호하고나 구조할만한 관련 기구를 만들지도 못했다. 이것은 중국과 외국의 역사에서 발생한 여러 차례의 전쟁 만행 가운데 피해자 민중들이 보여준 모습과 유사한 것이다. 더구나 일본군의 만행은 유달리 잔혹하여 사람들이 정상적으로 사고하고 대응할 수 없도록 하였다. 이런 상황에서 어떤 학자는 난징 시민들이 반항하지 않은 것에 대해 크게 비난할 일이 아니고 연구할 필요도 없는 정상상태였다고 주장한다. 분명히 당시 비정상적으로 열악한 상황에서 시민들이 보여준 모습은 비판이나 질책을 받을 필요는 없다. 하지만 이것을 포인트로 하여 당시의 상황을 분석해보면, 이것이 역사적으로 정상 상태라고 할지라도 그 특수성이 있고 일정한 역사적 배경과 많은 원인이 복합적으로 작용하여 이루어진 것이라고 우리는 생각한다. 비교적 분명한 연구의 진행을 하기 위해서 우리는 전쟁이 발발하기 전후에 난징 군민들의 심리 변화로부터 시작하여 이 문제의 인과관계에 대해 깊이 있는 분석을 해보기로 한다.

3. 난징 군민들이 보여준 대응의 원인 분석

(1) 정부 당국의 지도 부서가 심각하게 결여되었고, 관리들은 책임을 버리고 도망쳤다.

먼저, 거시적 측면에서 보자면, 국민정부 당국은 전쟁 전에 상하이 사변의 패배로 혼란 상태에 빠져들었다. 최고 지휘부의 난징 보위 전략목표는 매우 모호한 상태였고, 이는 전쟁에 대한 난징 군민들의 모호한 인식에 결정적인 영향을 미쳤다. 이것은 난징 군민들이 성이 함락된 후에 아무런 조직이 없는 혼란 상태로 빠지게 하는 근본적인 원인이다.

중국 군대가 상하이 전장에서 철수한 후 국민정부 최고당국은 장제스로부터 시작해서 '난징성을 지킬 것인가 말 것인가'의 전략 논쟁에 빠져들었다. 외교와 정치 방면의 원인으로 말미암아 최고 통수권자인 장제스는 자신의 작전 구상을 공개적으로 표명하지 못하였다. 게다가 현실을 직시하지 못하고, 정확한 건의를 듣고 잘 처리하라고만 하면서, 거시적으로 '지켜야 한다' '철수를 허락한다'라는 명령만을 내릴 뿐 꼼꼼한 문제에 대해서는 고려하는 일이 없었다. 전쟁 전의 장제스 연설과 철수 명령 시간으로 볼 때, 난징 사수전에서의 실패는 마음속에 이미 계산이 서 있었고, 2개월 동안 굳게 지키라는 그의 요구와 지원병을 동원하는 것은 실현 불가능한 것이었다. 이로 인해 난징 사수 계획과 굳건한 조치는 사실상 참전 부대에 대한 버리는 성격의 처치였다. 이는 성을 방어하는 병사의 운명에 대해 결정적인 작용을 하였다. 또한 난징 시민들이 전쟁 상황에 대하여 정확하게 가늠하지 못하게 하였고, 그 결과 전쟁에서 패한 후 그에 상응하는 물질적, 심리적인 준비를 할 수 없도록 하였다.

장제스가 성을 지켜야 한다는 주장을 견지하는 가운데 당시 훈련 총감이라는 한직을 맡고 있던 탕셩즈가 위수사령관을 맡겠다고 나섰다. 하지만 그는 성을 지키는 전투에서의 세세하면서도 주도면밀한 계획이 없었다. 난징 위수사령관으로서 탕성즈는 성이 함락된 후에 어떻게 질서 있게 조직적으로 후퇴할 것인가 하는 등의 사후 마무리를 잘하는 것에 대해 기본적으로 고려가 없었다. 아울러 당시 그의 신체 상황도 직무를 잘 이행할 수 없는 상태였다. 왕스지에王世杰는 자신의 일기에서 이렇게 쓰고 있다. "내가 오늘 난징시 구제 사무국에 두 차례 전화를 걸어 상의하려 했지만, 그쪽은 모두 잠을 자고 있었다. 이 밖에도 탕성즈는 장제스에게 잘 보이기 위해 '난징과 생과 사를 함께 할 것을 맹세한다'는 구호를 내놓아 스스로 퇴로를 차단하고 전쟁 독려 부대를 이장면挹江門으로 보내 그곳에서 군대가 양쯔강으로 물러나는 것을 저지하였다. 또한 어리석게도 도강 선박들을 불태워 버렸다. 탕성즈의 논리에 따르면, 이것은 '사지에 놓여야 산다'는 것인데, 그 결과 '사지'는 형성되었지만 '살아남는' 것은 희망이 없어져 버리고 말았다. 난징 보위전 진퇴의 세밀한 계획과 주도면밀한 배치가 합리적이고 객관적으로 이루어지지 못하는 바람에 전세가 역전된 후 아군의 수성 부대가 혼란에 빠졌고, 조직적 저항력을 잃어버리는 근본적인 원인이 되었다.

다음으로, 시정부 당국의 조직적인 부서 지도가 없었고, 기관 종사자들은 시민들을 도외시하고 도망치기에 급급해하는 등 정부로서의 직무를 유기하였다.

전쟁 발발에 대비하여, 국민 정부 관련 부서는 일찍이 7.7 사변 이후 도시 주민을 소개하는 것에 대해 초보적으로 고려한 적이 있다. 당시 군사위원회 허잉친 참모총장은 군사위원회 사무처 부주임 리우꽝劉光에게 보내는 전보에서 "강을 따라 각 마을 주민을 분산시키고, 난징시에서 백여만 명의 인구는 전시에 매우 불편함을 느낄 것이므로 필요할 경우에 먼저 아이와 부녀자를 다른 곳으로 이주시키고, 각 기관 직원들의 가족들은 비밀리에 이동할 준비를 함으로써 공무에 방해가 되지 않도록 한다." 상하이 전쟁이 시작된 후 난징성은 일본군 공습 타격의 목표가 되었고, 전쟁의 화마에 말려 들어 갔다. 시정부에서도 적지 않은 항전의 조직과 동원 사업을 하고 있다. 한편으로는 도시관리를 강화하고, 보갑장을 파견하여 기층조직을 강화하고 연대보증을 통하여 '5호연좌제'를 실시한다. 이를 통해 매국노와 간첩을 막아내고 시민들의 일상생활에서 필요한 것들을 확보해 준다. 또 10월 1일에는 일용품 관리위원회를 설립하고 물품을 조직적으로 공급하며, 도시 교통과 전기 공급 등을 체계적으로 안정시킨다. 도시 치안을 양호하게 하고 방공과 항전의 선전 교육을 전개하고 각 사회단체는 여러 가지 형식의 항일 선전과 기부활동을 전개해 나간다. 12월 13일 함락되기 전날 밤까지 난징시는 기본적으로 질서 있게 운영되고 있었다.

그러나 실제 정부의 전쟁에 대한 준비조치는 한정되어 있어 많은 정책이 실제 결실을 보지 못했고, 사회단체의 선전 활동은 난징의 당시 대다수 인구, 특히 엄청나게 몰려든 각지의 난민들을 커버할 수 없었다. 이 때문에 정부 당국이 난징이 함락된 이후 시민들을 어떻게 배치하고 보호할 것인지에 대한 구체적인 계획이 없었고, 난징에 머물면서 탈출하지 못한 시민들도 기본적인 자기보호와 구조 의식이 빠져 있다. 전쟁이 진전됨에 따라, 이 대중의 조직과 동원 작업은 날이 갈수록 점차 줄어들었다. 11월 20일이 되자 국민정부는 정식으로 충칭 천도를 결정하였다. 시정부와 국민당 시당은 재빨리 중앙정부를 따라나섰고, 수많은 시민의 향후 운명에 대해서는 책임을 회피하고 말았다. 특히 천도 과정에서 정부는 먼저 정부 각 기관의 직원들과 관련 물자만을 고려하였고, 이를 위해 수많은 차량과 민간 선박을 징발하였다. 이에 따라 아이와 부녀자를 이동시키는 데 있어 "여러 가지 교통상의 편리 제공"은 빈말이 되고 말았다. 위수사령관 탕성즈는 파부침주의 결심을 나타내기 위하여 하관에서 포구에 이르는 뱃길을 없애 버렸고, 난징을 떠나려고 했던 일반 난민들은 매우 어려워졌다. 12일 철수 명령이 하달된 이후 이 조치는 시민들이 강을 건너지 못하게 하였고, 강변에 머물다가 일본군에게 학살당하는 수밖에 없었다.

함락되기 전날 밤, 난징시 각 기관과 민간사회단체들은 기본적으로 아무것도 하지 않는 상태에 처해 있었다. 일반 시민들에 대한 조직적이고 계획적인 이동과 함락된 이후의 시민 배치 등은 더욱이 아무런 준비가 없었다. 몇몇 서방 인사들의 안전구를 설치하자는 건의에 대해서는 당시 난징시장 마차오쥔馬超俊이 적극적으로 응답하여 450명의 경찰과 1,500t의 쌀, 만 포대의 밀가루, 약간의 소금, 그리고 약간의 현금을 제공하였다. 하지만 그 후에 다른 조치는 없었다. 중국 당국이 아무런 일도 하지 않고, 또 다른 각종 원인으로 인해 난징 '안전구'는 시종 일본 측의 승인을 받지 못했다. 그것의 건립은 순전히 개인의 행위에 속하는 일이었다. 그 기능도 국제적 보장을 받지 못하였다.

이로 인해, 난징이 함락된 이후에 난징 군민들은 대처가 미흡했던 문제에 있어서 국민당 정부 당국은 피할 수 없는 책임이 있다.

(2) 남겨진 군인들은 지휘를 잃고 자신감을 상실하였다

혼란스러운 전시상황에서 난징 보위전에 관한 군사부서의 배치와 사회동원 준비 사업은 중대한 결함이 있었다. 군사 부서 배치와 장병들의 심리적 준비 측면에서의 결핍으로 말미암아 전세의 역전을 초래하였고, 적군이 난징에 들어온 이후 중국 방어군은 계속된 저항과 질서정연한 철수를 할 수 없었다. 이는 난징에 남아 있던 수만 명에 이르는 장병 조직의 붕괴로 이어졌고, 뿔뿔이 흩어지는 지경에 이르게 하였다. 따라서 일본군의 대학살에 맞서 저항할 방법이 없게 되었다.

난징대학살을 당한 동포들 가운데 상당수가 무기를 버린 군인들이었다. 무기를 버린 후에 일본군에게 학살을 당한 중국 군인의 숫자는 8만에서 9만에 이르고, 10만은 넘지 않으며 학살된 인구의 3분의 1에 해당하는 것으로 중국 측 연구는 결론짓고 있다. 이렇게 많은 군인이 무장을 버렸던 것은 흉악한 적들을 맞닥뜨린 상태에서 목숨을 보전하고자 했던 것이었는데, 돌아온 것은 무자비한 살육이었다.

지금 우리가 생각해야 하는 것은 단지 일본군의 잔혹함만은 아닐 것이다. 동시에 당시의 환경이 그들에게 미친 영향을 분석해야 한다. 이처럼 많은 중국 군인들이 투지와 반항의 신념을 상실하게 하고 손에 있던 총을 버리게 하고 또 유일한 생존의 기회를 포기하게 만든 것은 자세히 분석해볼 만한 내용이다.

전쟁 전 부서 배치의 타당성 결여로 중국 장병들은 철수하거나 방어를 포기하는 계획과 심리적 준비, 그리고 강을 건너 철수하거나 전쟁에서 이겨 포위를 돌파하려는 심리적 준비가 전혀 되어 있지 않았다.

난징 보위전에서의 탕성즈의 공과 과는 관련 논술에서 이미 상당히 풍부하게 이루어져 있어 필자는 여기에서 더 서술하지는 않는다. 여기에서 검토하고자 하는 것은 '방어'에서 '철수' 명령까지의 급격한 변화가 장병들에게 미친 심리적 영향이다.

위험에 직면한 상황에서 탕성즈는 난징성의 '단기 고수' 책임을 지라는 명령을 받고 여러 차례에 걸쳐 '난징과 생사를 같이하겠다'는 결심을 밝혔다. 일본 측에서 '투항 권고서'를 뿌린 당일 저녁에 그는 명령을 하달하여 전군에 파부침주의 결심을 재차 밝혔다. 그는 일본군의 투항 유혹을 거절하여 일본군이 싸우지 않고 이기고자 하는 환상을 갖지 못하게 하였다. 또한 장병들의 수성 결심을 더욱더 굳건하게 하였다. 이후 며칠 동안 중국군이 일본군과 벌인 수성 전투는 유달리 격렬했고 투지도 왕성하였다. 전투 중에 많은 장병은 귀중한 생명을 바쳤고 일본군 역시 크나큰 대가를 치러야 했다. 명령만 내리면 중국 군인들은 최후의 순간까지 싸울 자세가 되어 있었다.

하지만 일본군이 난징의 주요 성문을 차례로 점령한 후, 탕성즈는 12일 오후 다섯 시에 자신이 백자정 주택에서 난징 위수사령부 마지막 회의를 개최하여 전군 철수의 서명 명령을 하달하였다. 주력 부대는 포위를 돌파하고 일부 부대는 강을 건너는 전략을 쓰기로 하고, 각 부대의 포위돌파 방향과 목표 방안에 관한 명령을 내렸다. 명령을 하달한 후에 중국 군대는 갑자기 전투의 임무를 잃고 말았다. 시간이 촉박한 관계로 각 부대는 합리적이고 자세한 철수 절차와 계획을 세우지 못하였다. 이로 인해 전투와 철수 과정에서 커다란 손실이 발생하고 말았다. 위화타이 지역의 군민 2, 3만여 명은 철수할 때 적군의 공격을 받아 울음소리가 들판을 덮었다. 시신은 산처럼 쌓였고, 피는 강물처럼 흘러 참혹한 모습을 연출했다. 적절한 지휘의 부재로 말미암아 개별 부대가 대형을 갖춘 것을 제외하고는 대다수 부대는 궤멸하였고, 혼란스럽기 그지없었다. 이장먼挹江門에서 사람들은 밀고 당기고 서로를 짓밟으면서 탈출을 시도했고, 어떤 부대들 사이에서는 먼저 성문을 빠져나오려고 총격 사건이 발생하는 등 극도의 혼란이 빚어졌다. 혼란 속에서 밟혀 죽거나 다친 사람이 적지 않았고, 교도총대 제1여단 2단 상교단장 시에청루이謝承瑞는 격전 후 몸이 허약해 이장먼에서 통제력을 잃은 사람들에 의해 밟혀서 숨졌다.

이 밖에 '고수'와 '철수' 명령 하달 시간 간격이 너무 짧았던 관계로 각급 장병들은 철수 계획과 심리적 준비가 되어 있지 않았고, 또한 연락해서 알아볼 길도 없었다. 철수 명령을 받은 뒤에 전투에 임하는 그들의 마음은 퇴각하여 살고자 하는 심리상태로 바뀌었고, 대부분은 필사적으로 싸우고자 하는 용기를 잃고 말았다. 하관 방향으로 성을 나서 강변으로 가는 길에는 중국군이 떨어뜨린 총, 탄약, 혁대, 군장 등으로 가득했다. 급박하고 혼란한 상황 속에서 제66, 83군단이 조직적으로 포위돌파를 시도한 것 외에는 다수의 장병은 적과 전투를 벌여야 하는 '포위돌파'를 포기하고 말았다. 대신에 살아남을 확률이 더 높아 보이는 '도강'을 선택하였다. 하지만 도강 장비는 부족하고 일본군이 추격하는 상황에서 '도강'은 단지 수많은 사람이 외나무다리를 건너려는 격으로 실현할 방법이 없었다. 많은 장병은 모을 수 있는 모든 물품, 예를 들어 나무토막, 널빤지, 기름통 등을 강에 띄웠고, 심지어는 헤엄쳐서 탈출하기도 하였다. 일본군은 강기슭에서 막강한 화력을 뿜어대고 있었고, 강에 모터보트와 군함을 띄워 좌충우돌하는 바람에 사살된 사람과 배에 부딪혀 빠져 죽은 사람이 부지기수로 강을 건너는 데 성공한 사람은 수천 명에 불과했고, 강변에 남아 있던 군인들은 일본군의 집중사격을 받아 학살당하고 말았다.

○ 장병들은 도망치고, 난징에 남겨진 수만명의 장병들은 투지를 잃고 말았다

탕셩즈의 철수 명령이 내려지자 후폭풍이 몰려왔다. 바로 군대가 투지를 상실한 것이다. 일본군과 필사적으로 싸울 용기가 없어져 버린 것이다. 심지어 병력이 자신보다 훨씬 더 적은 일본군과 싸우지도 않고 무기를 바치며 항복하는 경우

도 있었다. 이와 관련된 내용은 일본군 장병의 일기와 서신 등의 자료에 즐비하다. 일본군 제16사단장 나카지마 케사와레中島今朝吾는 12월 13일 일기에서 다음과 같이 쓰고 있다. "하지만 1000명, 5000명, 10,000명이나 되는 집단의 무장을 제때 해제시킬 수는 없었다. 하지만 그들은 이미 전투 의지를 완전히 상실하였고, 그저 무리를 지어서 걸어왔다. 그들은 우리 군에게는 안전하다. 비록 안전하지만 일단 소란이 발생하면 처리하기가 어렵다." "우리는 아직 공격을 시작하지 않았는데, 적군은 이미 싸울 생각이 없이 투항을 해왔다. 우리는 총 한 방 쏘지 않고 몇천 명의 무장을 해제하였다. 저녁에 포로를 난징의 한 병영으로 압송해 갔는데, 뜻밖에도 만 명이 넘었다." "적들은 싸울 의지가 전혀 없었고, 우리는 적병 450명을 포로로 잡았다. 또 많은 무기를 노획하였다.… 저녁이 되어 포로 400여 명을 잡았다." "전진하다가 오전 8시 무렵에 적들의 투항 부대와 맞닥뜨렸다. 나는 호기심에 눈을 크게 뜨고 그들이 무장해제된 것을 쳐다봤다. 정말 전쟁에서 패한 자들의 슬픔이 느껴졌다. 또 몇 무리가 투항해 왔는데, 모두 3,000명이었다."

또 일부 자료를 보면, 중국군 장병 사이에는 이미 서로의 신뢰와 단결력을 잃고, 위급한 환난이 닥치는 시기에 각자도생한 것으로 나타났다. 교도총대 치융칭 부대 공병단 부대장 겸 대대장이었던 니우-셴밍鈕先銘의 회고에 따르면, 부대를 이끌고 후퇴할 때 부하들이 명령을 무시하고 각자 뿔뿔이 흩어져 버렸다. 이장먼 앞에서 그는 장교 한 명을 시켜서 남은 30~40명을 장악하게 하였으며, 그들에게 떠나지 말라고 간곡히 부탁하며, 자신은 3명의 부하를 거느리고 철수경로를 수소문했다. 그가 가까스로 부대가 머무는 곳으로 돌아왔을 때, 그의 부하들은 이미 자취를 감춘 뒤였다. 니우 대대장은 탄식하며 말했다. "사람과 사람 사이에 이미 신뢰를 잃어버렸으니 그들은 당연히 나에게 돌아오지 않을 것이다. 또한 우리는 분명히 돌아올 수 없을 것이다."

일본군 제16사단 사병은 전쟁 일기에서 다음과 같이 쓰고 있다. "대략 7천 명의 포로가 무장해제되어 밭에 앉아 있었다, 그들의 지휘관은 그들을 도망가도록 버려두었다. 대위 군의관 한 명만 남아 있었다." "이렇게 많은 병력에 분명히 상당히 많은 장교가 있었을 텐데, 그들은 한 사람도 남아 있지 않고 전부 약삭빠르게 도망쳐 버렸다. 이는 정말 사람들을 감탄하지 않을 수 없게 한다."

난징 방공부대의 생존 군인 저우쟈오띵周紹定도 전투가 벌어지는 사이에 전령병을 보내 우군, 사령부간에 연락 지시를 기다렸는데, 아무런 소식이 없어 어쩔 줄 몰라 하고 있을 때, 부대 전체 장병들이 무기를 해체하고 묻어 버리고는 각자 흩어져 버렸다는 통지를 받았다고 회고하였다.

군인의 천직은 본래 명령에 복종하는 것이다. 각급 장교는 소속된 사병을 통제하고 군대의 명령이 위에서 아래로 순조롭게 전달되게 해야 한다. 이는 또한 한 부대의 응집력과 전투력을 보여주는 것이다. 혼란스러운 전시 상태에서는 더욱더 그러하다. 하지만 당시 중국 군대의 장병들은 각자 흩어져 버렸다. "난징을 지키던 10여만 대군은 이렇게 먼지처럼 흩어져 버리고 말았다. 이러한 상황들이 당시 중국 군대의 전체적 상황을 대표할 수는 없다. 하지만 매우 보편적이었고, 붕괴의 결말을 미리 보여주는 것이었다.

○ 일본군에 투항하는 것의 위험성에 대한 인식 부족으로 강제징발이나 해산 정도로 생각하다

1929년 7월 17일 제네바 회의에서는 〈전쟁포로의 대우에 관한 협약(제네바 협약이라 줄여 부름)〉을 제정하여 교전 쌍방은 전쟁포로의 생명에 대한 어떠한 상해나 인신에 대한 폭력행위를 엄격하게 금지하고 더욱이 살해할 수 없다고 명문화하였다. 협약의 서명국 중 하나인 일본 역시 가장 기본적인 이 국제 준칙을 준수해야 한다. 많은 중국 군인들이 투항을 선택하였고, 대부분은 일본군이 국제 협약에 따라 포로를 살해하지 않고 투항하면 살 수 있다고 생각했다. 그 밖에 중국의 장기적인 내전 중에 부대가 투항한 후에는 일반적으로 재편되거나 해산되었다. 중국 군인 중에는 농민 출신이 많다. 그들은 한 끼 밥을 위해서 싸웠고, 또 한 끼 밥을 위해서 무기를 버리고 적에게 투항한 것이었다. 교육 수준이 낮았기 때문에 그들은 일본에 대해 잘 알지 못했다. 이로 인해 투항 대상의 근본이 다르다는 것을 고려하지 못했고, 더욱이 투항하면 반드시 죽는다는 것을 연결하지 못했다.

아래의 한 보고는 당시 그들의 마음속 진실한 느낌을 표현하고 있다.

우리는 대오를 떠나 대일본 군대로 가서 투항하고 총을 바쳤다. 우리를 잘 배치해 줄 것을 희망하였다. 하지만 이곳에 도착한 지 3일이 지났는데, 결국 배치할 방법이 없는 것인가? 수만 명의 불쌍한 사람들은 4일을 넘게 굶었고, 죽도 얻어먹지 못했다. 우리는 곧 굶어 죽을 것이다. 이 삶과 죽음의 순간에 우리 대일본에 우리 수만 명의 목숨을 살려달라고 요구한다.… 대일본에게 우리들의 죽 한 그릇, 밥 한 그릇을 간구한다.… 일본군에 편입되어 우리가 모두 안심하고 복종할 수 있는 게 아니면 해산시켜 고향으로 돌아가서 모두가 편안히 일하면서 살 수 있게 해달라고 엎드려 간구한다.

작전의 목표를 잃어버리고 또 순조롭게 철수하지 못한 상황에서 무기를 버리는 것은 그들이 할 수 있는 선택 가운데 하나라고 할 수밖에 없다. 그들은 담담하게 재편 또는 해산을 기대하면서 자기 손에 있던 무기를 내려놓았다. 이런 정서의 영향 아래에서 많은 군인은 따를만한 목표도 없었고, 자발적으로 조직하여 저항하는 것은 더 말할 것도 없었다. 이로 인해 이 군인들은 가장 위협적이지 못한 존재가 되었고, 또 가장 처리하기 쉬운 집단이 되었다. 왕왕 그들은 수용소에 갇혀 있을 때 아무도 자신이 곧 죽을 것이라는 사실을 예상하지 못했다. 조별로 끌려나갔다가 규칙적인 총성이 들리고 다시 돌아오지 않으면 남은 사람들은 그제야 피살되었을 것으로 생각하는 것이다. 하지만 그런데도 그들은 일반적으로 도망칠 방법만을 생각할 뿐이지 집단 폭동을 일으키는 것은 생각하지 못했다. 천진난만하게 '나를 죽이지는 않을 거야' '내 차례가 온다 해도 날이 저문 뒤일거야'라고 생각하는 사람도 있었다. 이런 심리상태는 표면적으로는 이해하기 어렵고 심지어 순박하거나 어리석게 보이기도 한다. 하지만 잘 분석해보면, 여기에는 심각한 원인이 있다. 간단히 말해서 첫째, 최후의 순간까지 중국인의 선량함이 일본군을 잘못 믿은 것이다. 둘째, 일본군의 잔혹성에 대한 평가가 매우 부족했고, 그들의 잔인한 만행이 만들어내는 공포 분위기에 겁을 먹고 순간적으로 반응을 보이지 못하는 것이다. 셋째, 대다수의 농촌과 사회 하층 출신인 사병들의 지식과 식견이 부족하여 형세를 분석하지 못하고 자신을 보호할 제일 나은 방법을 찾지 못한 것이다.

(3) 일반 시민들의 스스로의 결함, 선전을 잘못 믿음

○ 계속 이어지는 공습, 정부의 난징 방어능력에 대한 강력한 선전은 난징 시민들을
　무감각하게 만들고 대수롭지 않게 생각하도록 만들다

12월 13일에 난징은 적군에게 함락되었다. 하지만 난징이 전쟁의 충격을 받은 것은 8월 중순에 시작되었다. 불완전한 통계에 따르면 1937년 8월 15일부터 12월 13일 난징이 함락되기까지 난징시는 일본군의 공습을 118차례 받았고, 1357발의 폭탄 세례를 받았다. 만약 방공경보를 발령했지만, 일본 비행기가 난징에 날아오지 않은 횟수를 합산하면, 난징 시민들은 맑은 날에 거의 하루에 3차례 이상 공습이나 공습 위협을 받는다. 이렇게 오래 지속하고 빈도수가 높은 공습 속에서 난징 시민들도 갑자기 듣던 것에서 방공경보에 이르기까지 점점 마비되고 말았다. 지금의 난징의 주민들은 일본 비행기의 공습에 그 정도로 익숙해졌다. 거의 매일, 사방에 방공경보가 울렸을 때 그들은 아무렇지도 않게 당황한 기색도 없이 방공호와 지하실로 숨어들어간다. 보고서에서 일본의 특무 요원들의 보고서에서도 "일반 시민들은 이미 공습에 익숙해져서 두려워하는 기색이 전혀 없고 태도도 차분하다." 공습경보는 이미 매일 먹는 가정식 백반이 되었다. 만약 경보해제 신호가 울리고 위험이 지나가면 모두는 아무 일도 일어나지 않은 것처럼 평온하게 각자의 일을 한다.

이런 상황의 지속은 난징 시민들의 공포 신경을 점차 마비시키고 심지어는 일부의 혐오감을 일으키어, 이러한 위협을 조기에 종식하기를 바라는 강한 염원을 갖게 하였다. 일본군이 난징을 점령한 후에 공습은 끝날 것이라고 그들은 잘못 판단하였다. 일본의 보도에서는 몇몇 주민들이 전쟁상황과 수시로 벌어지는 공습의 공포가 완전히 끝났기 때문에 일본군이 난징에 들어온 후에 마음속 깊이 기쁨

과 위로를 보였다고 말하기도 하였다.

성 방어 전투가 벌어지기 전날 밤, 중국 당국은 사기를 고취하고 민심을 진작시키기 위하여 선전도구를 가동하였다. 한편으로는, 전쟁 국면에 대해 지나치게 낙관적인 태도를 가지고 있던 군사 당국이 전장, 단양, 쥐룽에서 리양에 이르는 전선과 꽝더에서 쉬엔청에 이르는 전선까지 모두 오랜 기간 일본군에 저항할 수 있다고 판단하였고, 전장 옌타이는 그 지형으로 인해 한 달 반에서 두 달까지 지켜낼 수 있다고 생각했다. 이러한 상황에서 사람들은 난징성이 시간을 충분히 가질 수 있고 병력이 수도와 부근 지역을 굳게 지키면 좀처럼 함락되지 않으리라 생각하였다. 당국의 정책에 대한 매체의 보도는 시민들에게 '안정'이라는 인상을 강하게 주었고, 이는 사람들에게 준비 부족을 초래하게 했다. 또 다른 측면에서는, 시민들의 불필요한 소동과 혼란을 방지하기 위하여 매체들은 책임을 다하여 시민을 위로하고 그들의 항일열정을 계속 고취하였다. 〈중앙일보〉 11월 12일자 사설에서는 다음과 같이 쓰고 있다. "수도의 보위는 이미 전담기관이 설치되어 있고, 시의 치안 역시 마찬가지로 주도면밀하게 유지할 수 있다. 식량은 충분하고 일용품은 계속 공급되고 있다. 이는 모두 항전 중에 가장 안정된 좋은 현상이다.… 지금 수도 전체의 시민들은 자신이 느끼는 책임과 어떻게 책임을 다할 것인가 하는 것을 하나의 모범이 되어 전국 인민에게 보여주어야 한다. 모두는 굳은 의지에 따라 나라를 위해 싸우고, 이러한 힘의 총화는 절대 얕볼 수 없는 것이다. 우리는 이러한 역량이 발휘될 밝은 미래를 기대한다."

시민들은 오랜 기간 긴장 상태에 놓여 있었고, 매체 보도의 선전에 영향을 받아 전쟁의 잔혹성에 대해 그들은 마비된 정서를 보였다. 또 닥쳐올 만행에 대한 인식이 부족했고, 반응도 둔해져 버리고 말았다.

○ 일반 민중들의 교육 수준이 낮았고, 정상적인 자기 보호와 반항의식이 부족했다

1936년 난징시 상주인구 사회조사에 따르면, 민중 가운데 문맹은 53.36%에 달하고, 직업이 없는 인구가 318,626명으로 전체 인구의 34.76%에 달한다. 보모나

하인 등을 주요 직업으로 하는 사람 수도 22.76%에 달한다. 이 밖에 성이 함락되기 전에 소련 남부 지역에서 도망쳐 나온 난징의 외지 난민들이 있었고, 경제 수준의 원인으로 이 사람들은 교육수준이 매우 낮았다. 전쟁이 일어나기 직전에 그들은 난징에 머물 수밖에 없었다. 일본군의 체포와 학살을 맞닥뜨린 그들은 정상적인 자기 보호와 반항 의식을 가질 수 없었고, 위험이 닥쳤을 때의 기지나 대응 능력이 전혀 없었다. 그저 일본군이 하는 대로 내버려 두는 수밖에 없었다. 그들은 난징대학살 만행의 주요 피해 집단이었다.

포로가 된 군민 중에서 서로 약속하고 도망을 치는 예가 드물게나마 확실하게 있었다. 하지만 당시 특수한 상황에 놓여 있던 평범한 민중들은 천진난만하고 심지어는 마비된 상태였고, 일본군의 잔인무도한 만행으로 말미암아 대량 학살을 당하였다. 생존한 중국 군인 뤄종양駱中洋은 다음과 같이 말한다. "나는 일본 병사들이 수많은 기관총으로 대열을 이룬 상태에서 중국인을 향해 총구를 겨누고 모두 총구를 향해 서라고 명령하는 것을 보았다. 한 사람도 도망치지 못하고 모두 목숨을 잃을 것 같았다. 나는 주변에 있는 사람들에게 빨리 현장에서 벗어나 도망치자고 하였다.⋯ 나는 두 사람만 설득할 수 있었다. 나와 함께 걷다 서기를 반복하면서 천천히 움직였다. 내키는 대로 잡담을 하는 방법으로 일본군이 주의하지 않는 틈을 타서 현장에서 벗어나 조금 떨어져 있는 주민의 초가집으로 숨어들었다." 포로를 가두어 놓은 모푸산의 병영에서 한 쓰촨 병사가 갈증을 참지 못해 사람들과 도망치기로 약속하였다. 하지만 1,000여 명이 일본군에 의해 바깥 도랑에서 사살되었다.

그리고 대다수의 동포는 일본군에게 붙잡혀 학살 장소로 가는 중에 놀랄만한 고요함과 순종, 아무런 저항 의식이 없음을 보여주었다. 그들은 규율도 없었고, 질서도 전혀 없었다. 마치 어리석은 양과 같았다. 그들은 종종 일본군의 지휘에 따라 한 줄로 죽 늘어서 앉아 있다가 기관총이 둘러싸면 그때에서야 살해될 것을 알고 반응을 보였다. 그때 사람들의 반응 역시 서로 밧줄을 풀어주면서 '귀신이 되도 손놀림이 빠른 귀신이 되야 해'라든가 '일본군에게 맞아 죽느니 강에 뛰어들어 죽는 게 낫다'고 할 뿐이었다.

또 몇몇 난민과 중국 군인은 일본군이 자신들을 죽이리라는 것을 알고 있었지만 앉아서 죽음을 기다렸고, 필사적으로 한 번 붙어보려는 용기는 없었다. 이는 지켜보는 일본인들조차도 불가사의한 일로 받아들일 정도였다. 일본 군인 이데세이지井手純二는 이에 대해 다음과 같이 회고하고 있다. "그들은 무리를 지어 순순히 도살장으로 끌려가는 양 같았다. 이것에 대해 나는 불가사의함을 느꼈다. 배가 고파 저항할 힘이 없어서 그런 것인지, 이것은 나의 상상이다. 지금까지도 이것은 풀기 어려운 수수께끼이다." "포로들은 착실하게 바닥에 앉아 있다가 한 명씩 차례로 살해되었다." 일본 〈아사히 신문〉의 종군 기자 이마이 타다시今井正剛는 〈아사히 신문〉 도쿄 지국 근처의 한 공터에서 학살 장면을 목격하였다. "그곳은 꿇어 앉은 남자들로 가득했다. 벽을 바라보고 있었고, 일본군은 뒤에서 사격했다. 한 그룹이 끝나면 다른 한 그룹이 끌려 나왔다." 일본군의 병력은 "겨우 3, 4명이 총을 쏘고 있었고, 대여섯 명의 병사가 칼을 찬 채로 지키고 서 있었다." 그리고 사용하고 있는 것은 평범한 38구경 보병총으로 한발씩 총알을 채워 넣었다. 학살에 직면한 중국 남자들은 손이 묶여 있지도 않았지만, 그들은 묵묵히 죽음을 기다렸고, 반항도 없었다. 이만큼은 "내 생각에 만약 일제히 손을 쓰면 이 몇 명의 병사는 쓰러뜨릴 수 있을 것 같았다. 하지만 그들은 미동도 없었다. 정말이지…" "그 당시의 심리는 나는 정말 이해할 수가 없었다."

포로로 잡힌 군민 집단의 특수한 문화와 지식의 배경, 교육과 지식의 제한 등 소소한 사유는 그들이 집단 학살되는 과정에서 매우 중요한 작용을 하여, 그들이 학살을 당했을 때의 위기를 심각하게 분별할 수 있는 능력을 상실하게 하였다.

○ 일본인의 거짓과 속임수 선전의 결과

난징이 함락되기 전에 다음의 내용이 적힌 전단을 뿌렸다. "일본군은 중국인의 유일한 참된 친구이다. 일본군은 선량한 중국인을 보호할 것이다." 12월 9일에 일본의 화중 방면군 사령관 마쓰이 이와네는 탕성즈에게 난징 방어를 포기할 것을 권하는 전단에서 이렇게 말했다. "일본군은 항일 분자에 대해서는 무자비하게 가혹하지만 비무장 민간인과 적대적인 뜻이 없는 중국 군대에 대해서는 관용과 화해의 태도를 보이도록 하겠다." 〈난징민중에게 고함!!〉이라는 제목의 전단에서도 다음과 같이 말했다. "난징의 민중들은 무서워 도망칠 필요가 없다. 일본군이 난징에 들어가더라도 안심하라. 일본군은 선량한 일반 민중들에 대해서 해를 입히지 않는다. 만일 편종대나 정규군 등이 성안에 숨어서 나쁜 짓을 꾀하면 즉시 몰아낼 수 있도록 우리에게 알려주어 무고하게 해를 입지 않도록 하기 바란다."

성안의 각 곳마다 일본군은 대량의 포고문과 일본군의 포스터를 붙여 일본군의 '친선' 정책을 선전하고 화해의 분위기를 만들어 주민들이 집으로 돌아가도록 속임수를 써서 유인하였다. 포고문은 대체로 "돌아가세요. 우리에게는 당신들이 먹을 밥이 있습니다! 황군을 믿으세요! 우리는 당신들을 구해주고 도와줄 겁니다!"라는 내용이었다. 포스터는 대부분 친절한 일본 병사가 가난한 중국 주민에게 베푸는 그림이거나 중국과 일본의 군과 민이 친한 모습을 연출하는 장면이었다. 이렇듯 위선적인 선전은 잔혹한 사실과 대조를 이루어 난징에 있던 제3국 인사가 보기에도 비열한 행동이었다. "이런 채색 포스터와 현실은 완전히 맞지 않는다. 그저 관광이나 장사를 위해 사람들을 끌어모으는 것에 불과한 것으로 보인다."

몇몇 시민들은 일본군의 선전을 가볍게 믿고 일본군이 국제협약을 준수하여 자신들을 해치지 않을 것이라고 천진난만하게 생각하였다. 이로 인해 몇몇 군인들을 포함하여 많은 난민은 항쟁이 가져올 자신에 대한 피해를 모면하기를 희망하면서 일본군과 협력하는 태도를 보이기도 하였다. 하지만 사실은 그들의 생각이 얼마나 잘못된 것인가를 증명해 주었다! 앞에서 언급한 뤄종양駱中洋의 회고에서 그는 포로로 잡힌 주민들이 그의 권유를 듣지 않고 도망치고 싶지 않다고 한 상황을 얘기했는데, 그들은 반대로 뤄종양을 위로하면서 "국제법은 포로와 무고한 백성 살해를 금하고 있으니 두려워하지 말라!"고 말했다고 한다. 후에 일본군 증원부대가 도착한 뒤에 포위병력을 강화하였고, 주민들을 일본군이 배치된 싼차허三汊河까지 몰아낸 뒤에 포위상태에서 학살을 자행하였다. 도망쳐야겠다는 생각을 한 뤼종양과 두 사람만이 학살을 면할 수 있었다. 대학살의 또 다른 생존자인 리우용싱劉永興도 비슷한 내용을 떠올렸다. 일본군이 통역을 데리고 가서 성안에 있는 스무 살이 넘은 젊은이들을 강변으로 가게 한 다음, 물건을 옮기도록 하였다. 그들은 모두 입대한 것이 아니기 때문에 사람들은 모두 정말이라고 믿었지 그들이 학살당할 것이라고 전혀 상상하지 못했다. 그런데 강변에 와서야 주변에 기관총이 설치된 것을 발견했고, 수천 명의 사람들은 결국 대부분 학살당하고 말았다. 이런 예는 수도 없이 많이 있다.

성에 진입한 후에 최초의 싹쓸이 학살이 끝난 후, 일본군이 난민을 등록할 때에 목숨 보증에 대한 승낙을 이용하여 근로자를 모집하는 방식으로 평범한 시민들을 유혹한 뒤, 중국 군인을 재차 감별하고 수사하여 학살하였다. 학살을 경험한 뒤에 많은 난민은 여전히 일본군의 거짓말을 믿고 등록을 하러 가서 본인 확인을 함으로써 안전을 얻었다. 하지만 그들은 학살당할 운명을 마주하리라는 사실을 생각지도 못했다. 진링대학에서 일본군은 다음과 같이 선포했다. "군대 생활을 했거나 강제성 노역을 해본(군대 노무자역자) 사람들은 모두 뒤로 가서 서라. 만약 너희들이 이렇게 적극적으로 나온다면 너희 생명을 보전해 줄 것이고 일거리를 줄 것이다. 그렇지 않고 검사를 통해서 발견되면 너희들을 총살에 처할 것이다." 훈화를 듣고 나서 진링대학 캠퍼스에 있던 3,000명의 난민 가운데 2~300명이 일어섰다. 결과는 일본군에게 끌려가 학살당하는 것이었다. 일어났던 사람 중에서 중국 군인은 매우 적었다. 대부분은 까까머리, 호텔 요리사, 찻집 종업원, 잡부 등이었는데 자신이 홀몸이기 때문에 조사를 당하는 것보다는 일어서는 게 더 낫다는 생각이었다. 결과는 불행했다. 일본군은 군장을 벗겨낸 군인들의 몸 검사에 신경을 많이 기울였다. 보편적으로 이마에 모자가 눌린 흔적이나 손바닥의 군은살 등을 살펴보고(그중에서 많은 요리사나 짐꾼들이 이 때문에 일본군에 의해 살해당했다.) 중국 병사 여부를 감별해내는 것 이외에 군대의 명의로 군수품 수리 공장 근로자 모집 광고를 내서 무기를 다룬 경험이 있는 군대 복무 경험자를 가려내 살해하였다. 이 밖에도 일본군은 중국 병사가 제대하고 싶은 심리를 이용하여 그들에게 집으로 보내주겠다고 속이고는 그들이 의심하지 않는 상황에서 중국 병사는 일본군이 지시하는 대로 순순히 행동하게 하여 일본군이 준비한 중화기 사격 구역에 들어가게 한 뒤에 돌아올 수 없게 하였다.

○ 난징 시민의 문화와 성격적 특징의 영향

전체적으로 보아 민국 시기 난징의 시민문화는 상대적으로 소극적인 문화모델로서 인지 방식에서 '같음을 존중'하는 것으로 표현된다고 주장하는 학자들이 있다. 다름을 추구하기보다는 같은 것을 추구하는 경향이 있다는 주장으로서 그 행동 양식은 리듬이 완만하고 변화보다는 안정을 추구한다는 것이다. 수도 시민으로서 자부심도 없고 거부감도 적어 정치적으로 선도적인 역할은 거의 없다. 역대 정치 교체 중에, 난징 시민들은 거의 격렬한 움직임을 보이지 못했다. 이러한 문화에 영향을 받아 난징 사람들은 성격이 돈독하고 순박하며, 관용과 겸양의 이점도 있고, 또한 샤프하지 못하고 대충 넘어가는 결점도 있다. 그들은 세상사와 시사적인 문제에 무관심하고, 어떤 때에는 어떤 일이 시끄럽게 벌어져도 자신과 관련이 없는 일이면 조용한 곳에 가서 생각에 잠기고, 자기만족에 빠지기 십상이다. 난징에서 보위전이 시작되었을 때 그들 가운데 몇몇 사람은 중국 군대가 전쟁 준비에 필요해서 시민의 주택을 빌리거나 헐어내는 것에 대해 이해하지 못하고 도움을 주지 않는 자세를 보였다. 심지어 어떤 사람은 "진짜 일본놈들이 왔구나. 요 정도밖에 안 되는 걸 두려워했구나!"하고 말하기도 하였다. 난징이 이른 시간에 함락되고 일본군이 성으로 들어오기 시작했을 때에 선량하기만 한 시민들은 "한숨 돌린다는 느낌을 보였다. 만약 일본인의 행동거지가 교양이 있다고 하면 그들은 그들을 환영하러 갈 준비가 되어 있었다." 이런 생각은 대학살이 시작되었을 때에 가서야 바뀌기 시작했다.

난징이 함락된 최초 몇 주 동안 온 천지에 시신이 가득했고, 일본군의 피비린내 나는 폭력은 난징 시민의 상상을 훨씬 초월하였다. 시민들은 공포의 분위기 속으로 빠져들었고, 대처할 능력을 완전히 상실해 버리고 그저 본능적으로 숨기만 할 뿐이었다. 같은 것을 추구하고 평온한 것을 추구하는 심리상태에서 포로가 된 시민들은 도망치고 반항하려는 생각을 접게 되었고, 마지막 순간에 가서야 뒤늦게 전쟁의 잔혹함과 일본군의 잔학성을 알게 되었다.

이러한 행위 논술은 인류가 돌발 상황에 대처하는데 어쩔 줄 모르는 전형적인 표현이지만, 중국의 거대함으로 인해 민심과 민속 및 민중의 성격적 특징은 자연히 그 차이가 분명하게 나타난다. 북방 사람들의 호탕함과 후난과 후베이 사람들의 화끈함, 상하이와 장쑤, 저장 사람들의 총명함과 치밀함 등 그 풍격은 완전히 다르다. 난징대학살 사건을 구체적으로 고찰하는 데 있어서 학살의 피해자였던 난징 시민들의 고유한 문화와 성격적 특징이 어느 정도 그들의 행동에 영향을 미쳤을 것이고, 그들이 효과적인 반항을 할 수 없게 했다는 것이다. 이 점을 지적한 것은 결코 난징 시민들의 문화와 성격의 특징에 대한 총체적 부정을 의미하지 않는다. 마오쩌둥은 어떠한 사물도 두 가지 측면에서 봐야 하고, 냉정한 자기성찰이 맹목적인 낙관보다 한 수 위라고 말한 바 있다. 난징 사람들의 주류에 대한 긍정은 결코 앞에서 서술한 결점에 대한 분석을 소홀히 할 수 있다는 것을 의미하지는 않는다.

4. 맺음말

본문에서 주로 다룬 것은 난징대학살 기간, 즉 난징이 함락되고 최초 6주간 난징 군민의 대응 상태와 그와 관련된 배경, 원인분석 등이었다. 연구 과정에서 우리는 당시의 엄혹하고 복잡한 환경에서 중국 군민들이 보여준 불요불굴의 반항 투쟁을 충분히 인정하고 아울러 대학살이 벌어지는 기간에 목숨을 아끼지 않고 굳세게 적에 맞선 중국 군민들에게 숭고한 경의를 표한다! 이것은 역사의 주류이며, 중화민족이 생존하여 번영하고 세계민족의 숲에서 자립하는 영혼이 있는 곳이다!

하지만 이러한 반항 행위를 면밀하게 분석하는 동시에 우리는 이러한 반항투쟁 행위가 갖는 분산과 무조직적 특징을 간과할 수 없다. 아울러 어떤 경우에 난징 군민들이 보여준 타협과 연약함 또한 무시할 수 없다. 어떤 측면에서는 이것이 일본군 만행을 증폭시키기도 하였다. 효과적인 반항을 맞닥뜨리지 않았기 때문에 일본군은 난징성에서 그들의 욕구를 배가시켰다. 물론 우리는 앞서간 사람들에게 완전무결함을 원하지는 않는다. 결국 이것도 특정한 역사 환경과 조건의 제약을 받는 것이다. 일본군은 무기를 버린 중국 군인과 아무런 적대적 감정이 없는 평범한 시민들에 대해서도 학살을 자행하고 피비린내 나는 폭력으로 취약한 본질을 가리는 수단으로 삼았다. 이는 일본 침략자의 부끄러움을 모르는 추악한 심리상태를 폭로했을 뿐만 아니라 침략에 저항하는 중국 군민의 정의로운 생각을 반영해 준다. 난징대학살 기간 난징 군민들의 반항 문제에 대한 진일보한 연구는 당시 군민들의 대응상태에 대한 진일보한 분석과 정리를 위해서이고, 더 중요한 것은 이를 빌어 무기를 버리고, 반항능력이 없는 난징 군민을 야만적으로 학살한 일본 침략자의 추악한 얼굴을 폭로하기 위한 것으로 후세에 경종을 울리게 될 것이다!

제7장

일본군의 배치 및
전략적 의도와
난징대학살의 원인

1. 난징 공격의 경과
2. 일본군의 대규모 섬멸전
3. 속전속결 작전

일본군의 배치 및 전략적 의도와 난징대학살의 원인

일본군의 난징대학살의 원인에 관한 문제에 대하여 학자들은 비교적 깊이 있는 연구를 진행하였다. 그 가운데 대표적인 것으로는, 일본군 보복설, 일본군 식량 부족설, 일본이 학살을 통해 중국을 겁먹게 했다는 설 등이 있다. 일부 학자들은 일본 고유의 문화 특성과 근대 이후 일본의 발전과정 등을 분석하여 일본의 무사도 정신과 일본 군국주의의 야만성 등이 난징 대학살의 기본적이거나 근본적인 원인이 되었다고 지적하였다. 하지만 지적은 전체적인 일본의 중국 침략 전쟁에서의 야만성과 잔인성을 설명해 줄 수는 있지만 왜 난징에서 이런 대규모의 학살이 벌어졌는지에 대해서는 완벽하게 해석해줄 수가 없다. 사실상 난징대학살의 원인은 복잡하고 다중적이다. 기본적 원인도 있고, 현실적 원인도 있으며, 직접적인 원인도 있고 간접적인 원인도 있다. 그 밖에 또 필연설과 우연설로 나뉘기도 한다. 본문에서는 새로 발견된 관련 문서와 사료에 근거하여 일본군의 배치와 전략적 의도라는 시각에서 난징대학살의 현실적 원인, 또는 직접적 원인을 집중적으로 검토해 보기로 하겠다.

1. 난징 공격의 경과

1937년 10월 하순, 상하이 사변이 이미 2개월 이상 지속하고 중국군의 용감한 반격이 벌어지던 상황에서 마쓰이 이와네를 사령관으로 하는 일본군 상하이 파견군은 엄청난 손실을 보았고 쌍방은 상하이에서 대치하고 있었다. 대치국면을 타개하고 '지나사변'을 신속하게 해결하기 위하여, 10월 20일에 일본군 참모본부는 제119호 명령을 하달하여 제10군을 편성하였다. 11월 5일부터 제10군은 항저우만 진산위金山衛, 취앤공팅全公亭, 자오징漕涇 등에 상륙하여 중국군의 측면 공격을 감행하였다. 3개월 가까이 상하이를 지키던 중국군은 앞뒤에서 적을 맞닥뜨린 상황에서 난징 방향으로 철수할 수밖에 없었고, 상하이는 함락되고 말았다. 비록 일본군은 상하이를 점령하기는 했지만, 사변을 신속하게 해결하려는 목적은 달성하지 못했다.

제10군 상륙 후에 일본군은 두 가지 선택에 직면하였다. 그 하나는 상하이에서 쉬고 정돈하면서 일본 참모본부의 명령에 따라 이른바 명령통제선을 넘지 않고 정세의 추이를 관망하는 것이고, 다른 하나는 명령통제선을 없애버리고 철수하는 중국 군대를 추격하여 곧바로 난징을 점령함으로써 '지나사변'을 신속하고 철저하게 해결하는 것이다. 사실상, 언급한 두 가지 서로 다른 선택은 당시 일본군 고위층의 서로 다른 의견을 반영하는 것이었다. 제10군 상륙 후에 상하이 파견군과 제10군을 통일된 지휘를 위하여 일본군 참모본부는 제138호 명령을 하달하여 지나방면군을 창설하고, 그 휘하에 상하이 파견군과 제10군을 담당하도록 하였다. 마쓰이 이와네가 방면군 사령관을 맡고 상하이 파견군 사령관을 겸임하도록 하였다. 지나 방면군의 이후 작전 임무에 관하여 참모차장 타다 슈多田駿 등은 사태를 확대하지 말 것을 주장하면서 난징으로 추격하는 것에 반대하였다. 이 때문에 일본군 참모본부는 11월 7일에 명령 600호를 하달하여 "화중 방면군의 작전 구역은 대체로 쑤저우, 자싱의 동쪽 지역으로 한다."고 규정하였다. 이것이 이른바 '명령통제선'이었다.

하지만 마쓰이 이와네는 '지나사변'의 신속한 해결을 기대하며 난징 공격을 힘껏 주장하였다. 8.13사변 발발 초기에 마쓰이 이와네는 전쟁을 확대하지 말자는 주장을 포기할 것을 주장하면서 난징을 일본군의 작전 목표로 삼은 바가 있다. 8월 16일 일기에서 그는 다음과 같이 쓰고 있다. "현재 국면은 전쟁 불확대 방침을 포기하고 지나문제를 전면적으로 해결하는 단계에 들어섰다. 말하자면 지나에 관한 전반적인 정책과 아군의 작전을 고려해야 한다는 것이다. 난징 정부를 목표로 전력투구하여 무력과 경제적 수단을 동원하여 압박을 가하고, 신속하에 전면적 해결의 단계로 매진해 나가야 한다.… 우리 군은 신속하게 난징을 공격하는 것을 목표로 해야 한다. 지나 파견군에 병력(약 5개 사단)을 파견하여 반드시 난징정부를 단번에 뒤엎어야 한다." 9월 중순에 마쓰이 이와네는 도쿄 쪽에 자신의 작전 구상에 따라 작전계획을 짜줄 것을 다시 한번 촉구하였다. 일기에서 그는 다음과 같이 쓰고 있다. "파견군의 미래 작전에 관한 건의 : 앞으로 파견군은 주로 쑤저우, 자싱 일대에서 작전을 계속해 나갈 것이다. 왜냐하면 여기는 강남 지역의 군사, 경제, 정치를 틀어쥐고 있는 요지이기 때문이다. 반드시 이 지역을 장악하여 난징 정부와의 관계를 끊어놓아야 한다.… 이 밖에, 내 개인적인 의견으로, 앞으로의 난징 점령 작전계획과 용병술 관련한 생각을 적어서 차장에게 주는 참고로서 도쿄에 보낼 것이다. 그 주요 내용은 다음과 같다. 파견군의 주력부대를 이용하여 강남 지역의 타이후太湖 양쪽과 난징의 동쪽과 남쪽으로부터 포위하는 형태로 난징을 공격하는…" 마쓰이 이와네의 지속적인 요구와 상하이 전쟁이 대치 국면으로 접어드는 상황에서 일본 참모본부는 마침내 제10군을 창설하여 상하이로 증파하기로 하였다.

제10군이 상륙한 지 얼마 지나지 않아 일본군 참모본부 작전 과장 가와베 고시로河邊虎四郎는 지나 방면군의 앞으로의 작전 문제를 도모하기 위해 상하이로 했다. 가와베는 다음과 같이 회고하고 있다. "이후 작전문제에 관해서 나는 마쓰이 방면군 사령관 수하의 참모장과 부참모장의 의견을 청취하였다. 아울러 그들에게 중앙부가 광둥의 전투를 위해 상하이 방면에서 1개 반 사단 병력을 차출할 계획을 하고 있다고 알려주었다. 우리는 반복된 토론을 통하여 아래와 같은 결론을 최종적으로 도출하였다. 즉, 먼저 지금 한창 진행되고 있는 추격전을 중지하고, 부대를 상하이 서쪽에서 항저우 부근의 지역에 가서 쉬면서 정돈하게 한다. 쉬면서 정돈하는 기간 난징 방면과 지나가는 지역의 적의 정세, 그리고 다른 측면의 정세를 면밀하게 주시한다. 마지막으로 난징 공격을 한 것인지를 재차 새롭게 연구한다. 1개 반 사단 병력을 빼내어 다른 곳에 쓰는 것에 대해서 방면군 사령관은 어떠한 이의도 없었다. 개인적인 의견으로는, 마쓰이 대장 본인은 난징성을 반드시 공격해야 한다고 힘껏 주장하는 주전파이다. 그리고 그는 확신을 가지고 단언하고 있다. 설사 1개 반 사단의 병력을 빼낸다고 하더라도 이 공격은 반드시 성공할 것이다."

지나 방면군 부참모장 무토우 아키라武藤章는 난징 공격에 대해 상당히 적극적이었다. 11월 초에 "무토우 부참모장은 난징을 공격할 생각을 하고 있었다. 아마 도쿄에서 출발할 당시에 그는 이미 난징을 공격하지 않고는 사변을 끝낼 수 없다는 생각을 하고 있었을 것이다. 방면군 사령관 마쓰이 대장이 상하이 파견군으로서 도쿄에서 출발할 당시에 육군 대신 스기야마杉山에게 난징을 공격하자는 건의를 제기하였고, 무토우 부참모장의 의견과 방면군 사령관의 의견이 일치했기 때문이다."

이와 동시에 제10군도 난징 추격전을 강렬하게 기대하고 있었다. 제10군 사령관 야나가와 헤이스케柳川平助와 그 참모는 다음과 같이 생각하였다. "이번 전투와 함께 제10군이 자싱 일대로 들어가게 되면 적군의 주력은 총퇴각하게 될 것이다.… 만약 조금만 지나도 사라져 버리는 절호의 기회를 잘 잡는다면 온갖 어려움은 없어지고 용맹하고 과감한 추격을 벌여 적군의 주력을 섬멸하는 것이 매우 어렵다고는 하지만 적에게 큰 타격을 안겨주어 혼란하게 만들고 난징 요새에서 조직적인 저항을 할 수 없도록 만들 수 있다.… 현재의 상황에 근거하여 보면 난징 공격을 그만두어서는 절대로 안 된다." 이상에서 서술한 고려에 기초하여 야나가와 헤이스케는 11월 19일, 작전 구역을 쑤저우와 자싱의 동쪽 지역으로 제한

한 지나 방면군의 600호 명령을 무시한 채로, 제31호 명령을 하달하였다. "시기를 놓치지 말고 적군을 난징까지 추격하라."

마쓰이 이와네의 최선을 다한 격려와 제10군이 이미 '명령 통제선'을 넘었기 때문에 일본 대본영은 마침내 제600호 명령을 취소하고 12월 1일에 제8호 명령을 하달하였다. "화중 방면군은 해군과 힘을 합쳐 적국의 수도 난징을 공격하라." 12월 2일에 상하이 파견군의 지휘를 강화하기 위해서 일본 대본영은 일본의 황족 멤버 아사카 히코朝香宮鳩彦를 상하이 파견군 사령관으로 임명하고, 마쓰이 이와네가 겸직하던 상하이 파견군 사령관 직위를 해제하였다. 대본영의 명령을 하달받은 후에 지나 방면군은 즉각 난징 공격 명령을 내렸다. "화중 방면군은 지나 방면군 함대와 합동으로 난징을 공격하라." 상하이 파견군 주력은 12월 5일을 전후하여 행동을 시작했다. 제10군 주력은 12월 3일에 행동을 개시하였다.

난징을 공격하는 군사 배치에서 일본군은 대우회, 포위 작전 방침을 채택하였다. 여러 길을 통해 난징을 공격하는 것이었다. 마쓰이 이와네는 상하이 파견군의 향후 작전계획에 관하여 참모차장에게 보낸 보고에서 다음과 같이 언급하였다. "작전 방침은, 파견군의 주력부대를 이용하여 강남 지역의 타이후 양쪽 지역 및 난징 동쪽과 남쪽으로부터 포위하는 형태로 난징을 공격한다. 또 일부분 병력을 이용하여 항저우를 점령하고 저장浙江 동쪽 지역을 차지한다. 또 일부분 병력으로 강북지역인 통저우通州, 양저우揚州, 푸커우浦口 등의 요지를 점령함으로써 지나 북방과의 연락을 끊는다."

학자들은 대부분 일본군이 세 갈래로 나누어 난징을 공격했다고 생각한다. 그런데 새로이 발견된 사료에 근거하여 필자는 난징을 공격한 일본군이 세 갈래에서 그치지 않는다고 생각한다. 상하이 부근에서 난징으로 추격할 당시에 일본군은 기본적으로 상하이 파견군과 제10군의 전투 순서에 따라 나누어 난징을 공격하였다. 상하이 파견군 소속 제3사단, 제9사단, 제11사단, 제13사단, 제16사단은 타이후 북쪽에서 경호선을 따라 쑤저우, 우시, 챵저우 선으로부터 난징을 공격하였다. 제3사단의 주력은 난징 공격에 참여하지는 않았다. 하지만 이 사단은 선발대를 파견하였고, 난징의 통제문과 우딩먼을 공격하였다. 제10군 소속 제6사단, 제18사단, 제114사단, 제5사단의 보병 제9여단(구니사키 부대)는 타이후 남쪽으로부터 창싱, 후저우 선을 따라 전진하였다. 도중에 일본군은 난징을 포위하기 위해서 수차례 병력을 나누어 우회 포위 공격을 하였다.

상하이 파견군은 4개 노선으로 나누어 난징을 공격하는데, 그중에 직접 난징을 공격하는 부대는 3개 노선이다. 이 군대는 상주를 점령한 뒤 9사단이 진탄, 톈왕사, 춘화진을 향해 추격하면서 광화먼을 직접 겨냥하였다. 제16사단은 베이징 상하이 도로를 따라 단양, 쥐룽, 탕산, 치린먼을 향해 추격하였고 목표는 중산먼이었다. 제13사단은 전장을 점령한 후, 상하이 파견군의 명령에 따라 보병 제103여단 제65연대 등 부대는 야마다 부대를 파견하여 까오즈高資, 샤슈下蜀, 시샤산栖霞山 라인을 따라 우룽산 포대를 공격하고 상원문에 도착한다. 제11사단 보병 제10여단(천곡 부대)는 전장에서 양쯔강을 건너 양주로 공격하고 전푸 철로와 대운하를 차단한다. 가와타니川谷 부대는 비록 난징 공격에 직접 참가하지는 않았지만 그 작전 행동은 마쓰이 이와네의 대우회, 포위 작전계획에 따라 이루어진 것이다. 마쓰이 이와네는 12월 2일 일기에서 이렇게 쓰고 있다. "군 전체의 공격 과정에서 파견군의 일부 병력(약 1개 사단)은 강북에 상륙하여 강북 운하와 진포 철로 노선을 끊을 것이다." 이로부터 알 수 있는 것은 카와타니川谷 부대는 비록 난징 공격에 직접 참여하지는 않았지만, 그 행동은 일본군이 난징에 대해 실시한 대우회, 포위 작전의 일부분이었다는 사실이다. 그리고 카와타니 부대는 1938년 초에 제16사단 제30여단으로 대체되어 난징의 경비부대가 되었다.

제10군은 병력을 세 갈래로 나누어 난징을 공격하였다. 이 군은 후저우湖州, 창싱, 쓰안泗安, 광더廣德 라인을 따라 진격하였다. 창싱에서 제114사단은 방향을 바꾸어 이싱宜興, 리양溧陽, 리수이溧水 라인을 향해 진격하였고, 목표는 난징의 위화먼이었다. 이후에 제10군의 나머지 부대는 지엔핑(지금의 랑시)에 도착하였고, 그후 제5사단 보병 제9여단(구니사키國崎부대)는 방향을 바꾸어 수이양진水陽鎭, 타이핑부太平府로 전진하였다. 아울러 양쯔강을 건너 강의 북쪽 기슭을 따라 푸커우로 진격하였다. 푸커우를 점령하여 중국군의 퇴로를 차단하였다. 일본군 지휘부가 국기부대를 제10군에 편입시킨 것은 주로 이 부대가 상륙 작전의 특수훈련을 받아서 항저우만에서 순조롭게 상륙할 수 있었기 때문이었다. 제6, 제18사단이 홍란푸洪蓝埠에 도착한 지 얼마 지나지 않아, 두 사단은 다시 병력을 나누어 제6사단은 형시챠오진横溪橋鎮에서 난징에 이르는 도로를 따라 중화면, 수이시문 라인으로 진격하였고, 제18사단은 방향을 바꾸어 서쪽으로 향하여 곧바로 샤오단양진을 점령하였고, 계속 전진하여 우후蕪湖에서 난징에 이르는 도로를 따라 난징성 서남쪽으로 공격해 들어갔다. 이 사단이 난징에서 수십 리 떨어진 곳에 도착했을 때, 무호로 되돌아와 무호를 점령하였다. 제18사단은 비록 난징 추격전에 참가하기는 했지만 난징 공격 작전에는 참여하지 않고, 무호를 점령하였고, 이어서 항저우 방면으로 파견되었다. 이로 인해 이 사단을 난징을 공격한 부대로 봐서는 안 된다.

지나 방면군 소속 부대 외에 일본 해군도 난징 공격에 참여하였다. 12월 2일에 마쓰이 이와네는 일본 해군 지나 방면 함대 사령관 하세가와 세이長谷川清와 〈난징 공격작전에 관한 육해군 협정〉에 서명하였다. 협정은 다음과 같이 규정하고 있다. (1) 화중 방면군은 상하이 파견군의 일부로서 난징에 인접한 지점과 양쯔강 좌측 연안 지역에서 최선을 다해 상륙하여 난징 배후에서 공격을 시작한다. 동시에 푸커우진과 양저우 부근에서 진푸철로와 강북 대운하를 차단한다. (2) 지나 방면 함대는 제3함대의 일부를 선발대로 하고, 앞에서의 상륙작전을 돕는다. (3) 지나 방면 함대는 상륙작전을 돕는 것 이외에도 항공 병력의 대부분을 창저우와 우후 방면으로 진격하게 하여 화중 방면의 제공권을 장악한다. 이 협정에 근거하여 일본 해군 제11 전투부대는 12월 상순에 강음의 방어선을 돌파하였다. 이 밖에 일본 해군의 항공부대는 비행기를 출동시켜 난징의 정치, 군사 시설을 폭격하였고, 이와 함께 육군의 작전을 도와 중국 방어군의 방어 진지를 폭격하였다. 그러므로 일본 해군 제11 전투부대는 난징을 공격한 부대 가운데 하나이다.

이로부터 알 수 있는 것은 난징에 대한 일본군의 직접 공격은 일곱 루트로 이루어졌고, 거기에 간접적으로 우회공격을 한 아마야 부대까지 더해지면, 난징 공격에 참여한 일본군은 모두 여덟 루트로 나누어지고 과거에 생각했던 세 루트가 아니라는 사실이다.

2. 일본군의 대규모 섬멸전

일본군이 크게 우회하여 포위하는 작전을 택한 것은 군사적인 측면에서 말하자면, 상하이에서 철수한 중국군과 난징을 지키던 중국의 정예부대를 난징성에서 포위하여 섬멸하자는 것이었다. 이러한 이른바 '섬멸'전이라는 작전 방침이 난징대학살의 직접적인 원인 가운데 하나이다. 11월 24일 지나 방면군은 〈화중 방면군 제2기 작전계획 요강〉을 제정하였는데, 요강에서는 다음과 같이 언급하고 있다. "방면군의 일부는 양쯔강 좌측 기슭과 우후 방면에서 난징의 배후로 들어가고, 그 주력은 단양 동쪽 징후京滬철로의 단양으로부터 쥐룽 방면, 그리고 후저우 - 이싱 - 리양 - 리수이 방면에서 서로 호응한다. 난징 요새 밖에서 적군을 섬멸하고 난징을 점령한다." 일본군은 난징을 지키는 부대가 중국군의 정예부대로서 이 부대를 반드시 섬멸해야만 속전속결의 목적을 달성할 수 있다고 판단하였다. 현재 발견된 일본군 문서를 통해 보면, 섬멸전은 난징을 공격하는 일본군의 작전 목표 가운데 하나였다. 일본군 제16사단 보병 제38연대는 12월 13일 하달된 작전명령에서 다음과 같이 언급하고 있다. "연대는 작전명령 38 제6호에서 말한 진입로를 따라 추격할 것이고… 전선 부대는 이 선을 따라 신속하게 적군을 추격하여 각 곳에서 섬멸하라. 섬멸전이기 때문에 일부 부대는 앞에서 말한 한계선을 넘어 진입할 수 있다." 제10군도 13일 오전에 명령을 하달하였다. "집단은 난징 시내의 적들을 섬멸해야 한다.… 각 병단은 시내에 포격이 가해지는 것에 기뻐할 필요 없이 모든 수단을 동원하여 적군을 섬멸해야 한다." 이어서 제10군의 각 사단, 여단이 소속 부대에 하달한 명령 가운데에는 "모든 수단을 다 동원하여 적군을 섬멸하라."는 것이 주요임무가 되어 있었다.

일본군의 이러한 작전 의도는 당시 난징에 있던 외국 기자들도 눈치챘다. 미국의 〈뉴욕 타임스〉 기자 아본더가 12월 9일에 〈뉴욕 타임스〉에 송신한 기사에서 "일본군이 적들을 포위하는 것을 목표로 하고 있다." "난징에서 적국의 군대를 섬멸할 더 큰 기회가 있다."라고 쓰고 있다. 이 기사를 통해 일본군의 의도는 불을 보듯 뻔하다는 것을 알 수 있다. 이는 일본군 제16사단 보병 제30여단 단장 사사키 토이치佐佐木到一의 일기에 기술된 내용과도 일치한다. "이번 전투는 정말 포위섬멸전을 분명하게 보여주고 있다."

12월 13일 새벽, 일본군의 난징성의 각 성문을 점령하였다. 이어서 사전에 정해 놓은 소탕계획에 따라 시내에서 소위 '소탕'을 시작했다. 그 목적은 바로 중국군을 철저하게 소멸하는 것이었다. 이를 위해 일본군은 '모든 수단을 다 동원하여' 중국 병사들을 대대적으로 체포하고 학살하였다.

일본군이 시내에 진입한 후 제16사단 제38연대 및 전차 부대는 시아관으로 빠른 속도로 진격하여 시아관에서 양쯔강 북쪽 기슭으로 철수하려는 중국군을 포위 공격하였다. 일본군이 시아관에 도달했을 때 많은 중국 병사들이 무기를 버리고 일본군에게 잡혀서 학살당하였다. 동시에 일본군은 화력을 집중하여 이미 저항능력을 잃고 막 강을 건너고 있던 중국 사병들을 향해 난사하였다. 일본군 제38연대의 전투 상보에는 다음과 같이 기록되어 있다. "난징성을 굳게 지키던 강대한 적군 병단은 비록 광화면과 다른 곳에서 완강하게 저항하고 있지만, 우리 각 부대가 맹공을 퍼붓는 가운데 전투 의지는 이미 확실히 사그라들었다. 비록 계속해서 시아관 방향으로 퇴각하고 있기는 하지만 장갑차를 앞세워 제8중대가 용감하고 재빠르게 진격하고 있다. 새벽 1시 40분 전후에 강을 건너고 있던 적군 5~6천 명에게 철저하게 타격을 주었고, 강기슭과 강에서 섬멸하였다." 일본군 보병 제30연대의 전투 상보에도 같은 기록이 있다. "오후 2시 30분 전위 첨병이 시아관에 도착해서 적의 상황을 탐지하였다. 그 결과 양쯔강 위에 배와 뗏목, 그리고 물에 뜨는 모든 물건이 가득한 것을 보았다. 수를 헤아릴 수 없는 패잔병들이 그것들을 이용해서 끊임없이 아래로 흘러가고 있었다. 연대는 즉각 전위부대와 속사포를 강기슭에 전개하고 강 위에 있는 적군을 향해 맹렬한 사격을 가했다. 판단컨대, 두 시간 동안 섬멸한 적군은 2천 명이 넘는다." 이 밖에 일본 해군 제11전투부대는 13일 오후에 시아관의 강 위에 도착하였다. "우리 육군(일본군)의 압박을 받아 양쯔강을 건너려고 북쪽 기슭으로 향하던 패잔병들을 향해 맹렬하게 사격을 가하여 섬멸하였다."

일본군이 시아관 소탕 작전을 벌이는 가운데, 철수하지 못한 수많은 중국 장병들은 시내에 갇힌 채로 일본군에게 체포되지 않기 위해 민간인 복장으로 갈아입고 무기를 버리고 안전구역 내로 피신하였다. 일본군은 안전구역으로 쳐들어가 무기를 버린 중국 장병과 중국 병사로 의심되는 청년들을 체포하고 학살하였다. 일본군은 모자의 흔적이 남아 있는지, 손에 총을 쥐어서 생기는 굳은살이 있는지, 아버지가 자식을 인정하고, 부인이 남편을 인정하는지를 살펴보고, 이른바 '양민증'을 발급하는 수단으로 체포를 하였다. 수많은 중국 장병들과 무고한 청장년 민간인들은 안전구에서 일본군에게 잡혀갔고, 집단 학살을 당하였다.

일본군 제9사단 보병 제7연대는 12월에 15일 저녁에 명령을 하달하였다. "지금(15일)까지 포로로 잡은 자들에 대한 조사 상황에 따르면 거의 모두가 하급 장교와 사병들로서 장교는 없다고 할 수 있다. 아마도 옷을 갈아입고 난민 구역에 숨어있는 것 같다." "연대는 내일(16일) 난민 구역 안에 있는 잔당들을 철저하게 찾아내서 섬멸하도록 한다." 이른바 '난민 구역 안에 있는 잔당들을 섬멸한다.'는 것은 무기를 버린 중국 장병들과 중국 병사로 의심되는 청장년들을 학살하는 것이다. 이것은 연대의 전투 상보에 분명하게 기록되어 있다. 연대의 전투 상보에 첨부된 '난징성 내 소탕 성과표'에 분명하게 기록되어 있는바, 12월 13일부터 24일까지 6,670명을 죽였다. 본군 제16가단 보병 제20연대 중사 마쓰다 로쿠스케增田六助는 일기에 이렇게 쓰기도 했다. "소탕이 시작되었다. 목적은 외국 조계에 드나들며 난민촌으로 섞여 들어간 잔당들을 솎아내는 것이다. 제4중대에서만 500여 명을 솎아냈다. 쉬엔우먼 옆에서 그들은 전부 총으로 쏴서 죽였다. 사람들이

전하는 바에 따르면, 다른 각 부대도 기본적으로는 모두 이 숫자였다고 한다." 제20연대 분대장 하야시 마사아키林正明도 일기에 이렇게 쓰고 있다. "시내로 나가 소탕 작전을 벌여 패잔병들을 죽였다. 또 피난 구역으로 도망친 중국 병사들을 체포하였다. 길에는 중국 군인들이 벗어버린 옷들이 즐비하였고, 난민 구역으로 도망친 것이 분명했다. 난민 구역 이외에 다른 지역은 모두 소탕하였고, 중국 병사를 잡으면 곧 살해하였다.… 15일에 난징성 밖에서 제6중대와 함께 포로 7,000명을 지켰다.… 24일에는 다시 난징 시내 경계를 맡았다. 시내에 있는 난민 구역으로 도망친 중국 사람들을 두 부류로 나누었다. 불쌍한 중국 병사들은 모두 양쯔강으로 보내져 물고기 밥이 되게 하였다." 이 사료들에서 일본군의 이른바 '소탕'의 진실한 의미를 어렵지 않게 알 수 있다.

일본군은 무기를 버린 중국 장병들을 체포하고 학살했을 뿐만 아니라 투항하는 중국 사병까지도 살육의 수단으로 '섬멸'하였다. 일본군 제16사단 사단장 나카지마는 일기에 이렇게 쓰고 있다. "기본적으로 포로 정책을 실시하지 않고 전부 철저하게 소멸시키는 방침을 채택하기로 하였다." 사실상 일본군 각 부대는 이 방침에 따라 포로들을 학살하였다. 일본군 제13사단 야마다 부대는 14일을 전후하여 우룽산烏龍山 등지에서 약 2만 명의 중국 장병을 포로로 잡았고, 부대장 야마다는 혼마本間 소좌를 상하이 사령부에 파견하여 이 포로들을 어떻게 처리할 것인가를 문의하였다. 그 결과 포로들을 전부 죽여 버리라는 명령을 받았다. 이 명령에 근거하여 일본군 보병 제65연대는 12월 6일부터 18일까지 포로들을 강변으로 끌고 가서 집단 학살하였다. 이 집단 학살에 관하여 이 연대 소속의 많은 장병 일기에 모두 기록되어 있다. 그리고 상하이 파견군 사령부 참모과장 니시하라 이사쿠西原一策 대좌는 작전 일지에도 이 학살은 명확하게 기록되어 있다. "야마다 여단이 15,000명의 포로를 처치하였고, 그 가운데 우리 쪽 한 명의 사병도 포로와 함께 기관총으로 사살되었다."

모든 수단을 동원하여 적군을 섬멸하기 위하여 일본군은 심지어 국제적 갈등이 일어날 것에 대해서도 고려하지 않고 영국 함선에 포격을 가하였다. 13일 아침, 제10군 직속 야전 포병 제13연대 대장 하시모토橋本의 지휘하에 중국군이 영국 함선을 타고 철수한다고 의심하고 양쯔강을 항해하고 있던 영국 함선에 포격을 가한 것이다. 하지만 국제법을 공공연하게 위반한 중대한 사건에 대해서 마쓰이는 오히려 별일 아닌 것으로 여겼다. "하시모토 대좌가 이끄는 포병 부대가 강을 건너 도망치는 적군에게 포격을 가할 때 부근에 있던 영국 상선과 함선의 승무원들이 조그마한 손실을 보았다. 그중에는 외국의 거류민들을 보호할 책임이 있는 영국과 독일의 영사관 직원과 무관 등도 있었다. 앞으로 유사한 문제들이 일어날 수도 있겠지만 위험한 지역 내에서 제3국의 거류민들이 피해를 보는 것은 불가피한 일이다. 게다가 전쟁터에서 일어날 수도 있는 위험한 상황에 관하여 우리 측은 사전에 각국 관련 부문에 통지한 바가 있다." 분명한 사실은 하시모토는 일본군의 '모든 수단을 동원하여 적군을 섬멸하라.'는 명령을 충실하게 집행하고 있었다는 것이다.

이상에서 알 수 있는 바와 같이 일본군은 이른바 '섬멸전'이라는 작전방침의 지도 아래에 수단을 가리지 않고 무기를 버린 중국 장병들을 대량 학살하였다. 이 과정에서 수많은 민간인도 중국 병사로 몰려 학살당했다. 이것이 바로 일본군이 하달한 명령에서 말하는 "모든 수단을 동원하여 적군을 섬멸"하는 것이었다.

반드시 언급해야 할 내용은, 무기를 버린 중국 장병들과 중국 병사로 의심받은 민간인 청년들의 대량 학살 분위기 속에서 군기가 전혀 잡히지 않은 일본군 장병들이 제멋대로 민간인을 학살하고 부녀자를 강간하며 재물을 약탈하고 불을 질렀다는 사실이다. 일본군이 난징을 점령한 6주라는 기간 동안 이러한 학살, 성폭행, 약탈 등이 거의 매일 발생하였고, 그에 따라 대학살의 규모도 크게 확대되었다.

3. 속전속결 작전

일본군은 난징성 아래에서 중국 군대의 정예를 섬멸하기 위하여 난징을 점령한 후 대대적인 학살을 감행하였다. 이는 속전속결의 방침과 밀접한 관계가 있다. 그 목적은 바로 중국 정부로 하여금 굴욕적인 조약에 서명하게끔 하는 것이었다. 당시 군 참모본부 작전 과장이었던 가와베 고시로河邊虎四郞는 이렇게 회고하고 있다. "그것은 근본적으로 난징을 공격할 것인가의 여부에 관한 문제에서 의견이 일치하지 않았기 때문이었다.··· 장시간동안 차장의 비준을 받지 못했다. 나는 진작부터 난징을 공격해야 한다고 생각했었다. 하지만 나는 군대 자체의 능력에 대해서 내가 받았던 인상은 부장이 생각하는 것에 비해서 훨씬 낮았다. 하지만 돌아온 뒤에 그의 의견을 따랐고, 속전속결 하자는 부장의 제안에 동의하였다." 마쓰이도 마찬가지 생각이었다. "현재의 국면은 전쟁국면의 불확대 방침을 버리고 지나 문제의 전면적 해결단계로 들어섰다. 말하자면 전체적인 지나의 정책과 아군의 작전에 대하여 고려해야 한다. 난징 정부를 목표로 삼아 전력투구해야 하고, 무력과 경제적 수단을 써서 압박을 가하며 곤슈今秋로 하여금 전면 해결을 향하여 단계적으로 신속히 매진해야 한다. 만약 우리 육군이 오로지 과거의 방법을 따르기만 하고, 러시아와 그 밖의 대외관계에 대해 염려하고 좌고우면하면서 전쟁을 회피한다면 앞으로의 국가정책은 위험한 상황에 빠지게 될 것이다. 게다가 우리 육군의 전통 정신과 작전방침은 속전속결에 기초하여 중점을 파악하고 앞으로의 작전을 벌여나가는 것인데, 이것이야말로 매우 중요한 것이다."

속전속결이라는 전략적 방침의 지도를 받아 많은 일본군 장병들은, 난징을 점령하면 난징 정부는 무너질 것이고 이로써 전쟁은 끝날 것으로 생각했다. 지나방면군 부참모장 무토우는 "난징을 공격하면 적들은 무너질 것이다."라고 생각했다. 일본군 제10군 참모들도 같은 생각이었다. "일본에서 출발한 후 만약 즉각적으로 난징에 대한 작전을 펼칠 수 없다면 양쯔강 양 기슭에서 상하이 전선에서의 적들을 신속하게 섬멸할 수 없을 것이다. 만약 그렇게 되면 지나사변은 단기간 내에 마무리 지을 수 없는 방향으로 발전할 것이다." 일본군 처지에서 볼 때, 중국 수도인 난징을 점령하는 것은 정치적으로 중국 정부와 인민의 항전 의지에 타격을 가할 수 있고, 군사적으로 중국 군대의 정예병력을 철저하게 섬멸할 수 있는 것이다. 따라서 중국 정부가 일본의 의지대로 일본과 굴욕적인 조약에 서명하게 하도록 압박하면 전쟁이 끝날 수 있는 것이다.

일찍이 상하이 사변 기간에 일본은 '중국 및 제3국에 대해 합당한 담판과 사업'을 제기하였다. 당시에 독일과 중일 양국 간에는 우호적인 외교 관계를 유지하고 있었다. 그에 따라 독일은 중일 양국의 조정자가 되었다. 1937년 11월 2일, 독일의 주중대사 트라우트만Dr.Oskar P.Trautmann은 장제스를 만나서 1차 대전에서의 독일의 교훈을 받아들일 것을 희망한다고 피력하였다. 11월 5일, 트라우트만은 중국에 일본과의 대화 조건을 전달하였다. 하지만 장제스는 조건이 지나치게 가혹하여 받아들일 수 없고, 그러지 않으면 국민정부는 여론의 물결 속에 침몰당하고 말 것으로 생각했다. 이런 상황에서 일본은 난징을 점령하고 중국의 정예부대를 섬멸하는 것이 중국 정부에 큰 압력을 가하는 수단이 되리라 생각하고 시키는 대로 하도록 압박을 가하였다. 당시 일본 외무성 동아시아국 제1과 과장이었던 우에무라는 이렇게 회고하고 있다. "도쿄 쪽에서는 이미 평화방침을 확정하였고, 항저우만 상륙은 상하이를 구하기 위한 것이었다. 상하이는 이미 포위되어 있었고, 수세적인 상황에서 평화회담을 하는 것은 불리하기 때문에 상하이를 포위하고 있는 중국군을 격퇴할 필요가 있었다. 하지만 패잔병을 뒤쫓는 것은 이미 평화라는 정치적 목적을 벗어난 것이었다. 설사 부득이하게 그렇게 했다 하더라도 군대는 난징에 접근하고 있었고, 난징을 노리는 자세로 회담을 추진한 것 또한 틀림없는 사실이다."

일본군이 난징을 점령하자 일본 정부는 12월 21일에 더욱 가혹한 평화 조건을 제시하였다. 우에무라는 이렇게 기억하고 있다. "군대 내부의 정세는 시시각각 변하고 있었다. 난징 점령 후 사기가 오른 일본군 강경파는 평화회담의 조건을 대폭 늘리고 최종적으로 통과시킬 것을 강력하게 주장하였다." 12월 14일 일본의 대본영 연석회의와 각료회의에서 독일 측에 아래와 같은 평화 조건을 전달하였다. 첫째, 정식으로 만주국을 승인할 것. 둘째, 일본 배척, 만주 배척 정책을 포기할 것. 셋째, 화베이와 내몽고에 비무장지대를 설치할 것. 넷째, 화베이를 중국의 주권 아래 둔다. 단 일본, 만주, 중국 3국이 공존 공영하는 기구를 두고 폭넓은 권한을 준다. 특히 실제 경제합작을 추진한다. 다섯째, 내몽고에 방공자치정부를 설치한다. 국제적 지위는 외몽고와 같게 한다. 여섯째, 중국은 방공정책을 확립하고, 일본과 몽고 양국에 협조한다. 일곱째, 화중 점령지역에 비무장지대를 설치한다. 이 밖에 상하이시 지역에서 일중 합작으로 치안을 유지하고 경제발전을 촉진한다. 여덟째, 일본 만주, 중국 3국은 자원개발, 관세, 무역, 항공, 통신 등 분야에서 조약을 체결한다. 아홉째, 중국은 일본에 대해 필요한 배상을 지급한다.

하지만 사실 일본이 기대했던 것과는 달리 중국은 일본의 평화 조건을 거절하였다. 이로써 전쟁은 계속 이어진다. 마치 일본군 제10군 참모 이케야 한니로池谷半二郎가 말한 것처럼 말이다. "12월 13일에 난징이 함락되었다. 장제스 정부와 중국군은 수도 난징을 버리고 내지로 도망쳤다. 이로써 우리는 좋은 기회를 잃고 말았다. 중국은 국토가 넓기 때문에 지구전으로 들어가게 되면 의지가 굳은 중국 군대는 계속 싸워나갈 수 있고 고사포로 모기를 잡는 격으로 승부가 나기 어렵기 때문이었다. 난징성만 공격하면 굴욕적인 조약에 서명하게 할 수 있다고 기대한 것은 지나치게 유치한 것이었다. 희망은 이미 바람 따라 가버리고 말았다."

앞서 말한 내용을 종합해 보면, 일본군은 이른바 '지나사변'을 신속하고 철저하게 속전속결로 해결하기 위해서 병력을 여덟 루트로 나누어 난징을 공격하였다. 군사적인 측면에서 보자면 그 주요 목적은 중국의 정예 부대를 섬멸하자는 것이었다. 이것은 난징대학살을 일으킨 직접적인 원인 가운데 하나이다. 난징을 점령한 뒤에 일본군이 전개한 이른바 '소탕'은 수단과 방법을 가리지 않고 무기를 버린 중국 장병과 중국 병사로 의심되는 청장년 민간인들을 대대적으로 학살하였고, 이것은 이른바 '섬멸전'의 방침에 따라 이루어진 것이다. 전략적 측면에서 보자면, 일본군은 난징을 점령하고 중국 인민의 항전 의지에 정치적 타격을 가하고자 하였고, 군사적으로 중국의 정예 부대를 철저하게 없애버리고자 하였다. 그 현실적인 목적은 중국 정부를 압박하여 굴욕적인 조약에 서명하게 하려는 것이었고, 그를 통해 사변을 철저하게 해결하려는 전략적인 의도를 달성하는 것이었다.

하지만 일본은 중국 정부와 인민의 항전 의지와 결심을 지나치게 낮게 평가하였다. 일본의 의도를 철저하게 부순 것은 바로 침략에 반항하는 중국 인민의 의지와 결심이었다.

난징대학살 피해자의 구성
- 난징시 상주인구를 중심으로

1. 전쟁 전 난징 상주인구의 구성과 변동
2. 난징대학살 발생 후 스미스의 조사
3. 전쟁 이후 난징 대학살 사망 인구의 사회 조사
4. 두 차례 조사 통계 결과의 추세

난징대학살 피해자의 구성
- 난징시 상주인구를 중심으로

난징대학살의 규모와 피해자 숫자 등의 문제에 관하여 학술계의 연구성과는 비교적 많은 편이다. 사료 발굴과 연구 분야가 넓어짐에 따라서 새로운 과제가 계속 제기되고 있다. 예를 들어 난징대학살의 피해자 인구의 구성 상황은 어떠한가? 군인 피해자의 수가 많은가, 아니면 민간인 피해자 수가 많은가? 피해자의 성별과 연령 분포는 어떠한가? 피해자 가운데에는 상주인구가 주인가, 아니면 유동인구가 주인가? 하는 문제들이다. 이런 문제들에 대하여 정확하게 답하고 전체적으로 탐구 토론하기는 상당히 어렵다. 하지만 최근 몇 년간 문서 자료들이 많이 발굴되어 상술한 문제들에 대해서 비교적 깊이 있는 탐구토론이 가능하게 되었다.

1980년대 이후로 어떤 일본인이 난징대학살의 역사적 사실 자체를 부정하면서 난징대학살 기간에 사망자 가운데에는 민간인이 없고 대부분 전투를 벌이던 중국군이라는 주장을 줄곧 하였다. 이런 잘못된 관점에 대해서 학술적 차원에서 반박할 필요는 없다. 본문에서는 주로 난징시 상주인구를 중심으로 난징 대학살 과정에서의 피해자 구성에 대해 초보적인 분석을 하려 하고, 일부러 난징대학 학살에서 얼마나 많은 민간인이 살해당했는지를 증명하기 위해서가 아니다. 주요 근거

자료는 두 가지인데, 그 하나는 1938년 3월부터 4월까지 진링대학 사회과학과 교수 스미스Lewiss C. Smythe가 주관한 조사보고 〈난징전쟁 사진〉이다. 이 조사보고는 난징 대학살이 벌어진 시간과 가장 가까운 시간에 만들어졌고, 게다가 이 조사는 당시 중립국이었던 미국의 사회학 교수가 주관한바, 전공 수준이 비교적 높다. 다른 하나는 항전 승리 이후에 난징의 많은 단체와 기관들이 각각 다른 각도에서 난징 대학살을 저지른 일본군의 만행에 대해 광범위하고 깊이 있는 조사를 진행하여 형성된 문서들인데 이 중에서 상상 부분의 조사 수치는 우리의 이 과제 연구에 필수불가결한 것이 되었다.

1. 전쟁 전 난징 상주인구의 구성과 변동

인구학의 기준에 근거하여 상주인구는 어떤 지역에 일정 시간(반년 이상) 늘 거주하는 인구로서, 다음 내용에 해당하는 자를 포함한다. 1) 본 지역을 떠난 지 반년 이상 된 본 지역에 상주하는 전체 호적 인구 2) 호구가 외지에 있지만 본 지역에 거주한 지 반년 이상인 자, 또는 호구가 있는 지역을 떠나 반 년 이상이고 조사 당시 본 지역에 거주하는 인구. 본문에서 말하는 상주인구는 주로 전쟁이 발발하기 전에 이미 난징에 거주하고 있던 사람으로서, 그 안에는 군인, 난징에서 공부하는 외지 학생은 포함되지 않는다.

국민정부의 수도로서 난징시 정부는 여러 차례에 걸쳐 난징시 상주인구의 호구에 대하여 철저한 조사를 진행하였다. 조사 결과를 보면 난징 인구는 급속하게 증가하였다. 1912년에 난징시 인구는 269,000명이었고, 1927년에는 360,500명이었다가 1928년에는 497,526명으로 급상승하였고, 1934년에는 795,955명에 달했다. 1935년에는 3개 구의 인구가 합쳐짐에 따라 시 전체 인구는 100만 명을 돌파하여 1013,320명이 되었다. 8년 동안 인구가 280% 늘어난 것이다. 그 후 난징 인구는 완만하게 증가하면서 기본적으로 100만 명 안팎을 유지하였다. 1936년 인구는 1006,968명이고 1937년 6월 난징시의 호구는 200,160가구에 1015,450으로 그 가운데 도시 인구는 853,781명, 향촌 인구는 191,669명이었다.(아래 표 참고)

1912년부터 1937년까지의 연도별 난징 인구 통계표

연도	인구수	연도	인구수
1912년	269,000	1925년	395,900
1913년	269,000	1926년	395,900
1914년	377,120	1927년	360,500
1915년	368,800	1928년	497,526
1916년	378,200	1929년	540,120
1917년	377,549	1930년	577,093
1918년	376,291	1931년	653,948
1919년	392,100	1932년	659,617
1920년	392,100	1933년	726,131
1921년	380,200	1934년	795,955
1922년	380,900	1935년	1,013,320
1923년	401,500	1936년	1,006,968
1924년	395,500	1937년	1,016,814

난징의 인구가 급속하게 증가한 데에는 두 가지 주요한 원인이 있다.

1) 난징시 관할 범위는 난징이 도읍으로 세워진 이후 다소 확대되었다. 당초에 난징의 지역 범위는 기본적으로 난징 도시구역(명성벽을 경계로 하여)이 주를 이루었다. 1931년에 개최된 도시 회의에서 난징시와 장닝현江寧縣과의 경계 구분이 초보적으로 이루어졌다. 그 가운데 난징시의 지역범위는 도시구역이 주였다. 1933년 3월에 난징 시 정부는 시내를 8개 자치구로 나누었다. 7개 도시 구와 1개 향촌 구, 즉 포구에 위치한 제8구(포구 정류장은 남북 교통의 중추로서 난징에서 매우 중요한 곳이다)가 그것이다. 1934년 9월 8일에 난징시와 장쑤성은 여러 차례에 걸친 협상을 통해 난징시와 장쑤성의 경계를 확정하여 발표하였다. 난징시와 강녕현과의 경계 확정은 9월 1일에 정식으로 이루어졌고, 새로운 경계에 근거하여 난징시 관할

구역은 매우 넓어졌다. 원래 강녕현에 속해 있던 샤오링웨이孝陵衛, 옌쯔지燕子磯, 샹신허上新河 등 3개 향촌 구역의 21개 향진이 난징시 담당으로 편입되었다. 이제 난징시의 담당 구는 7개 도시 구역과 4개 향촌 구역, 그리고 링위엔구陵園區 1개를 포함하여 그 범위는 동쪽으로 우룽산 외곽터(야오화먼堯化門, 시엔허먼仙鶴門, 치린먼麒麟門, 창보먼滄波門, 까오차오먼高橋門 라인을 따라)까지, 남쪽으로는 티에신차오鐵心橋, 시샨차오西善橋, 따성관까지, 서쪽으로는 푸커우진까지 북쪽으로는 양쯔강에 이르기까지이다. 시 전체 면적은 46,585㎡이고, 그 가운데 도시 구역의 면적은 4354㎡로서 전체 면적의 9.35%를 차지하고, 향촌 구역의 면적은 42,231㎡로서 전체 면적이 90.65%를 차지한다. 21개 향진이 난징시에 편입된 이후 인구는 21만 명이 늘어났다.

2) 수도의 지위와 도시 건설의 필요에서 난징은 주변의 수많은 노동력을 끌어들였다. 난징이 도읍으로 세워진 이후 장쑤, 안휘 등의 부근 지역의 농민들이 생계를 위해 난징으로 몰려들었다. 난징시 호구 통계 전문위원회 총무처가 펴낸 〈민국 25년 난징시 호구통계 보고〉를 보면 난징 인구의 구성 상황을 알 수 있다. 이 조사는 주로 지방 자치를 추진하기 위하여 시행된 것으로서, 통계인구 숫자의 표준은 다른 인구조사와는 다르게 난징 인구수 통계는 매우 낮다. 조사에 따르면, 시 전체 945,544명 중에서 본 시의 인구는 251,669에 불과하고 총인구수의 27.858%를 차지하고, 장쑤와 안휘 두 성 출신 인구는 470,829명에 달하여 시 전체 인구의 52,116%를 차지한다. 그 밖에 저장, 산둥, 후베이, 후난, 허베이, 광둥 등 6개 성에서 온 인구는 총인구의 15% 안팎을 차지한다. 난징에 거주한 시간을 통해 난징으로의 이동 상황을 살펴볼 수 있다. 통계에 따르면 난징에 거주한 기간이 30년 이상인 사람은 전체의 13.19%에 불과하고, 난징에 거주한 지 5년 이하인 사람이 전체의 49.67%에 이르고 있다. 이는 난징시에 사는 사람들의 절반이 난징에 거주한 지 5년이 채 되지 않았다는 사실을 말해주는 것이다.

난징시 지방자치위원회의 조사에 따르면, 난징의 인구 구성으로 봤을 때, 남녀 비율 면에서 여성보다 남성이 훨씬 많다. 총인구 945,544명 가운데 남성 인구는

556,567명이고 여성 인구는 388,977명이다. 남녀 비율은 도시 구역과 향촌 구역간에도 큰 차이를 보이는데, 도시 구역의 남성 인구는 434,971명이고 여성 인구는 307,596명이며, 향촌 구역의 남성 인구는 122,496명이고, 여성 인구는 81,381명이다. 향촌 구역의 인구 가운데 남성이 차지하는 비율이 훨씬 높아 150%를 넘어서고 있다. 이 밖에도 주변에서 많은 농민공들이 유입되면서 난징 인구 중에는 민간인이 차지하는 비중이 비교적 크다. 난징시 특유의 수많은 판자촌 거주민들을 통해 그 증거를 발견할 수 있다. 1928년에 난징의 판자촌 가구 수는 18,300호였는데, 대부분은 친화이허秦淮河, 수이시먼水西門, 시아관 일대에 집중되어 있었다. 1934년 판자촌 전체 가구 수는 시 전체 가구 수의 45.1%를 차지했다. 1936년에는 이 비율이 하강하였다. 하지만 전체 시 가구수의 25.41%를 차지하였다. 1936년의 사회조사에 따르면 시 전체 상주인구 중에서 문맹은 53.36%에 달했고, 실업인구는 318,626명으로 전체 인구 가운데 34.76%를 차지하였다. 보모나 하인 등이 주요 직업인 사람이 208,651명으로서 22.76%를 차지하였다.

중일전쟁 발발 후, 특히 1937년 8월 15일 일본군의 난징 폭격이 시작된 이후 난징은 맑은 날이면 거의 매일 일본군 비행기의 공습 위협을 받았다. 몇몇 난징 시민들은 안전한 지역을 찾아 배를 타고 서쪽으로 이사하거나 강을 건너 북쪽으로 가기도 하는 등 외지로 옮겨갔다. 또 몇몇 도시 구역의 시민들은 성 근교의 향촌 구역으로 피난을 하러 가기도 하였다. 필자가 연구한 바에 따르면 1937년 11월 초에 난징시 상주 인구 가운데 547,000여 명이 옮기지 않았고, 도시 구역 인구 중 379,000명이 난징을 떠나지 않았다. 11월 12일 상하이 함락과 11월 20일 난징 정부의 천도와 함께 난징은 제2차 이동을 시작하였다. 하지만 제2차 이동 중에 배와 경제적인 여건의 제약, 그리고 12월 초 난징 위수군의 도시 봉쇄 등을 말미암아 시민 중에서 난징을 떠날 수 있는 사람은 많지 않았다. 따라서 일본군이 난징을 점령하기 전에 외부에서 피난 온 사람과 군인을 제외하고 난징시 상주인구는 468,000명에서 568,000명 정도이다.

2. 난징대학살 발생 후 스미스의 조사

1938년 3월 8일과 9일에 난징 국제 구제위원회(전 난징 안전구 국제위원회, 1938년 2월 18일 현재 이름으로 개명)의 핵심 구성원 비서 겸 회계, 진링대학 사회학과 교수 스미스의 주재하에 난징 주변 5개 현(장푸江浦, 장닝江寧, 쥐룽句容, 리수이溧水, 리우허六合현의 절반)의 농촌 지역과 난징시에 대하여 비교적 광범위한 조사가 이루어졌다. 농촌 조사는 15일간 지속하였고, 3월 23일에 마무리되었다. 시 지역 조사는 4월 2일에 끝났다. 4월 19일에서 23일까지 보충조사가 이루어졌고, 이 조사에는 전쟁으로 인한 사상자, 재산피해, 취업과 생활 형편, 농촌의 농작물 생산, 전쟁의 영향 등 여러 측면이 포함되었다. 스미스의 조사가 샘플 조사이기는 했지만, 그가 '조예 깊은 사회학자'이고 조사방법에서 풍부한 경험이 있었기 때문에 이 조사보고는 특히 통계 수치가 매우 귀중하다.

도시 구역 조사의 범위는 난징 시내 각 구역이고 거기에 하관, 중화면, 수서문 일대를 더 했다. 당시에 포구 일대는 조사하지 않았다. 조사방법은 매 50가구당 한 가구를 샘플로 조사하여 피조사자의 총가구 수는 949호에 4,423명에 달했다. 당시 도시 구역의 가구 수가 47,450가구에 총인구가 221,150명이었다. 조사자료에 따르면, 시내 구역의 사망자 수는 3,400명이고, 그 가운데 89%는 1937년 12월 12일 이후부터 11,938년 1월 13일까지 발생하였으며 체포되어 행방불명인 사람들은 4,200명에 이른다.(조사보고가 6월까지 확정되었을 때 이 실종자들은 찾지 못하였고, 사망자로 볼 수 있다.) 두 항목을 합치면 7,600명에 이르는데, 이 조사 결과에 근거해 보면 도시 구역 1,000명당 사망자 수는 35명에 달하고, 다섯 가구당 한 명이 희생된 것으로 볼 수 있다. 사상자의 구성으로 보아서 아래 표에서 볼 수 있는 것처럼 모든 연령 단계의 사상자 가운데 남성이 64%를 차지하고 연령이 30~44세인 사상자가 76%에 달한다. 하지만 사망비율로 봤을 때 남성 사망자 수(실종자 수 포함)는 6,600명으로 전체 사망자 수 7,600명의 87%를 차지하고, 여성 사망자 수는 1,000명으로 전체 사망자 수의 약 13%에 달한다. 또 일본군의 폭행으로 인해 상처를 당한 부녀자 1,300명 가운데 65%의 연령이 15~29세 사이였다. 그 밖에도 60세 이상의 노인들이 군인들에게 살해당했고, 이렇게 비참하게 사망한 노인 중 남성 사망자가 28%를 차지하고 여성 노인은 여성 사망자 전체의 39%를 차지한다. 60세 이상의 노인 사망자는 전체 사망자 7,600명 가운데 12.6%를 차지한다. 체포되거나 실종된 사람들은 대부분 젊은이로서 91%가 15~44세 사이에 있는 사람들이다. 조사통계에서 나타난 숫자는 여러 가지 원인으로 말미암아 실제 사망자와 실종된 사람의 숫자보다 훨씬 낮다. 예를 들어 5세 이하의 아동에 관한 조사 기록이 없고, 또 잡혀가거나 실종된 사람들은 모두 남성으로서 조사에는 부녀자가 한 명도 들어가 있지 않다. 실제로는 많은 아동과 부녀자들이 희생되었거나 잡혀갔다. 이런 구체적인 예들은 문서상에 많이 나타난다.

농촌의 조사범위는 장닝, 쥐룽, 장푸와 리우허의 일부 지역이 포함된다. 조사방법은 각 3개 마을마다 1개 마을을 조사하고, 10가구당 1가구를 조사하였다. 조사대상인 100일 동안 사망자 총인원은 30,950명으로서 민간인 1,000명당 29명, 7가구당 한 사람이 피살되었다. 5개 현 가운데 장푸에서의 사망자 비율이 높아 1,000명당 45명에 달했다. 그다음은 쥐룽으로 1,000명당 37명에 달했다. 피해자의 성별 구성을 보면, 살해당한 사람 가운데 남성 비율은 매우 높아 84%에 달한다. 연령으로 보면 15~59세 사이 사망자 수의 77%이고, 60세 이상의 노인도 12%를 차지한다. 그 밖에 특수한 현상 한 가지는 피살된 부녀자 4,300명 가운데 83%가 45세 이상의 부녀자였다는 점이다.

난징 도시 구역 일본군 폭행에 의한 난징 시민 사상자와 피체포자 구성 상황

연령	사망				부상				체포 (남성)	남성 사상자 비율 (%)
	남		녀		남		녀			
	군인폭행	기타	군인폭행	기타	사병폭행	기타	사병폭행	기타		
5세이하										
5-14세	6	8	8				8			50

15–29세	25	25	23		44	80	65		55	61
30–44세	22	8	15	14	35	20	11	50	36	76
45–59세	19	42	15	57	15		8		9	68
60세 이상	28	17	39	29	6		8	50		58
총계	100	100	100	100	100	100	100	100	100	64
1,000명 당	8	3	3	2	8	1	6	0.5	19	
사람 수	1,800	600	650	350	1,700	250	1,300	100	4,200	

난징 주변 5개 현 사망자 수와 원인(조사기간 100일)

현 명	총 거주민	총 사망자	천명당 사망자	사망 원인			총 피살자	천명당 피살자	천명당 질병 사망자
				폭행		질병			
				남	여				
장닝	433,300	10,750	25	7,170	1,990	1,590	9,160	21	3.7
쥐롱	227,300	9,140	40	6,700	1,830	610	8,530	37	2.7
리수이	170,700	2,370	15	1,540	560	280	2,100	12	1.6
장푸	110,900	5,630	51	4,990		630	4,990	45	5.7
리우허(절반)	135,800	3,060	23	2,090		970	2,090	15	7.1
총계	1,078,000	30,950	29	22,490	4,380	4,080	26,870	25	3.8

난징 주변 5개 현 사망자 성별과 연령 비율(%)

연령	폭력으로 인한 사망		질병 원인 사망	모든 사망	사망자 중 남성 비율
	남	여			
5세 이하	3			2	100
5–14세	9	6	14	9	92
15–29세	35	11	9	30	96
30–44세	24		22	21	100
45–49세	21	44	41	26	77
60세 이상	8	39	14	12	59
총계	100	100	100	100	84

스미스의 사회조사에서 채택하고 있는 것은 샘플링 조사법으로서 조사 결과는 일본군이 난징을 점령한 후 난징 상주인구의 사망 상황을 어느 정도 반영하고는 있다. 하지만 보고에서 스미스도 지적하고 있듯이 전쟁으로 인한 사망에도 우연한 요소들이 많이 있는데, 예를 들면 조사에서는 길거리나 마을에서 일본군에게 몰살당할 수도 있는데, 샘플을 고를 때에 이런 숫자를 통계에 집어넣기 어려운 점이 있다.

3. 전쟁 이후 난징 대학살 사망 인구의 사회 조사

항전 승리 후 국민정부는 일본군이 저지른 난징 대학살 만행에 대한 조사를 매우 중시하여 1945년 말부터 1947년 초까지 수도 경찰청, 난징 적의 죄악상 조사위원회, 난징시 항전 손실 조사위원회, 난징대학살 사건 적의 죄상 조사위원회, 국방부 전범 심판 군사 법정 등은 서로 다른 각도에서 난징대학살 사건에 대해 비교적 심도 있는 사회 조사를 진행하였다. 문서 분야에서 남겨놓은 부분적인 1차 조사 자료를 통해 보자면 희생당한 동포의 성별, 연령, 직업 등의 상황을 대략 이해할 수 있다. 그 가운데 난징시 항전손실위원회가 확보한 조사자료에서는 난징 상주인구의 구성에 대해서 통계를 냈다.

아래 표를 통해서 보면 난징대학살 중에 사상자 비율이 가장 높은 것은 남성으로서 전체의 81.68%를 차지하고, 여성의 비율은 16.39%에 이른다. 이 밖에 수많은 아이가 불행을 당했는데, 그 비율은 2%에 달한다. 직업으로 보자면, 난징 현지의 병사들 가운데 71명이 희생당했다.(비난징 출신 병사 사망자는 기록되지 않음) 97% 이상은 모두 빈민이었다. 학력으로 보자면, 중학 졸업 이상의 희생자는 90명이고, 소학 졸업 이상의 희생자는 270명에 달해 전체의 10.9%에 이른다. 연령 면에서 보자면, 20세 이상 59세까지가 1,511명에 달해 전체 피해자의 60.6%에 이른다. 하지만 노인과 어린아이 사상자 비율도 매우 높아서 20세 이하의 피해자가 9.2%를 차지하고 60세 이상의 노인은 377명으로 15.1%를 차지한다. 사상자 비율에서 부상자는 매우 적고, 절대다수는 사망 또는 실종자이다.

난징시 각 구역 항전 손실 가구수 조사표, 사상자 통계

성별	사람수	직업	사람수	연령	사람수	학력	사람수	사망, 부상	사람수
남	3,038 (2,038)	농업	842	10세 이하	45	전문대 이상 대학	2	부상	27
		공업	205	10세이상	185	고등학교	9		
				20세이상	407				
여	409	상업	342	30세 이상	375	중학교	79	사망	1,570
				40세 이상	354				
		학생	59	50세 이상	375	초등학교	180		
				60세 이상	244				
아동	48	군인	71	70세 이상	117	불명	2,221	생사불명	898
				80세 이상	14				
		불명	976	90세 이상	2				
				불명	377				
합계	2,495	합계	2,495	합계	2,495	합계	2,495	합계	2,495

위에서 서술한 문서가 비교적 상세한 편이고, 문서 가운데 우리는 사상자 295,608명(부상자 83명)의 성별 통계 문서를 발견했다. 이 문서는 1946년 5월 4일 난징시 정부 내무부 항전손실조사위원회의 전문으로, 수도지법 검사처의 적 범죄 조사통계표 및 난징시 항전손실조사위원회의 1946년 4월까지 조사된 통계자료문건이다. 이 통계자료에 따르면 난징시의 총 사망자는 295,525로, 그 가운데 남성 사망자 수는 224,333명으로서 전체 사망자 가운데 76%를 차지하고, 여성 사망자 수는 65,902명으로 전체 사망자의 22.3%를 차지하며, 아동 사망자는 5,290명으로 전체 사망자의 1.8%를 차지한다. 하지만 이 문서는 피해자의 성명과 연령 및 직업 등의 정보를 제공해주지는 못한다.

사실 전쟁 이후 만들어진 조사 문서 가운데 난징 대학살의 피해자에 대한 난징 각 지역의 조사 자료는 완전하지 못한 것들이 있다. 심지어 어떤 지역에서는 한 부의 조사보고서도 남겨놓지 않는 경우도 있다. 하지만 몇몇 지역의 조사는 비교적 상세하다. 향촌 구역의 조사 가운데 제10구 샤오링웨이 부근의 조사는 비교적 깊이가 있어서 자세히 살펴볼 만하다. 당시 제10구역에는 지앙먀오향蔣廟鄉, 파이러우진牌樓鎭, 시엔허진仙鶴鎭, 마췬진馬群鎭, 샤오링웨이진 등이 사망자 456명을 신고하였다. 그 가운데 20세 이하가 24명, 최연소가 3세, 60세 이상이 117명, 최연장자는 90세였으며 20세 이상 60세까지가 315명이었다. 농촌 구역의 노인 사망 비율이 높았고, 그 비율은 26%에 달했다. 25% 이상의 피해자가 노인이었다는 것이다. 456명에는 군인이 11명으로 전체 사망자의 2.4%를 차지하고, 농민이 413명, 상인이 17명, 기술자가 12명, 학생 등이 3명이었다. 남녀 비율을 보면, 남성이 344명, 여성이 112명으로 여성의 비율이 25%에 이른다. 도시 구역 가운데 제1구역을 예로 들어보면, 1945년 11월에 구역 내 난징 대학살 피해자 인구 상황에 관한 통계 보고에서 등록된 사망자 수는 모두 115명으로 (성명과 각종 정보가 담김) 그 가운데 남성이 105명으로 전체 사망자의 91%를 차지한다. 여성은 10명으로 전체 사망자의 8.6%를 차지한다. 연령 구성으로 보면, 20세부터 60세까지의 사망자가 93명으로, 전체 사망자의 81%를 차지하고 60세 이상의 사망자는 15%에 달한다. 난징 대학살 기간에 제1구역은 안전 구역 범위에 속하지 않았다. 따라서 난징대학살 기간에 난징을 떠나 피난을 가지 않은 대다수 사람은 안전 구역으로 피난을 떠났다.

난징시 제1구역과 제10구역의 난징대학살 당시 피해자 성별, 연령별 비교

연령	제1구역(도시)		제10구역(향촌)	
	남	여	남	여
20세 이하	5		21	3
20-60세	89	4	271	44
60세 이상	11	6	52	65
합계	105	10	344	112

전쟁 이후 사회 조사 자료의 출처는 모두 난징시 각급 정부와 관련 분야의 조사를 종합한 것이다. 하지만 각 지역의 피해 상황과 각 지방 정부의 조사에 대한 중시 및 투입 정도가 다르기 때문에 제1구역과 제10구역을 가지고 도시 구역과 향촌 구역의 피해자 구성을 비교하는 것은 전형이 될 수는 없다. 하지만 이러한 비교는 기본적으로 도시 구역과 향촌 구역간의 차이를 반영할 수는 있다.

4. 두 차례 조사 통계 결과의 추세

난징대학살 기간의 사상자 현황에 관한 문서 자료 가운데에는 스미스 교수의 조사와 전쟁이 끝난 후에 국민정부가 조직한 조사가 가장 중요하다. 하지만 우리가 지적할 내용은, 스미스의 조사와 전쟁 이후 국민정부의 조사는 조사시간 면에서 8년이라는 시간의 격차가 있고, 두 조사는 조사 환경, 조사 목적, 조사 방식과 조사 구역 등이 다르다는 사실이다. 전자는 조사 당시에 대규모로 자행된 난징대학살이 이미 일단락되기는 했지만, 학살이 계속 끊이지 않고 산발적으로 이루어지고 있는 상태였고, 당시 사람들은 여전히 일본군의 고압적인 통치 아래 있었다. 수치를 얻어내는 것도 전쟁환경의 영향을 받지 않을 수 없는 상태였다. 전쟁 이후의 조사는 일본군이 이미 투항을 선포한 이후로써 환경이 근본적으로 변한 상태에서 이루어진 것으로, 중국 민중들은 이미 전쟁의 승리자가 되어 있는 상태였다. 하지만 8년간 함락된 지역에서 고통스러운 세월을 보내면서 많은 사람과 사건은 이미 다시 존재하지 않게 되었다. 스미스 조사의 주요 목적은 사회경제에 대한 전쟁의 파괴 정도를 이해함으로써 사회구제를 하기 위한 것이었다. 후자 조사도 사회구제의 성격을 띠고 있기는 했지만 가장 중요한 목적은 일본군의 만행과 전쟁으로 인한 손실을 조사하기 위한 것이었다. 스미스 조사방식에서 이용한 것은 사회학에서의 샘플링 조사로서, 이 방법은 어느 정도의 한계가 있기는 하다. 특히 사망자 통계가 정확하지 않을 가능성이 있다. 후자는 시 전체에 대한 조사와 인민들이 보내오는 편지 등의 방법을 결합하여 샘플조사는 아니지만 그렇다고 완전한 전수 조사도 아니다. 스미스 조사의 구역은 당시 난징시 주요 지역을 조사하였고, 또 난징 주변의 4개 반의 현에 걸친 넓은 농촌을 조사하였다. 후자의 조사 구역은 난징시 관할 구역 내로 제한하였다. 이 밖에 민중의 참여 정도역시 다르다. 스미스 조사는 조사를 진행할 때에 국제구조위원회가 난징대학살 기간에 중국 난민을 돕는 역할로 인해 그들의 조사가 순조롭게 진행되는 과정에서 도움이 되었지만 일본군 통제하의 민중들의 두려운 심리는 피해자의 언행에 크게 제약을 가하였다. 그리고 전쟁 이후 민중의 참여와 조사의 주동성, 조사 내용의 정확성 등은 확실히 높아졌다.

이처럼 두 조사가 서로간에 많은 차이가 있기는 하지만 조사 통계수치로 볼 때 두 조사가 보여준 통계결과와 반영하고 있는 상황은 기본적으로 일치한다.

먼저, 남녀 사망비율로 볼 때, 스미스 조사는 도시 구역 남성이 87%를 차지하고, 여성이 13%를 차지하고 있음을 보여준다. 또 농촌 지역의 남성은 84%이고 여성은 16%로 나타난다. 농촌 여성의 사망비율이 도시 구역보다 더 높은 것이다. 전쟁 이후 조사자료는 도시와 향촌 구역을 나누지 않고, 남성의 사망 비율이 82%를 차지하고 여성은 16%를 차지하는 것을 보여준다. 또 다른 보고에서는 남성의 비율이 76%, 여성의 비율이 22를 차지하는 것을 보여준다. 만약 향촌 구역과 도시 구역의 통계로 말하자면 향촌 구역 남성이 차지하는 비율은 75%, 여성은 25%에 달하며, 도시 구역의 남성은 91%, 여성은 9%에 달한다. 두 차례 조사의 수치는 남성의 사망 비율이 여성보다 훨씬 높다는 것을 보여준다. 10명의 사망자 중에서 남성이 7명에서 9명을 차지하고, 여성이 1에서 3명을 차지하는 것이다. 그리고 향촌 구역에서 여성의 사망 비율은 도시보다 3에서 16% 높게 나타난다.

둘째, 연령 구성으로 봤을 때, 스미스 조사에서는 도시 구역의 사망자 연령 가운데 15세 이하가 6~8%를 차지하고, 60세 이상의 28% 이상을 차지하며 60% 이상의 사망자는 15-60세 사이의 청년과 중년이었다는 사실을 보여준다. 그 밖에 잡혀가서 실종된 사람의 연령은 모두 15~60세 사이이다. 만일 이 사람들을 사망자에 넣고 계산한다면 이 연령층의 사망자 비율은 88% 안팎에 이른다. 향촌 구역의 이 연령층 사망자 가운데 남성은 77%를 차지한다. 이 비율은 전쟁 이후의 조사 결과와 기본적으로 일치한다. 그 하나는 사망자 가운데 80~90%의 연령이 20~60세 사이에 집중되어 있다는 것이고, 다른 하나는 도시 구역의 사망자 가운데 20-60세 사이의 사망 비율이 향촌 구역의 비율보다 높다는 것이다. 말하자면 향촌 구역 노인의 사망률이 도시 구역보다 훨씬 더 높다는 것이다. 또 다른 하나는 60세 이상의 피해 노인 가운데 여성 사망이 남성보다 10% 포인트 높다는 것이다.

셋째, 직업 구성으로 봤을 때, 스미스가 도시 구역에서 조사했을 때, 만든 질문표에는 본래 직업란이 있었다. 하지만 나중에 공개한 조사보고에는 분석 수치가 제공되지 않았다. 사실 농촌조사는 모두 마을 조사로서 분명한 것은 3만여 명 사망자가 모두 농민이었다는 사실이다. 그렇기 때문에 질문표에 이 항목을 넣지 않았다. 하지만 전쟁 이후 국민정부가 조사를 진행할 때에는 이 문항에 주의를 기울였다. 통계 수치가 보여주듯이 피해자 가운데 97% 이상이 민간인(게다가 주로는 농민)이었다. 사실 스미스 조사보고에 명확한 민간인 비율이 없기는 하지만 상주인구 현황의 통계 자체는 민간인을 두고 말한 것이다. 따라서 두 차례에 걸친 조사 결과는 모두 난징시 상주인구 피해자의 절대다수가 민간인이라는 사실을 말해주는 것이라고 단정할 수 있다.

물론 전쟁 기간과 전쟁 이후 각 방면에서의 조건적 제약으로 난징대학살에 관한 사회 조사는 사실상 충분하지 못하고 통계수치 또한 완전하지 못하다. 따라서 오늘날 우리가 일부 미비한 문서자료만을 근거로 난징대학살 희생자의 구조를 정확히 분석하고 재현해낸다면, 여전히 많은 부족함이 있다. 최근 몇 년 동안 난징 지역의 몇몇 학자들과 대학생들이 여러 차례에 걸쳐 난징 지역의 생존자에 대해 방문 조사를 진행하여 상당히 귀중한 자료를 얻어냈다. 방문 조사를 통하여 난징 탕산진의 후샨촌湖山村에서만 난징대학살 기간에 61명이 피해를 보거나 실종되었고, 그 가운데 해당 마을의 피해자는 47명이었고, 외지 사람은 14명이었다는 사실이 밝혀졌다. 해당 마을의 피해자 47명 가운데 4명이 부녀자였고, 1명은 유아였다. 이들 조사자료가 정리되어 출판되면 그 자료는 본문에서 인용한 문서 자료와 상호 보완될 수 있을 것이다. 필자는 상세하고도 사실에 부합하는 수많은 수치를 파악하고 난징대학살에 대한 실사구시적인 연구를 하는 것은 난징대학살 연구를 심화하는 데 도움을 줄 수 있다고 생각한다.

제9장

난징대학살 사건에 대한
국민정부 재판의 사회적 영향

1. 재판 초기의 사회 참여
2. 재판의 사회 전파와 사회적 영향력
3. 대중의 감정과 법리 원칙의 충돌 및 조정
4. 맺음말

난징대학살 사건에 대한 국민정부 재판의 사회적 영향

2차대전이 끝난 후에 동맹국들은 도쿄와 중국에 각각 군사법원을 조직하여 일본군의 전쟁 범죄에 대하여 재판을 진행하였다. 난징대학살은 일본군의 중국 침략 전쟁 가운데 가장 두드러진 전쟁 만행 가운데 하나이다. 극동 국제 군사법원과 난징 국방부 군사법원은 이 점에 대해 매우 중시하고, 난징대학살을 주요 사건으로 하여 재판을 진행하였다. 난징대학살 사건 관련 재판에서 학계에서는 주로 극동 국제군사법원의 마쓰이 이와네에 대한 재판에 관심을 기울였었다. 반면에 난징 국방부 군사법원의 난징 대학살 사건 재판에 대한 연구는 상대적으로 부족하였다. 이미 이루어진 연구들은 그 상당수가 국민정부의 전범 처리 정책과 법원 심리 과정의 서술 및 전체적인 평가에 국한되어 있었다. 그리고 난징 재판에 대한 평가는 정치적 측면에 많이 치우쳐 있었다. 본문에서는 사회적 차원의 다양한 시각에서 난징대학살 사건에 대한 전후 국민정부의 재판을 고찰해 보고자 한다. 재판과정에서의 사회 참여, 사회 전파 및 사회인지의 역사적 그림을 다시 세워 이를 통해 전후 난징대학살 사건 재판의 사회적 영향을 고찰해보고, 동시에 난징대학살 만행에 대한 초기의 사회적 기억이 만들어낸 인식을 심화하고자 한다.

1. 재판 초기의 사회 참여

난징대학살 사건에 대한 난징 국방부 군사법원의 심리는 사카이 류酒井隆, 이소타니 렌스케磯谷廉介, 다카하시 탄高橋坦 등의 일본 전범에 대한 재판과는 구별되고, 피해를 본 지역에서 재판이 열린다는 의미가 더욱 크다. 난징 재판과 난징대학살 관련 전범은 '범죄가 저질러진 지역'이라는 형법 원칙을 관철할 수 있고, 또 증거의 수집, 증인의 소환 및 현장 조사를 하는 데 있어서 비교적 편리하다. 따라서 피해 지역인 난징은 난징대학살 재판을 진행하는 데 있어서 보다 폭넓은 관심을 불러일으킬 수밖에 없고, 사회적인 적극적 참여를 동원하는 데 매우 편리한 점이 있다. 이렇게 하면 재판의 효율성을 높일 수 있고, 재판의 사회적 영향을 확대할 수 있다.

난징대학살 사건 재판의 중요한 준비 작업으로서 중국 침략 일본군의 범죄 행위 조사는 전범의 범죄행위 확정 및 법정의 판결에 매우 중요한 작용을 하게 된다. 항전 승리 후에 난징대학살 사건을 둘러싸고 수도 지방법원, 난징시 참의회 등의 기관에서 주도하는 조사위원회가 다른 시각에서 진행한 증거 확보를 위한 조사가 있었다. 조사 과정에서 시민들과 사회단체는 증거 수집과 전범 검거 등에 적극적으로 참여하였다.

일찍이 전시 국민정부는 항전 피해 조사와 일본군 범죄행위 조사를 위한 전문 기관을 세웠고, 전후에는 전범 재판의 필요에 따라 조사 사업의 역량을 한층 강화하였다. 전후 최초의 증거 수집 작업은 난징시 범죄행위 조사위원회의 주도로 진행되었다. 이 위원회는 1945년 11월 7일에 난징시 시 정부, 수도 경찰청, 국민당 난징시당부, 헌병대 난징시 사령부, 군사위원회 조사통계국, 국민당 중앙조사통계국, 삼청단 난징지부, 난징시 노동조합, 농민조합, 적십자회, 상인회, 수도지방법원, 수도의사협회, 변호사 협회 등 14개 기관단체로 구성되었다. 수도지방법원의 수석 검찰관 천꽝위陳光虞가 소집인이 되었다. 이 조사위원회의 구성에서 알 수 있는 것은 구성원의 사회적 포괄범위가 매우 넓다는 사실이다. 그 목적은 정부의 각 분야와 사회단체의 참여를 최대한도로 끌어내는 데 있다. 조사위원회가 구성된 이후 각 기관단체의 성격에 따라 중국 침략 일본군의 난징에서의 범죄행위를 각각 조사하였다. 예를 들어, 노동조합은 공장을 조사 범위로 하고, 상인회는 상업계를 조사대상으로 하였다. 모든 자료는 각 기관 단체의 취합 보고를 정리한 후에 일률적으로 이 위원회로 보내 기초적인 검사를 하고, 다시 수도지방법원에서 법의 의해 처리하였다. 중국 침략 일본군의 난징대학살 사건에 관하여 이 위원회는 전문 테마로 잡고 증거 조사, 정리 및 연구를 진행하였다.

1946년 6월 23일 극동 군사법원과 난징 국방부 군사법원의 일본 전범 재판을 결합하기 위해서 난징시 임시 참의회는 난징대학살 사건 범죄행위 조사위원회를 발족시켜, 의장 천위꽝을 주임으로 하고 참의원 전체는 당연직 위원이 되었다. 이 위원회 구성은 사회 각계각층을 망라하였다. 헌병사령부, 적십자회, 국제문제연구소, 난징귀향민 총회, 진링대학, 난민 구제소 등의 대표와 대학살 당시에 난징에 머물던 몇몇 인사들을 위원으로 초빙하였고, 관련 분야의 책임자와 저명인사를 고문을 초빙하였다. 위원회는 정, 부주임 각 1명을 두어 일상적인 사업을 총괄하도록 하였고, 총간사 1명을 별도로 두어 일상 사무를 처리하도록 하였다. 이 밖에도 조사, 회계감사, 편 찬 등의 세 팀을 두었다. 이 위원회가 설립된 후에 시민들에게 공고문을 발표하여 전 시민들이 범죄행위에 대한 조사에 최대한의 지지와 협력을 부탁하였다. 조사내용은 주로 난징대학살의 가해자, 피해자, 범죄 사실, 증거 등이었다. 이렇게 하는 것은 조사하는 사람들이 일하기 수월하고, 피해자 가족들이 기억하기도 좋으며, 군사법원이 전쟁범죄 조사 규정에도 잘 들어맞는다. 위원회는 각 구에 조사팀을 만들어 전체 위원을 조별로 나누거나 직업별로 나누어 중국 침략 일본군이 저지른 난징대학살 범죄에 대한 증거수집을 진행하여, 심사팀의 심사를 거친 후에 이 위원회의 전체회의에 심사를 제청한 이후에 수도지방법원 검찰관으로 넘기어 사법행정부로 넘기도록 하였다. 위원회는 〈난징대학살 사건 범죄행위의 종류 조사표〉, 〈난징대학살 사건 관련 증거제공이 가능한 피해자 성명, 주소표〉, 〈난징대학살 사건 남녀 사상자 통계표〉 등을 만들었고,

일본군 만행이 담긴 수많은 사진, 신문, 실물 등의 증거자료를 수집하였다. 1946년 11월 11일, 난징대학살 사건 범죄행위 조사위원회의 사업은 난징시 참의회로 넘겨져 계속 처리가 이어졌다. 위원회 설립부터 인계에 이르기까지 이 위원회의 범죄행위 사건은 총 2784건이었고, 극도 국제군사법원과 난징 국방부 군사법원의 난징대학살 사건에 대한 재판에 수많은 1차 자료와 유력한 증거를 제공하였다.

난징대학살 사건의 조사작업에서 난징대학살 범죄행위 조사위원회가 조직되었고, 난징 시 정부는 각 구와 향鄕, 진鎭, 방坊, 보保, 갑甲이 조사작업을 펼치도록 책임지고 추동하였다. 경찰국은 담당 구區, 국局, 소所 등의 각급 기층 직능기구와 함께 조사작업을 하도록 추동하였다. 조사위원회는 난징 13개 구에 구 조사위원회를 설치하고 중국 침략 일본군의 각종 범죄행위를 수집, 조사, 통계, 보고 작업을 책임지고 수행하도록 하였고, 각 구의 구장은 실제 지휘의 책임을 지도록 하고, 조사위원회는 감독관을 파견하기도 하였다. 그야말로 과학적인 규범과 법률적 의미를 갖추고 전체 시민이 참여하는 대규모적인 조사작업이라고 할 만 했다.

조사과정에서는, 심각한 피해를 본 지역의 조사작업 참여도가 비교적 높았다. 예를 들어, 중화면中華門 밖 일대에 위치한 난징시 11구역은 전범인 타니 토시오谷壽夫 부대의 전시 주둔지였다. 국방부 군사법원은 이 지역 피해 상황 조사에 심혈을 기울였다. 이 구역의 조사위원회는 구장區長이 책임을 맡아 상근 중이었고, 난징대학살 사건 범죄행위 조사위원회에서 파견한 인물이 감독을 맡고 있었다. 구 조사위원회는 27명의 조사위원으로 구성되었고, 조별로 실지 조사를 책임 맡았다. 이 위원들에는 11구 각 향진의 정, 부, 향과 진의 장, 구민 대표, 구 경찰국장, 구 당부 위원회, 구 삼청단 주임, 헌병대 대장 등이 포함되어 있는데, 1개월여의 조사를 거쳐 11구의 위화雨花, 시지에西街, 통지通濟, 하이신海新, 펑타이鳳臺, 샨더善德 등 6개 향진에서 여러 가지 형태의 폭행 피해자 800여 명을 조사하였다. 당시 조사가 얼마나 깊이 있게 진행되었고, 사회 참여도가 높았는지를 이를 통해 알 수 있다. 각 구와 향의 상황이 다른 이유로 인해, 몇몇 구와 향은 인구변동이 비교적 크거나 피해 정도가 달라 사회 참여의 열정과 조사의 효과는 달랐다. 예를 들어 푸커우浦口에 위치한 제8구역 조사 자료는 매우 적었다. 탕샨구湯山區와 시아꽌下關에 위치한 제7구역의 조사 자료는 매우 많았다. 이는 또한 조사의 상황과 사회 참여의 상황이 객관적으로 한 지역의 피해 정도를 반영할 수 있다는 말해주는 것이다.

증거수집과 동시에 전범 검거 작업이 진행되었다. 국민정부의 관련 기관은 시민들에게 전범 검거를 여러 차례에 걸쳐 호소하였다. 1945년 12월 21일, 장제스는 국민정부 주석의 명의로 다음의 내용을 발표하였다. "동포 여러분, 당일 대학살의 참화를 온몸으로 견뎌내고 적들의 폭력적인 압박 속에서 수없이 괴로움을 당한 동포들에 대해서 나는 그 사실과 학살 주범 및 핍박을 가한 자들을 상세하게 파악하기를 바라고, 정의감과 검거에 대한 책임감에 기초하여 목격한 사실을 기꺼운 마음으로 접수하고자 합니다." 〈신보〉 1946년 1월 6일자 보도에 따르면, 당시 장제스가 난징을 순시하면서 접수한 시민제보는 1,036건에 달했다. 또한 오카무라 야스지岡村寧次의 회고에 따르면, "8년 전란을 겪으면서 일본군에게 짓밟힌 지방 주민들은 일본 장병의 포악함에 대하여 서로 검거에 나섰고, 잡혀서 갇히는 사람들도 날로 늘어났다." 본래 국민정부는 전범의 범위를 최소한으로 줄이고 몇몇 주범만 처벌하려는 계획을 세웠었다. 하지만 각지의 주민들은 앞다투어 검거 소식을 알리는 편지를 보내왔고, 잡힌 전범의 숫자는 끊임없이 늘어났다. 1946년 5월이 되어 잡힌 전범은 이미 3,000명에 달했다. 당시 대중들이 전범 검거 작업에 참여하는 정도가 얼마나 높았는지를 알 수 있다.

초기의 증거 수집과 전범 검거 이외에도 재판과정에서 군사법원은 피해가 비교적 심각한 지역에 조사 마당을 설치하여 증인들의 증거를 수집하였다. 1947년 1월 19일, 군사법원은 중화면 밖의 구 사무소 내에 조사 마당을 설치하였다. 전시에 다니 토시오 부대가 중화면 일대에서 저지른 범죄사실과 증거를 법원에서 조사하는 과정에서 주민들에게 도움을 요청하기 위해서였다. 또 앞에서 서술한 모든 지역과 시기 내에 일본군에게 방화, 살해, 강간, 약탈 그 밖의 가해 행위를 당한 사람들, 피해자나 유족들, 또는 현장에서 목격한 사람들이 법원에 자세하게 알리게 함으로써 조사하기에도 편하고 죄에 대한 책임을 확정 짓는 데도 편하게 하였다. 이 방식의 사회적 영향력은 비교적 큰 편이었다. 1947년 1월 28일 하루에만 검거된 사람만 180여 명이었고, 소환 증인만 600여 명이었다. 법정은 이를 통해 더욱 강력한 증거를 더욱 많이 수집할 수 있었다.

이상에서 살펴본 바와 같이 재판 초기의 작업에서, 특히 전범 검거와 증거수집의 과정에서 사회단체와 대중의 적극적인 참여는 군사법원의 재판에 많은 도움을 주었고, 법원의 재판 초기 작업에 효율성을 높여 주었다. 사회의 적극적 참여는 난징대학살 사건에 대한 사회의 높은 관심을 보여주었고, 사회적 측면에서의 재판의 광범위한 영향을 반영해 주었다. 더욱 중요한 것은 일본군의 범죄 행위에 대한 조사와 증거 확보는 피해자 가족과 생존자들의 일본군 만행에 대한 기억을 불러일으켰고, 난징 시민들이 중국 침략 일본군의 난징 만행을 고발할 기회를 가지도록 하였다는 점이다. 이를 통해 감정상의 위안과 함께 정의 추구에 대한 만족감을 얻도록 해 준 것이다.

2. 재판의 사회 전파와 사회적 영향력

전후 일본 전범에 대한 재판은 관심이 집중된 사건이었다. 재판과정에서 법원은 재판의 각 절차에 대하여 투명하고, 공개적으로 진행하기 위해 노력하였다. 신문 방송 등 대중매체는 재판에 대해 상세하고 밀도 있는 보도를 하였고, 재판소식을 대중들에게 널리 알림으로써 재판의 사회적 영향력을 넓혔다.

재판에 관한 매체의 보도는 재판의 처음부터 끝까지 일관되게 이어졌다. 또 재판의 여러 가지 측면들을 다루었고, 난징대학살 사건 재판의 전 과정을 전방위적으로 보여주었다. 당시 〈중앙일보〉, 〈대공보〉, 〈신보申報〉, 〈신문보〉, 〈경만보京晚報〉 등의 주요 신문들은 재판에 대해 전체적이고 상세한 보도를 내보냈다. 다니 토시오의 재판을 다룬 〈중앙일보〉의 보도만 보자면, 대략 30여 편의 글이 실렸고, 차지한 지면으로 보자면, 다니 토시오가 베이징으로 압송되어 심문을 받고 판결과 형 집행에 이르기까지 모두 상세하게 보도하였다. 형식으로 말하자면, 통신, 사설, 특별 인터뷰 등의 여러 가지 형식을 이용하였다. 신문 외에도 국민정부는 가능한 한 난징대학살 사건의 재판을 각종 매체를 이용하여 알렸다. 1946년 7월에 시민들의 주의를 불러일으켜 난징대학살 사건의 조사와 심리에 도움을 주고자 난징시 사회국은 난징대학살과 관련된 슬라이드를 두 종류 일곱 세트를 만들어, 난징시 연극 영화 노동조합에 훈령을 내려 대규모 극장에서 영화를 상영하기 전에 틀도록 하여 선전에 도움이 되게끔 하였다.

국민정부는 법원 재판의 변론과 판결은 공개적으로 진행되어야 한다고 규정하였다. 이는 마찬가지로 재판의 사회적 영향력을 넓히는 데 도움을 주었다. 가능한 한 많은 난징시민이 방청할 수 있게 하기 위하여 군사법원은 좌석 수가 비교적 많은 려지사 강당을 대관하여 재판장소로 하였다. 하지만 법원의 면적과 좌석 수는 제한이 있게 마련이어서 더 많은 사람을 방청하게 할 수는 없었다. 그래서 법원은 실내에서 유선방송의 대형 스피커를 끄집어내어 많은 시민이 법원 밖에서 전범 재판 실황을 들을 수 있도록 하였다. 이런 방식으로 더욱더 많은 사람이 전범의 범죄행위를 더 분명하게 알 수 있고, 전범 재판에 참여할 수 있게 되었다. 이로써 피해국 국민들은 감정적이고 도의적인 요구를 만족시킬 수 있었다.

공개재판의 영향은 매우 컸다. 이에 대해 오카무라 야스지가 말한 바 있다. "오늘의 공개재판은 대중과 국제적인 영향을 고려한 것으로, 대규모 공개 전람회였다." 다니 토시오의 재판에 국내외의 수많은 뉴스 매체들이 모여들었다. 그 영향은 중국 사람들에게만 국한된 것이 아니었고, 일본과 동맹국을 포함한 국제사회의 관심으로 이어졌다. 공개재판이 끝나고 얼마 지나지 않아 국방부 전범 재판 군사법원은 중앙 영화 제작소에 공문을 보내 전범 다니 토시오 사건 자료를 중국 뉴스에 편입시키고, 전범 다니 토시오 사건을 영화로 만들어 각지에서 상영함으로써 공개재판의 사회적 영향을 확대하고자 하였다.

공개 재판 이외에도 전범에 대한 사형 집행도 주요한 관심 사건이었다. 1947

년 3월 18일, 국민정부는 난징 군사법원의 다니 토시오에 대한 판결을 비준하였다. 곧이어 난징 군사법원은 포고문을 발표하였다. "전범 다니 토시오를 조사하여… 사형에 처한다.… 금월 26일 오전 10시에 본 법원 검찰관은 범인 다니 토시오를 대상으로 사형수 본인 증명을 완료하고 위화타이 형장으로 압송하여 법에 따라 사형을 집행한다. 상부에 보고하는 것 이외에 여러 차례 포고하여 널리 알린다. 이에 포고한다." 4월 26일, 다니 토시오는 난징 국방부 군법 간수소에서 나와서 위화타이 형장으로 압송되었다. "소식을 듣고 구경하러 온 시민들이 인산인해를 이루었고, 박수와 환호성 소리가 울려 퍼져 마치 폭죽 소리가 터지는 것처럼 귀에서 끊이질 않았다." 당시 대중들이 얼마나 많이 참여했고, 공개적으로 이루어진 형 집행의 사회적 영향이 얼마나 큰지를 알 수 있다.

물론 역사적으로 볼 때, 수많은 객관적인 요소가 난징대학살 사건 재판의 사회적 영향을 제한하고 있다는 것을 알 수 있다. 그 하나는, 국민정부의 일본에 대한 관대한 정책과 경비 부족 등의 현실적 어려움에서 비롯된 것이다. 국민정부는 1946년 10월 25일에 전범 처리위원회가 개최한 일본 전범 처리 정책 회의에서 결정하기를, 난징 등지의 대학살 주범을 '엄하게 처리'하는 것 이외에 일본의 보통 전범 처리에 있어서 '관대하고 신속한 것을 주로 하여' 이미 구속된 전범에 대해서 1946년 말에 심리를 마치고, '만약 중대한 범죄증거가 없는 경우에 불기소 처분을 하여 석방하고 일본으로 돌려보낸다.'는 입장을 결정하였다. 앞에서 서술한 정책이 확립됨에 따라 재판의 실제 운영 효과는 비교적 제한적으로 되어 버렸다. 다른 하나는, 대중의 시각에서 봤을 때, 전후 엄혹한 생존 현실은 재판에 대한 대중의 관심 정도에 영향을 미쳤다. 당시 시민에 대해 보고된 통계에 따르면, '접수된 국민들의 하소연 편지가 1,036건이었고, … 구제와 일할 사람을 보내 달라는 것이 가장 많았다.'고 한다. 1946년 10월 19일, 법원은 리시우잉이 남긴 기록을 찾아냈다. 리시우잉은 마지막으로 "법원은 우리를 대신하여 일본에 배상을 요구해줄 것"을 탄원하였다. 평범한 대중들의 가장 절박한 요구는 정부가 전쟁범죄를 처리하는 것뿐이 아니라 더욱더 많은 것은 정부가 지금 눈앞에 닥친 생활의 어려움을 해결해주는 것이었다는 사실을 알 수 있다.

하지만, 난징대학살 사건 재판에 대한 사회적 영향은 지워버릴 수는 없는 것이다. 당시의 사회적 참여와 사회가 관심을 기울였던 상황으로 볼 때, 난징대학살 사건 재판은 이미 부분적으로 난징 시민들의 일상생활 속으로 스며들어 가고 있었다. 실제 생활의 어려움이 있다고 해도 전쟁의 상처로 인한 일반 대중들의 고통과 재판에 대한 높은 관심을 몽땅 덮어버릴 수는 없었다.

3. 대중의 감정과 법리 원칙의 충돌 및 조정

난징 국방부 군사법원의 난징대학살 사건에 대한 재판은 피해 지역에서 직접 만행을 저지른 일본 전범에 대한 재판이었다. 당시 극동 국제군사법원 재판관을 맡았던 메이루어는 이렇게 언급한 바가 있다. "피해를 본 각각의 국가가 일본 전범에 대해 해당 국가 내에서 재판하는 것의 의미는 이 전범을 해당 지역의 법률적 제재를 받게 함으로써 그들의 만행에 대한 기억이 아직도 새록새록 지역 대중들이 심리적으로나 정신적으로 빠른 위로를 받게 할 수 있다." 전쟁의 상처를 깊게 받은 중국 국민들로 말하자면, 난징에서 난징 만행과 관련된 전범을 재판하는 것은 피해 지역 국민들이 입은 전쟁으로 인한 상처를 가라앉혀 주는 것이다. 하지만 재판은 국민들의 정서를 무원칙하게 풀어내는 것이 아니다. 재판과정에서 국민 감정과 이성 법칙이라는 두 가지 측면은 동시에 고려해야 하는 것이다. 하지만 어떤 상황에서는, 정부 정책과 국민감정 사이에 차이가 존재할 수 있다. 당시 신문잡지와 법원의 관련 기록을 통해서 우리는 국민이 인지한 여러 가지 양상들을 확인할 수 있다. 재판에 대한 국민들의 인식과 반응을 통해 사회적 측면에서의 재판의 실제 영향을 살펴볼 수 있다.

일본의 항복 소식을 듣는 그 순간 모든 사람은 승리의 기쁨에 빠져들었다. 동시에 8년 항전의 기억을 망각하지 않았다. 수많은 중국인이 고초를 겪었고, 그 누구라도 침략자에게 피의 대가를 돌려달라고 요구하게 되었다. 그것은 일반 국민들의 본능적인 감정 표현이었다. 국민정부는 일본에 대한 처리 문제에 있어서 기본적으로 장제스가 일본에 대한 방송 연설에서 언급한 "옛날의 악을 생각하지 말고, 사랑과 관대함으로, 덕으로 원한을 갚자"는 방침에 따라, 그것을 기초로 하여 중국과 일본 양국의 영원한 평화의 기초로 삼을 것을 희망하였다. 따라서 일본 전범 처리 또한 관대한 정책을 취하였다. 자질구레한 것에 얽매이지 말고, 최대한 빨리 전범 처리를 마무리 짓고자 하였다. 하지만 국민들은 전범 검거에 매우 적극적이었다. 그리고 전범 처벌을 요구하는 목소리도 높아졌다. 1946년 5월, 구속되어 있던 전범은 이미 3천 명에 달했다. 정부 정책과 국민감정 사이에는 차이가 존재했다. 전후 초기에 일본 전범에 대한 처리에 있어서 국민정부는 민의의 커다란 압력을 받았다.

마쓰이 이와네의 인도 요구를 예로 들어 보자. 마쓰이 이와네는 난징대학살 기간에 중국 침략 일본군의 화중 방면군사령관이었다. 그는 난징대학살의 주요 책임자로서 마쓰이 이와네의 인도를 요구하는 것은 당시의 사회적 관심이 집중된 문제 가운데 하나였다. 1946년 7월 26일, 난징시 참의회가 주체가 된 난징대학살 사건 범죄행위 조사위원회는 다음과 같이 결의하였다. 극동 군사법원에 대학살 사건의 주범인 마쓰이 이와네 등을 인도해 달라고 요청하는 공문을 보낼 것을 정부에 요청한다.

1946년 7월 29일, 〈중앙일보〉는 사설을 통해서 전범 마쓰이 이와네 등을 난징으로 인도하여 죄를 인정하게 할 것을 요구하였다. 이 사설에서는 이렇게 주장하였다. "난징대학살 같은 이런 피의 부채를 청산하지 못하고, 도쿄 전범 법원이 청산하면서 난징에서 심리할 기회를 얻지 못한다면, 학살로 인한 피해자의 원한과 분노는 풀 길이 없게 된다." 비록 일본군이 무기를 버리고 항복했지만, 상징적인 청산 방법이 없을 수는 없다. 가장 좋은 청산 방법은 바로 피해국에서 수괴를 공개적으로 심문하고, 그 형벌을 명명백백하게 정하는 것이다. 이 사설에서는 이렇게 하는 주된 이유도 다음과 같이 밝혔다. "첫째, 난징대학살의 수괴가 만약 난징 시민들 앞에서 사형집행이 되지 않는다면 참사를 당한 동포들의 영혼을 달래줄 방법이 없게 되고, 가족과 친지들이 느끼는 분노를 가라앉힐 방법이 없다. 둘째, 난징대학살의 수괴가 우리 법관이 주체가 되어 난징에서 재판을 받지 않는다면 항전 군민들이 항전 저항의 찬란한 빛을 느낄 수 없게 된다. 셋째, 피의 부채를 꼭 되돌려 받아야 하는 것은 아니지만, 상징적인 상환이 없는 것은 받아들일 수 없다. 그것은 상징적인 손해배상조차도 없는 것이다. 상징적인 손해배상조차 없다면, 훗날 이민족이 우리를 두려워할 필요가 없을 정도로 유약하다고 생각하게 될 터인데, 이것이야말로 가장 커다란 손실이 아닌가? 천인공노할 큰 죄를 저지른 수괴를 처벌하는 것을 통해 우리는 절대 이민족의 대학살을 감수하는 민족이 아니라는 것을 보여주고, 또 우리는 수괴를 직접 처벌하지 못하는 국가가 아니라는 것을 보여 주어야 한다."

국민정부 처지에서 볼 때, 〈극동 국제군사법원 헌장〉에 규정에 근거하면, 마쓰이 이와네는 평화를 파괴한 혐의로 기소된 1급 전범으로서 극동 국제군사법원에서 재판을 받은 인물이고, 국민정부가 그를 국내로 인도하여 재판하는 것은 관례에 부합하지 않는다. 실제 영향으로 볼 때, 이렇게 중요한 전범인 마쓰이 이와네는 국내로 인도하여 재판을 받게 하는 것에 비해서 극동 국제군사법원에서 재판을 받게 하는 것이 국제적으로나 국내 사회에 미치는 영향이 훨씬 더 큰 것은 사실이다. 난징 시민과 사회단체는 마쓰이 이와네를 국내로 인도하여 재판을 받게 하라고 강력하게 요구하였다. 이런 요구는 어느 정도 비이성적이고 감정적인 경향이 있었다. 정부의 정책 결정이 국제법의 틀에서 벗어날 수 없기 때문에 국민들과 일치하는 태도를 보이기는 불가능한 일이었다.

이 밖에, 전범 다니 토시오의 재판에서 증거제시와 변론 과정에서도 국민 정서의 정보를 얻을 수 있다. 국민들 대다수는 다니 토시오가 처벌받아야 할 죄가 있다고 생각하였다. 당시 신문에서도 이 문제를 제기하였다. "오늘 국방부 전쟁범죄 법원에서 이 학살자에 대한 공개 심리가 열렸다. 난징 사람들은 홀가분한 마음으로 칼을 휘둘러 자잘하게 잘라낼 만 하다. 비록 수많은 다니 토시오라 해도 그의 죄악에 대해 속죄하기에는 부족하다." 재판과정에서 피해자의 고발은 국민의 진실한 감정을 가장 잘 드러내는 것이다. 예를 들어, 장쑨張孫씨는 남편이 피살당했는데, 재판장은 어디를 다쳤냐고 물었다. 장쑨씨는 답했다. "어딘지 볼 수 있나요?" 이어서 말했다. "나는 일본놈들에게 원한이 아주 많아요! 3일 동안 말해도 부족하지요. 내가 받은 피해는 너무나도 큽니다." 잠시 후 또 말을 이었다. "저 사람도 적들에게 강간을 당했고, 동시에 저 젊은 아가씨와 이웃집 사람도 모두 강간을 당하고 병에 걸렸어요." 목소리는 침통했고, 사람들을 대단히 분노하게 했다. 다니 토시오의 재판에서 국민감정은 어느 정도는 풀려졌고, 정부도 이를 빌어 정의를 드높이고 원한의 감정을 삭이기를 희망하였다는 사실을 알 수 있다.

피해 지역에서 전범에 대한 형을 집행하는 것은 국민들에게 매우 커다란 위로를 주는 일이었다. 그에 따라 국민의 참여 열정은 매우 뜨거웠다. 어떤 지방의 군사법원은 지역 주민의 심리를 만족시키기 위하여 전범에 대한 형을 집행하기 전에 전범을 긴거리에서 압송하여 모여든 사람들이 볼 수 있게 하였다. 이렇게 함으로써 피해 지역의 주민들이 심리적으로나 정신적으로 매우 커다란 위안을 받도록 할 수 있었다. 하지만 이렇게 하는 것은 분명히 정부의 전범 처리 정책 및 국제법의 원칙에는 위반되는 일이었다. 이 때문에 국민정부의 국방부는 각 군사법원에 통전문을 띄웠다. "전범 처벌의 목적이 인도주의와 정의 수호, 국제법 준수를 보장하는 데에 있는 것이지 보복을 하는 것에 있지 않다는 점에 비추어 볼 때 … 따라서 전국 각지의 군사법원은 이후로 전범에 대한 형 집행을 하기 전에 국민들에게 보여주기 위해 거리를 돌아다니는 것은 금지하도록 한다. 또한 공문에서도 보복성 말투, 예를 들어 "사람의 마음을 통쾌하게 해준다." 등과 같은 것은 쓰지 않도록 한다." 국민 감정과 정부의 정책 및 국제법 원칙 사이에는 어느 정도의 차이가 있었음을 알 수 있다.

전체적으로 봤을 때, 대부분 국민들이 재판에 관심을 보였다. 하지만 일부 국민과 피해자들은 전범 처리에 대해 냉담한 반응을 보였고, 참여의 열정도 없었다. 한 편으로는 전범 재판의 의미에 대하여 분명하게 알지 못했을 가능성이 있고, 또 다른 면에서는 국민들이 자신들의 생활환경이 더 좋아질 수 있을까 하는 실제적인 문제에 더 관심이 있었을 가능성이 있다. 당시 난징 참의회의 한 보고서에는 이런 문제가 제기되었다. 일본군의 만행을 조사할 때 알게 되었는데 일이 벌어진 지가 이미 8년이나 지났고, "피해자가 사망했거나 그 가족이 다른 지역으로 이사를 가버려서 진술할 사람이 없거나, 시간이 흐름에 따라 상황도 변하는 바람에 분노의 감정도 옅어진다는 것이다. 이에 따라 받았던 상처를 다시 거론하고 싶지 않다는 것이다. 더욱이 행세깨나 하는 가문의 여성들은 적에게 강간을 당한 이후에 이어서 학살당한 경우에 더 그러했다. 아니면 가해자의 부대 번호가 불분명하거나 생존자가 생활의 어려움으로 인해 조사서를 작성하는 데 있어서 음식이 제공되지 않는 것을 알고는 무관심한 태도를 보이기도 하고 조사원들이 찾아가는 것을 냉대하기도 하였다." 물론 그 밖의 다른 원인도 있다. 예를 들어 지나간 전쟁의 상처를 없애고 싶은 마음과 중국의 전통적 숙명론적 관념에서 피해자들은 왕왕 최선을 다해 전쟁 당시의 만행과 관련되는 문제를 다시 다루고 싶어 하지 않는 것이다.

4. 맺음말

　전후 난징대학살 사건에 대한 재판은 사회적 관심을 불러일으켰다. 재판은 피해자의 개별적인 상처에 대한 기억을 털어놓는 계기가 되었고, 사회적으로는 사건을 넓은 범위로 전파하는 계기가 되었다. 이를 통해 피해자의 상처에 대한 기억은 개별적인 기억의 범위를 넘어서서 일종의 사회적 기억이 될 수 있었다. 이것은 난징대학살 사건에 대한 재판의 사회적 영향 가운데 비교적 잠재적이면서도 매우 커다란 측면이기도 하다. 최근에 들어와 전쟁 만행에 관한 사회적 기억이 학계에서 관심을 기울이는 화두가 되었다. 하지만 전체적으로 봤을 때, 현재 이루어지고 있는 논리는 대부분 생존자의 상처 기억과 전후 세대의 전쟁 만행에 관한 사회적 기억에 착안하고 있는 것으로서 전쟁 만행의 사회적 기억 형성과 관련한 논술은 비교적 적은 것이 사실이다.

사회 기억의 생성과 환기라는 측면에서 어떤 논객은 다음과 같이 지적하고 있다. "난징대학살 이후에 일본군의 고압적인 공포 통치 아래에서 난징 시민들의 상처 기억은 마음속 깊이 묻혀 버렸다. 하지만 청명절이 가족 친지의 성묘를 하러 가거나 대학살 기념일이 되면 그들은 가장 간략하면서도 가장 숨겨진 방식으로 잊을 수 없는 상처를 기억해내곤 한다. 1945년 8월 15일에 일본이 항복을 선언했을 때 난징시민들의 오랫동안 눌러왔던 상처 기억은 마침내 해방되었다. 사람들은 가장 커다란 열정으로 난징대학살을 저지른 전범들을 조사하고 재판하는 전체 과정에 참여하였다." 전후 난징대학살 사건에 대한 재판이 피해자의 상처기억을 환기하고 더욱더 커다란 범위로 전파하는 데에 여러 가지 조건을 제공해 주었다는 것을 알 수 있다. 전범들의 범죄행위를 사회적으로 조사하고 시민들이 글을 올리고 또 검거하여 증인으로 삼는 등의 과정에는 전쟁 만행을 경험한 상처 기억에 대한 진술을 포함한다. 이러한 같은 시공간의 대규모 기억의 집중적 표현은 난징 만행에 관한 사회적 기억이 만들어질 수 있도록 해준다.

내전의 발발과 바로 이어진 국민당 정권의 붕괴로 말미암아 신중국은 난징 재판 자체가 가지는 역사적 의미에 대한 선전 교육을 유지하지 못했다. 새로 수립된 정권은 사회적 기억에 대해 자신들의 정치적 가치관에 따라 새롭게 구성하기 시작했고, 공공 기억을 구축하는 행위와 동시에 망각행위도 함께 진행하였다. 신중국 수립 이후 중일 국민의 우호를 노래하는 정부의 주된 정책 아래에서, 그리고 5, 60년대 극좌사상의 영향 하에 난징대학살에 대한 난징 시민들의 기억은 엄청나게 억압을 받았다. 이에 따라 사회적 기억의 단절 현상이 나타났다. 이러한 단절 현상은 "역사 인식 발생의 틀을 파괴하였다. 아울러 새로운 틀을 만들어 파괴된 틀을 대신하여 똑같은 기능을 갖게 하려는 노력을 저지하였다." 하지만 막강한 정치 권력도 모든 것을 장악하기는 불가능했다. 따라서 민간 기억의 보존 경로가 나타나기 시작했다. 이 밖에도, 난징대학살이라는 이런 만행에 수반된 상처는 특수한 역사적 경험성을 가지기 때문에 그것에 대해 냉담하게 대하는 것은 사회적 기억의 균열을 만들어낸다. 1980년대 이후 일본 우익의 왜곡은 난징대학살에 관한 국민들의 상처 기억을 다시 한번 불러일으켰다.

이와 동시에 1980년대에 이르러 학계에서는 전후 국민정부의 일본 전범에 대한 재판에 관심을 기울이기 시작했다. 이 중간에 사회기억은 인지상의 단층이 존재하고 있다. 난징대학살과 서로 관련된 난징 재판의 사회적 기억이 만들어낸 관계의 끈은 잊히고 무시됐지만 이로부터 당시 사람들과 후세 사람들의 재판에 대한 실제적 영향은 인지상의 차이를 만들어냈다. 따라서 깊이 있는 고찰을 거쳐야만 우리는 전후 난징대학살 사건 재판이 당시 사회에 미친 실제 영향과 난징 시민들의 상처 기억이 조기에 만들어진 중요한 고리를 볼 수 있게 된다.

도쿄재판,
사실과 논쟁

―

1. 도쿄재판과 관련된 몇 가지 기본적 사실들
2. 도쿄재판에서의 난징대학살
3. 도쿄재판에서의 쟁점
4. 맺는 말

도쿄재판, 사실과 논쟁

극동 국제군사법정의 재판장 웹William Webb이 1946년 5월 3일 법정 개정 당시에 했던 말처럼 도쿄재판은 "인류 역사상 가장 중요한 재판"으로서 매우 깊은 역사적, 법률적 의미가 있다. 동시에 재판 자체는 엄청난 프로젝트로서, 그 규모의 방대함, 엄청난 참여 인원, 이어진 시간의 길이, 남겨진 엄청난 양의 서류파일 등은 모두 전례 없는 것이었다. 많은 양의 서류파일 자료와 역사와 법률 두 개의 일급 학과가 관련된 사실은 동경재판 연구의 난도를 크게 증가시켰다. 그 밖에도 일본 우익의 침략 미화와 부정은 도쿄재판과 늘 한데 연결되어, 중국 학자들이 도쿄재판에 대해서 학술적 연구를 진행하는 데 불가피하게 영향을 미치곤 하였다.

불완전한 통계에 따르면, 최근 10년간 도쿄재판과 관련하여 국내에서 발표된 문장은 20여 편 정도이다. 이 글들은 각각 다른 측면에서 도쿄재판에 대한 사람들의 이해를 높여 주었다. 단 부족한 점은 이 글들에서 재판의 1차 자료들을 이용하는 경우가 드물었다는 점이다. 영문에 대한 관련 연구도 이해가 부족해서 도쿄재판과 관련된 중요한 기본적 사실이 지금까지도 여전히 사람들에게 알려지지 않았다. 어떤 글에서는 심지어 '인도 법관이 법정에서 소리를 질렀다.' '변호인 측 변호사가 소란을 피웠다.' 등처럼 현대적 법치의식이 결여된 말과 '마쓰이 이와네가 난징대학살의 책임을 아사카에게 떠넘겼다.'와 같은 누구나 다 아는 잘못이 나타나기도 하였다.

본문에서는 1차 자료에 근거하여 도쿄재판과 관련한 기본적 사실을 분명히 하고 도쿄재판에서의 난징대학살의 지위와 몇 가지 법률적이고 정치적인 문제에 얽힌 쟁점을 검토해보기로 하겠다.

1. 도쿄재판과 관련된 몇 가지 기본적 사실들

(1) 원인

독일과 일본 및 이탈리아를 축으로 하는 나라들이 인류문명에 가져다준 전례 없는 재난으로 말미암아 1942년에 처칠은 '연합국 만행 위원회'를 설립하여 전쟁범죄를 징벌하자는 건의를 하였고, 미국의 호응을 끌어냈다. 이후 루스벨트도 전범을 징벌해야 한다고 여러 차례에 걸쳐 의견을 제기하였다. 하지만 어떻게 징벌할 것인가 하는 문제에 있어서 회원국들 사이에서 견해 차이를 드러냈다. 영국 정부와 처칠은 독일 지도자를 체포하여 신속하게 처벌할 것을 주장하였다. 하지만 미국은 공개재판을 할 것을 주장하였다. 여러 차례에 걸친 담판과 히틀러 등의 주요 전범들이 연이어 자살한 이후에 영국은 비로소 입장을 누그러뜨리고 전범들을 국제 법정에 재판하는 것에 동의하였다. 1945년 8월 8일의 런던협정에 의해 뉘른베르크 재판이 열리게 되었고, 동시에 이 재판은 도쿄재판의 선례가 되었다.

표면적으로는 도쿄재판을 하기로 한 것은 회원국들의 집단적 행위였다. 하지만 네덜란드 법관 롤링B.V.A. Roling에 따르면 미국이 재판의 각 방면을 통제하고 있었고, 법정의 구성이 국제적 성격을 띠고 있었고, 키난의 조수가 여러 나라에서 온 것을 제외하면 재판은 상당한 정도로 미국의 공연이었다.

1946년 1월 19일 일본에 주재하는 회원국 최고 지도자 맥아더가 도쿄에 극동 군사법원을 세우는 것과 관련된 〈특별선언〉과 키난 등이 〈뉘른베르크 법정 헌장〉을 참조하여 초안을 잡은 〈극동 국제 군사법정 헌장〉을 발표하였다. 헌장에서는 법정이 평화파괴 범죄와 반인도적 범죄 및 극동 전쟁 범죄를 심리하고 처벌한다고 규정하였다.

1946년 2월 18일에 맥아더는 오스트레일리아, 중국, 소련, 미국, 영국, 프랑스, 네덜란드, 필리핀, 캐나다, 뉴질랜드, 인도 출신의 법관 11명을 임명하였고, 그중에서 오스트레일리아 출신 웹을 재판장으로 임명하였다. 법관의 정원은 9명이었으나 후에 필리핀과 인도 법관을 충원하였고, 동시에 미국 사법부 형사 범죄국의 전 국장 키난을 수석 검찰관으로 임명하였다. 그리고 앞에서 언급한 11개국 출신의 11명의 보조 검찰관도 함께 임명하였다. 재판 막바지에 키난은 50명의 변호사와 104명의 회원국 국민, 그리고 184명의 일본 국민들로 구성된 작업반을 이끌었다.

재판 장소는 도쿄에 있는 일본 육군군관학교 예배당 내(전쟁 말기에는 일본육군부와 연합참모본부의 임시 소재지)에 설치되었다. 국제법정으로 개조하는 데 1억 엔을 들였고, 중앙 공조(재판의 정상적인 진행에 중요한 역할을 했다는 것이 사실로 증명되었다)를 설치하였다. 법정에는 500석의 방청석이 배치되었고, 그 가운데 300개는 회원국 국민들에게, 나머지는 일본 시민들에게 주어졌다.

(2) 진행과정

4월 29일 원고 측에서 국제법정에 기소장을 정식으로 제출하였다. 법정 심리 과정에 관한 규정에 근거하여 이전의 기소장은 이미 피고에게 전달된 상태였다. 도쿄 재판의 대상은 1급 전범 혐의자로서, 2급과 3급 전범 혐의자는 침략 피해를 본 나라별로 별도로 법정을 열어 심리하도록 하였다. 회원국들은 처음에 80여 명을 1급 전범 혐의자로 정했다가 나중에 사건 정황이 너무 방대하고 복잡하여 이 80여 명을 두 그룹 또는 세 그룹으로 나누어 심리하기로 하였다. 도쿄에서 재판한 것은 제1그룹 28명의 1급 전범 용의자였는데, 재판 기간에 2명이 병으로 사망하였고, 1인은 정신상의 문제로 감정을 받아, 실제로는 25명의 1급 전범 용의자를 상대로 재판이 진행되었다.

1946년 5월 3일 개정하였는데, 재판장은 간단한 소개성 발언을 하고 나서 법정 집행관이 기소장을 낭독하였다. 5월 6일, 영국과 미국의 법 절차에 따라 재판장은 각각의 피고에게 피소된 사실에 대하여 유죄냐 무죄냐를 답변하도록 요구하였다. 모든 피고는 일제히 자신은 무죄라고 주장하였다. 당일 일본 변호사는 격정적으로 재판장에게 질의를 제기했다가 반박당하였다. 법정은 일주일간 휴정하였다가 다시 개정하였다. 법정에서는 변호사 측이 제기한 세 가지 임시제의 안을 심리하였다. 그 가운데 두 임시제의 안은 극동 국제군사법정의 관할권과 합법성에 대해 도전을 제기한 것이고, 세 번째 임시제의 안은 4명의 피고가 제출한 것으로서, 그 내용은 자신들이 전쟁포로의 권리를 침해받고 있다는 것이었다. 법정은 이 세 가지 임시제의 안을 거부하였다. 하지만 그 이유를 밝히는 대신에 판결문에서 내용을 설명하였다.

1946년 6월 4일부터 1947년 1월 24일까지 원고 측에서는 증거와 증인을 제출하였다. 이 절차가 완성된 후에 변호인 측에서는 임시제의 안을 제기하면서 원고 측이 내놓은 증거가 피고에 대한 고소를 증명해 줄 수 없다면서 법정에서 심리하지 말 것을 요구하였다. 1주일 후에 법정은 이 임시제의 안을 거부하였다. 1947년 2월 24일부터 1948년 1월 12일까지 변호인 측에서는 피고를 위한 변호를 진행하기 위해 증거와 증인을 제출하였다. 이후 원고 측에서는 변호인의 증거에 대해 반박을 진행하였다. 그 후 변호인 측에서 가벼운 판결을 요구하는 증거를 제공하였다. 하지만 1명의 피고만 이 절차를 이용하였다. 계속해서 원고 측과 변호인 측은 각자의 증거에 대해서 총결을 하였다. (변호인 측에서는 1개월을 소모) 최후 변론은 1948년 4월 16일까지 계속 이어졌다. 이때 재판기록은 48,412쪽이었다. 1948년 11월 4일부터 12일까지 재판장 웹은 판결문을 낭독하였다. 판결문이 더해지면 극동 국제군사법정의 재판기록은 모두 49,858쪽이 된다.

(3) 법관

11명의 국제법정 재판관은 다음과 같다.

국가	재판관 이름	법관 임명 당시 직책
오스트레일리아	윌리엄 웹	오스트레일리아 고등법원 법관
캐나다	에드워드 스튜어트 맥더걸	캐나다 상소법원 전 법관
중국	메이루아오梅汝璈	중국 입법원 입법위원
프랑스	앙리 베르나르	파리 제1군사법정 검찰장
인도	라다비노드 팔	인도 캘커타대학 법학원 강사
네덜란드	베르트 뢸링	위트레흐트대학 법학원 교수
뉴질랜드	하비 노스크로프트	뉴질랜드 군법국장
필리핀	델핀 하라니야	사법부장, 대법원 판사
영국	로드 패트릭	스코틀랜드 대법원 판사
미국	존 P. 히긴스	매사츄세츠 고등법원 수석판사
	마이런 C. 크레이머	미국 육군 군법국 국장, 소장, 1946년 6월터 히긴스에서 대체됨
소련	이반 미혜예비치 자랴노프	소련 최고법원 군사집행관리위원회 회원

사법 이념, 민족 감정, 그리고 정치적 요인의 영향을 받아 이 국제 법관들에 대한 평가가 도쿄재판 자체와 마찬가지로 하나로 모일 수는 없다. 중국에서 지명도가 가장 높은 사람은 의심할 바 없이 중국 법관 메이루아오梅汝璈로서 최근에 중앙텔레비전 방송 〈조종은 누구를 위해 울리나〉에서 이치에 근거하여 격렬한 논쟁을 벌였고, 그가 일본 전범 여러 명을 사형에 처하기 위해 노력했다는 보도는 중국인들이 그가 재판에서 중요한 역할을 했다고 생각하게 하였고, 자랑스럽게 생각하도록 하였다.

영국, 미국, 프랑스 출신의 법관들에 대한 학자들의 평가는 가혹한 편이다. 그들은 필리핀 법관 자신이 '바탄 죽음의 행군' 생존자 출신이기 때문에 공정한 각도에서 보자면 그는 법관으로 임명될 자격이 없는 셈이다. 판결에 대한 단독 의견에서 그가 일본 전범에 대한 판결이 지나치게 가볍다고 생각한 것은 이 견해를 실증하는 것 같다. 소련 법관은 영어를 모르고 또 일본어도 몰라서 (이 두 언어는 재판에서 사용된 언어이다) 비웃음을 받았다. 미국의 저명한 학자 존 다우어John Dower가 말하길, 미국의 제1위 법관이 그 자질 면에서 경시당한다는 것을 알고 공황 상태에서 떠나버렸고, 그의 임무 승계도 어떠한 영향을 남기지 않았다고 하였다. 중국 법관은 법관을 맡은 경력이 없기 때문에 국제적인 법관 자질을 의심받기도 한다.

중국어를 쓰지 않는 지역에서 지명도가 비교적 높은 법관은 오스트레일리아 법관과 네덜란드 법관, 그리고 인도 법관이다. 그 이유는 각기 다르다. 웹의 지명도는 재판장의 지위와 법정에서 보이는 모습, 그리고 1943년에서 1945년까지 일본의 전쟁 범죄를 조사하여 써낸 세 부의 '웹 보고' 때문인 것이 분명하다. 1954년에 그는 영국의 작위를 받았다. 1967년에는 오스트레일리아 퀸즐랜드 대학에서 명예 법학박사 학위를 받았다. 뢸링은 도쿄재판과 관련된 책 두 권을 출판하여 널리 인용되기도 하였다. 인도 법관 팔Pal은 모든 피고인이 무죄이기 때문에 석방되어야 한다고 생각했다. 무려 1,235쪽에 달하는 단독 의견을 제출하여 유명해졌다. 일본 우익은 그를 대대적으로 칭송하면서 '은인'이라고 불렀다. 다나카 마사아키田中正明는 1963년에 법관 11명 중에서 팔 한 사람만이 국제법 학위를 받았다고 하면서 이것으로 판결에 대해 팔의 단독의견만이 권위를 갖는다는 것을 증명한다고 주장하였다. 이후 이 논지는 사실로 받아들여져 널리 전파되고 인용되었다. 하지만 사실은 그렇지 않았다.

팔은 가난한 가정 출신으로서 어려서 아버지를 여의었다. 그의 학업은 주로 친척의 재정적 도움과 장학금으로 끝낼 수 있었다. 그의 첫 석사학위는 수학이었다. 졸업 후에 그는 회계국Accountant General Office에서 일하다가 학교에서 수학을 가르쳤다. 이 기간에 그는 법학 공부를 시작하여 1920년에 법학 석사학위를 취득하였다. 1923년에는 인도 캘커타 대학에서 법학을 가르쳤고, 1924년에 법학 박사 학위를 취득하였다. 박사 논문은 인도 전통 법률 연구였다. 1941년 그는 인도 캘커타 고등법원의 법관이 되었다. 어려서부터 팔을 아는 인도 학자 애쉬스 난디

Ashis Nandy는 팔에 대해 이렇게 평가하였다. "그의 국제법 지식은 그가 도쿄재판의 법관으로 임명된 후에야 알게 된 것이다. 최소한 그의 친척은 그렇게 알고 있다.… 팔이 도쿄에서 쓴 판결문의 감정과 도덕적 배경은 현대 국제법의 문화에서 온 것이 아니고 그가 오랜 기간 접촉해온 인도 전통 법률의 결과이다."

또 다른 미국의 저명한 학자 빅스Herbert P. Bix의 연구에 근거해 보면 "팔은 추축국을 지지하는 인도 민족주의자 찬드라 보스Chandra Bose를 줄곧 지지해 온 친일파이다. 인도의 대다수 엘리트들은 영국 제국주의를 질책한 바 있고 또한 일본 제국주의를 규탄한 바 있다. 그들은 이른바 '대동아 공영권'이라는 이데올로기를 신봉하지 않았다. 이들 엘리트와는 다르게 팔은 공개적으로 일본 제국주의를 변호하였다."

네덜란드 법관 뢸링도 유사한 평가를 하고 있다. 후에 그는 다음과 같이 쓰고 있다. "인도 법관은 확실히 식민관계에 원한을 품고 있다. 아시아에서 유럽이 했던 것들에 대해 매우 반감을 품는데, 이것이 바로 그의 태도이다. 따라서 일본의 '아시아를 유럽의 통치하에서 해방하는 전쟁'과 '아시아는 아시아 사람들의 아시아다'라는 구호는 분명히 그에게 공감을 얻었다. 심지어 그는 일본 군대 편에 서서 영국군과 전쟁을 벌이는 인도 국민군과도 연계되어 있다."

이 밖에 필자는 미국 국립기록보관소에서 1946년 9월 팔이 웹을 통해 맥아더에게 보낸 편지를 발견했다. 그 편지에는 이렇게 씌어 있었다. "내가 인도 정부에 의해 국제 법정 법관으로 임명되었을 때 임기가 6개월이라고 명확하게 고지받았다. 이 시간은 나에게 있어서는 매우 중요하다. 왜냐하면 나는 퇴직한 법관이고 다시 법조계로 돌아왔기 때문이다. 이러한 점에 근거하여 나는 나의 일에 대해 상응하는 안배를 하였다.… 지금 나는 반드시 캘커타 법원으로 돌아가야 한다."

1946년 10월 1일, 맥아더는 미국 육군본부 참모장 연석회의에 보내는 편지에서 다음과 같이 쓰고 있다. "팔 법관이 11월 5일 동경에서 캘커타로 가는 교통수단을 마련해 달라고 요청했다. 지금에 와서 그를 교체하는 것은 비현실적이다.… 그가 떠나는 것은 재판 진행에 불리한 영향을 줄 것이다. 나는 이 문제를 미국 최고당국이 인도 정부에 의견을 표명하고 결정해 줄 것을 건의한다." 10월 15일 미국 국무원은 뉴델리에서 보내온 비밀 전보를 받는다. "인도 정부도 팔이 이 시점에 돌아갈 것을 요구하는 것이 매우 불행한 일이라고 생각한다. 인도 정부는 그의 임기를 6개월 연장하고 그에게 남으라고 전화로 알렸다." 이러한 조치에 대한 팔의 태도는 알려지지 않았다. 하지만 그가 재판 기간 여러 차례 장시간에 걸쳐 인도로 돌아갔었다는 것은 긍정적인 일이다. 앞에서 서술한 사실은 팔과 그가 제기한 판결에서의 단독 의견을 더욱 잘 이해하는 데 매우 중요한 배경 자료이다.

(4) 판결

법정에서 낭독된 판결문은 사실상 11명 법관의 공통된 의견은 아니었고, 7명이 쓴 것이었다. 그 7명은 미국, 영국, 중국, 소련, 캐나다, 뉴질랜드와 필리핀 법관이었다. 하지만 필리핀 법관은 또 다른 4명의 법관과 함께 판결에 대한 각자의 단독 의견을 썼다. 다른 점은 피고에 대한 형량이 지나치게 가볍다고 생각했다는 것이다. 사실상 인도 법관을 제외하고 다른 법관의 단독 의견은 기술적 차원이라고 해야 한다. 예를 들어 재판자 웹은 도쿄재판이 의심할 바 없이 인류 역사상 가장 중요한 재판으로서 일본이 〈비전공약〉에 서명하고 〈포츠담 공고〉를 받아들이는 것이 재판의 법률적 근거를 구성한다고 생각하였다. 왜냐하면 〈포츠담 공고〉에서는 다음과 같이 명확히 규정하고 있기 때문이다. "우리 회원국은 일본을 노예로 삼거나 그 나라를 멸망시킬 생각이 없다 하지만 포로를 학대한 사람을 포함하여 전범에 대해서는 법률적으로 엄한 제재를 가하고자 한다." 다만 일본 천황이 전쟁 책임에 대해 추궁을 당하지 않았기 때문에 나이를 많이 먹은 피고는 유배하는 것이지 사형에 처하는 것이 더욱 합당한 것은 아니다.

프랑스 법관과 네덜란드 법관이 단독의견을 쓴 것은 영국과 미국의 법체계와 유럽대륙 법체계의 다름 때문이다. 도쿄 재판은 영미법 체계에 근거하고 있었다. 그런데 이 두 사람은 대륙법 체계 국가 출신 사람들이다. 네덜란드 법관은 법정에서 증거의 수용 여부를 토론할 때에 그는 이해할 수 없다고 하였다. 영미법에서는 '공모Conspiracy죄'가 있다. 그런데 대륙법에는 없다. 또는 제한적이라고 말하기도 한다. 뢸링은 '공모죄'에 대해 인정하지 않았다. 공모죄의 기소에 대해 만약 당신이 가담했으면 당신은 모든 책임을 지게 되고, 따라서 당신은 어떤 사람이 어떤 폭행과 연계되어 있다는 것을 증명할 필요가 없고 단지 그가 공모 일부분임을 증명해야 한다고 생각했다. 이것은 영미법 체계에서 추한 면 가운데 하나이다. 바로 이러한 인식에 기반하여 그는 판결에 대한 단독의견에서 히로타廣田, 히가시東鄕, 시게미츠 마모루重光葵 등 5인을 무죄로 판결하였다.

뢸링의 말에 따르면 언어와 절차의 차이로 인해 "재판과정을 이해하는 면에서 프랑스 법관은 분명히 어려움이 있었다." 프랑스 법관 베르나르Berenard는 자신이 어떤 재판도 진행할 수 없다고 생각했다. 사실 그는 피고의 사형을 집행할 것인지 여부를 가르는 투표에 참여하지 않았다. 하지만 그는 몇몇 피고인이 일본군의 만행에 중대한 책임이 있다고 생각하였다. 그는 또 평화를 반대하는 죄를 저지른 주요 인물이 재판에서 도망쳤고 현장에 있는 피고는 그저 종범 정도로만 인식되는 수준이라고 생각했다.

그들이 판결에 대한 단독의견을 쓰기는 했지만 뢸링과 베르나르는 모두 판결문에 서명하였다. 조건은 그들의 의견을 판결문에 덧붙여 달라는 것이었다. 뢸링은 "내가 법정이 취하는 방법들에 대해서 완전히 동의하지는 않지만, 도쿄재판은 상당히 공정한 재판"이라고 생각했다. 이는 팔의 단독의견과는 본질적으로 차이가 있는 것이다.

판결에 대한 인도 법관 팔의 단독 의견은 1,235쪽에 달한다. 모두 9개 장절로 되어 있고, 앞부분 두 개의 장절은 국제법 학자의 논술을 가득 인용하고 있다. 뒷부분의 네 개 장절은 전쟁 중의 정치 사건을 상세하게 묘사하고 있다. 그는 이것을 통해 아시아 지역에서 발생한 전쟁은 결코 계획적인 공모가 아니라는 말을 하고 싶은 것 같았다. 그는 또 이 전쟁의 성격을 '국제충돌'로 규정하면서 일본이 공산당의 권력 장악을 저지하기 위해서이지 중국 영토를 점령한 것은 침략이 되지 않는다는 것을 논증하고자 하였다. 법률적인 측면에서 그는 매우 보수적인 생각으로 국제법을 대하면서 국제법에는 침략과 공모 침략이 범죄로 규정되어 있지 않고 이러한 행위에 대해서 사후 추궁을 할 수 없다고 생각하였다. 따라서 그는 피고 모두는 무죄라고 생각하였다.

팔의 집에 가본 적이 있는 뢸링이 주목한 한 가지 사실이 있다. "그가 자신의 단독 의견을 제출하기로 했을 때부터 나는 그가 법관으로 임명되었을 당시 그는 자신이 어떤 사람에 대해서도 유죄로 판단하지 않으리라는 것을 알고 있었다." 만약 뢸링 법관이 살펴본 것이 사실이라고 한다면, 팔이 판결의견을 제출한 배경과 그가 오랜 기간 법정에 나오지 않았던 사실을 다시 고려하게 되고, 그렇다면 판결에 대해 그가 제기한 단독의견의 공정성과 법률적인 의미는 크게 퇴색하게 되는 것이다.

2. 도쿄재판에서의 난징대학살

도쿄재판의 또 다른 중요한 사실은 도쿄재판에서의 난징대학살의 중요한 위치이다. 그 중요성은 수석 검찰관 키난의 법정 개정사에서 볼 수 있다. 키난은 개정사에서 일본군에 의한 여러 가지 만행을 열거한 후에 "이러한 만행은 우발적인 사건이거나 고립된 개인의 불량한 행위일 뿐만 아니라 계획적인 국가정책의 결과"라고 지적하였다. 그는 일본의 난징대학살을 모든 만행의 첫머리에 올려놓았다. 원고 측의 전략은 일본군의 난징대학살에 대한 심리를 통해 제2차 대전 기간에 이루어진 일본군의 만행이 계획적이고 미리 음모한 것이었다는 사실을 증명해 내려는 것이 분명했다. 그 밖에 시간의 안배로 볼 때, 정식 재판이 시작된 후에 오래지 않아 일본군의 난징 만행과 관련이 있는 증인이 증인석으로 걸어 나왔다.

도쿄재판 기소장에는 피고의 55항목에 걸친 죄상이 포함되었다. 앞부분 36항목은 '반평화죄'로 규정되었고, 뒷부분 16항목은 '살인모의', 마지막 3항목은 '전쟁죄와 반인류죄'로 규정되었다. 원고 측에서는 기소장에서 일본의 난징 공격을 제

45항, '반인류죄'가 아닌 '살인음모'에 넣었다. 제45항의 죄상에서는 12명의 피고가 "1937년 12월 13일과 그 후 며칠간 불법 명령을 통해 일본 무장부대의 난징에 대해 공격을 하도록 하였고, 제2항의 죄상에서 언급된 조약의 조항을 위반하였으며 아울러 국제법을 위반하고 양민을 학살하였고, 수천 수만 명의 양민과 무기를 버린 중국 병사들을 불법적으로 살해하였고, 살인을 모의하였다. 그들의 성명과 숫자는 지금도 여전히 알 수가 없다."고 고발하였다.

하지만 재판이 진행됨에 따라 원고 측은 목표를 일본 화중 방면군 사령관 마쓰이 이와네松井石根, 외무상 히로다廣田 및 당시 화중 방면군 부참모장 다케후지武藤 등을 최종 목표로 확정하였다. 사실상 제45항의 죄목은 오래지 않아 사람들의 시야에서 사라졌다. 원고 측은 일본군의 난징 만행과 관련된 증거를 가지고 기소장에 있는 제54와 제55항 죄목에 대한 기소를 유지할 계획이었다. 즉, '통상적인 전쟁 범죄 공모와 반인류 범죄'로서 다른 범죄를 제외하고, 제54항은 마쓰이와 히로다, 다케후지 등을 다음의 죄로 기소하였다. "세 사람은 공모하여 자신의 부하들에게 전쟁 법규를 위반하고 전쟁죄를 범하도록 비준 또는 허락하였다. 제55항의 죄목은 그들이 고의로, 또 결과를 고려하지 않고, 마땅히 취해야 하는 전쟁법 위반 방지와 준수의 법률적 책임을 무시함으로써 '전쟁법을 위반'하였다."

도쿄재판에서의 난징대학살이 차지하는 중요한 위상은 사건 자체의 원인 이외에도 검찰 측이 가지고 있는 많은 증거와도 직접적인 관계가 있다. 오늘날의 시각에서 보더라도 극동 국제군사법정의 원고 측이 수집한 일본군 난징 만행에 관련된 증거는 상당히 차고도 넘친다. 원고 측을 대표하여 일본군 난징만행에 대한 증인 또는 증거제출을 한 사람들은 다음과 같다. 샹이더尚义德, 우장더伍长德, 천푸바오陈福宝, 량팅팡梁庭芳, 쉬취앤인许传音, 청루이팡程瑞芳, 쑨위엔전孙远震, 리티아오성李涤生, 루천陆沈, 우징차이吴径才, 주용웡朱勇翁, 장지샹张继翔, 황장黄江, 하두신哈笃信, 왕천스王陈氏, 오쥔칭吴君清, 위엔왕袁王, 왕판王潘, 우장吴张, 천자陈贾, 윌슨, 바이츠, 매기, 맥갈룬, 스미스, 피치, 이토 등. 서면증거로 제출된 것들은 다음과 같다. 〈안전구 문서(시신 매장 기록 문건)〉, 〈수도 지방법원 검찰처가 명을 받아 조사한 적들의 범죄행위 보고서(일본군 만행에 관한 미국 대사관의 외교 전문)〉, 〈일본군 만행에 관한 독일 외교부의 비밀보고〉, 〈라베의 편지, 1938년 1월 14일)〉, 〈매카룬 일기〉 등.

이 증거들, 특히 미국인 윌슨, 바이츠, 매기와 생존자 샹이더, 우장더 등의 법정 출두와 〈일본군 만행에 관한 독일 외교부의 비밀보고〉와 〈라베의 편지〉 등은 법관과 방청객들에게 깊은 인상을 남겼다. 증인의 회고를 듣기 위해 바이츠가 증언할 때에 법정은 무서울 만큼 정적에 빠졌다. 그가 자신이 근무하던 진링대학이 일본대사관 옆에 있다고 말할 때 방청석에서는 억눌린 소동이 벌어졌다. 이 순간 피고석에 앉아 있던 마쓰이 이와네는 마치 몰래 달아나려는 것처럼 보였고, 그의 담비 같은 얼굴은 길게 늘어졌다. 히로다는 무표정하게 부동자세로 앉아 있었다. 난징대학살을 심리하는 동안 시게미츠 마모루는 시종 두 손으로 얼굴을 감싸고 있었다. 난징대학살과 자신이 무관하다 하더라도 많은 일본인과 마찬가지로 그는 깊은 치욕을 느꼈다.

인도 법관조차도 이 사실은 인정하였다. "조금도 의심할 것 없이, 난징에서 일본인이 한 행위는 잔혹했다. 이런 극렬한 만행은 3주간 지속하였다."

도쿄재판 후반기에 원고 측에서는 앞에서 서술한 증거들을 정리하여 일본군의 난징에서의 행위를 다음과 같이 개괄하였다. 살인 모의와 대학살, 가혹한 고문, 대규모 강간, 탈취, 무자비한 재산 파괴, 공포는 6주를 넘게 지속하였고, 일본 병사의 폭행은 마쓰이와 일본 정부, 도쿄의 외교 기구에 보고되어 이들은 난징 상황을 알고 있었다. 게다가 주제별로 증거의 출처와 심리 기록의 구체적인 페이지 수를 상세하게 설명하였다. 판결문에서 법관은 이 자료들을 많이 이용하였다.

원고 측과 변호인 측이 제공한 증거에 근거하여 법정은 일본 군대가 난징에서 앞에서 서술한 만행을 저질렀음을 확인하였고, 다음과 같이 인정하였다. "일본군 점령 후의 최초 6주일 이내에 난징 성내와 부근 지역에서 학살된 민간인과 포로의 총합계는 20만 명을 넘는다. 이것은 과장된 숫자가 아니다. 시신 매장 단체와 그 밖의 조직이 제공한 증거를 가지고 계산해낸 것이다. 이 조직들이 매장한 시신의 숫자는 155,000명에 달한다. 그들은 또 대다수 사망자가 두 손을 뒤로 묶여 있었다고 보고하였다. 게다가 이 통계 숫자는 불태워졌거나 양쯔강에 던져진 시신과 그 밖의 방식으로 일본군에 의해 처리된 시신이 포함되지 않은 것이다."

이어지는 법정의 임무는 앞에서 서술한 만행에 대한 책임을 구체적으로 확정하는 것이다. 물론 피고의 변호를 듣고 피고에 대해 질의를 한 뒤에 이루어지는 절차이다. 1947년 11월 24일부터 25일까지 마쓰이는 법정에 출두하여 변호하고 질의를 받았다. 마쓰이는 변호 과정에서 두 가지 전략을 취했다. 그 하나는 난징 만행의 발생을 부인하고, 발생하지도 않은 일에 대해서 자신이 책임질 필요가 없다는 것이다. 변호 과정에서 그는 자신이 난징성 내에서 어떤 부녀자나 아동이 피살되었다는 사실을 알지 못했다고 주장하였다. 또 하나는 만행이 발생할 가능성이 있다는 것은 인정했지만, 그는 그것에 대한 책임이 없다고 주장했다. 그 이유는 두 가지로, 하나는 당시 그는 만행이 일어난 것을 몰랐고, 또 하나는 들은 바가 있다는 것을 인정은 하지만 자신은 그것에 간여할 만한 기회나 권력이 없었다는 것이다. 이는 마쓰이로 하여금 다소간 내용을 알고 있었다는 것을 인정하는 것과 들은 바가 있다는 것이 일치한다는 사실을 인정하기 어렵게 만들었다. 결국 전체 질의 응답 과정에서 마쓰이는 시종 '전혀 모르겠다' '거의 알지 못한다' '들은 바가 있다' 등의 모순 상태에 처하게 되었다. 원고 측 변호사는 이 점을 이용하여 계속 추궁하였다. 압력을 받은 마쓰이는 난징 만행이 일어났을 수도 있다는 것을 인정하지 않을 수 없었고, 자신이 난징에 있을 때 그런 소식을 들었다고 하였다. 변호사는 그에게 어째서 이 점을 선서에 쓰지 않았냐고 추궁하였다. 그는 대답하기를, 자신은 정식으로 취합된 보고만 선서증언에 써넣었는데, 자신은 난징의 만행에 관한 내용을 정식으로 보고받은 바가 없다고 하면서 난징 주재 일본 영사관에서도 일본군 만행에 관한 국제위원회의 항의를 그에게 보고한 바가 없었다고 하였다. 그의 논리는 자신은 정식보고에 대해서만 행동에 옮기고 군, 사단의 군법 기구를 통하여 간접적인 행동을 취할 뿐인데, 1938년 2월에 화중 방면군 총사령관의 직에서 물러났기 때문에 자신은 유언비어와 관련된 정식보고를 받지 못했다는 것이다.

원고 측이 기소한 마쓰이의 9개의 죄목 가운데 법정 변론을 거쳐 재판부에서는 앞부분 8개 죄목에 대해 무죄로 판정하였다. 그가 반인륜범죄의 공모에 가담하지 않았고, 난징의 만행에 가담하지 않았다고 인정하였다. 하지만 재판부는 그가 이 만행의 발생을 저지하지 못한 것은 유죄로 인정하였다. "본 재판부는 마쓰이가 사건이 발생했다는 사실을 알고 있었다는 것과 그런데도 그가 어떠한 행동도 하지 않았으며 이런 공포를 감소시킬 어떠한 유효한 조치도 취하지 않았다."는 사실을 인정한다. 난징을 점령하기 전에 그는 분명히 명령을 내려 그 부대가 행동거지를 알맞게 할 것을 요구하였고, 후에 그는 다시 유사한 명령을 내렸다. 지금 이런 명령들이 어떠한 효과가 없었음을 알고, 이 점을 그 역시 분명히 알았을 것이다.

마쓰이 이와네는 난징 만행 발생 사실을 알고 있었다. 하지만 군대 최고 지휘관으로서 그는 효과적인 행동을 만행을 저지하지 못하는 죄를 저질렀다. 이 죄로 그는 교수형을 선고받았다. 오늘날의 기준으로 따져 봐도 재판부의 범죄행위 인정과 그에 대한 형량은 상당히 객관적이고 공정하다.

히로다는 자신의 변호와 대질을 위한 법정 출석을 거부했기 때문에 원고 측이 난징대학살 과정에서 그의 유죄를 증명하는 방법으로 내세운 것은 그가 증거로 삼은 일본 외무성 동아시아 사무국의 국장 이시이 이타로石射猪太郎를 상대로 대질 심문을 하는 것이었다. 이시이 이타로는 선서 증언에서 다음과 같이 말했다.

대략 12월 13일에 우리 군대는 성공적으로 난징으로 들어갔다. 이에 우리 난징 주재 총영사인 후쿠이 준福井淳은 상하이에서 그의 직책(난징)으로 돌아왔다. 그가 난징에서 외무성에 넘긴 첫 번째 보고는 바로 현지 우리 군대의 폭행에 관한 것이다. 이 전보 보고는 곧 육군 군무국 국장에게 넘겨졌다. 당시에 외상은 이 일에 대해 놀라고 걱정하면서 나에게 신속하게 조처를 하고 이런 부끄러운 행동을 조사하여 금지하라고 독촉하였다. 나는 그에게 답변하였는데, 이 전보 보고의 부본은 이미 육군부에 전달하였다. 나는 또 곧 거행될 육군부, 해군부, 외무성의 연석회의에서 군사당국에 이런 행위를 주의

하라고 훈계할 준비를 하였다.… 회의에서 나는 폭행 문제를 제기하면서 육군부 군무국 제1과 과장에게 '성전'의 숭고한 생각과 '제국군대'의 영광스러운 명성에 주의를 기울여 즉각 엄격한 조처를 해 줄 것을 당부했다.… 회의 이후 얼마 지나지 않아 외무성은 난징 주재 대리 총영사의 서면보고를 받았다. 이 보고는 우리 군 폭행에 관한 상세한 기록으로서 난징의 제3국 교민대표로 이루어진 국제안전위원회가 초안을 잡아 영어로 인쇄한 것이었다. 난징 총영사로서 나는 이 기록의 부본을 받아서 그것을 외무성에 보냈다. 나는 이 보고를 자세히 읽어보았다. 아울러 간략하게 외상에게 보고하였다. 외상의 동의를 받아 바로 이어진 연석회의에서 나는 육군부 군무국 제1과 과장에게 이 보고를 보여주었고, 나의 요구를 거듭 밝혔다. 군측의 대표는 나에게 그들은 이미 난징의 점령 부대에 엄한 경고를 했노라고 답변하였다.

1947년 10월 3일 영국의 보조 검찰관이 그에 대해 증인질의를 진행하였다. 보조 검찰관이 "히로다는 이 일을 내각에 알렸습니까?"라고 물었다. 이시이 이타로는 대답했다. "저는 이 일을 내각에 알렸다고 들은 적이 없습니다. 하지만 히로다 외상은 이 일을 육군대신에게 알렸습니다." 보조 검찰관이 물었다. "하지만 난징에서 보고가 끊임없이 전해져 왔는데, 폭행은 나중에도 계속된 건가요?" 이시이 이타로는 "그렇습니다."라고 대답했다.

보조 검찰관의 증인 질의를 통해 다수의 법관은, 그가 만행을 알고 있었고, 그가 육군부에게 압력을 가해 이 문제를 해결할 책임이 있었으며, 그렇게 하지 않은 것은 직무유기죄를 범한 것이나 마찬가지라고 인식하게 되었다. 이에 따라 그는 제55항의 죄목에서 유죄를 인정받았다.

다케후지 또한 제54항과 제55항 죄목에서 유죄를 인정받았다. 하지만 난징대학살 때문이 아니고 수마트라와 필리핀에서 일어난 만행 때문이었다. 다케후지가 난징에서 일어난 모든 일을 알고 있기는 했지만 "다케후지는 종속적인 위치에 처해 있었기 때문에 제지할 수 없었고, 수마트라와 필리핀에 있을 때는 그의 직무가 정책 결정에 영향을 미칠 수 있었기 때문이었다."

비록 피고 두 사람만 난징대학살로 유죄가 인정되었지만, 난징대학살은 여전히 도쿄재판의 가장 중요한 사건이었다. 티모시 브룩Timothy Broock은 다음과 같이 지적하고 있다. "도쿄재판의 다수 법관은 동아시아와 태평양의 전쟁에서 일본이 저지른 범죄에 대한 판결을 진행하였다. 그들은 이 판결이 실체가 법률 방문에서 충분하다고 생각했다. 난징대학살은 이런 범죄의 증거를 제공하였다. 그것은 일본 지도자를 처벌하라는 중국인의 요구를 충족시켰다. 이 요구는 일본이 난징에서 저지른 만행에서 기인했을 뿐만 아니라 일본이 점령했던 지역 전체에서 가해진 만행에서 기인한 것이기도 하며, 태평양 지역에서 학대를 받았던 미군 병사에 대해 일본 지도자들을 처벌하라는 미국인들의 요구를 만족시켰다. 난징은 그들의 전쟁 경험을 서술하는 연극적인 배경을 제공하였고, 이 두 가지 경험은 서로 어우러지고 서로 증거가 되었다. 왜냐하면 공모범죄의 개념이 1928년부터 1945년까지 발생했던 모든 사건이 통일된 폭행과 침략의 서술 가운데 하나의 완전체가 되었기 때문이다. 바로 이런 불일치와 충돌, 그리고 승리의 서술은 다수의 법관으로 하여금 일본이 전쟁에 대해 반드시 책임을 져야 한다고 생각하게 했다." 이 서술이 포스트 모더니즘적 색채를 띠고 있기는 하지만 하나의 측면에서 도쿄재판에서의 난징대학살의 중요성을 설명해 주고 있다.

3. 도쿄재판에서의 쟁점

도쿄재판 중에 존재했던 쟁점 사항은 사실 지금까지 이어지고 있다. 이 쟁점들은 법률과 정치 두 가지 측면으로 나누어 볼 수 있다. 먼저 법률적 쟁점 사항부터 살펴본다.

(1) 사후법
국내 형법의 매우 중요한 원칙은 어떤 행위가 발생할 때 위법이 없다면 사후

입법으로 소급해서는 안 된다는 것이다. 말하자면 '죄형법정주의 원칙'인 것이다. 그러나 관습법이 전통적인 국가에서는, 실제로는 과거의 행동들에 대해 어느 정도 소급하는 경우가 있고, 적어도 법관이 판례를 결정하고 판례는 법률을 결정하는 현실은 존재한다.

극동 국제군사법정 헌장은 사법권에 대해 다음과 같이 규정하고 있다. "아래의 행위 또는 본 법정이 관할권이 있는 모든 범죄는 범죄자가 개인의 책임을 진다. (1) 평화 파괴죄… (2) 보통전쟁죄… (3) 반인륜범죄…" '통상적 전쟁 범죄'에 대하여는 쟁점이 없지만 그 밖의 두 가지 범죄에 대해서, 특히 '평화 파괴죄'에 대해서는 쟁점이 많았다.

인도의 법관 팔은 1945년 이전에는 국제법에 반평화죄가 존재하지 않았다면서 이를 통해 동맹국이 국제법을 다시 바꿀 권리가 없다고 판단한 후, 다시 과거의 형식을 소급 적용하였다. "나의 판단으로는 국제법상 전쟁법의 정의는 패배국 개인에 대한 권리와 책임을 규정했기 때문에, 승리국은 기존의 전쟁법을 초월하여 범죄행위에 대한 새로운 정의를 한 후, 새로운 정의에 따라 이 정의를 위반한 사람을 징벌한다."

그러나 극동 국제재판소의 판결문(대부분)은 법정 헌장과 그 죄에 관한 정의가 결정적이며 구속력이 있다고 인정하며 동맹국이 헌장을 제정할 때 당시의 국제법에 따라 행해졌다고 여겼다. 판결문에는 국제법상 헌장에 열거된 각종 범죄 행위를 상세히 서술하고 있기 때문에 소급하는 문제는 존재하지 않았다.

네덜란드 법관은 이 문제에 대해 독창적인 견해를 가지고 있고, 또 더욱 설득력이 있었다. 그는 '평화파괴죄'가 확실히 '사후법'이라고 생각하였으나, 그는 법률의 본질에서 이 문제를 고찰하고, 회원국은 전범을 심판할 권리가 있다고 생각하였다. 그는 "'법이 없으면 범죄도 없다.'는 본질이 공정한 원칙이라면 이 원칙 때문에 도쿄 법정헌장이 정한 죄행은 소급 배제될 수밖에 없다."고 말했다. 십여 년 후 그는 이 관점에 대해 좀 더 상세하고 통속적으로 해석하면서 소급 금지의 원칙은 상대적으로 새로운 법률 개념으로, 주로 자유 촉진과 국민의 권리 보호를 위한 정부의 공정한 권리, 두 가지 측면을 다루었다. 그 하나는 자유이고, 다른 하나는 공정이다. 1945년의 국제법에는 아직 이러한 개념이 없었고, 보편적 인권 개념이 점차 발전함에 따라 1948년의 〈인권선언〉과 1966년의 선언과 같이 소급금지의 원칙이 채택되었다. 이를 보면, 비판자는 소급 금지의 원칙적 적용에도 소급 문제가 있다.

(2) 공모성

〈극동국제 군사재판소 헌장〉에서는 다음과 같이 규정하고 있다. "앞에서 언급된 어떠한 죄행(반평화죄, 반인륜죄, 통상적 전쟁죄)의 공동 계획이나 음모에 참여하는 지도자, 조직자, 교사자, 그리고 공모자는 이 계획을 집행하는 과정에서의 모든 행위에 대하여 책임을 진다." 바꿔 말하면, 침략전쟁에 참여한 일본 지도자들은 이론적으로 침략전쟁에서 일본 병사가 저지른 모든 범죄행위에 대한해 책임을 져야 한다는 것이다.

법정을 개정하는 인사말에서 키난은 한 걸음 더 나아가 공모죄 정의의 적합성을 설명하였다. "이 범죄행위(공모)는 잘 알려져 있고 대다수 문명국으로부터 인정을 받고 있다. 그 요지는 모든 국가에서 유사하며, 미연방법원의 이 범죄행위에 대한 정의는 충분한 개념으로 널리 받아들여지고 있다." 대다수 법관이 키난의 관점을 지지하면서 국제법에 이런 범죄행위가 있다는 것을 인정하였다.

하지만 일본 변호사 다카야나기 겐조는 그것은 단지 영국 사법 역사에서의 특수한 산물이라고 생각하였다. 그의 관점은 인도 법관의 지지를 받았다. 공모죄는 국제법의 구성 요소가 아니었다는 것이다. 재판장 웹은 단독의견에서 "국제법과 많은 국가의 국내법은 다르며 순수한 음모를 분명하게 범죄의 일종으로 보지도 않는다."고 생각하였다. 네덜란드 법관도 '공모죄'에 대해 약간의 불만을 품고 있었다.

(3) 국제법에서의 개인의 책임 문제

극동 국제군사헌장은 "피고인이 어떤 시기에 맡은 관직이나 피고가 정부나 상급자의 명령을 따랐던 사실로는, 피소 유죄에 대한 책임을 면하기 어렵다"고 규정하고 있다. 키난은 법정 개정사에서 이에 관해 추가설명을 하였다. "국제 입법 기구가 비록 문장으로 채택하지는 않았지만, 군사법원은 국제법을 위반한 개인을 처벌할 수 있다. 이 방면에서 국제법은 이미 장족의 진전을 이루어 법정은 이에 따라 심리를 진행할 수 있다."

그러나 피고의 변호사인 다카야나기는 개인이 전쟁의 책임을 진다는 개념을 '혁명적'이라고 주장하면서 국제법의 기본원칙은 국가가 책임을 지는 것이지 개인이 지는 것이 아니라고 생각하였다. 인도 판사 팔은 변호사의 관점에 동의하면서 (개인이) 정부를 구성해 그 정부 대리인 역할을 하고 있기 때문에 국제법상 해당 행위의 형사책임을 져야 한다고 생각하였다. 다수 법관은 개인이 국가의 행동에 대한 책임을 질 수 있다고 생각하였다. 실제로 1946년 12월 제1차 유엔총회에서 '뉘른베르크 7원칙'을 확인했다. 국제형사책임의 개인 부담 원칙 및 반평화죄, 전쟁죄 또는 반인도죄는 국제법상 범죄임을 분명히 했다.

다음은 정치적 측면의 쟁점 사항이다.

일각에서는 뉘른베르크 재판과는 달리 도쿄재판 기소자는 미국인 키난이 이끄는 단일기구이고, 도쿄 법정 헌장도 동맹국에 의해 초안을 만든 후에 공포되었다는 미국의 편견을 지적하고 있다. 이렇게 되면 미국의 호오는 도쿄재판의 내용과 방향을 크게 좌우하게 된다. 네덜란드 판사는 몇 년 후에 유감을 토로하였다. "도쿄재판의 원고 측은 비열한 원인으로 일본 세균전의 중요한 증거를 억류하고 고의로 법정에 제출하지 않았다. 나는 이런 일이 발생한 것이 치욕이라고 생각한다." 이는 국제검찰국에서 미국이 차지하는 주도적인 지위와 밀접한 관계가 있다.

다음으로, 극동 군사 법정이 일본의 전쟁범죄를 기소한 관계로 일각에서는 회원국의 전쟁법규 위반 행위를 따지지 않았다고 생각한다. 예를 들어 히로시마와 나가사키에 미국이 원자폭탄을 사용하고 도쿄에서 소이탄을 투척함으로써 민간인 대량 살상이 벌어진 것이 '반인륜죄'를 범한 것으로 인식된다는 것이다. 하지만 필리핀 법관은 "수단이 정당하다는 것을 목적이 증명할 수 있다면 원자폭탄을 사용하는 것은 정당하다"고 생각하였다. 사실상 도쿄 법정은 미국이 원자폭탄을 사용한 관련 증거 접수를 거부하였다. 도쿄재판의 판결문에는 미국이 원자폭탄을 사용한 문제를 언급하지 않았다.

또 어떤 사람은 소련이 중국의 동북지방과 일본 영토 일부를 공격하는 것이 중립협정을 파괴하는 것이고 〈비전非戰공약〉과 뉘른베르크, 도쿄재판의 처벌 논리에 근거하여 소련이 '반평화죄'를 범한 것으로 판단하기도 하였다.

이 밖에도 일본의 정치와 현실의 필요에서 미국은 일본 군대의 최고 통수권자인 천황과 황족들에게 사면권을 주어 천황 및 황족들은 재판을 받지 않았고, 심지어 법정 증인으로 출석하지도 않았다. 따라서 법정의 공정성은 크게 훼손되었다. 하지만 네덜란드 법관 뢸링은 1990년대에 "사람들은 천황의 역할을 확성기로 비유해야 한다. 정부가 말은 하지만 천황을 통해야 한다. 그가 말할 때 그의 목소리는 제국 전체에 울려 퍼지고 사람들은 그것에 복종한다. 이것이 바로 천황의 기능이고 천황의 뜻이다."라고 줄곧 생각하였다. 분명히 그는 천황을 사면한 것은 정확하다고 생각했다. 이로 보자면 천황에 대한 사면은 정치적인 결정일 뿐만 아니라 천황제도에 대한 인지 문제이기도 하다.

또한 미국은 관련 자료 확보를 위해서 세균전과 생체실험 연구에 종사했던 이시이 등과 협정을 맺어 그들을 재판에서 면제시켜 주었다. 도쿄재판에서는 이와 관련된 정보와 자료를 고의로 은폐하기도 하였다.

마지막으로 더욱더 많은 일본의 1급 전범 용의자들은 3년간 구금되었다가 재판도 없이 전원 석방되었다. 이는 독일의 상황과 큰 차이를 보이는 것이다. 가장 전형적인 것이 바로 이 사람 중에 훗날 일본의 총리가 된 사람이 있다는 것이다.

4. 맺는 말

천황의 전쟁 책임을 추궁하지 않았다든가 일본의 세균전 범죄를 덮어버렸다든가 하는 등 도쿄재판에 여러 가지 문제가 있기는 했지만, 도쿄재판의 법률적 의의는 뢸링이 1933년에 평가한 바와 같이 "법률적 측면에서 재판은 기념비적인 역할을 하였다." 역사적으로 뉘른베르크와 도쿄 재판의 가장 커다란 공헌은 실제 판례를 통해 국제법에 '반평화죄'와 '반인류죄'를 국제범죄로 확립하였고, 아울러 이러한 범죄들에 대한 국제 재판에 선례를 남겨 놓았다.

분명한 사실은 만약 우리가 역사적 시각으로 도쿄재판을 본다고 한다면, 다음과 같은 결론을 내릴 수 있다는 것이다. 만약 〈웨스트팔리 조약〉이 절대 국가 주권의 원칙을 확립했다고 한다면, 그렇다면 뉘른베르크와 도쿄재판은 앞으로 누구도 이 원칙에 따라 자신이 행함에 따라 개인적으로 져야 할 국제법적 책임을 회피할 수 없다는 것을 보여준다. 도쿄재판의 역사적 의미는 "일본 정부와 군부가 엄청난 침략전쟁을 계획하였고, 침략전쟁 과정에서 범한 갖가지 범죄행위를 밝혀냄으로써 일본 국민들을 엄청나게 놀라게 하였다. 이는 전후 초기 일본은 반전, 평화를 주요 내용으로 하는 민주화운동에 대해 엄청나게 큰 추진 작용을 하였다."는 것이다.

오늘날 일본인들은 편협하고 보수적인 태도를 가지고 도쿄재판을 비판한다. 만약 다른 마음이 있는 것이 아니라면, 최소한 당시의 역사적 환경을 무시하거나 영국을 포함한 몇몇 국가들과 수많은 정치 지도자들이 재판하지 말고 전범 국가 지도자들을 신속하게 처단하자는 주장을 했다는 역사적 사실을 망각한 것이다. 이와 비교하여 도쿄재판 자체는 의심할 바 없이 거대한 역사적 발전이었다. '반평화죄' '반인류죄'가 이미 국제법이 된 오늘날에 다시 '반평화죄'와 '반인류죄'를 가지고 '사후법'이냐 아니냐 따지는 것은 아무런 정치적 의미가 없다.(물론 학술적 토론은 제외한다. 하지만 오늘날 일본이 이 문제를 제기하는 것은 대부분 정치 인물들이다.)

마찬가지로, 우리가 도쿄재판의 역사적 의미를 긍정하고, 특히 그것이 일본군의 난징대학살을 확정하는 측면에서 해낸 공헌 면에서 실용주의적인 태도로 난징대학살 인원에 대한 판결문의 인정을 대하거나 도쿄재판에 대하여 추상적으로 긍정하거나 구체적으로 부정해서는 안 된다.

'무죄 추정'과 '의심스러운 것은 피고인에게 유리하게' '피고의 권리' '변호사의 책임' 등의 현대 법치 의식은 도쿄재판 연구의 묘사 가운데 응용되어야 한다. 이렇게 해야만 국제연구와 같은 무대에서 대화를 진행할 수 있고, 그렇게 도쿄재판의 연구를 한 걸음 더 추진해나갈 수 있을 것이다.

공간, 의식과 사회기억
- 장둥먼江東門 기념관을 중심으로 한 고찰

1. 기념관의 건립 배경과 건설 과정
2. '공간' : 생성, 구성, 조성
3. '의식' : 시간, 내용, 말
4. 기념 장소와 사회 기억

공간, 의식과 사회기억
- 장둥먼江東門 기념관을 중심으로 한 고찰

1. 기념관의 건립 배경과 건설 과정

(1) 건립 배경

1982년 일본 문부성은 심사대상인 고등학교 2, 3학년 역사 교과서에 대한 수정 원칙을 제시할 당시, 제1차, 제2차 세계대전의 역사적 사실을 기술할 때에 일본의 침략행위에 대한 기술을 줄이라고 공공연히 요구하였다. 이에 근거하여 몇몇 중요한 침략 관련 역사적 사실에 대해 상세한 수정 의견을 제기하였다. 예를 들어, 중국 화북 침략을 '진입'이라는 모호한 단어를 쓰게 한다든가, '난징대학살'을 '난징사건'으로 표현하는 것이다. 나아가 이런 대학살이 일어나게 된 원인을 "난징을 점령했을 때 중국 군대의 격렬한 저항을 만났고, 일본군은 커다란 손실을 보았으며 이에 격분한 나머지 일본군은 중국 군민들을 많이 살해하였다."는 식으로 표현하는 것이다.

역사적 사실을 뒤집어엎는 일본 문부성의 이런 작태는 중국 인민의 민족 감정을 자극하였다. 더구나 당시 30만 동포가 무고하게 살해당한 도시 난징에서 나고

자란 사람들은 더욱더 분노를 느꼈고, 각계각층의 사람들은 모두 난징시의 각급 기관에 편지를 보내 해결을 요구하였고, 난징대학살 사건에 관심을 가질 것을 강력하게 촉구하였다. "이 중요한 역사적 사실은 난징성이 세워진 이래로 가장 중대한 일로서 세계적으로도 보기 드문 사건이고, 후손들이 반드시 기억해야 할 사건이다." 난징대학살 사건과 관련한 역사책을 출판하기를 바랐고, 책을 펴내고, 사진과 글(난징대학살 실록, 전범재판에서의 증거물, 생존자의 회고록 등)을 이용해 다음 세대를 가르치기를 바랐으며, 난징대학살 기념관과 기념비를 세울 것을 희망하면서, "난징시의 적당한 장소에 난징대학살 과정에서 죽은 동포를 위해 기념비와 기념관을 세우고, 기념관에는 그림, 자료, 실물 등을 최대한 많이 진열할 것"을 촉구하였다. 또 매년 12월에는 기념식을 열고, 선전 활동을 할 것을 건의하였다. "지난 일을 잊지 말고 미래의 거울이 되게 하자."는 것이고, "난징대학살 30만 피해자를 기념"하고 "인민과 후손에 대해 교육을 하자"는 것이고, 이를 통해 청년들에게 민족교육, 애국주의 교육을 하는 장소로 삼아, 우리의 자손들이 더욱더 조국을 사랑하고 중국 공산당을 사랑하며 사회주의를 사랑하여 중화민족을 발전시키기 위해 노력하고 4개 현대화를 실현하기 위해 분투해나갈 것을 교육하자는 것이다.

또 많은 사람이 편지를 보내 기념관과 기념비 건립에 돈과 힘을 보태겠다는 뜻을 전달했다. "만약 착공 날짜가 확정되면 우리는 의무 노동에 참여할 것이고, 아울러 100위안을 기부하겠다." "나는 참고용으로 기념비의 설계방안을 제출하도록 하겠다." 어떤 사람은 직접 자신의 기부금을 부치면서 "제 기부금 5위안을 부칩니다. 아주 적은 돈이지만 제 성의입니다"라고 하면서 구구절절 사람들의 마음을 표현하였다.

인민들의 절실한 마음이 모여 기념관과 기념비의 건립, 역사 편찬은 장쑤성, 난징시 지도자의 중시와 관심을 얻게 되었다. "난징대학살은 40여 년이 지난 일이다. 지금 기념관과 기념비를 세우고 역사를 편찬하는 것은 비록 좀 늦기는 했지만 더 지체할 수 없게 되었다. 만약 더 지체하게 되면 지금 있는 자료들조차도 모을 수 없게 되어 버리고 만다." 국가 지도자도 이에 대해 특별한 관심을 보였다. 덩샤오핑은 기시 노부스케岸信介가 만주 건국비를 세우려고 한다면서 우리는 비판을 해야 하고, 동시에 그들이 만주 건국비를 세우려 한다면 우리는 도처에 일본침략비를 세워서 인민을 교육하고 청소년과 후손들을 가르치는 것이 특히 중요한 의미가 있다고 하였다.

난징시 시 위원회 선전부는 〈'중국 침략 일본군의 난징대학살' 만행 사료와 기념관, 기념비 건립에 관한 방안〉의 초안을 잡았다. 이 초안에서 역사 편찬, 기념관과 기념비 건립의 시급성을 언급하였다. 근 반세기 동안 만행을 목격하고 만행을 직접 경험한 많은 증인들이 세상을 떠났다. 수많은 유적은 없어졌거나 없어질 위기에 처해 있다. 〈방안〉에서는 사업 목표와 기구 조직, 사업 배분, 사업의 절차 등에 대해 상세한 계획을 세웠다. "네 가지 일에 집중하는데, 첫째, 역사서 편찬. 둘째, 전시관 건립. 셋째, 기념비 건립. 넷째, 영화제작." "난징대학살 사료 수집, 정리, 기념비와 기념관 건립 팀 조직하고, 이 팀의 성원에 대해서는 〈방안〉에서 난징 지역의 당, 정, 군, 민 등 각계의 관계 지도 인원과 저명 전문가와 학자를 포함하며 시에서는 시장 장야오화張耀華 동지를 참가시킬 것을 건의했다."고 설명하였다. 또한 소수 정예의 사무 기구—사무실을 설치하여 조직 간의 연락 사업을 책임지도록 하고, 동시에 지도 팀의 통일된 계획 하에서 4개의 전문 사업팀, 즉 자료팀, 학술팀, 기념관과 기념비 건립팀, 영화제작팀 등을 설치하고, 각 사업팀의 임무에 대해서 안배할 것을 언급하였다. 기념관과 기념비 건립팀의 임무는 시 문화국, 문화관리위원회, 도시농촌 건설위원회와 기획국이 책임지고 전시관과 기념비를 세우는 것으로 하고, 난징박물관, 시 박물관은 전시관의 각 항목의 사업을 책임지는 것을 규정하였다. 〈방안〉에서는 사업의 진척에 대해 "장둥먼 학살 현장의 보존, 정리, 기념비 건립, 개방 등의 사업은 1983년 12월에 완성하고, 다른 장소는 토지구획 보호와 기념비 건립의 조사 연구를 즉시 진행하고, 방안을 결정하여 각각 나누어 실시한다."고 규정하였다.

〈방안〉은 장쑤성 위원회와 성 정부에 올린 후, 성 위원회와 성 정부의 중시와 함께 대대적인 지지를 받았다. 〈'중국 침략 일본군의 난징대학살' 만행 사료와 기념관, 기념비 건립 방안에 관한 회답〉에서 "이는 수많은 인민 대중과 후손에 대하여 애국주의 교육을 진행하는 커다란 일로서 깊은 역사적 의미가 있다. 즉시 지도팀을 꾸리고 구체적인 계획을 연구 및 제정하며 업무를 잘 분장하여 최대한 빨리 사업을 시작하도록 하고 성 위원회 선전부와 각 유관 부서는 적극적으로 지지와 협조해 주기를 바란다."고 하였다.

각급 부서의 큰 지원을 받아 난징대학살 역사 편찬, 기념비와 기념관 건립 사업 지도팀은 곧바로 설립되었고, 긴장 속에서 사업을 시작하였다.

난징 문화관리위원회의 추천을 받아 난징 시 정부는 기념관의 부지를 일본군의 난징대학살 옛터인 장둥면으로 정하였다. 그 심층적인 원인과 구체적인 과정은 아래에서 상세하게 적도록 하겠다.

장야오화 시장은 연설에서 다음과 같이 강조하였다. "'난징대학살' 역사편찬, 기념관과 기념비 건립 사업을 잘 해내는 것은 중대한 의미가 있다. 이 사업은 시의 지방적 성격의 일로만 볼 수는 없고, 성 전체 사업인 것이다. 중앙의 지도자께서는 이에 대해 매우 관심을 가지고 계시다. 우리는 영광스러운 임무로 여기고 최선을 다해 처음부터 끝까지 잘 해내야 한다. 이것은 나라에 공을 세우는 일이며 우리들의 역사적 책임이기도 하다."

기념비 건립에 관해서 장야오화 시장은 이렇게 말했다. "세워지는 비는 풍경처럼 여겨지거나 단순하게 길가에 세워지는 비가 아니다. 분위기를 갖춰야 사람들을 가르칠 수가 있다. 그것은 애국주의 교육이다. 사람들이 비를 보면 기운이 느껴지게 해야 하고, 뒤떨어지면 당한다는 느낌과 함께 중국 인민의 영웅적인 기개를 드러내야 하며 사람들의 중화 진흥의 각성을 환기할 수 있어야 한다. 세워지는 비는 이런 작용을 할 수 있어야 효과를 거둘 수 있다. 따라서 진지하게 연구하게 설계되어야 한다." 기념관에 대해서도 그는 언급하였다. "각종 형식을 동원하여 역사적 사실과 자료에 근거해서 벽화, 유화에 조각을 배합함으로써 역사와 연결해야 한다."

그는 마지막으로 언급하였다. "이는 역사적인 공정이며, 본 정부 임기 내에 완성할 수 없는 일이니 다음 기에 계속해 나갈 일이다. 우리 세대에 끝내지 못하면 다음 세대에 계속해 나갈 것이다." 이로써 강렬한 결심을 나타냈다.

(2) 건설 과정
○ 1기 건설

기념관은 1983년 12월 13일에 난징대학살 46주년 제일祭日에 착공식을 거행하였다. 장쑤성, 난징시 간부 및 각계각층의 인민, 난징대학살 생존자 등 300여 명이 참가하여, 장둥먼에서 기념관 건립 착공식을 거행하고, 정식으로 기념관 건립을 시작하였다.

1985년 2월 3일에 덩샤오핑은 난징으로 시찰을 왔을 때 기념관 건립에 관한 상황을 보고 받고 '중국 침략 일본군의 난징대학살 기념관'이라는 기념관의 이름 편액을 흔쾌하게 써주었다. 난징시 시장 장야오화는 모든 일을 직접 챙기면서 건설 현장을 모두 37차례 방문하였다.

중앙으로부터 장쑤성, 난징시에 이르기까지 각급 부서에서는 이에 대해 전폭적인 지지와 적극적인 도움을 주었다. "작년 12월에 착공식을 거행한 이후부터 용지 수용, 경비조달, 기념관 설계 등의 세 가지 사업이 즉각 시작되었다."

기념관의 부지가 장둥먼으로 확정된 이후에 용지 수용 협상 작업이 긴박하면서도 적극적으로 시작되었다. 기념관의 전체 공정 용지 면적은 14,000㎡이고, 그 가운데 건축 범위는 10,000㎡로 하여 기념관과 기념비를 세우며, 총 건축면적은 2,000㎡로 하였다. 그 밖에 4,000㎡는 보호구역으로 통제하고, 그 가운데 일부분을 주차장으로 하고, 그 나머지는 발전용지로 하였다. 난징 시 정부는 이 4,000㎡는 전시관 주변의 보호 면적으로서 잠시 수용하지 않고 시 기획국이 위화타이 인민 정부와 함께 엄격하게 보호하고 관리하여 다른 용도로 쓰이지 않도록 하였다. 수용 작업은 매우 중요하고 또 매우 힘들게 진행되었다. 당시 장둥먼은 위화타이 구에 속해 있었는데, 반듯한 터 안에 농지가 있었고, 부대 용지도 있어서 비교적 복잡한 상태였다. 난징 시 정부는 이에 대해 "수용할 때에는 부대에 속한 530제곱미터는 무상으로 수용하고 다른 토지는 채소밭으로 쓰이는 것은 최소화하고 민간인 집 철거를 최소한으로 줄인다."고 분명하게 지시하였다. 관련 부서는 적극적으로 협상에 임하여 많은 일을 해냈다. 난징대학살 역사편찬과 기념관 및 기념비 건립팀은 1984년 11월 11일 〈역사편찬과 기념관 및 기념비 건립 사업 상황에 관한 보고〉에서 "지금 수용 토지는 모두 14,667m²이고, 농민이 사용하는 9,333m²는 이미 수용 절차가 마무리되었으며, 86517 부대가 사용하는 5,333m²는 이미 권리 양도가 협의되었다."고 밝혔다. 최종적으로 용지 수용 작업은 순조롭게 끝이 났다. "난징시 기획국은 며칠만에 기념관 부지 마련 작업을 타결지었다. 위화타이구와 장둥향은 토지 수용에 협조와 지원을 아끼지 않았다." 난공南空 정치부와 86517부대는 5,333m²의 토지를 무상으로 양도하였다.

기념관 건립 경비는 전체 공정에 약 117만 위안이 필요한데, 중앙과 장쑤성, 난징시 등 각급 부문의 조달, 보조, 선지급 등의 방법으로 공동 해결하였다. 난징대학살 역사편찬과 기념관, 기념비 건립 사업팀은 1984년 11월 11일에 〈역사편찬과 기념관 및 기념비 건립 사업 상황에 관한 보고〉에서 당시에 이미 확정된 경비의 상황을 언급하였다. "비준 요청을 거쳐 난징시 당국에서 특수비 24만 원을 집행하였고, 성 당국에서는 보조금 40만위안을 심사비준하였다. 국가문물국은 특수비 20만 위안을 집행하여 모두 84만위엔이 확정되었다." 마지막으로 난징시 재정국에서 200만 위안의 부족자금을 선지급해 주었다. 난징시의 기타 관련 부서에서도 관련 비용에 대해 감면해 주었고, 세무국은 건축 세를 감면해 주었으며 채소국에서는 채소용지 개발비를 감면해 주었고, 설계원에서는 설계비를 감면해주는 등이 움직임이 이어졌다.

기념비에 관해서는 처음에 기념관 설계의 공정에서는 기념비 하나와 기념관 한 동이었고, 전시실 - 500m², 유골 진열실 - 400m², 영화 상영실 - 300~40m², 외빈 접대실 - 160m², 창고 - 220m²를 포함되었다. 또 기념비와 유골 진열실, 창고 등의 단독 건축 외에 다른 방은 한 건물에 결합할 수 있다고 하였다. 부속 공정은 사무실 - 200m², 도서자료실 100m², 수위실 - 50m², 기념품 봉사부 - 20m², 주차장 400m², 자전거 주차장 400m², 공공 화장실, 담장 등이 있다.

전체적인 배치 계획은 기념비와 기념관을 중점으로 하고, 민족의 풍격과 지방적 특색을 드러내며, 난징 지역의 과학 수준과 정신 면모를 반영함과 동시에 부속 공정 및 도로, 광장 주차, 녹화 등 환경설계를 결합하여 인파의 집산을 적절하게 해결하고, 관람 노선을 합리적으로 안배하며 서로 다른 기능을 가진 건축물 간의 상호관계를 잘 처리하게 한다는 것이다. 이를 통해 전체 건축물들이 단정하고 장중한 효과가 있게 하고 사람들에게 강렬한 느낌을 주면서 인민들의 애국적 열정을 불러일으키게 한다는 최종목적을 달성하게 하자는 것이다.

그 가운데 몇몇 설계는 명확한 요구를 지향하고 있다. 기념비는 건축물의 중심으로서 그 풍격은 웅장하고 자연스러워야 하며 민족적 특색이 드러나야 한다. 환경과의 조화에 있어서 일본 군국주의의 만행을 증오하고, 살해당한 동포를 추모하며 중화 부흥의 혁명 의지와 4개 현대화 건설의 굳건한 결심을 불러일으켜야 한다. 동시에 주변 건물들이 모두 지어지고 나서의 조화도 잘 고려해야 한다.

기념관과 관련해서는, 전시실, 유골 진열실, 창고, 영화 상영실, 외빈 접대실 등에 대해 설계의 요구가 있었다. 그 가운데 전시실의 규모는 500m²로서, 주로 실물과 사진, 책자나 문서 등 일본군 대학살의 범죄 증거들을 진열하고 거기에 약간의 유화와 벽화, 조각 등을 결합한다. 몇 개의 방으로 나눌 수도 있고, 또 통풍과 채광 등의 문제를 해결하기 위한 요구도 개진되었다. 유골 진열실은 400m²로서 로비를 마련하고 사방 벽에 유화와 조각을 둘 수 있게 하고 중간에 많은 유골을 진열하게 한다.

이것들은 모두 애초 기념관의 건축 설계구상과 요구였다. 나중에 초안에서 약간의 수정을 가하였고, 관련 부서가 4가지 설계방안을 토대로 모형을 만들어, 시건축 자문위원회의 공동심사를 거치고 또 전문가의 논증을 거친 뒤에 몇 차례의 수정과 토론을 거친 후에 최종적으로 확정되었다. 심사 결정한 방안은 구상과 비교적 좋고 참신하고 비통함과 분노의 분위기가 있으며 당시 학살의 비참한 장면을 잘 반영한 설계였다. 이것이 바로 후리가 훗날 보게 될 기념관의 1기 공정의 설계이다.

　기념관의 주제는 '삶과 죽음'이다. 공간적으로는 총체적 환경 설계 방법을 채택하였다. 마당과 환경, 조합, 단체 등의 요소의 도움을 빌려 이 주제를 표현하였다. 그렇다면 어째서 최초의 설계에서 방향을 바꾸어 최종적으로 총체적 환경설계로 했을까? 이러한 총체적 공간 설계 이념은 어떻게 된 것인가? 이 문제는 이어지는 글에서 자세히 분석해 보기로 하겠다.

　전반기 준비 작업을 잘 마친 후에 1985년 2월 20일 음력 정월 초하루에 기념관은 정식으로 공사를 시작하였다. 아울러 이 공사는 해당연도 난징시 건설 10대 중점 프로젝트 가운데 하나였다. 실제 건설과정에서 관련 분야와 부서는 모두 각 방면의 지원을 아끼지 않았고, 큰 도움을 주었다. 더욱이 언급할만한 가치가 있는 것은, 기초공사를 난징시에 있는 한 회사가 하청을 맡았는데, 이 회사는 임원과 기술자들이 시공팀을 특별히 만들었고, 소수정예의 건축팀을 조직했다는 것이다. 최종적으로 4개월 만에 기초 공사의 임무를 완성하였다. 배치해서 전시하는 작업을 거쳐 1985년 8월 15일 항일전쟁 승리 및 세계 반파시스트 전쟁 승리 40주년 기념일에 기념관은 완공과 함께 대중 개방되었고, 애초 계획보다 1년 반의 시간을 앞당겼다.

　이때의 기념관은 부지면적이 2만5천여 m²이고, 건축면적은 모두 2천5백여 m²이며, 본 건물은 대략 1,300여 m²를 차지한다. 기념관으로 들어가면 먼저 눈에 들어오는 것이 덩샤오핑이 써서 돌에 새긴 '중국에 침략한 일본군의 난징대학살 피해 동포기념관'이라는 기념관의 이름이다. 입구를 지나 계단으로 올라가면 중국어, 영어, 일본어로 새겨진 '피해자 30만'이 보이고, 옥상으로 올라가면 기념관 내 광장이 내려다보인다. 자갈이 바닥이 깔려 있어 풀이 자라지 않으며 마른 나무가 담장을 막고 있다. 기념관 내부의 조그만 도로 양편에는 13개의 조각이 배열되어 있는데, 이것은 시 전체 각 곳에 세운 난징 대학살 피해자 동포의 기념 비문을 축소해서 진열해 놓은 것이다. 담벼락에는 '재난' '학살' '추모' 등의 세 가지 대형 석각이 부조되어 있고, 예술적인 수법으로 중국을 침략한 일본군의 죽이고, 불태우고, 강간하고, 약탈하는 만행을 재현하였다. 광장 서남쪽에는 화강암으로 조각한 입상 〈어머니의 외침〉이 우뚝 서 있다. 그 모습이 슬프고 분노에 차 있으며, 왼손은 앞으로 뻗어 있고, 오른손은 머리를 감싸 쥐고 있어, 마치 잃어버린 가족을 찾고 있는 듯한 모습이다. 피해를 본 동포들의 유골 가운데 진열실 내에 있는 것은 '만인갱萬人坑'에서 발굴된 일부 피해자의 유골이다. 조그만 길을 따라 앞으로 가면 사료 진열실로 들어가게 된다. 이곳에는 난징대학살 사건의 사료, 그림, 실물 등이 진열되어 있다. 마지막으로 영화 상영실에서는 역사 문헌 기록영화가 방영된다. 기념관 밖에는 빼곡하게 항상 푸르른 생명력 넘치는 상록수를 심었다.

○ 2기 건설

10년 후인 1995년 항일전쟁 승리 기념 및 세계 반파시스트 전쟁 승리 50주년 기념을 기념하여 기념관은 제2기 건설 공정을 시작하였다.

경비 부족으로 인해 애초 정해져 있던 2기 공정은 착공하지 못했다. 1995년 연초에 난징시 시 위원회와 시 정부는 그해 사업계획을 확정하면서 기념관 2기 공정을 항전 승리 50주년과 애국주의 교육의 중점 프로젝트로 삼아서 시 전체의 경제와 사회발전의 분투 목표에 넣었다.

중국과 홍콩의 애국 인사, 실용창고實用倉庫 유한공사 상무 이사 천쥔스陳君實 선생이 기념관에 100만 홍콩달러를 기부하였다. 이에 고무를 받아 난징시에서는 '1인당 1위엔 모금'하여 부족한 건설자금에 보태자는 운동이 일어나 시 전체 주민들에게 기념관을 건설하는 데 함께 힘을 모으자고 호소하였다. 천쥔스 선생이 다시 10만 홍콩달러를 추가로 기부하여, 한 사람이 모두 110만 홍콩달러를 기부하였다. 이어서 난징의 타이핑 백화점은 앞장서서 호소에 응답하여 기념관 기부운동에 참여하는 첫 번째 기업이 되었다. 전체 직장 임직원들이 13,738위안을 모금하였고, 백화점이 1만 위안을 기부하여 기부 총액은 23,738위안에 달했다. 샹더셔우尙德壽는 장쑤성 황푸黃埔 동학회 회원이자 난징 민혁당원으로서 그의 부친, 큰

형, 사촌형은 모두 난징 대학살의 피해자이고, 둘째 형은 피해자 가족을 대표하여 도쿄 극동 국제군사법원에 증인으로 출석한 적도 있는 인물이다. 그는 퇴직금 중에서 500위안을 기념관 건설에 기부하였다. 리루허六合현 현 위원회, 현 정부의 지도자, 기관의 간부, 기업 대표 및 빠바이八百진의 진산金山 중학 학생들은 성대한 집회를 열어 항전 중에 희생된 열사들에 대해 추모하고, 동시에 기념관에 1000여 위안을 기부하였다. 위화타이雨花臺구 소재 중학교와 초등학교에서 2만여 위안을 기부하였고, 화닝華能 난징 전기회사에서 2만 위안, 신깡新港 공업구에서 12,900위안, 난징 빌딩에서 11,000위안, 시 지세국地稅局에서 5,860위안, 시 인사국人事局에서 5,550위안, 진링金陵직업학교에서 3,000위안, 지엔이에구建鄴區 안핀가安品街 사무소에서 2,000여 위안을 기부하였다.

난징 외곽에 사는 주민들은 기념관 2기 공사를 위해 모금 활동이 벌어지고 있다는 사실을 알고, 기념관과 연락을 취하고 뜻을 전달하였다. 중국 홍콩의 애국인사, 시대時代산업 관리정비 센터, 시대 국제무역공사 이사장 쑨용캉孫永康 선생이 20만 홍콩달러를 기부하였다. 그는 다음과 같이 자기 생각을 말했다. "이것은 매우 중요한 역사적 의미가 있는 애국 공정이다. 기념관은 후손들에게 국치를 잊지 말도록 가르치고, 중화민족의 단결정신을 한 데 모으는 장소이다. 한 사람의 중국 사람으로서 그것을 잘 건설할 책임과 의무가 있다." 상하이시 염업鹽業공사 제3도매부의 44명의 직원은 기념관에 199위안을 송금하였다. 편지에서 그들은 자신들의 뜻을 알렸다. "당시 일본 침략자들이 범한 극악한 범죄행위를 기억하는 것은 애국의식과 국방의식을 함양하는 데 도움이 되고, 또한 중일 우호의 진전된 발전에도 도움이 된다. 따라서 이것은 난징시민의 책임과 의무일 뿐만 아니라 우리 상하이 시민의 책임과 의무이기도 하다. 우리가 이렇게 참여하는 것은 깊은 의미가 있는 활동이다."

또 많은 사람이 '의무 탐사나 무료설계나 특수한 일을 특수하게 처리하는 방식'으로 기념관 2기 공정을 위해 묵묵하게 공헌하였다. 난징 건축설계연구원의 감리 파트를 맡은 파트장 까오바이화高伯華는 소수 정예인원으로 감리 파트를 꾸려 감리를 진행하였다. 그는 말하길, 기념관 2기 공정을 위해 조금이나마 유익한 일을 하는 것은 피해를 본 동포들에 대한 우리의 추념 의리이기도 하다." 중국 과학원 원사院士이자 동난東南 대학 건축연구소 소장 지캉齊康은 총체 설계 임무를 적극적으로 맡고 나서 설계사들을 이끌고 3주간의 휴가 기간도 반납한 채로 설계 작업을 하였다.

'1인당 1위안씩 기부' 운동 방식으로 각계각층의 모든 사람은 기부 운동에 참여하게 되었고, 기념관 2기 건설 공사를 위해 모두 400여 만위안을 모금하였다. 1기 공사에서는 관련 분야와 부서에서 큰 지원을 보내 주었다면 2기 공사는 말 그대로 '전 국민 총동원'이라고 할 수 있다. 이렇듯 특별한 기부활동을 펼친 것은 국가 정권이 그 정치 권력을 적극적으로 발휘하여 사회동원에 효과적인 방식을 광범위하게 펼쳐나감으로써 대중의 민족 감정을 적극적으로 움직여 기부에 참여하게 하였고, 기념관 건설초반부터 정치 이데올로기를 전파하고 그들의 정치적 행동을 통하여 더욱더 많은 대중들에게 영향을 미친 것이 주효하였다. 게다가 기념관에서는 5000위안 기부한 단체와 500위안 이상을 기부한 개인에게 '봉헌비'를 세워서 그 뜻을 영원히 기념하기로 하였다.

1995년 6월 6일, 기념관 2기 공정이 정식으로 시작되었고, 부지 확장과 개조 및 애초의 내용에 대해서 충실함과 완벽함을 기하기로 하였다.

대문의 방향이 남쪽으로 바뀌었고, 건축 풍격을 영향을 주는 정면 벽 위에 중국어와 영어로 새긴 기념관의 이름을 새겨 넣어 눈에 띄게 하였다. 문의 기둥에는 장쩌민江澤民이 쓴 '전국 청소년 교육기지' 동판이 상감 되어 있다. 정문 바로 옆에 표지비석을 세웠는데, 그 모습이 십자가와 비슷하다. 표지비 몇 걸음 곁에 떨어져 있는 봉헌비 위에는 2기 공정에 기부한 국내외 인사들의 명단과 액수가 새겨져 있다.

추모 광장과 '고성의 재난'을 조합한 조각은 2기 공정의 중점이다. 추모 광장은 기념관에 들어가자마자 보이는 광장으로서, 설계자는 분위기 조성을 위해서 요철이 계속 이어지는 화단과 바닥조명을 심혈을 기울여 설계하였다. 또 가는 모래와 자갈포장과 콘크리트 포장과의 관계에 주의를 기울여 모래, 풀 등을 이용함으로써 강렬한 대비에 신경을 썼다. 모래는 죽음을 말하고, 풀은 생명을 대표한다. 양자는 대비를 이루고 시각적으로 자극하는 힘이 매우 강하다. 동시에 우측 40m 길이의 담장에는 검은색 광택이 나는 화강석을 붙였다. 강렬한 방향 제시로써 관람하는 사람들을 매우 빠르게 엄숙한 분위기로 들어갈 수 있도록 한다. 또 벽면에는 '과거의 일을 잊지 말고 미래의 스승이 되며, 역사의 거울로 삼아 미래를 열어가자.'라고 적어 기념관의 건립 취지를 밝히고 있다. '고성의 재난' 조각상은 무너진 성벽, 부서진 칼, 피해자의 머리, 몸부림치는 팔뚝 등, 역사의 교량과 첩첩이 쌓인 백골을 상징하는 자갈 등으로 구성되어 있다. 표현하고자 하는 주제는 슬픔과 분노이다. 이 조각상들은 역사의 교량 위에 서서 난징대학살을 되돌아본다는 의미를 담고 있다.

'추모의 벽'을 새로 세웠는데, 속칭 '통곡의 벽'이라고도 한다. 이 벽은 길이가 48m이고 높이는 3.5m로서 수백 개의 회백색 화강암을 쌓아 올려 만든 것이다. 벽체는 울퉁불퉁하게 되어 있고, 정중앙 아래쪽에 대리석으로 화환을 주조해 놓았다. 그리고 정중앙에서 양쪽으로 뻗어 있는 검은색 대리석 위에 30만 피해자를 상징하는 3,000명의 피해자 명단을 새겨넣었다. 비석 위에 뚫려 있는 구멍은 녹색 나무가 조화로운 배경이 되어 비석 아래 녹색 풀과 어우러져 생명에 대한 갈구를 표현해낸다. 또 담장 330여 m를 세워 기념관 주변의 환경을 깨끗하게 정리하였다.

피해자들의 유골 진열실은 개조하여 당시 '만인'의 현장 모습을 복원하였다. 백골과 실외의 수많은 자갈은 한 덩어리가 되어 사람들이 이 땅속에 수많은 희생자가 묻혀 있다는 사실을 떠올리도록 해준다. 실내에는 또 촛불 형태의 등을 더 설치하여 영혼을 위로하도록 하였다.

사료 진열실은 내용으로 근 10년간 난징대학살 사건에 관련하여 새로 발견한 사료와 증거들을 포함해 상하이, 쑤저우, 우시無錫, 장인江陰, 챵저우常州, 전장鎭江 등 강남 일대에서의 일본군 만행 사료들을 새롭게 늘렸다. 또 자선단체, 개인, 가짜 정권의 매장 기록 및 일본군이 그 흔적을 지우려 했던 사료를 새로 늘렸다. 이 사료들은 한가지 측면에서 30만 피해 동포의 숫자에 강력한 증거가 된다. 역사적 증거들도 새로 늘렸는데, 이 증거들에는 당시 난징대학살에 가담했던 일본군 장병들의 고백과 생존자의 증언, 그리고 당시 난징에서 난징대학살 사건을 귀로 듣고 눈으로 목격했던 국내외 관련 인사들의 자료들이 포함되어 있다. 전시 라인은 과거의 600m에서 800m로 늘렸고, 역사 사진 147장과 실물 60여 건을 추가하였다. 진열 수단 면에서 전통적인 방식을 탈피하여 가장 훌륭한 효과를 낼 수 있도록 노력하였다.

추모광장과 '고성의 재난' 조각상들은 2기 공정의 중점으로서 1997년 중국 침략 일본군의 난징대학살 추모 60주년 전반기가 되어서야 완공되었다. 이로써 2기 건설공사는 전부 끝이 났다.

2. '공간' : 생성, 구성, 조성

(1) 공간의 생성
○ '공간'의 개념

공간, 우리가 경험한 공간을 어떻게 이해하고 이해할 수 있을까? 예로부터 지금까지, 사람들은 공간이라는 개념에 대해 아주 많은 다른 해석을 하였다. 아인슈타인의 상대성 관점은 처음으로 4차원 공간을 고려하여 시간 요소를 가미함으로써 기존의 3차원 공간의 전통적인 관점에서 벗어나 사람들이 하여금 공간에 대한 인식에 한 걸음 나아가게 하였다.

앙리 레페브르Henri Lefebvre는 공간에 대한 체험이 단순하게 공간 자체에 존재하는 것이 아니라고 하였다. 공간은 특정한 장소에 존재한다는 것이다. 장소의 개념은 최초로 패러데이Michael Faraday 전자電磁 이론에서 나왔다. 게스탈트 심리학파에서 그것을 심리학으로 끌어들인 것이다. 환경심리학에서는 사람의 행위에 장소의 의미를 부여한다. 장소는 객관적 위치를 차지하고 실질적 환경을 가지는 것 이외에 사람이 건물과 도로, 경치 등을 설계하는 과정에서 특정한 부분을 잘라내어 공간을 형성하는 것이다. 우선 공간은 분명하게 한 가지 물질의 객관적 존재이다. 그것은 물론 감지될 수도 있고, 감지할 수 있다는 전제에서만 진정으로 체험될 수 있다. 그리고 심리학적 관점에서 보자면 체험은 사물 간의 상호관계를 통해서만이 생길 수 있고, 여기에서 그것은 인간의 사유의식과 공간 존재 사이의 상호관계를 통해 생겨나는 것이다. 공간 안에 있는 건물, 도로, 경치 등은 모두 특정한 역사 문화 배경과 사회현실의 수요로서 사람들에 의해 특정한 의미를 부여받게 되며 이렇게 해서 공간은 정신적 내용을 갖게 된다. 그것은 사람을 끌어당기는 내재적인 심리적 힘이 있다.

케빈 린치Kevin Lynch가 제기한 '도시의 뜻'은 사람의 의식 활동이 공간이 존재하는 관건이 되는 요소라는 의미이다. 공간이 존재하는 상태는 사람의 사유 의식 활동을 통해서만이 드러날 수 있다는 것이다. 사람이 공간에 들어가서 공간을 느끼고, 공간을 체험하며, 사유 의식 활동을 통하여 공간의 의미와 내용을 깨달아 공간 이미지를 정서 영역으로 전이시킨다는 것이다. 따라서 종합적으로 봤을 때, 공간은 사람의 의식 상호작용을 통하여 느껴지고 체험되는 일종의 객관적으로 존재하는 장소의 영역이다.

푸코Michel Foucault는 "공간은 어떤 권력이 활동하는 기초"라고 말한 바 있다. 기념관의 터를 중국 침략 일본군의 난징대학살이 벌어진 장소, 장둥먼으로 정한 것은 특수하면서도 중요한 역사적 특징과 서로 연결해 특정한 장소 정신을 강화해 주는 것이다. 이 장소 위에 사람들은 건물, 비석과 담장, 조각, 동상 등을 설계하였고, 장소를 나누어서 중국 침략 일본군의 난징대학살로 인해 피해를 본 동포들을 추모하고 기억하는 공간으로 만들었다. 하프와시Maurice Halbwachs는 "모든 집단 기억은 시간과 공간에서 정해진 집단의 지지를 받아야 한다."고 생각하였다. 관람자들이 기념관에 들어오면 이 특정한 공간 안에서 오랫동안 방치되었던 난징대학살이라는 역사적 사실에 대한 기억은 강화될 수 있다. 기념관은 더 객관적인 존재일 뿐만 아니라 추상적 존재이기도 하다. 심리적, 사회적 그리고 문화적 부분의 현상으로 간주할 수 있다.

기호는 특정한 형식으로 일정한 의미를 가리킬 수 있는 형태이다. 독일의 유명한 철학자 에른스트 카시러Ernst Cassirer는 기호에 대하여 다음과 같이 정의하였다. "기호는 사람들의 공동으로 약속하여 정한 일정 대상을 지칭하는 표지물로서, 그 안에는 어떠한 형식으로 감각을 통하여 의미를 나타내는 전체 현상이 포함될 수 있다." 이에 따르면, 기호가 다루는 범위는 상당히 광범위하다. 그림일 수도 있고, 문자 조합일 수도 있으며, 소리 신호일 수도 있고, 건축 조형일 수도 있다. 심지어는 사상문화, 시사 인물일 수도 있다. 이러한 현상 중에는 두 가지 내용이 있다. 그 하나는 그것이 의미있는 담지체이고, 정신이 밖으로 표현된 것이라는 점이고, 다른 하나는 그것이 감지될 수 있는 객관적 형식을 가지고 있다는 점이다. 특정한 형식이 있고, 또 정신적인 의미도 있는 것, 이 두 가지는 밀접하게 통일되어 있으면서 불가분의 관계에 있는 것이다. 외재적인 형식을 통하여 내재적인 의미를 표현하는 것, 기호는 바로 이렇게 겉에서 속으로, 형식과 의미에서 상징으로 대체되는 것이다.

기념관 건설은 권력 공간의 기호가 되었다. 건축은 이 사건 배후의 사람이나 조직이 시공한 것이다. 따라서 그 사람들의 가치와 행위를 나타낸다. 그것은 대중을 향해 난징대학살에 관한 기억과 이데올로기가 된 담체를 보내 대중에게 영향을 미치고, 난징대학살 사건에 관한 대중들의 기억 가운데에서 중요한 방향 제시 작용을 강화함으로써 대중들의 이성적 기억의 소망 구성을 실현한다. 따라서 그것은 공간의 설계에서 독창성을 갖추게 된다. 건축사에 대한 도전은 점유와 인격화를 유발하고 도움이 되는 공간을 어떻게 창조할 것인가의 문제이다. 아울러 어떠한 배치와 장식의 방식을 통해 정보를 전달하느냐 하는 것이고, 여러 가지 수법을 이용하여 관람하는 사람들이 느낌과 체험을 하게 함으로써 공간의 개념을 설명하느냐 하는 것이다.

○ 기념관의 설계

기념관은 공간에서 전체적인 환경 설계를 채택하였다. 앞에서 이미 언급하였는데, 기념관의 최초 설계에서 최종 완성에 이르기까지, 꽤 우여곡절이 있었다. 공사 설계자 지캉 씨는 기념관 설계와 관련한 저서에서 다음과 같이 쓴 바 있다. "설계할 때 협력자와 함께 구상하는 것 중 두 가지 선택이 있었는데, 하나는 기념 건축만을 설계하고 내부에는 역사의 실증과 사진들을 전시하고 또 하나는 기념과 장소 전체를 재난지로 하여 전체적인 환경설계를 하는 것이었다."

지캉 씨는 필자가 취재자 방문했을 때, 자신이 참여하기 전에 처음에 설계를 맡았던 꾸창궈顧強國 씨가 기념관 한 동만 짓는 거로 준비했었다고 하였다. 당시 〈중국 침략 일본군의 난징대학살 기념관, 기념비 설계 임무서(초고)〉에서는 공정에 기념비 하나, 기념관 한 동과 전람 진열실 - 500㎡, 유골진열실 - 400㎡, 영화 상영실 - 300~400㎡, 외빈 접대실 - 160㎡, 창고 - 220㎡ 등이 포함되는 것으로 했었다. 기념비, 유골 진열실, 창고를 각각 단독으로 짓는 것을 제외하고는 다른 방은 하나의 건물과 결합할 수 있는 것으로 하였다.

그렇다면 이후 왜 기존 안을 바꿔 전반적인 환경설계를 했는가. 이것은 우선 설계자 지캉의 경력부터 이야기해야 한다. 1937년 일본 제국주의가 전면적인 중국침략 전쟁을 일으켰다. 난징 함락이 코앞으로 다가온 그 무렵 지캉은 막 6살이었다. 부모를 따라 할아버지 고향인 저장성 천태로 피난을 하러 갔다. 그리고 그 후 난징에서는 천인공노할 난징대학살 사건이 벌어져 세상 사람들을 놀라게 하였다. 지캉의 부친 제조창은 기독교회 소속의 건축사였다. 교회에서 배치를 받아 생명의 위험을 무릅쓰고 진링대학에 남아 진링대학 난민 구역의 책임자가 되었다. 그와 그의 동료들은 함께 사방에서 난민들을 끌어모았고, 그 두려운 시대에 많은 난민에게 도움을 주었다. 그 과정에서 그는 일본군의 침략 범죄 행위를 수없이 목격하였고, 자기 자신도 위험에 빠지기도 하였다. 후에 부친과 만나기 위하여 지캉은 되돌아가는 일본 선박에 몸을 실었다. 그 당시 그는 초등학교 5학년이었다. 배에서 그는 강요에 의해 '양민증'을 높이 쳐들었다. 그는 일본 병사에게 '영양이 풍부한' 바닷물을 마시라는 말을 듣기도 했고, 일본 병사가 채찍으로 동포를 때리는 장면을 직접 보기도 하였다. '팍팍' 하는 구타 소리가 귓전을 맴돌았다. 부친과 모친도 그들에게 재난을 당한 경험을 말해주었다. 그래서 지캉은 어려서부터 일본군에 대해서 알 수 없는 미움이 있었고, 슬픔과 분노를 느끼고 있었다. 필자가 취재 방문하러 갔을 때 지캉은 반복해서 강조하였다. "만약 다른 사람으로 바꿨다면 틀림없이 이런 설계는 없었을 겁니다." 확실히 그는 일본군의 만행을 직접 목격하였고, 일본군의 투항을 직접 경험했으며, 이런 경험들이 그의 예술 창작 격정을 불러일으켰고, 더 나아가 기념관의 설계 이념에 직접 영향을 미쳤다.

당초에 지캉이 참여 요청을 받은 것은 기념비 보수 작업이었다. 나중에 한 학생의 제안으로 그는 생각을 바꿔보기로 과감한 결정을 내렸다. 완전히 새로운 시각으로 기념관을 설계해 보기로 마음먹었다. 당시 지캉은 2차 세계대전 이후 이탈리아 등에서 설계된 기념 건축물들을 연구하였다. 이러한 기념적 성격의 건축물들은 이미 전통에서 벗어나 있었다. 전통적 기념물 같은 대칭이나 축선, 중점 대신 '의미'를 가지고 표현하기 시작한 것이다.

예로부터 각 역사 단계에서 기념물 형상의 형태는 모두 변화무쌍함을 겪었다. 옛 로마의 개선문, 이집트의 피라미드로부터 17, 8세기의 기마 조각상에서 개인의 기념 조각상에 이르기까지 서로 다른 시대는 기념물 형상에 있어서 형태적인 특징이 각기 다른 모습을 반영하였다. 그 안에서 지캉은 기념물 건축에 있어서 서방의 유행은 바로 시간, 공간이 건축물에 표현된다는 것을 발견하였다. 그는 또한 1945년 이후, 미국에서 있었던 루즈벨트 기념비 공모전을 거론하면서 공모전에서 표현된 갖가지 아이디어는 독창적인 것들이었다는 사실을 지적하였다. 방안 가운데 어떤 것은 환경의 분위기로 기념 의미를 표현해냈고, 어떤 것은 건축물로 표현했으며, 또 어떤 것은 구조물의 추상적 형상으로 표현하기도 하였다. 인물을 기념하는 기념 건축물은 완전히 다원화된 수법으로 표현되었다. 이로부터 2차 세계대전 후에 서방의 많은 기념적 성격의 건축물들은 모두 전통적 수법을 버리고 '뜻'과 '상황'을 추구했다는 사실을 알 수 있다. 이것이 바로 지캉의 전체적 환경설계 기념관의 영감의 원천이다.

지캉은 이렇게 말했다. "우리들이 전심전력을 다 한 것은 이 작품으로 피해자의 가족들을 위로하고 우리 부모세대를 위로하고, 무고하게 학살당한 30만 피해자를 위로하고 싶어서였고, 이를 통해 당시 역사를 기념하고 이 민족적 재난을 기념하고 싶었기 때문이다."

기념관의 주제는 '삶과 죽음'이다. 이에 대해 지캉은 이렇게 말한다. "삶과 죽음이라는 주제는 다른 많은 역사기념관에도 있다. 각종 삶과 죽음의 환경, 역사조건은 모두 다르다. 여기에서 말하는 삶과 죽음은 아무 죄 없는 우리 동포가 대규모로 학살된 것을 표현하고자 한 것이다." 설계 당시에 먼저 부지의 전체적인 구도에 대하여 최종적으로 관객에게 드러나는 장면은 이런 것이었다. 한쪽에 생명이 없는 자갈을 깔아 풀 한 포기 자라지 않게 하고 황량함을 배가시킨다. 이를 통해 피해를 본 동포의 백골들을 상징하고 '죽음'을 표현한다. 다른 한쪽은 생기가 넘치는 녹색 풀을 심어 생기가 위를 향해 솟구치는 것을 통하여 '삶'을 표현한다. 이 둘은 서로 가까이 붙어 있게 하여 강렬한 대비를 이루게 함으로써 사람들이 강렬한 시각적 충격과 심리적인 흥분을 느끼도록 한다. '삶과 죽음'의 주제는 이를 통해 뚜렷하게 드러나는 것이다.

사람들이 한 공간으로 들어가서 멈추게 되면 일반적으로 먼저 사방을 둘러본다. 그리고 나서 주요 경관을 감상하게 되는데, 이것이 바로 '주요 감상 포인트'이다. 기념관 설계 당시에 공간에는 건축물, 비석과 담장, 조각상, 동상 등 건축소품이 '주요 감상 포인트'로서 설계되었다. 이것들은 사람들의 시선을 끌고 동시에 마당을 나누어서 그가 명확한 주제를 갖게 함으로써 특정한 공간을 만들어내는 것이다.

기념관은 중국을 침략한 일본군의 난징대학살로 인한 피해를 본 동포들을 추모하고 기억하는 공간으로서, 또 권력 공간의 기호와 이데올로기의 담지체擔持體로서 참관자들은 기념관이라는 이 특정한 공간으로 들어와서 공간을 감지하고,

공간을 체험하며 공간의 의미와 내용을 깨닫게 된다. 공간은 우리가 대사건을 분명하게 기억하고 경험을 강화하도록 도움을 주고, 그 가운데 난징대학살이라는 역사적 사실을 재현하여 공간 형상을 정서의 영역으로 전이시켜 사회기억을 형성하는 것이다. 그리고 이것은 어떻게 구체적으로 실현될 것인가? 천원시陳蘊茜는 외부공간의 위치와 내부 건축의 공간 조합으로 실현된다고 생각한다.

(2) 위치의 확립

기념관은 장둥먼에 있다. 장둥먼은 손권孫權이 장둥에서 대전을 벌여 생긴 지명이다. 난징성 서쪽에 있고, 수서문 밖에 있다. 명나라 난징 도성의 서남부 성문 가운데 하나이다. 물길은 이곳을 통하여 북쪽으로 싼차허에 이르고 진회하로 흘러 들어갔다가 양쯔강으로 합류한다. 서쪽으로는 베이허커우北河口에서 양쯔강으로 들어간다.

남당南唐 이전에 양쯔강의 주요 항로는 대략 오늘날의 모처우후莫愁湖, 샹신허上新河, 장둥먼, 싼차허三汊河 부근에 있었다. 이후에 갯벌의 면적이 끊임없이 확대되어 샹신허와 장둥먼 일대가 육지가 되었다. 1930년대에는 장둥먼을 중심으로 동쪽으로 수이시먼水西門까지, 서쪽으로 샹신허까지, 북쪽으로 싼차허까지, 모처우후 등 크고 작은 호수가 그사이를 가로지르면서 황량한 삼각지대가 형성되었다. 수이시먼에서 샹신허는 강은 5km이고, 장둥먼은 그 가운데 2.5km 지점에 있다. 그 사이에 도로가 하나 있는데, 일부 마을은 바로 길옆에 흩어져 있다. 수이시먼에서 시내를 나가면, 샹신허로 직접 통한다. 강가에 갈대가 무성하게 자라고, 주변에는 적지 않은 연못이 있다. 현지의 일부 주민들은 건초를 모으고 연근을 심어 생계를 꾸리고 있다.

1982년 시 전체 문물 조사 때 장둥먼 농민들의 채소밭에 큰 구덩이가 두 개나 있어서 파헤치자 엄청나게 많은 백골이 그곳에서 모습을 드러냈다. 현지 군중들은 이곳이 일본군의 대학살의 현장이자 시체를 묻은 '만인갱'터라고 신고하였다. 사료에 기록된 바에 따르면 1937년 12월 16일, 일본군은 이미 무장 해제된 중국 병사와 민간인들을 만여 명을 장둥먼에 있는 육군감옥에 가두고 저녁이 되자 맞은편 벌판까지 끌고 나가서 민가에 불을 지르고 그 불을 조명 삼아서 사방에 기관총을 설치한 다음 사람들을 향해 맹렬하게 사력을 가함으로써 총격을 당한 병사들과 민간인들은 소리를 지르면서 피구덩이 속으로 쓰러졌다. 피해를 본 동포의 시체가 곳곳에 널리고 강물 위에 시체가 가득 떠다녔다. 강물도 붉은색으로 변하고 말았다. 시신은 들판에 굴러다녔고, 바람이 불고 날이 저물어도 수습해 가는 사람이 없어 그 비참함은 차마 눈 뜨고 볼 수 없을 지경이었다. 수개월 후 날이 따뜻해지자 시신이 썩으면서 악취가 진동했다. 후에 난징의 자선단체 적십자회가 시신 만여 구를 수습하여 인근에 있는 커다란 구덩이에 묻었는데, 그래서 이 두 구덩이를 '만인갱萬人坑'이라 부르게 되었다.

　기념관의 부지를 이곳으로 정한 것은 우선 난징시 문물관리위원회가 추천한 것이다. 난징시 문물관리위원회는 장둥먼 외곽 장둥교 부근에 기념관을 세우는 것을 추천하였다. 이곳에서 당시 집단 학살당한 사람은 3만 명이 넘는다. 지금 장둥교와 만인갱 등의 옛터가 있다. 발굴을 통해 갱 내부에는 아직도 백골이 많이 남아 있고, 풀숲과 채소밭에도 곳곳에서 근 50년 된 백골이 남아 있는 것을 볼 수 있다. 이곳에는 아직도 학살을 목격했던 노인과 생존자들이 있어 증인이 되고 있다. 이곳은 지세가 넓게 탁 트여 있어 기념관을 세우기에 안성맞춤이었다. 동시에 난징시 원림園林 연구소는 양쯔강 강변에 기념관을 세울 것을 추천하였다. "일본놈들이 당시에 이곳에서 5만여 명을 학살했다. 지형은 동서로 산을 끼고 있고 라오후산老虎山과 모푸산幕府山, 서남방향으로 강이 가로지르며, 환경이 비교적 좋고 녹화綠化하기도 편하다." 이 두 가지 방안에 대해서 난징시 기본건설 위원회는 장둥먼에 기념관을 세우는 것으로 기울었다. "장둥먼 외곽에 남아 있는 옛터들이 비교적 많고 실물도 많으며 살아있는 증거들이 많이 있어서 만약 전시관을 세우게 될 경우에, 그림, 문자로 된 설명 등이 결합한 진열품을 진열하게 되면 민족정신을 불러일으키기 쉽고 애국주의 교육을 진행하는 데 편하다. 우리 위원회는 이쪽으로 하는 것이 좋다고 생각한다."고 견해를 밝혔다. 최종적으로 난징 시 정부는 기념관 부지를 장둥먼으로 하기로 하였다. 장둥먼에 중국 침략 일본군의 난징대학살 만행 전시관을 짓는 것에 동의한다는 견해를 밝혔다.

도시 설계의 이론으로 볼 때 포스트모던의 도시환경과 도시디자인의 매우 중요한 특징은 바로 "현지의 특수경관과 환경적 특징과 연계해 현지의 특징이 있는 환경과 공간을 창조한다."는 것이다.

도시 공간은 아름다운 외재적 특징을 가지고 있을 뿐만 아니라, 풍부하고 깊이 있는 인문적 의미를 내포하고 있다. 도시 설계의 인문적 요소로는 주로 '도시적 성격, 도시의 짜임새와 결, 도시 주도로와 공공장소, 지방 민속과 민족집거지역, 특수기예와 전통공업, 역사 문화재와 유적지, 중요 경관과 녹지'가 있다. 그중에서도 역사 문물과 유적이 특히 중요하다. 국민의 근면함과 지혜, 민간의 풍속과 일화, 국가 민족의 창성발전과 치욕 및 도시 사회의 발전과 변천 등은 모두 그 가운데 응결되어 있다.

장둥먼은 중국 침략 일본군의 난징대학살 유적지로, 역사 사료가 기록관에 숨겨져 있지 않고, 역사 문물이 박물관에 숨어 있지 않고, 거대한 공간의 양으로 모든 사람 앞에 전시되어, 사람들이 추모하고 기억하게 하며, 사람들에게 살아 있는 지나간 역사를 말하고 있다. 이곳은 특수하고 중요한 환경적 특징이 있는데, 그것은 바로 "환경에 대해 사람들은 우선 총체적이고 감정적으로 반응을 하고, 그리고 나서 특정한 단어로 그것들을 분석하고 평가한다."는 것이다. 따라서 이곳에 기념관을 건립한 것은 우선 총체적이고 감정적으로 시작하여 현지의 특정한 장소에 얽힌 정신을 강화하고 "도시와 건축역사, 그리고 문화적 맥락의 연속성을 중시하는 동시에 난징대학살이라는 이 역사적 사건에 대한 사람들의 사회적 기억을 강화하기 위한 것이다."

⑶ 건축 공간의 상징 세우기

앞에서 언급한 바와 같이 2기 공정은 기존 기념관의 기초 위에 증축과 리모델링을 진행하였고, 개별 요소들을 늘리고 전시물을 충실하게 하였다. 그래도 기념관의 전체적인 풍격의 조화와 통일, 정체성, 균형감각이 여전히 뚜렷하다. 먼저 전체적인 이미지를 통해 상징적인 구조를 구현하여 난징대학살의 역사적 사실을 대중에게 전하고 강화해 주기를 희망한다.

○ 총체적 이미지 수립

기념관 전체 공간 범위 내에서, 몇몇 부분적 공간 형식의 처리는 개방과 폐쇄의 통합 운용으로, 형식이 서로 다른 것처럼 보인다. 광장, 비석벽, 조각, 동상 등의 요소로 '주요 관람 포인트'는 각각 특정 위치, 형태, 크기, 색조를 갖추고 있다. 사람의 시야는 일정한 범위가 있는데, 기념관에 들어가면 특정 시점을 볼 때 특정한 공간 요소만 보이는, 이런 느낌이 바로 '시각상의 공간'이다. 사람이 보는 포인트를 바꿀 때, 즉 관람의 위치를 바꿀 때, 그의 시야 범위는 그에 따라 변하고, 보는 공간 요소도 그에 따라서 변하며, '시각상의 공간'도 따라서 바뀐다. 기념관에 들어와 공간을 관람하는 사람들로 말하자면 '시각적인 공간'은 계속 변한다. 그리고 이것은 기념관의 전체적인 공간 안에 있으며, 서로 다른 '시각적인 공간'은 전체적인 공간적 느낌을 위한 디자인이다. 따라서 서로 다른 시점에서 느끼는 '시각적 공간'은 다르지만, 전체적인 체감효과는 연속적이고 통일된 것이다.

정문에서 기념관으로 들어서면 추모광장이 가장 먼저 보인다. 느껴지는 '시각상의 공간'은 바로 그 가운데 있는 십자가 표지 비석과 평화의 종, 그 아래에 있는 30만 명의 추상 조각, 싱화바오딩興華寶鼎, '고성의 재난' 등이 결합한 조각 등의 요소로 구성된다. 처음 기념관을 찾은 관람자들은 이것이 기념관 전부로 오해하기 쉽다. 전통적 공간 질서에 맞춰 축선식 구도에 따른 패턴대로 되어 있기 때문인데, 심지어는 이어서 나타나는 기념관의 공간이 '고성의 재난'과 조합된 조각들의 성벽 뒤라고 오해하기도 한다.

애도의 광장을 벗어나서 '고성의 재난'과 조합된 조각 가운데 '역사의 다리'를 따라 추모의 광장에 도착하면 본래의 시점이 바뀌고, '시각상의 공간'은 그에 따라 바뀐다. 이 공간에 머물면서 '역사적 증인의 발자국'이 남겨진 동판 길과 장시 〈미친 눈狂雪〉이 동으로 새겨진 담장, 히가시시로東史郎의 사진, 장춘루張純如의 동상, 소나무와 잣나무 등등을 보게 된다.

옥상 테라스에 올라가면 시점은 높아져서 경치를 조감하게 된다. 시야는 그에 맞춰 넓어지는데, 이때 느끼게 되는 '시각상의 공간'은 탁 트이게 되며, '삶과 죽음'이라는 주제가 강렬하게 대비되는 기념관 내의 광장, 석각 부조물인 '재난' '학살' '추모', 난징대학살 피해 동포 소형 기념비, 피해 동포의 이름이 적인 담장, 입상 조각 '어머니의 외침', 피해 동포의 유골 진열실 등이 눈앞에 펼쳐진다.

각각의 시점에서 볼 수 있는 개별적 요소는 각기 다르다. 비석과 조각, 동상이 하나하나 눈에 들어오고, 체감하는 '시각적인 공간'은 끊임없이 변화하며, 각 요소의 재질과 모양, 구조가 서로 다르면서도 그것들은 공통된 특징이 있다. 그것은 바로 난징대학살이라는 역사와 밀접하게 관련되어 있다. 관람자들이 기념관이라는 공간에 들어가게 되면 직접 '시각상의 공간'이라는 제한을 받게 되어 보게되는 요소는 단독으로 존재한다. 하지만 각각의 모든 요소는 꽁꽁 갇혀 있던 참관자들의 기억을 불러일으킬 만하고, 참관자들이 당시 그 시대의 역사를 회고하도록 만든다. 전체적인 형상 구조를 직접 체험할 수 있도록 하는 것이다. 상대적으로 독립된 모든 공간 범위 안에서 '시각상의 공간'은 서로 다를지라도 기념관의 전체적인 이념과 체감 효과는 연속적이고 통일적이다.

○ 개별 요소의 상징

개별 요소들은 각각 나누어 기념관의 공간을 장식하고 있다. 그것들은 특정한 위치에 놓여 있고, 각각의 요소들을 디자인하고 위치를 잡은 것은 특별한 과정과 의미가 있다. 거기에도 모두 특별한 역사적 내용을 부여하여 표면적이거나 내포적인 의미를 통하여 사상이나 감정을 표현하였다. 기념관이라는 공간 안에서 관람자들은 이러한 점을 느낄 수 있고, 그것들에 대해 분석하고 해체하며 그 의미를 맛보고 기억을 강화할 수 있다.

현재의 기념관 정문은 남향으로 되어 있다. 2기 건설 과정에서 새롭게 디자인한 것으로 높이 4m의 아치를 올렸다. 기념관의 정문은 관람자들에게 첫인상을 주는 것으로 매우 중요하다. 원래 있던 구조를 바꾸어서 이런 디자인을 채택하게 된 목적은 바로 관람자들이 정문을 들어서면 억눌리는 느낌이 들도록 한 것이다. 건축 설계의 합리적인 안배와 교묘한 장식을 통해 입구에서의 기념적 효과를 강화하자는 것이다. 상황을 만들어서 공간의 정치성을 강화하자는 것이다. 그리고 정문에 석각으로 부감俯瞰된 '중국 침략 일본군의 난징대학살 피해 동포 기념관'이라는 기념관의 이름이 매우 눈에 들어온다. 그것은 덩샤오핑이 쓴 것이다. 국가 지도자가 기념관에 이름을 써주었다는 것은, 기념관 기능의 직접적인 자리매김이자 국가 권력이 기념관이라는 공간에 스며들어 가 있다는 중요한 상징이기도 하다.

조소는 기념관 공간 내의 중요한 요소이며 상징적인 의미를 표현하는 중요한 방식이기도 하다. '오래된 도시의 재난'과 조합된 조소는 애도의 광장에 자리 잡고 있다. 관람자들이 기념관에 들어서면 제일 먼저 보게 되는 대형 조소인 셈이다. 그것은 헐린 성벽, 부서진 군도, 피해자의 머리, 몸부림치는 팔, 역사의 교량과 수많은 백골을 상징하는 자갈 등의 요소로 구성되며, 표현하는 주제는 슬픔과 분노이다. '헐린 성벽'은 오래된 도시 난징의 높디높은 성벽 위에 탄흔이 곳곳에 남아 있고, 벽체의 왼쪽 모퉁이에는 포화로 인해 구멍이 났지만, 여전히 굳건하게 서 있는, 침략 세력 앞에서 굴복하지 않고 용감하게 싸우는 중국 국민들의 두려움 없는 정신을 나타내고 있다. '부서진 군도'는 절단된 일본군의 칼 절반으로서, 칼 위에 숫자 '300,000'이 새겨져 있다. 그것은 30만 동포가 난징 대학살 과정에서 학살당한 것을 나타낸다. '피해자의 머리'는 높이 2.7m, 지름 2.5m, 무게 2t으로 청동으로 주조하여 만든 것이다. 불굴의 두 눈을 부릅뜨고 있고, 한 맺힌 입을 벌리고 있다. 얼굴은 칼에 잘려나가 고통스럽게 찡그리고 있다. '몸부림치는 팔'은 길이 7m에 높이 2.75m이며 무게는 5t으로 생매장된 피해자들이 진흙 속에서 팔을 뻗으며 몸부림치는 손을 묘사하였고, 그 손은 난징의 토지를 굳세게 움켜쥐고 있다. 전체 소조 작품은 설계 과정에서 덩어리의 위치를 바꾸는 방법을 사용하였다. 깨져나간 성벽, 부서진 군도, 피해자의 머리, 몸부림치는 팔 등의 개별 조소가 이 방법을 썼고, 또 각각의 조소들 사이로 공간을 비스듬하게 지나가게 함으로써 '역사의 교량'이 되게 하여 원래 독립되어 있던 부분들을 하나로 연결하여 조합시키는 것이다. 조합체의 각 부분은 서로 다른 비율로 관람자들이 시각상의 통일을 느끼게 하고, 공간의 척도, 형체 간의 비율 관계는 내용을 표현하려는 정도가 여기에서 적당한 처리에 도달하게 한다. 전체 소조는 가장 간결한 건축 언어로 관람자들에게 조형의 의미를 보여준다. 그 의미는 바로 중국 침략 일본군이 난징 대지에서 미친 듯이 살인을 저지르고, 끊임없이 만행을 저질렀으며, 번영을 누리며 편안한 상태로 지내던 난징이 전례 없는 상처를 입었고, 만신창이가 되어버렸지만, 중국 국민들은 여기에 타협하지 않고 불굴의 정신으로 용감하게 싸웠다는 것이다.

묘지광장은 허물어진 모습의 담장 위에 석각으로 '재난' '도살' '추모'를 새겨 넣었는데, 조소 '옛날 성의 재난'이 난징대학살 사건을 나타낸 것과는 달리 이 세 조의 석각 부조는 부분적이고 구체적으로 표현하였다. '재난'은 난징 함락 시기의 상황을 재현하고 있다. 어머니가 어린아이를 보호하는 장면, 공격을 당해 부서진 난징의 성문, 꽁꽁 묶인 채 잡혀가서 학살당하는 동포 등의 상황이다. '학살'은 난징대학살의 만행을 표현하고 있다. 피해를 본 동포가 칼로 난자를 당하고 총격을 당하며, 생매장되고 강간당하고, 그 시신이 양쯔강에 버려지는 상황이 그려졌다. '추모'는 사람들이 분향하고 절하는 등의 방식으로 피해 동포를 추모하는 장면과 함께 중국 국민이 손을 잡고, 어깨에 어깨를 걸고 항전을 해나가는 상황을 그리고 있다.

또 묘지광장 서남쪽 모퉁이에 우뚝 선 입상 조각 '어머니의 외침'은 화강암으로 조각하여 만든 것이다. 이 입상은 중국의 1930년대 어머니의 모습이다. 요한 매기가 촬영한 영상 가운데 지팡이에 의지한 채로 가족을 찾는 나이든 어머니를 원형으로 하여 설계한 것이다. 그녀는 전방을 주시하고 있고 모습은 슬픔과 분노로 가득 차 있으며, 왼손은 앞을 향해 뻗고 있고, 오른손은 주먹을 불끈 쥐고 세상을 떠난 가족을 부르며 찾고 있는 듯한 모습을 하고 있다.

　기념관에 있는 일련의 이 조소들은 창작 당시에 특정한 의미를 부여받았고, 또 조소가 놓이는 위치나 방법 등에서도 특별히 주의를 기울였다. 관람자들이 기념관에 들어와서 제일 처음 보게 되는 대형 조소 '옛날 성의 재난' 조합은 중국 침략 일본군의 난징대학살 만행과 굽히지 않고 용감하게 싸우는 인민들의 모습을 반영해내고 있다. 시점의 전환에 따라 다시 보게 되는 조소는 석각으로 부조한 '재난' '학살' '추모'로서, 이 조소들은 중국 침략 일본군이 난징에서 죽이고, 불태우고, 강간하고, 약탈하는 범죄 행위를 구체적으로 표현하고 있다. 이어서 보게 되는 입상 조각 '어머니의 외침'은 가족을 잃은 한 어머니의 형상으로서 어머니의 비통함과 분노가 집중적으로 표현되어 있다. 이렇듯 기념관의 전체 소조들은 전체에서 부분으로, 추상적인 것에서 구체적인 방법으로 난징대학살 사건을 드러내 보여준다. '감 이입론'에 근거하여 감정 상태가 형체로 이입되고 그것이 인성화되면 생기를 갖게 된다. 관람자들은 그것을 보면서 공감을 하기도 하고 흥분이 되기도 한다. 왜냐하면 그것들은 우리의 몸과 마음에 반응을 일으키기 때문이다. 관람자들은 공간에 들어가게 되면 차례차례 소조를 보게 되고, 난징대학살 사건에 대한 기억이 점차로 나게 되고 분명해지게 된다. 이어서 공감을 하게 되고 격한 흥분이 일어나게 되며 감정도 강화되고 승화된다. 사회적 기억의 틀에 의지하여 각각의 소조들은 기억을 뇌 속으로 불러 준다. 각각의 소조들은 많은 역사적 사실과 몇몇 사실들에 대한 수많은 섬세함을 담고 있고, 만약 다른 사람이 그것들에 대한 생생한 기억을 가지고 있지 못하다면 인간은 그것들을 잊어버리고 말 것이다.

　기념관 공간에서 숫자는 반복해서 이용되고 있다. 특정한 숫자는 역사적 사건과 연계되어 특별한 의미가 있다. 반복해서 숫자를 이용하는 것은 반복해서 그 의미를 선전하는 것이고, 관람자들에게 그것에 대응되는 역사 사건에 대하여 기억을 강화해 준다.

　기념관 입구에 있는 십자가 모양의 표지석은 높이가 12.13m로 12월 13일 난징이 함락되었다는 의미이며, 윗부분에 '1937.12.13~1938.1'이 새겨져 있는데 이는 난징대학살이 벌어진 시간이다. 높고 큰 십자가는 기념관 공간 내에서도 가장 높을 뿐만 아니라, 기념관 인근 구역에서도 눈에 쉽게 띄어 기념관 밖에서도 멀리 볼 수 있다. 그것은 이미 기념관의 랜드마크가 되었고, 새겨진 난징대학살의 시간도 일찍이 사람들의 마음속에 깊이 새겨졌다. 평화의 종은 높이 3m인데, 30만 동포가 난징대학살에서 목숨을 잃었다는 의미를 담고 있다. 총중량은 약 6.6t으로, 이 종이 2003년 난징대학살 피해 동포의 사망 66주기 때 주조된 것을 나타낸다. 포뢰는 사자춤을 형상화하여 주조하였다. 종의 위쪽 면에는 매화 30여 송이와 56자의 '제誃'가 장식되어 있고, 아래 부분에는 66송이의 꽃 속에 66개의 '평화和平'를 이용한 그림문자가 장식되어 있다. 타종 지점에는 비둘기 조형이 눈에 띤다. 이 종은 중국의 56개 민족과 강을 접한 도시 난징 시민들의 역사를 잊지 말고 평화를 사랑하는 염원을 표현하고 있다. 아래쪽의 구경은 1.937m로서 일본군의 전면적인 중국 침략과 난징대학살이 벌어졌을 때의 시간인 1937년을 의미한다. 평화의 종을 주조하면서 1937년 난징대학살 과정에서 30만 명의 동포가 피해를 본 것과 2003년 피해 동포들이 피해 66주년, 그리고 중국 국민들의 평화 애호라는 것들을 하나로 모아서 각각의 숫자가 특정한 의미가 있다. 종의 틀이 되는 돌기둥 세 개는 '3'을 나타내고, 윗부분에 있는 다섯 개의 원은 '0000'을 나타내며, 중간에 사람 인人자가 뒤집어진 것처럼 보이는 것은 '쓰러진 300,000명'을 추상화하여 만들어낸 것이다. 십자가 표지비, 평화의 종 및 종의 틀에 쓰러져 있는 30만 명의 추상적인 조소는 가히 숫자를 반복적으로 이용하여 거기에 담겨 있는 의미를 널리 알리려는 대표적인 사례라 할 만 하다.

기념관에는 또 문자로 된 디자인이 많이 있다. 예를 들어, 표어성 문구들이 있는데, 입구 벽면에 '평화를 기도한다'가 큼지막하게 씌어 있고, 애도의 광장 우측 벽면에는 '과거의 일은 잊지 말고 뒷날의 귀감이 되며 역사를 거울삼아 미래를 열어나가자'라는 글이 새겨져 있다. 중국 침략 일본군의 난징대학살로 인해 희생된 동포들을 추모하고 기억하는 공간으로서 기념관을 건립하였고, 권력 공간의 기호이자 이데올로기를 담아내는 공간으로써 기념관을 건립한 최종 목적은 관람자들이 '과거의 일은 잊지 말고 뒷날의 귀감이 되며 역사를 거울삼아 미래를 열어나가고자' 하는 희망을 갖게 하는 것인바, 이것은 기념관은 주요 취지이기도 하다. 설계 당시, 우측의 길이 40m의 벽면에 검은색의 반질반질한 화강석을 붙이고, 그 위에 흰색 글자를 조각해 넣어, 흑백을 분명하게 함으로써 눈에 잘 띄게 하고 관람자들에게 강렬한 생각의 길잡이가 되도록 한 것이다.

장편시 〈미친 눈狂雪〉이 적힌 동판으로 된 벽은 장편시 〈미친 눈 - 일본 오랑캐에게 학살당한 30여 만명의 난징 군민의 초혼을 위하여〉는 화강석 벽 위에 동판으로 박아 넣어졌다. 〈미친 눈〉은 종군시인 왕지우신王久辛이 난징대학살을 소재로 하여 쓴 작품으로서, 모두 23절 37,000자로 되어 있다. 이 시는 문자예술의 표현수법으로 난징의 함락과 난징대학살 만행, 중국국민의 항전 승리 및 평화를 추구하는 내용을 묘사하였다. "중화민족의 자녀들은 국치를 가슴 깊이 새기고, 분발하여 강성해지기 위하여 노력하는 모두의 마음과 평화를 기원하는 인류의 공통된 바램"을 표현하였다. '미친 눈'이 담고 있는 의미에 대해 작가는 "눈이 미친 듯이 내려 뼛속 깊이 으스스하다고 한 것은 당시 난징성이 피바다 속에 있었다는 것을 의미하는 것"이라고 하였다. 이 시는 1990년 〈인민문학〉 제7, 8기에 발표되었고, 인민문학 시 부문의 대상을 받았다. 같은 이름의 시집은 제1회 루쉰문학상 시 부문의 상을 수상하였다. 비문의 서법은 둔황 석굴의 장중하고 우아한 한간체漢簡體를 사용하였고, 서예가 리우언쥔劉恩軍이 썼다. 추모의 광장에는 〈미친 눈〉 동판이 놓였고, 시 예술의 수법으로 관람자들에게 난징대학살 사건을 다시 한번 보여주고 있다. 또 관람자들에게 역사를 귀감으로 삼아 평화를 추구할 것을 일깨워주고 있다.

문자로 된 것으로는 앞에서 언급했던 봉헌비가 있는데, 이 봉헌비는 기념관 십자가 표지비 옆에 세워져 있다. 그 위에는 기념관의 2기 공정을 위해 정성을 다해 기부금을 낸 단체와 개인의 명단이 새겨져 있다. 기념관 2기 공정 건설을 위하여 난징시에서는 '1인당 1위엔 기부' 운동을 전개하였고, 최종적으로 난징시의

100만 시민과 국내외 인사들은 모두 400여 만위안을 모금하여 공정 건설을 지원하였다. 기념관은 5천 위안 이상 기부한 단체와 5백 위안 이상 기부한 개인의 명단을 여기에 새겨 그 뜻을 영원히 기리기로 하였다. 기념관을 건설하기 위한 기부 자체가 국가와 정권이 독려하는 것이라는 사실을 대중들에게 호소하는 것이다. 또 기부액수가 비교적 많은 단체와 개인의 명단을 여기에 새기는 것은 관람자들에게 그들을 잊지 말도록 일깨우고 아울러 그들의 감정을 느끼도록 하며 개인으로 말하자면, 자신의 힘에만 의지하면 자신이 소속되어 있는 집단에 알려주는 것 말고는 그 이전에 재현된 것들을 다시 재현해 낼 수 없다.

이 밖에도 역사 증인의 발자국 동판길과 난징대학살 생존자 펑위쩐彭玉珍, 니추이핑倪翠萍의 조각 등은 공간 구조물의 중요한 요소이다. 역사 증인의 발도장 동판로는 길이가 40m이고 넓이가 1.6m로서, 그 위에 난징대학살의 일부 생존자와 당시 극동군사법원의 재판에 참여했던 중국인 역사증인 222명의 발도장이 있다. 펑위쩐 조각상 우측 바짓단은 무릎까지 걷어 올려져서 다친 다리를 드러내고 있고, 니추이핑 조각상은 총상을 입은 왼쪽 어깨를 드러내고 있다. 증인들의 발도장은 동판로 위에 새겨져서 난징대학살의 역사를 모든 관람자의 마음속에 도장 찍는다. 동판로의 이러한 특수한 형식은 영원토록 역사의 증거가 되어 세상 사람들에게 경종을 울릴 것이다.

(4) 진열 공간의 분위기 조성

가장 기본적인 공간 조합 단원은 열린 공간과 폐쇄된 공간 두 종류로 나눌 수 있다. 기념관에는 애도 광장, 추모 광장, 묘소 광장 등 열린 공간과 조소, 비벽, 동상 등 인공 건축물과 피해를 본 동포 유골 진열장, 사료 진열관 등 폐쇄된 공간에는 피해 동포의 유골과 유물이 진열되어 있고, 많은 글과 그림, 영화 필름, 실물 등의 진실한 역사 사료들이 전시되어 있다. 이렇게 진열된 공간은 간단한 조합체, 실물, 그림, 문자가 여기에서 서로 조합되어 하나의 서열과 형상이 되어 공간과 일체화되고, 다시 빛과 색과 그림자 등의 요소로 보완되어 하나의 특정한 공간으로 되었다. 관람객이 이런 공간에 들어서면, 피해를 본 동포의 유골과 유물을 볼 수 있고, 중국 침략 일본군의 만행을 담은 사진을 보고, 난징대학살의 역사를 직접 체험하여 진열품 뒤에 숨겨져 있는 의미를 체험하며 각각의 세부적인 차원의 효과는 서서히 사람의 느낌에 작용하게 된다. 관람객의 감정은 그에 따라 격동하게 되고, 끊임없이 승화하게 된다. 진열 공간의 소장품들과 진열된 사료들은 그 안에 담긴 풍부한 분위기를 보여주며, 사람의 마음을 움직이는 정신 공간을 조성하여 문화를 전파하고 기억을 강화하려는 목적으로 공간의 구성을 상징하는 또 다른 표현방식이다.

○ 진열 형식

진열 공간은 물론 외재적 형식과 내재적 의미가 완벽하게 조화를 이루고 통일되어야 한다. 또한 형식과 내용이 통일되어야 한다. 따라서 진열 공간을 설계할 때에 먼저 형식은 운용에 주의를 기울여야 한다.

피해를 본 동포들의 유골 진열실은 반지하에 있으며, 청회색 대리석으로 붙여진 관처럼 생긴 것으로 1984년 발굴된 일부 동포들의 유골이 전시되어 있다. '만인갱' 유적은 현장 입체식으로 진열되어 있으며, 1998년 '만인갱'에서 발굴된 일부 피해 동포의 유골과 유물들이 전시되어 있다. 1984년 기념관 입지 선정 과정에서 대량으로 발굴된 유골은 조건이 맞지 않아 원래 장소의 원형 그대로 진열되지 못하고 일부 유골만 유골 진열실로 옮겨졌다. 1998년 유골이 발굴된 후 성과 시의 지도자들은 보존 문제를 특히 중시했다. 왕홍민王宏民 시장은 기념관의 현장을 직접 방문해 유골의 보호 방안을 마련하면서 지캉이 설계한 지하의 은폐성 건축안을 최종 결정하였다. "기념관의 환경 분위기를 파괴하면 안 되고, 콘크리트로 덮고 그 위에 다시 잔디나 자갈을 깔아서 외형상으로는 알아볼 수 없게 하여 보호하기에도 좋고 진열, 전시하기에도 편하게 하도록 하였다." 원래 장소에 있던 원래의 모양대로 보존하고 잘 정리하여 현장에 진열하고 계단식으로 층층이 쌓아 7층까지 쌓고, 외부의 자갈과 수평을 이루게 함으로써 유기적으로 완성된 모습을 보이도록 하여 진열공간의 현장감과 감동력을 배가시키도록 한다. 유골은 분류하여 번호를 매기는데, 적색 번호판은 여성 유골, 금황색 번호는 어린이 유골, 파란색 번호는 노인 유골, 나머지 유골은 남성 청장년의 경우 감별하지 못한 경우에는 모두 검은 번호로 표시하였다. 단추, 동전, 비녀, 바늘, 쇠못, 탄피, 자개, 나선피 등의 실물이 있어 이곳이 원래 연못가의 저지대였던 것을 더욱 증명하고 비정상적으로 매장된 곳이라는 사실을 확인해 준다. 또한 현장에는 유골의 발굴과 고증 상황을 소개하는 시스템을 갖추고 있다. 아울러 대표적인 사진은 확대해 놓았으며 중국어와 영어, 일본어 등의 3개국 언어로 해설을 함으로써 진열 효과를 배가시켰다. 관람객들은 이곳에서 큰 느낌을 받으며 피해 동포에게 헌화하고 분향한다. 그들은 장쑤, 허난河南, 베이징, 푸지엔福建, 샨시陝西, 난징, 타이완, 후베이湖北, 안후이安徽, 저장浙江, 꽝시廣西, 헤이룽장黑龍江, 쓰촨四川, 랴오닝, 네이멍구內蒙古, 티엔진, 홍콩, 말레이지아, 일본, 미국, 마케도니아 등 각 나라와 지역에서 왔고, 시간과 공간, 그리고 각종 자연 사건과 사회 사건의 질서는 마치 그것들이 우리 집단의 구성원들에 의해 허가되고 받아들여진 것처럼 우리들을 향해 영향을 미치고 있다.

사료진열실의 전체 조형은 고대 무덤과 유사하여, 묘벽, 묘도, 묘실이 있어, 추상적 상징 의미를 표현하고, 환경과 결합하여 서로 조화되고 주제를 심화시킨다. 관람객들은 바로 묘도를 따라 사료가 진열된 공간에 들어가 그곳에서 그 효과를 느끼게 된다. 진열공간의 순서에서 공간이 바뀜에 따라 '사람들의 발길을 붙잡을 수 있는 곳'을 더 많이 만들어내고, 이렇게 함으로써 관람객들은 관람하는 중에 감정의 발전이 비교적 긴 시간 동안 연속될 수 있고, 이러한 마음속 활동의 시간이 길어지면 길어질수록 공간은 더욱더 넓어지며, 관람객의 심리적 느낌은 그만큼 더 커지게 된다. 진열 내용을 조직할 때, 통일된 진열 주제 아래 풍부한 공간 층을 설계하여 그 안에서 느낄 수 있도록 하여 숨은 의미를 체험하고 해석하게 한다.

진열 코스는 굴곡진 듯 설계되어 있는데, 관람객들은 그 가운데 걸음을 멈추고 시선을 멈추면 구불구불하게 이어져 있다가 갑자기 밝게 탁 트이는 느낌을 받게 된다. '서곡 - 클라이맥스 - 결말'로 이어지는 공간 순서의 형식 속에서 진열품을 관람하고 거기에 숨어 있는 의미를 느끼게 된다. 전체적인 공간 진열은 관람객의 시각과 감정에 이중 자극을 주게 된다. 관람객들은 배치된 상황 속으로 점점 더 빨려 들어가고 진열 내용에 깊은 인상을 받게 되는 동시에 형식적인 특별 설계로 인해 관람 효과를 강화할 수 있게 된다.

기념관의 진열 공간은 검은색 알루미늄 칸막이로 지붕을 만들고, 옥상에서 아래 방향으로 60cm, 2차 천장을 매달아 무겁고 엄숙한 분위기를 연출하는 등 주의를 기울였다. 특히 빛과 그림자를 이용하여 진열대별로 일부 내용을 '함락되기 전의 난징', "강남 일대에서의 일본군의 만행", '일본군의 무차별한 난징 폭격', '난징 함락', '난징에서 벌인 일본군의 살인, 방화, 강간, 약탈 만행', '시신 암매장과 처리' 등은 모두 검은색을 주요 기조로 하여 검은색 판을 인공 빛과 결합하여 처리함으로써 암흑과 묵직함을 표현하였다. 한 가지 특별한 곳은 '난징에서 벌인 일본군의 살인, 방화, 강간, 약탈 만행'에서의 '방화와 파괴 만행' 부분 가운데 〈일본군에게 파괴당한 난징시 중심지역〉 사진이 있는데, 그것이 표현한 것은 난징 중심 지역이 일본군의 방화로 인해 불타는 장면이다. 가능한 한 진실하게 관람객들에게 당시의 장면을 보여주기 위해 이 사진에서는 특수한 처리를 시도하여 붉은 불빛이 생생하게 살아 있다. 가능한 한 그대로 돌려주고, 만들어 낸 당시 장면을 특수하게 처리하기 위해 붉은 불빛이 생생하게 살아 있다. 제7부 '항일전쟁 승리'부터 시작하여 '역사의 판결', '역사의 증거', '과거의 일을 잊지 말고 미래의 교훈이 되다.' 등이 포함된 뒤의 몇 부분부터는 붉은색 판으로 바뀌고, 짙은 붉은 색 기조로 바뀌는데, 그것은 항전승리가 무수히 많은 동포의 붉은 피와 맞바꿔 이루어진 것이고 어렵게 이루어진 것이므로 사람들은 영원히 그 피의 교훈을 잊지 말아야 함을 의미한다. 아울러 인공 채광과 자연 채광을 결합해 진열 공간과 탁 트인 외부공간을 서로 호응하게 함으로써 사람들에게 밝은 느낌을 주어 관람객들을 분발하여 전진하게 하고, 환경을 이용하여 표현목적을 이루게 하는 것이다.

○ 진열 내용

사료 진열실 내에 진열된 내용은 '함락 전의 난징', '강남 일대에서의 일본군이 만행', '일본군의 무차별 난징 폭격', '난징 함락', '난징에서 일본군이 벌인 살인, 방화, 강간, 약탈 만행', '시신 암매장과 처리', '항일전쟁 승리', '역사적 판결', '역사의 증거', '과거의 일을 잊지 말고 미래의 교훈으로 삼자' 등이다. 이는 역사 사건의 시간과 논리적 순서에 따라 설계하여 배치한 것이다. 진열 전시 공간은 대체로 두 가지 표현 형식을 취하는데, 그 하나는 순서대로 배열하는 방식이고, 다른 하나는 조합식이다. 순서대로 배열하는 방식은 앞에서부터 뒤로, 체계가 갖추어져 있고, 철저한 시간과 논리적 차례의 느낌이 있다. 조합식은 앞뒤로 나누지 않고 주된 것과 부차적인 것도 없다. 순서도 따지지 않고 사람들에게 자유로운 느낌을 준다. 기념관의 사료 진열은 역사 사건의 시간과 논리적 순서에 따라 설계되고 배치되는데, 순서대로 배열하는 방식을 따른 것이다.

각 부분의 전시는 모두 상응하는 역사적 사실에 근거하여 역사적 사실의 특색을 중시한다거나 문맥을 파악한다든가 하는 것을 통해 내용을 안배하고 수많은 사진과 글, 실물 자료 등을 전시한다. 모든 사진과 사료들은 모두 출처를 명기하였고, 논쟁이 되거나 의문이 제기되는 사진들은 모두 사용하지 않음으로써 정확성을 기한다. 또 몇몇 역사 문물을 복제하는데, 예를 들어 매기의 사진기, '백인 참수'에 쓰인 군도, 피해자의 피 묻은 피 등은 효과와 호소력을 배가시켜 관람객들에게 객관적이고 공정하며 현상으로부터 본질까지 인식시키고 심각하고도 잊을 수 없는 인상을 주어 정확한 역사관을 수립하게 한다. 동시에 중점을 두드러지게 부각해 중요한 것과 덜 중요한 것을 분명하게 구분하고 일목요연하게 하는 것에 주의를 기울인다.

눈에 확 들어오는 사진으로 역사적 사실을 표현하는 것은 중요한 표현방법이다. 모든 진열 부분에는 특별히 사람들의 눈길을 끄는 사진들이 있다. '함락 전의 난징'은 1937년 난징이 함락되기 전 중화먼 지역의 거리 풍경을 조감한 것인데, 사진에서는 함락되기 전 난징의 평화로우면서도 번영된 모습을 보여주고 있다. "중국의 수도로서 정객들이 구름처럼 모여들고 상인들이 밀물처럼 밀려들었다." 그런데 일본군이 중국에 쳐들어옴에 따라 이 도시는 삽시간에 무서운 공포 속으로 빠져들고 말았다. '일본군의 무차별 난징 폭격' 등의 몇몇 사진에서는 일본군 전투기가 건물 지붕을 스쳐 지나가며 난징을 폭격하는 장면이 그려져 있다. 그 사진이 사람들의 시선을 끄는 것은 그 사진을 일본인 자신이 찍었다는 사실 때문이다. 일본인이 촬영한 난징 폭격 사진을 골라서 기념관에 전시한 것은 당시 역사 사실에 대한 가장 좋은 설명이기 때문이다. 또한 자신들의 역사적 행위를 부정하는 일본의 우익들에 대한 가장 좋은 반박 자료이기 때문이기도 하다. 이 사진은 관람객들에게 그 내용을 즉각 깨닫도록 해준다.

'난징에서 일본군이 벌인 살인, 방화, 강간, 약탈 만행'에서는 대형 화폭의 유화 〈난징대학살, 1937. 12. 이엔쯔지燕子磯〉 집단 학살의 장면을 보여주고 있다. 이 그림은 군사박물관 소속 화가 쉬바오종許寶中이 주도하여, 허보중, 리루李如, 까오궈팡高國方이 공동으로 그린 것으로, 당시 난징대학살 과정에서 대표적인 역사 사건 이엔쯔지 대학살 장면을 그려냈다. 이 유화는 길이 10m, 높이 2.7m로 현재 중국 유화 가운데 가장 크고, 난징대학살을 그려낸 작품 가운데 가장 표현력이 뛰어난 작품이다. 그림에는 노동자, 농민, 병사, 노인, 여성, 교사, 아이 등 각 계각층의 인물들이 묘사되어 있고, 국민들이 집단으로 살육당하는 장면이 그려져 있다. 그림 속 인물들은 표정이 사실적이고 생동감 넘친다. 또한 이 그림은 난징 영화제작소가 제작한 서로 다른 종류의 총성, 피해자의 비참한 절규 소리, 강물 소리, 그리고 스산한 바람 소리 등과 결합하여 생동감 넘치게 역사를 재현해 내고 있다.

또 한 가지 언급할만한 것으로, 살인 경쟁을 배경으로 한 것이 있다. 일본의 〈도쿄 마이니치 신문〉이 크게 제목을 달아 무카이 도시아키向井敏明와 노다 다케시野田毅라고 불리는 두 소위가 벌이고 있는 살인 경쟁 실황을 보도한 내용이 있다.

(날짜) 1937년 12월 13일 월요일

(표제) 100명 칼로 죽이기, 기록을 넘다. 향전 106 - 노다 105, 두 소위 연장전에 돌입하다.

(내용) (카와카이, 스즈키 두 특파원이 13년 1월 12일 쯔진산 기슭에서) 잘 알려진 바와 같이 난징까지 공격한 후, 이례적인 '100사람 칼로 죽이기 경쟁' 가타기리片桐 부대 용사 무카이 도시아키와 노다 두 소위가 10일, 쯔진산 공략전의 혼란스러움 속에서 106대 105의 기록을 세웠다. 10일 정오, 두 소위는 마침내 조금도 보태지 않고 각각 날이 무디어진 일본도를 들고 맞닥뜨렸다.

노다 : 여봐! 이 어르신은 105명 죽였어! 넌 성적이 어때?

무카이 : 난 106명일세!

두 소위는 껄껄 웃었다. 하지만 언제 누가 먼저 100명을 베었는지는 확실하지 않았다. 그저 불문에 부칠 뿐이다. 결과는 무승부로 하기로 동의하였다. 동시에 11일부터 다시 150명을 목표로 다시 시작하기로 그 자리에서 결정하였다.

난징대학살 기간 일본군의 집단학살뿐만 아니라 크고 작은 거리에서, 주택에서, 절이나 사당에서, 마을이나 들판에서 끊이지 않고 학살이 벌어졌고, 일본군의 군홧발은 도처에 그 발자국을 남겼다. 난징성 안팎의 어느 곳에서나 시체가 들판을 뒤덮었다. 무카이 도시아키와 노다 다케시의 살인 경쟁은 그 가운데 가장 대표적인 사례 가운데 하나였다. 이 두 망나니의 사진을 확대하여 걸어놓은 것은 배경이 되었다. 관람객들이 이곳으로 오게 되면 온 주의력을 이 두 사람에게 집중할 수 있게 되고, 점점 흐릿해져 가는 역사에 대한 기억을 새롭게 되살려 줄 수 있게 되는 것이다. 과거에 일어났던 일에 대해서 우리가 흥미를 느끼는 사건은 집단 기억의 틀에서만 새롭게 그것들의 마땅한 자리를 찾을 수 있고, 이때 우리는 비로소 기억할 수 있게 된다.

리시우잉李秀英의 사진들에 대해서도 우리는 관심을 가질만한 가치가 있다. 그 사진들은 제목은 '생존자 리시우잉의 일본군 만행에 관한 증언', '이시우잉의 상처', '생존자 리시우잉의 군중집회에서 일본군의 만행을 고발하다', '생존자 리시우잉이 피해를 본 오대산 초등학교의 내부 모습' 등이다. 리시우잉은 난징대학살의 생존자이다. 1937년 12월 19일, 임신 중이었던 이시우잉은 안전구역의 우타이샨五臺山 초등학교의 지하실에 피신해 있었는데, 그녀는 그녀를 강간하려던 일본군 세 명과 사투를 벌이다가 몸에 칼 37군데를 찔렸고, 나중에 치료를 받아 다행히 목숨을 건졌다. 살아 있는 동안 리시우잉은 여러 활동에 참여하였다. 난징대학살의 증인이 되어 수많은 국민들에게 그녀가 겪은 일을 고발하였고, 일본 우익의 역사 부정을 반박하였다. 장련홍은 다음과 같이 말했다. "이시우잉은 평범한 중국 여성이다. 하지만 그녀는 잔혹한 침략전쟁 중에 용감히 맞서 싸운 전형적 인물이다. 자신의 생존권과 존엄함을 지키기 위해서 그녀는 굽히지 않고 투쟁하였고, 절대로 타협하지 않았다. 비록 그녀는 세상을 떠났지만 포학함을 두려워하지 않고 전쟁에 반대하며 평화를 지키려는 그녀의 정신은 영원할 것이다." 난징대학살의 주요 증인으로서 이시우잉은 이미 정신적 상징이 되었고, 온 사방을 달리면서 외치고 있으며, 세상 사람들에게 자신이 겪었던 것을 알리고 대중들에게 역사를 잊지 말고 역사를 잘 기억하라고 외치면서 엄청나게 큰 반향을 불러일으키고 있다. 기념관에는 또 그녀와 관련된 사진 여러 장을 전시하고 있다. 기념관 안에서 다시 한번 그녀가 겪었던 일들을 관람객에서 설명하고, 그녀의 사적을 선전하며, 역사를 기억하기 위해 그녀가 했던 중요한 공헌들을 강조하고 있다. 그렇게 하는 것은 관람객들이 그녀를 더 많이 알게 하고 그녀의 사적을 더 잘 기억하게 하기 위함이다. 아울러 이를 통해 자신을 격려하려는 것이다. 사회가 가지고 있는 중요한 기억 중에 그것이 경험한 각 시기뿐만 아니라 일종의 사상에 대한 반성도 포함되어 있다. 과거의 사실은 거울로 삼을 수 있고, 이미 세상을 떠난 사람이라도 상사람들을 향해 격려하거나 경고를 보낼 수 있다.

전체 진열 가운데 마지막 부분은 '과거의 일을 잊지 말고 미래의 스승으로 삼자'로서, 기념관이 문을 연 이래로 찾아온 국가 지도자, 수많은 국민들, 외국 친구들이 추모의 뜻으로 남긴 그림과 남긴 메시지들을 전시하였다. 후진타오는 기념관을 관람하러 왔을 당시에 언급하였다. "이곳은 애국주의 교육을 하는 좋은 장소이다. 어느 때에라도 청소년에 대한 애국주의 교육을 잊으면 안 된다. 언제를 막론하고 비참하고 아픈 역사를 잊어서는 안된다." 리창춘李長春도 언급하였다. "과거의 일을 잊지 말고 역사를 거울로 삼자. 역사를 거울로 삼는 것이 매우 중요하다." 또 일본의 전 수상 카이후 토시키海部俊樹는 다음의 메시지를 남겼다. "21세기는 평화를 희구하는 세기이다." 또 실물 하나가 전시되어 있는데, 일본인 친구 이치카와 마코토市川誠가 일본 노동자 교류협회를 대표하여 기념관에 보내온 진혼의 종으로서 종의 정면에 다음과 같이 씌어 있다. "중국 침략전쟁에 대해서 매우 깊은 반성과 사죄를 표하며 희생자의 넋을 위로합니다." 측면에는 다음과 같은 맹세문이 씌어 있다. "1931년과 1937년에 우리 일본 군국주의가 일으킨 침략전쟁에 대해 진심으로 반성합니다. 마음으로부터 사죄드리며 난징대학살의 희생자분들께 깊은 애도를 표합니다. 아울러 명복을 빕니다. 우리는 일본과 중국 간에 다시는 전쟁이 없을 것과 패권 반대의 관점을 굳건히 지켜나갈 것입니다. 아울러 양국 노동자계급 간에 사이좋게 지낼 것을 맹세하고, 세계 평화를 위해 단결하여 싸워나갈 것을 맹세합니다."

주요 부분의 진열을 관람한 후에 예술적 이미지를 심화하기 위하여, 관람객들에게 일정한 후속 공간을 적당하게 안배하였다. 예술적 여운이 역사적 상황으로 인해 잠재적으로 호응하여 관람객의 정서를 승화시키고 생각으로 집중시켜 사람들의 마음속에 깊이 자리 잡게 한다. 마지막 부분의 후속 공간 전시는 전체 전람의 총결 부분이기도 하고 기념관 건립 방침이기도 하다. 관람객들은 난징대학살이라는 역사적 사실을 회고한 뒤에 역사는 잊지 말아야 한다는 사실을 알게 된다. 하지만 역사는 현실과 달라서, 평화와 발전이 현재 세계의 양대 주제라는 것을 충분히 인식해야 한다. 역사를 잘 기억하고 역사를 거울로 삼으며, 평화를 지키고 미래를 함께 열어나가야 한다. 관람객들은 마지막 공간을 통하여 정신을 승화하고 이성적인 사회 기억을 세워나가게 될 것이다.

절묘한 공간 조직과 진열 배치 형식은 관람객들이 그중에서 충분히 감지하고 체험할 수 있게 만든다. 끝없이 풍부한 의미를 느끼고 각각의 진열품들 뒤에 숨어있는 함의를 느끼게 한다. 우리들의 장기 기억이 더 많이 의지하는 것은 의미와 개념이지 그림이 아니다. 따라서 우리는 이러한 과정을 거쳐 그것과의 심령상의 공감을 실현하고 사물 묘사와 감정 토로를 잘 결합해 기억을 강화하게 된다. 이런 진열 공간이 바로 사료의 공간이자 감정의 공간이고 기억의 공간인 것이다.

3. '의식' : 시간, 내용, 말

(1) 시간 기호와 의식

기념관 공간의 생성은 공공기억을 구축하는 데 중요한 역할을 하지만, 케네스 포드는 "이 장소가 왜 중요한지, 왜 이 사건을 기억해야 하는지 어떤 의식을 통해 확실하게 알려야 하는가"라고 말한 바 있다. 하브와흐Maurice Halbwachs도 과거를 이해하려면 주로 상징 기호와 의식연구, 그리고 역사기록과 전기를 통해서 해야 한다고 말한 적이 있다. 그러므로 의식은 기억을 계승하는 중요한 요소로서 또한 매우 중요하다. '의식'을 가장 간명하게 적용하고 선택할 수 있는 정의는 루카스가 이렇게 제기하였다. 그는 우리가 의식이라는 이 단어를 이용해서 "규칙이 지배하는 상징적 활동"이라고 하면서, 그것은 참가자들이 특별한 의미와 사유가 있다고 생각되는 것에 주의를 기울이도록 하는 '의식'이라고 했다. 의식은 보통 상징적이고, 퍼포먼스적인 것으로 규정되는데, 문화 전통이 정한 일련의 행동 양식이다. 이는 신성할 수도 있고 속된 활동일 수도 있는데, 이런 활동은 종종 특정 집단이나 문화에서 소통(사람과 신 사이, 사람과 사람 간의 통합)과 과도(사회별로, 지역별로, 생명 주기적으로), 그리고 질서를 강화하고 사회를 통합하는 방식으로 기능적으로 해석된다.

기념관에서는 몇몇 의식을 늘 거행한다. 의식은 주로 '관제'와 '민간'으로 나뉘는데, 소위 '관제' 의식은 국가 정권이 주최하는 의식이다. '민간' 의식은 민간단체나 개인이 자발적으로 개최하는 의식이다. 본문은 전자를 분석대상으로 삼는다. 아래 글에서 특별한 설명이 없으면 의식은 모두 '관제' 의식을 가리킨다. 그리고 이러한 의식은 모두 어느 특정한 시간을 선택하여 주기적으로 거행된다. 예를 들어 '7.7 루거우챠오盧溝橋 사변 기념 의식', '8.15 항일전쟁 승리 기념 의식', '12.13 중국 침략 일본군의 난징대학살 기념 의식' 등이 그것이다.

앞글에서 언급한 바와 같이 기호는 특정한 형식으로 의미를 대신할 수 있는 사물로, 외재적인 형식을 통해 내면의 의미를 표현하고, 겉과 속, 형식과 의미에 따라 대체하여 상징을 나타낸다. '시간'도 자연히 기호의 일종이다. 본래 추상적이던 시간과 날짜가 특정한 역사적 사건과 연계되어 구체화하고 신성화되어 특정한 의의가 부여됨으로써 시간 기호가 되었다. 여기에는 추상적인 시간과 날짜라는 세속적인 시간 구조 외에도 '또 다른 구조'가 존재하고 있는데, 여기에서 말하는바 '또 하나의 구조'라는 것은 전자와의 질적 차이로 둘은 나란히 놓인다. 이렇게 나란히 놓인 구조에서, 매일 두 가지의 상당히 다른 시간 서열에서 위치가 정해질 수 있다. 이날 이런 사건에 세계에서 발생하고, 저 날은 사람들이 종교사 또는 신화의 역사에서 이런 또는 저런 시각을 기념하는 것이다. 이 두 종류의 시간 서열 중에서 어떤 특별한 날짜와 사건은 특별한 관심 포인트가 되는 것이다.

7.7을 언급하게 되면 일본의 중국에 대한 전면 침략전쟁이 발발한 것을 떠올리게 된다. 1937년 7월 7일, 일본군은 루거우챠오 부근의 완핑성에 포격을 가하고, 중국군이 저항에 나서자, 일본군은 전면적인 중국 침략전쟁을 시작하였다. 8.15를 언급하면 항일전쟁 승리를 떠올리게 된다. 1945년 8월 15일에 일본 천황은 전 세계를 향해 〈포츠담 선언〉을 받아들이고 무조건 항복을 선언함으로써 중국 국민은 항일전쟁에서 위대한 승리를 쟁취하였다. 12.13을 언급하게 되면 일본군의 난징대학살을 떠올리게 된다. 1937년 12월 13일에 일본군은 난징을 점령한 다음, 미친 듯이 살인을 저질렀고, 여성들을 강간하였으며, 방화와 약탈을 하였다. 이 만행은 6주간 계속 이어졌고, 그 행위는 야만적이었으며 수단은 잔인하여 사람들을 치가 떨리도록 만들었다. '7.7'과 '8.15', '12.13' 등 이 숫자들이 나타내는 날

짜들은 원래는 추상적인 것들이다. 하지만 이 날짜들에 특정한 역사적 사건이 발생하였고, 그 사건들은 항일전쟁에서 중요한 의미가 있는 역사적 사건들로서 매우 특별한 의미가 있다. 이 날짜들은 또한 중요한 의미를 부여받고 있고, 특별한 형식으로 사람들에게 정신적인 의미를 전달하고 있다. 시간 기호는 이렇게 형성되는 것이다.

시간 기호는 이런 기능을 가지고 있다. 그것은 대중을 인도하여 기억을 강화하는 중요한 도구이다. 그리고 그것은 구체적으로 어떻게 실현될까? 그것이 다른 말로 가리키는 의미는 어떻게 중요한 작용을 하는 것일까? 그것의 표현 경로는 어떻게 되나? 의식은 중요한 경로 가운데 하나이다. 과거에 관련된 이미지와 과거에 관련된 회고성 지식은 (많거나 혹은 적거나 의식의) 연출 가운데 전송되고 유지되는 것이다. 바로 특정한 시간에 의식을 진행함으로써 역사 사건을 재현하고 과거의 이미지와 지식은 다시 한번 회고와 전승을 하게 되며 집단 기억은 강화되게 되는 것이다. 구체적인 의식 과정과 상황의 분위기에서 시간 기호는 생동감 넘치게 세워지고 해독된다. 그것은 대중을 인도하여 과거를 회고하게 하고 기억을 강화하며 그것을 통해 가치를 실현한다.

기념관에서 주기적인 의식을 거행하는 것은 바로 시간의 기호를 십분 활용하는 것이다. 주기적인 의식은 우선 주기적인 시간 기호를 통해 완성된다. 많은 문화 중에서 의식을 거행하는 것은 서로 연결된 신화를 기념하기 위한 것이고, 어느 고정된 역사의 날짜 혹은 어느 과거 신화에서 일어난 사건을 기억하기 위해 의식을 거행한다. 현재 남아 있는 사료를 통해 보자면, 기념관이 이 날짜에 거행하는 가장 고정적인 것은 '12.13 중국 침략 일본군의 난징대학살에 희생된 30만 동포 추모 의식'이다. 기념관을 건설하고 문을 연 이후로 1994년부터 매년 12월 13일이 되면 기념관에서는 의식을 거행하였다. 글에서의 이 부분은 이것을 분석의 대상으로 하였다.

일 년 중 같은 시간에, 사건이 일어났던 시간에 맞춰 사람들을 이 날짜를 회고하도록 인도하고 이 역사를 다시 되새기게 하며 기억을 강화한다. 달력에는 매년 상응하는 위치를 차지하는 시간 주기의 간격이 있고, 반복되는 주기에 의식을 반복해서 거행한다. 같은 시간과 환경 속에서 의식은 완성된다. 즉 어떠한 시간 간격 시스템을 갖고 있다 하더라도 한 시스템의 같은 대칭점에서 완성되는 것이다. 똑같은 의식이 똑같은 시간에 거행된다. 따라서 주기성 의식의 거행에 따라 의식에 참여하는 사람들도 자신이 같은 시간 안에 처해 있다는 사실을 발견하게 된다. 그런 까닭에, 그 본질적 속성으로 인하여 의식 시간은 무한한 중복성을 갖는 것이다.

의식은 상징적인 행위와 활동으로 표현성뿐만 아니라 구성성까지 보이고 관념적이고 지적인 내면적 논리만 보여줄 수 있을 뿐 아니라 권위를 구현하고 구현할 수 있는 권력 기술이기도 하다. 정치 권력도 단순히 강제하는 것으로만 표현될 것이 아니라, 합법적이고 합리적인 운용으로 나타나려고 노력하고 있다. 의식의 현실적인 내용을 보면, 민간 사회에서는 보통 살아가는 데 있어서 가장 기본적인 생존기술을 가지고 있지만, 국가적으로는 권력기술과 연관이 있거나, 혹은 그것을 말한다면 일종의 권력기술 또는 권력실천의 과정이다. "권력은 반드시 상징 형식을 통해 표현되어야 한다." 국가 정권은 이러한 특정한 역사적 날짜를 십분 활용하여, 이를 시간표로 구성하고, 이 시기에는 의례적인 예식을 거행한다. 의식은 '지각적으로 정치 현실에 영향을 미치는 정의'일 뿐만 아니라 '중대한 감정적 영향력'을 가지고 있고, 기호와 의식을 통해 국가 정권은 정치 상징자본을 투입하여 대중의 감정을 격발하고, 이러한 숫자와 서열, 훈련 구조를 신속하게 권위를 획득하는 표준형태로 사회를 동원하여 정치의식을 형태화한다.

의식은 일종의 언어 연습이다. 말을 연습하는 것은 어떤 행위의 묘사가 아니다. 말 연습을 하는 것 자체가 어떠한 행위를 규정하고, 필요한 의미 있는 소리를 넘어서는 행위인데, 예를 들면 승낙이나 사실의 경우에, 어떤 규정된 단어를 말할 때에야만 비로소 완성된다. 만약 연습이 없으면 의식도 없다.

기념관에서 거행하는 것은 연습된 고정 의식이다. 그것의 스토리가 명백하게 잘못이 없는 과거를 이용하지 않고 이야기할 때, 그리고 초자연적인 현재를 이용할 때, 가치와 의미를 그 연습하는 사람들의 전체 생활에 부여하게 된다. 기념관은 이처럼 신성한 장소이다. 난징대학살 사건이 한 차례, 또 한 차례 재현되면서, 의식이 거행되는 현장에 참가한 사람들은 그 시대로 들어가거나 아니면 되돌아가는 듯하다. 특정한 집단적 상황 속에 놓은 개체는 이 상황을 이용하여 과거를 기억하거나 재현한다. 그들은 의식 중에 부활하는 것이다. 또 난징대학살 사건의 역사를 되새기면서 당시의 심경을 강렬하게 체험하게 된다. 그리고 그들이 의식이 거행된 현장을 떠난다고 하더라도 그들의 이런 감정은 계속 이어질 것이고, 더욱더 많은 사회 대중들에게 영향을 미칠 것이다. 의식의 효용성은 의식의 특정한 시간에만 국한되지 않는다. 의식은 과거에 대한 연속만을 암시하는 것이 아니고 이 연속을 명확하게 알리고 있다. 분명하게도 의식은 특정한 시간에, 특정한 장소에서 거행된다. 하지만 의식에서 보여주는 모든 것들은 비의식성 행위와 심리 속에 스며들어 가 있다. 시간과 공간 면에서 의식 자신의 범위가 있기는 하지만 스며들어가는 성질도 있는 것 같다. 의식에 대해 사람들이 의미 있다고 생각하는 이유는 그 의식이 그 밖의 비의식성 행동과 전체 사회 집단의 생활에 대해 모두 의미가 있기 때문이다. 이런 의식이 매년 반복적으로 거행되고 있다. 난징대학살 사건도 한 차례, 또 한 차례 기억을 불러일으킨다. 그것은 과거로 거슬러 올라가는 상징으로서가 아니라 시간 차이가 없어지면서 '진정으로', 그리고 '진실하게' 같은 현실이 매년 드러나는 것이다.

(2) 의식의 내용

역사적으로 볼 때, 모든 의식은 어느 때 어떤 특정한 사건에 의해 만들어지지만, 그것들이 존재하고 있는 역사적 경과에서 그 구성의 세부적 측면은 시간이 지날수록 발전하거나 혹은 내용과 의미에 변화가 있을 수 있다. 그러므로 의식을 역사의 맥락에 다시 두고 그 조직 구조를 분석하여 그 의의를 다시 발견해야 한다. 의식의 맥락은 그것들의 이데올로기 기능을 모범적으로 보여준다. 아래 글에서 필자는 기념관의 역대 '12.13 중국 침략 일본군의 난징대학살로 인한 30만 피해 동포 추모 행사'의 프로그램 내용과 의식에 참여한 사람들의 구성과 숫자를 표로 만들어서 상세히 분석하였다.

1987년-2006년 의식 프로그램 내용

연도	내용
1987년	사회자 연설, 헌화, 기념관 주변 돌며 추모, 사료 진열실 관람
1994년	지도자 연설, 항일 노병 대표 발언, 청소년 대표 발언
1995년	지도자 연설, 청년대표 발언, 시비(미친 눈) 제막, 추모비 제막, 사료진열실 테이프 커팅
1996년	지도자 연설, 청소년대표 발언, 헌화, 기념관 돌며 피해 동포 추모
1997년	국가제창, 묵념, 경적, 헌화, 지도자 발언, 민주당파 대표 발언, 청년대표 발언, 생존자 대표 장명등 점등, 평화의 비둘기 날리기, 헌화
1998년	국가제창, 묵념, 경적, 헌화, 삼배, 평화의 비둘기 날리기, 헌화
1999년	경적, 탈모 기립, 묵념, 진혼곡 울리는 가운데 기념관 돌며 추모, 평화의 비둘기 날리기, 지도자 연설
2000년	경적, 지도자 연설
2001년	방공경보, 경적, 평화의 비둘기 날리기, 기립묵념, 헌화, 지도자 연설, 청소년 대표 발언
2002년	방공경보, 경적, 평화의 비둘기 날리기, 기립묵념, 지도자 연설, 시민대표낭독(난징평화선언), 평화의 노래 제창
2003년	방공경보, 평화의 비둘기 날리기, 기립묵념, 헌화, 지도자 연설, 시민대표 낭독(난징평화선언), 평화의 노래 제창, 생존자 대표, 항전 노병 대표, 청소년대표 평화의 종 타종
2004년	방공경보, 기립묵념, 지도자 연설, 시민대표낭독(난징평화선언), 평화의 노래 제창, 평화의 비둘기 날리기
2005년	방공경보, 지도자 연설, 시민대표낭독(난징평화선언), 평화의 종 타종, 헌화
2006년	방공경보, 지도자 연설, 시민대표낭독(난징평화선언), 헌화, 평화의 종 타종

1987년-2006년 의식 참가 인원 구성과 참가자 수

연도	참가 인물 구성	규모(명)
1987년	성 및 난징시 기관, 난징 군사학교, 성 군사학교, 각 민주당파, 사회단체 및 피해자 가족, 생존자 대표	400
1994년	성, 시 지도자, 난징 주둔 장병, 각 민주당파와 사회단체 책임자, 성시 관련부문 책임자 및 노인과 청소년	1,000
1995년	성, 시 지도자, 난징 주둔 장병과 경찰, 항일 노병, 민주당파, 상공업계 책임자	600
1996년	성, 시 지도자, 군부대 장병, 민주당파, 사회단체 책임자,	500

1997년	장쑤성, 난징 군부대와 난징시 지도자, 성과 시 관련 부문, 사회단체와 민주당파, 상공업계 책임자, 무당파 민주인사, 노동자, 농민, 해방군, 항전 노병, 각급 학교 학생, 난징대학살 생존자와 피해자 가족, 관련 전문가	기재사항 없음
1998년	장쑤성, 난징 군부대와 난징시 지도자, 성과 시 관련 부문, 사회단체와 민주당파, 상공업계 책임자, 무당파 민주인사, 노동자, 농민, 해방군, 항전 노병, 각급 학교 학생, 난징대학살 생존자와 피해자 가족, 관련 전문가	
1999년	성, 시 지도자, 각계 인사, 해방군 전사, 항일 노병, 각급 학교 학생, 난징대학살 생존자, 전문가	2,000
2000년	장쑤성 각계 인사	2,000
2001년	성, 시 지도자, 성 시 기관의 각 부문, 민주당파, 상공업계 책임자, 해방군, 노동자, 농민, 해방군, 항전 노병, 각급 학교 학생, 난징대학살 생존자와 피해자 가족, 관련 전문가, 일본 철도노조 대표 등 일본인	3,000
2002년	국무원 지도자, 성, 시 지도자, 군경 지도자, 성시 기관 각 부문, 민주당파, 상공업계와 민간단체 책임자, 항일 노병, 각급학교 학생, 난징대학살 생존자 및 전문가, 박물관과 기념관 책임자, 홍콩 대만의 애국동포,외국 우호단체 대표, 우호 인사	3,000
2003년	성, 시 지도자, 군경 지도자, 성시 기관 각 부문, 민주당파, 상공업계와 민간단체 책임자, 항일노병, 각급학교 학생, 난징대학살 생존자 및 학자 대표, 홍콩 대만 동포, 국외 우호단체 대표, 우호 인사	3,000
2004년	성, 시 지도자, 군경 지도자, 성시 기관 각 부문, 민주당파, 상공업계와 민간단체 책임자, 항일노병, 각급학교 학생, 난징대학살 생존자 및 학자 대표, 홍콩 대만 동포, 국외 우호단체 대표, 우호 인사	2,500
2005년	성, 시 지도자, 군경 지도자, 성시 기관 각 부문, 민주당파, 상공업계와 민간단체 책임자, 항일노병, 각급학교 학생, 난징대학살 생존자 및 학자 대표, 홍콩 대만 동포, 국외 우호단체 대표, 우호 인사	3,000
2006년	성, 시 지도자, 군경 지도자, 성시 기관 각 부문, 민주당파, 상공업계와 민간단체 책임자, 항일노병, 각급학교 학생, 난징대학살 생존자 및 학자 대표, 홍콩 대만 동포, 국외 우호단체 대표, 우호 인사	3,000

이 두 가지 표를 통해서 알 수 있는 바와 같이 의식은 기본적으로 고정된 프로그램과 내용으로 진행되었다는 사실이다. 모든 의식은 중복적 성격이 있으며 중복성은 필연적으로 과거의 연속을 의미하는 것이다. 하지만 몇 가지 세부적인 면에서 변화되는 모습을 보이기도 한다.

○ 주제 : 점차 상대적으로 고정되어 감

기념관은 1985년 개관 이래 1994년부터 매년 12월 13일에 걸쳐 중국 난징대학살 30만 명의 희생자를 추모하는 의식을 거행하였다. 1994년 이전에는 특별히

1987년에만 의식을 거행했다. 의식들과 그 의식을 거행하는 환경을 널리 연계시켜 아마도 성과 시 정부는 의식이 기억을 구성하고 권력을 실천하는 중요한 작용을 아직 충분하게 의식하지 못했던 것 같다. 1987년은 난징대학살 50주년이고, 또 1986년의 일본 역사 교과서 사건과 1987년 히카리료光華寮 사건의 이중 영향으로 기념관은 그해 12월 13일에 처음으로 의식을 거행하였다. 난징대학살 50주년 기념일에 난징의 각계인사 400여 명은 침통한 마음으로 장둥먼에 있는 난징대학살 기념관에서 성대한 집회를 열었고, 피해 동포들을 추모하였다. 그 후 의식은 고정적으로 진행되지 않다가 1994년에 와서 난징의 각계 인사와 난징에 주둔하는 부대 장병 1,000명이 참여한 가운데 장둥먼 기념관에서 성대한 의식을 거행하여 학살만행에 피해를 본 동포들을 추모하였다. 이후, 이 의식을 매년 거행하자는 의견이 쇄도하였다. 매년 12월 13일(난징 함락일)을 일제 강제 점령 시기 피해 동포 기념일로 하자는 건의로서, 그날 기념관에서 의식을 거행하고 시 전체 공공기관에서는 일률적으로 조기를 게양하며, 정오에 라디오와 텔레비전 방송국 및 공장에서는 1분간 종을 울리고 실내외에 있는 사람들은 기립하여 일분간 묵념하자는 것이다. 선양시에서는 9.18 당일에 일본군이 성에 쳐들어와 학살하던 그날 정오에 시 전체에서 자동차 경적을 울리고 시민들은 1분간 침묵에 들어갔고, 이후에 매년 같은 시각에 이렇게 하고 있는 것을 배울 것을 건의하기도 하였다. 이 이후로 12월 13일에 고정적으로 의식을 거행하기 시작했다. 주제는 중국 침략 일본군의 난징대학살에 희생된 30만 동포 추모이다.

2002년 12월 13일에 거행된 의식에서 시작해서 '중국 침략 일본군의 난징대학살에 희생된 30만 동포 추모'를 주제로 하는 의식은 '난징 국제 평화의 날 집회' 내용이 추가되어, 의식의 명칭은 '중국 침략 일본군의 난징대학살에 희생된 30만 동포 추모식 및 난징 국제 평화의 날 집회'로 변경되었다. 2002년 12월 13일 오전 장쑤성 난징시 각계 인사 및 외국의 우호 단체 대표, 우호 인사, 홍콩과 대만의 애국동포 3,000여 명은 기념관에서 '중국 침략 일본군의 난징대학살에 희생된 30만 동포 추모식 및 난징 국제 평화의 날 집회'를 거행하였다. 의식의 내용과 의미는 더욱 업그레이드 되었다.

'평화'에 대한 연구는 제2차 세계대전 이후 전쟁의 끔찍한 결과에 대한 반성에서 비롯됐다. 1948년 미국 맨체스터대학은 세계 최초의 평화 연구 기관을 설립하여, 세계적인 사무의 법률성과 유엔의 평화 수립 가능성을 중점적으로 연구하였다. 1959년 노르웨이의 수도 오슬로에 '국제평화연구소'를 설립하고, 세계 최초의 평화 연구 정기간행물인 〈평화연구잡지〉를 발간하였다. 이것은 일반적으로 평화학이 세워졌다는 표지로 간주된다. 냉전, '9.11' 등의 사건을 겪은 후, 평화학은 현재 세계에서 연구의 절정을 이루었다. 난징, 제2차 세계대전 중 크게 피폐해진 이 도시의 역사는 온갖 풍파를 다 겪은 특수한 문화적 자원을 담고 있다. 2001년, 난징시 정치협상회의 상무위원이며 난징 예술대학 부교수 콩리우칭孔六慶은 시 정치협상회의에 대한 제안에서 건의하기를 "당시 세계를 놀라게 한 중국 침략 일본군의 대학살 사건을 근현대 세계의 특색이 있는 평화비로 삼아, 그것이 국민을 잘살게 하고 시를 부강하게 하는 경제발전 중에 굳센 역할과 커다란 국제적 영향력을 가질 수 있도록 하자"고 하였다. 같은 해 12월에, 기념관은 호놀룰루에 가서 '영원히 잊지 말자--중국 침략 일본군의 난징대학살 역사 사실 전시회'를 주최하였다. 현지에서 가장 큰 교회당인 성 마리노 교회당에서 거행된 평화 기도식에 참가하여 난징대학살 과정에서 희생된 동포들과 '9.11' 피해자들을 추모하고, 인류의 평화를 기원하며, 전쟁과 폭력을 멀리하게 해달라고 기도하였다. 당시 깊은 울림이 있었는데, 두드러지게 느낀 것은 평화는 국경이 없이 인류 공통의 바램이자 추구라는 사실이었다.

그 후, 2002년부터 기념관에서 매년 거행하는 의식은 '난징 국제 평화의 날 집회' 주제가 더해져서 '역사와 평화'라는 주제의 평화 집회가 개최되었다. 역사는 우리에게 말한다. 인류 사회는 평화가 존재해야만 조화로운 발전을 할 수 있고, 역사를 거울삼아야 사람들은 길을 돌아가지 않을 수 있다. 아울러 시민 대표는 〈난징평화선언〉을 낭독하였다.

○ 내용 : 때와 상황에 맞춰 늘리다

의식의 주제는 상대적으로 고정되어 있다. 내용도 일정한 규칙과 순서가 있다. 의식은 그것들의 분명한 규칙을 통해서만이 예술적 표현력을 가질 수 있게 된다. 아울러 틀에 박혀 반복하는 것은 심사숙고해서 공식화시켜 놓은 것이기 때문에 자발적으로 변화할 수는 없고, 기껏해야 제한된 범위 안에서 약간의 변화를 줄 수 있을 뿐이다.

기념관 추모광장에는 의식의 절차를 명확하게 표시해 놓았다.

(1) 연주 (중화인민공화국 국가)

(2) 선포 (의식 개시)

(3) 난징대학살 피해동포에게 헌화

(4) 연주 (위령곡) 묵념, 묵념 마침

(5) 대표 연설

(6) 선서

(7) 의식 마침, 기념사진 촬영

(8) 기념관 관람

매년 12월 13일에 거행되는 의식은 기본적으로 이 순서와 내용에 따라 진행된다. 시간의 흐름에 따라 몇몇 내용이 추가되기도 하지만 고정적으로 정해진 내용은 다음과 같다.

(1) 방공경보

(2) 지도자 연설

(3) 시민대표 낭독 (난징평화선언)

(4) 헌화

(5) 평화의 종 타종

이런 내용을 통해 의식이 진행함으로써 의식에 참가한 사람들을 특정한 추모 분위기로 이끌고, 역사적 사건과 과거의 이미지가 재현됨으로써 다시 한번 회고하고 전승할 수 있도록 한다. 시간 기호는 생동감 넘치게 구성·해독되며 집단 기억도 강화된다.

이 밖에, 특수한 연도들은 특수한 내용을 증가시켜 준다. 1995년은 항일전쟁 승리 및 세계 반파시즘 전쟁 승리 50주년 되는 해로서, 그해에 거행된 의식에는 시비 〈미친 눈〉과 추모 벽을 제막하고 역사 자료 진열실 테이프 끊기 등의 내용을 추가하였다. 장쑤성, 깐수성甘肅省, 주둔 부대와 난징시 지도자 및 관계 인사들이 시비 〈미친 눈〉과 추모비 제막 행사에 참석하여 리모델링한 역사 자료 진열실 끊기 행사를 하였다. 장시 〈미친 눈 - 일본 오랑캐에게 학살된 30여만 난징 군민 초혼을 위하여〉는 종군시인 왕지우신이 난징대학살을 소재로 창작한 작품이다. 1995년에 서예가 리우쓰쥔劉思軍이 한간체漢簡體로 써서 동판으로 제작하여 기념관에 기증하였다. 이 해에는 또 역사 자료 진열실을 리모델링하여 사료의 진열을 충실하게 할 수 있게 하였다. 따라서 이 해에 거행된 의식에서는 이런 활동들이 완성되었다. 그 목적은 특정한 집단 상황을 빌어 더욱더 많은 대중에게 선전하고 기억을 강화하려는 것이다.

○ 방식 : 다양한 느낌 병용

'국가'를 부르고, 피리를 불고, '진혼곡'을 연주하고, 방공경보를 울리는 내용을 계속 추가한 의식은 과거의 전통적인 내용의 기초 위에 새로운 감지방식을 추가하였다. 예를 들어 1987년부터 2006년까지 거행된 행사의 프로그램 내용표에 따르면, 1997년 추모의식 시작을 선포하고 국가를 제창하였고, 행사 시작 즉시 모든 참가자들이 일제히 국가를 부르고, 3분 동안 시 전체에 경적이 울려 퍼졌고, 난징시 전체의 자동차, 선박은 일제히 경적을 울렸다. 1999년에는 조용하고 애절한 '진혼곡'이 울려 퍼지는 가운데 각계 인사들이 기념관을 한 바퀴 돌면서 피해 동포들을 추모하였다. 2001년에는 방공경보를 울려 후세 사람들에게 과거를 잊

지 말고 미래의 스승으로 삼자는 교훈을 알렸고, 기념관 앞에서 먼저 울린 방공
경보를 시작으로 시 전체의 100여 대 방공경보가 일제히 울렸고, 난징의 기차, 선
박들도 동시에 경적을 울렸다. 경보는 오전 10시에 시작해서 예비경보, 긴급경보,
해제경보 등의 세 부분으로 나누어 울렸고, 10시 30분에 종료되었다.

앞에서 언급했던 국민들의 건의 편지 때문이었는지 난징시는 1996년부터 매년
12월 13일 방공경보를 울리기 시작했다. "지금, 이 순간 당신이 난징의 어느 구
석에 있든 간에, 무슨 일을 하든 간에, 당신이 어떤 일을 하는 사람이건 간에, 이
경보 소리가 들리면 깊은 느낌을 가지지 않을 수 없을 것이다." 이런 방식으로
경보는 좋은 작용을 발휘하였다. 더욱이 그것이 실시된 지 얼마 안 됐을 때, 영
문을 모르던 사람들에게 12월 13일이라는 이 날짜를 기억하게 하였다. "나는 경
보가 울리고 나서야 12월 13일이 무슨 날인지 알았다." "대다수의 사람은 9.18은
기억하고 있다. 하지만 나는 마찬가지로 12월 13일 이날을 반드시 기억해야 한다
고 생각한다." "무엇이든지 잊을 수는 있다. 하지만 이 역사는 잊을 수 없다. 앞
으로 해마다 울려서 모든 사람의 마음속에 경종을 울려야 한다." 사람들은 경보
가 울리고 나서야 12월 13일이 갖는 특별한 의미를 안다. 그리고 이 날짜를 기억
한다. 아울러 마음속에 갇혀 있던 역사를 떠올린다. 그리고 난징대학살에 대한
기억을 강화한다. 동시에 과거의 일을 잊지 말고 미래의 거울로 삼자는 것을 이
성적으로 심화시킨다. 경보의 중요한 작용은 여기에서부터 드러난다.

〈진혼곡〉은 장쑤江蘇 텔레비전 방송국 기자 친민췬秦敏群이 난징대학살을 소재
로 만든 곡이다. 그는 젊은 시절에 군부대의 문예 선전 공작단에서 음악 일을 했
었다. 1997년 난징대학살 60주년 기념식 무렵에 그는 음악으로 학살의 증거를 보
여주고, 정의와 평화에 대한 진심 어린 호소를 염두에 두고, 국내에서 처음으로
'전쟁 반대 노래'를 창작하였다. 〈진혼곡〉은 이렇게 탄생하였다. 기념관은 〈진혼
곡〉을 영구히 소장하면서 매일 울려 퍼지게 하였고, 매년 거행되는 추모식에서도
울리게 하여 사람들이 슬프고 엄숙한 분위기를 유지할 수 있도록 하였다.

브라이언 로슨Bryan Lawson은 "사물에 대해 우리가 느끼는 것은 감각 기관의 종

합이다"라고 하였다. 노래, 피리소리, 경보와 같은 이런 요소들은 의식에 점차 가미되고 있다. 이 요소들은 완전히 다른 인지 패턴의 운용이라고 할 수 있다. 그 요소들이 대표하는 것은 그것들 자신의 세계 또는 시스템 밖의 어떤 물건의 방식이다. 그것들이 분위기를 조성하고 느낌을 강화해 주는 데 중요한 작용을 하고 있다. 의식에 참여한 사람들은 그 요소들이 암시하는 어떤 그림, 장면, 상태와 환경을 느끼게 된다.

○ 사람 : 광범위한 계층의 참여

앞에서 제시한 표를 통해서도 알 듯 있듯이, 의식에 참여한 사람들은 각계각층에서 왔다. 국내의 성과 시의 지도자들, 민주당파 대표, 사회단체 대표, 해방군 대표, 학생 대표, 노병 대표, 난징대학살 생존자 대표, 난징대학살 피해자 가족 대표, 전문가 학자 등, 그들은 모두 매년 거행되는 의식에 고정적으로 참여한다. 그런데 특별한 연도에는 약간의 변동이 있다. 2005년은 항일전쟁 승리와 세계 반파시즘 전쟁 승리 50주년의 해로서, 이 해의 의식에는 참여하는 인원이 늘어났다. 국가 관련 부문의 중앙 대외선전 판공실 부주임 치엔샤오치엔錢小芊과 국가 발전 개혁위원회 사회발전처, 중공중앙 대외연락부 인민 평화쟁취와 군비축소 협회, 중국 인권발전기금회 책임자가 추모식에 출석하였다. 또한 박물관과 기념관이 대표, 중국 인민 항일전쟁 기념관, 9.18 역사박물관, 중국침략 일본군 731부대 범죄 증거 진열관, 상하이 전쟁기념관, 만주 황궁역사박물관, 광저우 예술박물관의 대표가 추모식에 참가하였다.

외국의 몇몇 우호 단체도 대표를 파견하여 추모식에 참가하였다. 2002년에는 일본의 애국 화교 린통춘林同春, 린보야오林伯耀와 일본 철도노조 대표단, 일본 후쿠오카현 일중우호협회 대표단, 미국 노스 캘리포니아주 중국평화통일 촉진회 대표단, 그리고 캐나다 세계 항일전쟁 사실 역사 사실 보호회 대표 등이 참가하였다. 2003년에는 난징 평화의 종에 기부금을 낸 일본 여행 화교 위원회 회원, 일본 시킨쿠사紫金草 합창단, 일본 철도노조 회원, 일본 리츠메이칸立命館대학 국제평화박물관 대표, 일본 모또스나오사本願寺 불교 중국방문단, 한국 일본 교과서 바로 잡기 운동 본부, 한국 제주 4.3연구소, 한국의 4.3 역사유족 중국방문단 등이 참가하였다. 2006년에는 일본 동사랑 재판 지원 실행위원회, 일본 진종眞宗 오다니파大谷派 우호 중국 방문단, 일본 제3차 쇼로사毗盧寺 평화 법회 우호 방문단 등의 우호 단체 대표들이 의식에 참여하였다. 그 가운데 일본의 철도노조 대표단은 여러 차례 의식에 참여하였다. 그들은 이렇게 말했다. "일본 정계에 몸담은 어떤 사람은 늘 난징대학살이 허구라고 말한다. 역사를 왜곡하는 일본 우익세력과 싸우기 위해서 우리는 매년 난징에 와서 추모 활동에 참가한다. 귀국 후에 역사의 진상을 일본 사람들에게 알려줄 것이다."

상징성을 띤 행위와 활동으로서 의식은 연출을 통하여 기념할 만한 사건을 회고하고, 관념적이고 지적인 내면적 논리를 드러내 보여준다. 그리고 의식은 이데올로기를 전달하고 선전하며 정치 권위를 보여주기도 하고 세우기도 한다. 따라서 권력 기술 또는 권력 실천이기도 하다. 국가 정권은 역량을 동원하여 의식을 거행한다. 그것을 위해 정치적 상징성을 갖는 자본을 투입하기도 한다. 물론 더욱더 많은 대중들이 체험하고 실천하게 하기 위해 가능한 한 많은 계층이 참여하기를 바란다. 따라서 수 년 동안 가능한 한 많은 대중과 계층이 의식에 참여하도록 최선을 다하여 동원하였다. 각 계층 사람들의 문화적 배경, 지식의 수준, 인지 수준은 각기 다르다. 그들을 통일적으로 한 장소에 모이게 하고 공동의 의식에 참여하게 함으로써 특정한 상황 안에서 함께 과거를 회고하게 하여 기억을 불러 일으킬 수 있도록 하는 것이다. 의식이 끝나게 되면 참가했던 사람들은 이 상황에서 떠나 자신들이 일상생활 속으로 돌아가게 된다. 그렇게 되면 그들의 감정, 체험은 줄곧 연속되고, 그들의 주변에 있는 더욱더 많은 대중들에게 그 감정과 체험은 전이될 수 있다. 의식의 효용은 의식이 거행되는 장소에만 머무는 것이 아니다. 이러한 방식을 통하여 각 계층이 대표는 자신이 속한 그 계층에 영향을 주게 되고, 사회 전체의 총동원과 화합을 실현하게 되는 것이다. 이에 기초하여 국가 정권은 매년 각 계층이 의식에 참여하도록 적극적으로 동원한다. 시간 기호와 의식의 연출을 통하여 숫자, 순서, 그리고 연출 구성을 통하여 권위의 표준형식을 재빨리 획득하고 국가 사회 전체를 동원한다.

(3) 의식의 선전 문구

앞에서는 주로 의식의 조직 구성 측면에서 분석하였다. 이 밖에도 의식의 문구 연구, 즉 의식에서 한 연설이나 발언자의 문구가 전체의식을 연구하는 데에 상당히 중요하다. 선전 문구의 변천으로부터 그것이 담고 있는 시대적 배경과 정치 문화적 함의를 분석해낼 수 있다. 현대적 흐름을 대표하는 의식 연구가 주로 관심을 두고 있는 것은 기능 문제가 아니고 의식 자체가 천명하는 내면적 논리와 상징 의미 문제이다. 관건은 의식이 사람들을 위해 무엇을 하는 것인가에 있는 것이 아니다. 의식이 사람들에게 무엇을 말하는가, 그것이 참가자들에게 어떻게 이해되는가 하는 것이다. 언어의 습관은 가장 기본적으로 집단 기억을 구성함과 동시에 가장 안정적인 틀이기도 하다.

1987년-2006년 거행된 의식에서의 발언자 신분과 내용

연도	문구 1		문구 2		문구 3	
	신분	내용	신분	내용	신분	내용
1987년	난징시 역사학회 고문 장원란張尤然	뒤떨어지면 얻어맞는다는 사실을 기억하자, 중화 진흥, 중일우호관계 발전, 세계평화 지키자				
1994년	난징시장 왕우롱王武龍	뒤떨어지면 얻어맞는다는 것을 기억하자, 중화진흥, 평화를 소중히 여기자, 중국 특색의 사회주의 건설	항일 노병 대표 전선甄申		청소년 대표 다이닝이戴寧益	
1995년	난징시 시위원회 부서기 시장 대리 왕홍민王宏民	역사를 잊지 말고, 민족자존심을 높이고, 애국주의 정신 함양. 중화진흥, 장쑤와 난징 진흥	청소년 대표 러우쉬에취엔娄学全	역사적 교훈 명심, 중국 특색 사회주의 건설		

1996년	난징시 시 위원회 부 서기, 시 인 대 상임위 원회 주임 후쉬지엔 胡序建	역사를 잊지 말자, 민족자존심을 높이 자, 조국건설, 침략 전쟁 반대, 세계평 화 지키자, 장쑤와 난징 발전	청소년 대표		
1997년	장쑤성 정협 주석 쑨한孫頷	역사를 거울삼을 것, 일본 우익인사 의 침략역사 부인 언행을 경계. 조국 건설. 중일우호관 계 발전	난징시 치공 당致公黨 주임위원 왕쩐화 王振華	추모의 정을 중화 진흥의 힘으로 바꾸자	장쑤성 학생 연합회장, 난 징대학 학생 회장 왕징화 王靖華	중국공산당 은 거센 물 살속의 튼튼 한 기둥, 침 략 반대, 세 계 평화 보호
1998년	없음					
1999년	장쑤성 성 위원회 부 서기 꾸하오顧浩	침략역사 부인하는 어떤 세력도 용서 치 않음. 국치를 잊 지 않음. 중화 진흥				
2000년	장쑤성 성 위원회 부 서기 꾸하오顧浩	일본우익인사의 침 략역사 부인에 경 고 및 반격해야 함.				
2001년	장쑤성 성 위원회 부 서기, 시위 원회 서기 리위엔챠오 李源潮	역사를 거울삼아 일본 우익인사의 역사부인 비판. 국 치를 잊지 말 것을 교육. 조국의 위대 한 부흥 실현	청소년 대표, 난징 진링중 학 학생 위즈잉 余之穎			
2002년	난징시장 뤄즈쥔 羅志軍	역사를 거울삼아 중일우호 수호, 역 사진상 밝히기, 일 본우익의 역사부인 비판	난징시민 대 표, 난징시 청년연합회 장 쉬훙許宏	<난징평화선 언> 낭독		
2003년	장쑤성 정협 주석 린샹궈 林祥国	역사를 거울삼아 일본 우익의 역사 부인 비판, 국치를 잊지 말 것을 교육, 세계 평화 보호, 조 국의 위대한 부흥 실현	제7기 난징 10대 청년, 구러우鼓樓 병원 흉부외 과 왕둥진 王東進	<난징평화선 언> 낭독		
2004년	장쑤성 정 협 부주석 루쥔陸軍	역사를 거울삼아 국치를 잊지 말고 조국 대부흥 실현	난징대 학생회장 천리陳莉	<난징평화선 언> 낭독		

| 2005년 | 장쑤성 위원회 부서기 런이엔선任彦申 | 역사를 거울삼고, 일본 우익의 역사 부인 비판, 국치를 잊지 말 것을 교육, 세계평화 보호, 사회주의 조화사회 건설 | 장쑤성 10대 청년, 베이징 동루초등학 교장 쑨솽진 孫雙金 | <난징평화선언> 낭독 | |
| 2006년 | 장쑤성 정협 부주석 쑨안화 孫安華 | 일본침략자의 범죄 폭로, 일본우익의 역사왜곡 저지. 역사 돌아보기. 인민의 불굴정신 함양, 국치 잊지 않기 교육. 건설 추진. 세계평화보호와 공동발전 촉진 | 장쑤성 10대 청년, 난징 징티엔擎天 과학기술 유한회사 회장 신잉辛穎 | <난징평화선언> 낭독 | |

　역대 거행된 의식에서 발언한 사람들의 신분과 발언의 주요 내용을 간략하게 개괄하여 표로 만들어 본 것이다. 이 표를 보면, 1998년을 제외한 매년 의식에서는 발언이 있었고, 선전 문구들이 소개되었다. 의식에 참여한 사람들은 주로 장쑤성과 난징시의 각계 인사들이었고, 의식에서 발언한 사람들은 그 대표였다. 그 가운데 주요 인물들은 국가 정권, 즉 장쑤성이나 난징시의 지도자들이었다. 1987년에 발언했던 난징시 역사학회 고문 장원란張允然이 학술계의 대표였다고 한다면 1994년부터는 모두 국가 정권의 대표였다. 그중에서 1994년. 1995년, 1996년, 2002년에 발언한 사람들은 모두 난징시의 지도자였다. 1994년에는 시장 왕우롱이었고, 1995년에는 시 위원회 부서기이자 시장 대행 왕훙민이었으며, 1996년에는 시 위원회 부서기이자 시 인민대회 상임위원회 주임 후쉬지엔胡序建이었고, 2002년에는 시장 뤄즈쥔이었다. 그리고 그 밖의 연도에 발언한 사람들은 모두 장쑤성 지도자들이었다. 1997년에는 성 정치협상회의 주석 쑨한孫頷이었고, 1999년과 2000년에는 모두 성 위원회 부서기 꾸하오였으며, 2001년에는 성 정치협상회의 부주석 루쥔이었고, 2005년에는 성 위원회 부서기 런이엔선任彦申이었다. 매체의 뉴스 보도 역시 그들의 발언을 위주로 이루어졌다.

　이 밖에도 고정적이지는 않지만 다른 사람들의 대표 발언도 있었다. 예를 들어 1994년 항일 노병의 대표와 청소년 대표가 있었고, 1997년에는 민주당파 대표와 학생 대표가 있었다. 2002년에는 시민대표의 〈난징평화선언〉 낭독이 시작되었다. 자신이 만족하는 기호의 텍스트로 해독하는 각자의 입장에 서서 그것이 의미하는 바는 그것들보다 더 깊이 있는 이해를 할 수 있게 된다. 대중의 대표들은 자신들의 계급적 입장에서 출발하여 세상 사람들에게 그들이 의식에 참여하는 지금 이 시각의 심리 상태와 보고 느낀바 를 표현하고 광범위한 일체감을 얻는다.

의식에서 사용되는 언어는 형식화된 언어이다. 하나의 언어가 체계적으로 배치되고 그것으로 선택 가능한 범위를 제한할 때에 우리는 그것이 형식화된 언어라고 부른다. 의식에서 사용되는 언어의 형식주의는 더욱 뚜렷한 기억 작용을 한다. 의식에서 사용되는 언어 가운데, 문구, 글의 구성방식, 그리고 풍격은 모두 비교적 엄격한 선택과 규정을 가진다. 표준 대꾸는 그 가운데 두드러진 방법이다. 야콥슨Roman Jakobson의 관점에 따르면 "앞뒤로 연결되는 동사의 순서에는 어떤 유사상이 존재하거나 우선 선택될 때가 있다." 표준 대꾸의 전통이 존재한다고 할 수 있다는 것이다. 따라서 표준화된 대중에게 받아들여지는 대꾸 단어가 많이 나타나게 된다.

이 밖에 의식에서 사용되는 언어의 특색은 언어 행위 순서의 고정성에서도 표현된다. 하나의 어떤 문구에 대해서 말하자면, 그 뒤에는 많은 잠재된 문구들이 따라올 수 없다. 그 뒤에 따라올 수 있는 것은 의례적인 말로 제한된다. 아니면 대부분 상황에서 한 문구는 언어 행위가 시작되면 그것의 끝맺음을 예상할 수 있다. 시작하기만 하면 적당한 순서에 따라서 규칙에 맞춰 지속하여 나가는 것이다. 이 밖에 한 언어 행위의 내부 연결이 사전에 형식적으로 확정이 되면 다른 참가자 언어 행위 간의 연결 또한 사전에 정해지게 된다. 한 참가자의 언어 행위로부터 다음 참가자의 언어 행위를 미리 알 수 있게 되는 것이다. 위의 표에서 알 수 있는 바와 같이 기념관에서 거행되는 의식에서 사용된 문구는 바로 이런 특색을 보여주고 있다.

발언자는 또 '우리'라는 전형적인 인칭대명사를 반복해서 사용한다. 의식의 연출적 성격은 부분적으로 말의 문제이다. 어떤 전형적인 동사와 인칭대명사를 반복해서 말하는 것이다. 의식에 참여한 사람들은 매우 많다. 반복해서 '우리'를 언급하는 것은 의식에 참여해서 말을 듣고 있는 모든 사람을 하나의 틀 속으로 모으는 것이다. 그들은 정해진 외부 공간에 모일 뿐만 아니라 그들의 언어 행위가 결정하는 이상적인 공간에 모이는 것이다. 말을 반복해서 함으로써 형성된 공동체는 여기에서 생겨나는 것이다. '우리'라고 말함으로써 기본적인 의향은 의식에 참여한 사람들에게 확정된 형식을 부여하고, 그들은 말하는 사람처럼 집단으로 움직이도록 설정된다. 이것이 일종의 집단 인격이다.

　연설은 모두 국내적, 국제적 정치 상황과 긴밀하게 연결되어 있어 짙은 정치색채를 띤다. 1992년 중국 공산당 14대 대회에서는 '중국 특색의 사회주의 건설이론' 논법이 명확하게 사용되었다. 덩샤오핑의 남순강화를 영혼으로 하여, 덩샤오핑 이론의 주요 내용을 과학적으로 개괄하고 상세하게 서술함으로써 비교적 완성된 과학적 체계를 갖추게 하였다. 그 후 1994년에 거행된 의식에서는 이 점을 명확하게 보여주었다. "장쩌민 동지를 핵심으로 하는 당 중앙의 영도 아래, 덩샤오핑 동지의 중국 특색의 사회주의 건설 이론과 당의 기본 노선이 인도하는 방향을 따라 자강불식의 민족정신을 계속 드높이고, 좋은 기회를 잡아 진취적으로 개척해 나가고 열심히 분투하여 착실하게 일해 나감으로써 두 문명 건설의 새로운 승리를 쟁취하자." 2005년 2월 19일에 후진타오는 중국공산당 중앙이 주최한 성급 주요 지도 간부의 사회주의 조화사회 건설 능력 제고 연구토론반 개강식에서 사회주의 조화사회 건설의 중요한 의미와 과학적 내용, 기본적 특징, 중요한 원칙과 주요 임무 등에 대해 진지하게 천명하였다. 이후 2월과 4월에 중국공산당 중앙정치국에서 거행된 집단 학습 회의에서, 또 11월 중앙 경제사업회의에서 사회주의 조화사회의 건설 추진에 대해 여러 차례에 걸쳐 강조하였다. 그 해의 의식 석상에서 발언자들은 이 점을 특별히 강조하였다. "전면적인 샤오캉 사회 건설 추진과 사회주의 조화사회 건설의 위대한 사업을 추진하기 위하여 노력해서 싸워나갑시다." 의식은 권위 있는 권력기술을 드러내 보여줄 수 있다. 그리고 정치 권력은 단순한 강제를 표현할 뿐만 아니라 합리적이고 합법적인 이용을 드러내 보여줄 수도 있다. 의식에서 사용되는 문구는 중요한 수단이 된다. 국가 정치를 제때 문구 속에 반영해내어 사회 대중에게 선전함으로써, 대중의 감정을 동원하여 그 합법성을 지지하게 하고 정책에 대한 대중들의 열정을 불러일으키게 하는 것이다. 아울러 국가 정권의 정치 실천을 참가자들에게 동일시하도록 만들고, 그것을 통해 의식의 정치적 상징 의미를 드러내 보여주는 것이다. 동시에 이런 기념 의식 안으로 국가 정치를 집어넣어 의식의 신성한 성격을 늘려주고 참가자들이 보다 경건하게 하고 보다 집중된 상태로 그 안에 녹아들게 하는 것이다.

침략 역사를 부인하는 일본 우익의 행위에 대하여 발언자들은 자신들의 연설에서 적시에 언급하고 반격과 비판을 가하였다. "일본 국내의 극소수 우익분자들과 정객들은 난징대학살 문제에 대하여 한 번씩 돌아가면서 혼탁한 물결을 일으키고 있다. 틀림없는 역사적 사실을 공공연히 부인하면서 이미 역사적 쓰레기 더미로 치워져 버린 군국주의 망령을 불러들이려 시도하고 있다. 역사를 왜곡하고 침략을 미화하려는 이런 음모는 중국 국민의 감정을 엄청나게 상하게 하는 짓이다. 그뿐만 아니라 중국과 일본 국민의 우호 관계의 건강한 발전을 방해하고 해를 끼치는 짓이기도 하다. 이에 대해 우리는 깨어 있는 인식과 고도의 경계태세를 유지해야만 한다."

하지만 '역사를 거울로 삼자' '평화 보호'의 문구가 시종 연설 가운데 반복하여 나타나고 있고, 그 빈도도 가장 높다. 의식에서 사용되는 단어의 선택에는 풍격화, 전형화의 경향이 있다. 대체로 변하지 않는 언어체계로 구성되고, 이것들은 대체로 변하지 않는다. 반복해서 언급되는 말은 스스로 연출한 것이 아니고 이미 규율 가운데에서 기호화된 것이다. 따라서 정확하게 반복할 수가 있고, 기억의 수단으로서 커다란 힘을 발휘할 수가 있다. 단어와 문구가 반복해서 나타나는 것은 일종의 특별한 현실화 작용이다. 국가 정권이 거행하는 의식으로서, 그 의식에서 대중들에게 최종적으로 전달하고자 하는 것은 '역사를 거울로 삼아 평화로운 미래를 함께 만들어나가자'라는 이념이다. 따라서 말 속에서 그것을 반복적으로 사용하는 것이고, 그것을 간결하게 하고 의미를 잘 담아내게 하여 대중들이 기억하기 쉽게 하고 아울러 널리 전파하게 함으로써 최종적으로 공동의 관념을 일체화시키고자 하는 것이다. 즉, 공동의 집단 기억을 형성하여 미래를 비춰내고 함께 노력해 나가자는 것이다.

4. 기념 장소와 사회 기억

난징대학살 기념관은 난징대학살이 벌어진 현장 장둥먼에 터를 잡고 상징적 의미가 있는 건축물을 설계하고, 그 공간을 나누고 새롭게 조합하여 피해 동포들의 유골과 유물, 사진, 글 등의 역사 자료를 전시하였다. 이것들은 공간의 상징을 함께 이루어 낸 것이다. 대중에게 개방된 공공장소로서 기념관은, 이 공공의 공간에 사람들이 들어오게 되면 공간의 상징 의미를 이해하게 되고, 사회 기억은 그 영향을 깊이 받게 된다. 따라서 공간 안에서 의식 등을 거행하게 되면 공간의 상징은 강화되고 공간에 대한 새로운 구성이 실현된다. 여기에서 공간, 의식, 사회기억 사이에는 상호 작용을 하게 된다. 공간의 한 가지 기능은 환경을 창조하는 것이다. 그것은 일상생활에서의 우리 신분의 범위에 맞춰 행하기 유리한 그런 환경이다. 상당한 정도로 이것은 건축사가 완성하는 것이 아니고 행위자 스스로 완성하는 것이다. 결국 공간은 사실상 자신의 행동거지의 외재적 확장이다.

난징대학살 기념관의 공간과 그곳에서 거행되는 의식은 이런 방식으로 난징대학살이라는 역사에 관한 대중들의 사회 기억을 만들어낸다. 그렇다면 주지하는 바와 같이, 제2차 세계대전의 역사에서 난징대학살과 나치의 유태인 학살이라는 두 차례 재난이 있었다. 유태인은 어떻게 공간과 의식을 빌어 기억을 만들어내고 있을까? 필자는 파악하고 있는 관련 자료에 근거하여 그 주요 특징을 논해 보기로 하겠다. 이를 통해 난징대학살 기념관과 비교해서 분석해보고자 한다.

(1) 독특한 기념관 설계와 진열

이스라엘은 1953년 수도 예루살렘에 야드 바셈 홀로코스트 기념관Yad Vashem - The World Holocaust Remembrance Center을 세웠다. '야드 바셈'은 히브리어로 '기념과 기억'이라는 의미가 있다. 이를 통해 기념관의 취지를 명확하게 밝히고 있다. 1995년에 옛 건물의 기초 위에 새로운 이념으로 신관을 짓기로 하였다. 최종적으로 10년간 신관을 건설하였다. 야드 바셈 기념관은 대지 4300m²로, 그 설계는 형식과 내용의 완전한 통일을 보여주고 있다. 이 건물은 삼각형의 건축양식으로 거의 전부가 지하에 지어졌다. 3분의 1은 산을 뚫고 있고, 공중에 매달려 있으며 지면에는 가느다란 강화유리로 된 꼭대기 부분만 드러나 있을 뿐이다. 그 부분을 통해 일부 햇빛이 기념관 안쪽으로 위에서 아래로 비춰들어가게 하여 죽음의 수용소와 비슷한 어둡고 차가운 분위기를 만들어냈다.

야드 바셈 기념관의 가장 핵심적인 부분은 마지막 전시홀이다. 커다란 홀 중앙에 등 가리개와 비슷한 원뿔형 구조가 매달려 있고, 그 안에는 이미 알려진 300만 희생자의 이름과 사진이 나란히 새겨져 있다. 매달려 있는 확성기에서는 300만 명의 이름을 부르는 목소리가 계속 흘러나온다. 이 원뿔형 구조물의 바로 아래에는 커다란 구덩이가 있다. 구덩이 안에는 물이 고여 있다. 물속에는 조사할 방법이 없는 그 밖의 희생자 300만 명을 기념하는 돌비석이 잠겨 있다. 관람객들은 몸을 숙여 난간에 의지한 채 아래쪽을 쳐다본다. 물에 거꾸로 비친 이미 밝혀진 희생자의 이름, 사진과 함께 이름 없는 피해자의 돌비석을 보고, 희생당한 600만 유태인이 하나의 집단으로 융합되었음을 느끼게 된다. 기념관은 전체적으로 희생자 90위의 세세한 스토리와 함께 피해자 각각의 신분, 얼굴, 목소리, 경력 등을 전시하여 보여준다. 그것이 일깨워주는 효과는 실로 지대하다.

(2) 전 민족의 기념일, 그리고 의식

이스라엘은 1948년 건국하였고, 1951년 법령을 통과시켜 유태력 정월 27일을 '대학살 기념일'로 지정하여 전 민족에게 대학살을 영원히 기억할 것을 알렸고,

나치에게 학살당한 600만 유대인을 기념할 것을 경고했다. 매년 이날이 되면 전국의 텔레비전과 라디오는 모든 오락 프로그램을 중지하고 오락성 서비스 시설은 문을 닫는다. 또한 햇불을 밝히고 기념식을 거행한다. 아우슈비츠 수용소에 갇혀 있다가 살아남은 6명의 생존자는 피해자의 영혼을 상징하는 햇불에 불을 붙이는데, 각각의 햇불은 100만 명의 영혼을 대표한다. 오전 10시에는 전국에 자동차 경적이 울리고, 사람들은 모든 일을 중단하고, 달리던 차량은 즉각 멈춘다. 승객들은 자동차에서 내려 엄숙한 자세로 묵념을 한다. 전국 각지가 모두 희생자에 대한 애도 속으로 빠져들어 간다.

기념일은 이미 국경을 초월하여 전 세계 유태인들에 의해 받아들여지고 있다 유태 민족 전체의 공동 기념일이 된 것이다. 사람들은 대학살에 대한 집단 기억 속에 참여하고 있다.

난징대학살 기념관이든 아니면 야드 바셈 기념관이 되었든 모두 관제 기념 장소로서 존재한다. 국가 정권은 정치적 상징 자본을 투입하여 기념관 건립을 권력 공간의 기호로 삼는다. 또한 이데올로기를 담아내는 공간으로 삼아서 대중들에게 역사에 관한 기억을 전달함으로써 대중들의 감정을 불러일으키고 대중들에게 영향을 미친다. 이렇게 사회를 동원하고 정치의식을 구체화하는 것이다. 이와 서로 대응되는 것이 민간의 기념 장소이다.

2005년 8월 9일에 난징시 장닝江寧현 탕샨진湯山鎭 후샨湖山 마을에서는 난징대학살로 인해 희생당한 동포를 추모하기 위하여 민간 출자로 건립한 기념비 '역사를 거울로 삼자'비가 공식적으로 만들어졌다. 비석 위에는 '역사를 거울로 삼자'라는 글자가 크게 적혀 있고, 뒷면에는 후샨 마을에서 당시 피해를 본 64명의 이름이 새겨져 있다. 비문의 내용은 다음과 같다. "민국 26년 동짓달 초나흘(1937년 12월 6일)에 일본군이 후샨에 쳐들어와 마을 사람들은 살 곳을 찾아 떠돌게 되었고, 백성들은 도탄에 빠지게 되었다. 집안은 참혹하게 불행을 당했고, 슬픔은 극에 달하였다.… 과거의 일을 잊지 말고 미래의 스승으로 삼아야 하는 법, 희생당한 동포들을 기념하기 위하여 애국정신을 기르고 중화 진흥의 결심을 굳게 하여 침략전쟁을 막아내고 세계평화를 지켜나갈 것을 호소하며 이 비를 특별히 세운다." 이 내용으로 보아 '역사를 귀감으로 삼는' 비를 세운 목적은 그 이름과 같다. 이를 빌어 피해 동포를 추모하고 애국정신을 기르며 세계평화를 지키고 역사를 거울삼아 미래를 열어나가자는 것이다.

민간에서 역사 기념비를 세운 것은 장리엔홍張連紅이 말한바 "마을 자체적인 민족 기억의 시작" 행위로서 우리들의 관심을 받을 만하다. 왕쉬엔王選 여사가 말한 것처럼, 마을 사람들이 고난 속에서도 힘을 냈고, 그들은 이 힘을 모아서 후세에 영원한 일깨움을 남기기 위해서 역사를 남겼다. 이것은 국민의식의 진보이다. 여기에서 개인과 가정과 나라를 보게 된다. 이러한 행동은 여전히 계속되고 있다. 2006년 4월 5일, 후샨 마을의 '역사를 거울로 삼자' 비석을 이어서 난징대학살로 희생당한 동포들을 추모하기 위해 민간 출자로 만들어진 '시깡터우西崗頭 피해 동포기념비'가 탕샨진에서 두 번째로 낙성되었다.

같은 해 12월 13일, 민간 기업가 우시엔빈吳先斌이 개인적으로 출자하여 건립한 '난징 민간 항일전쟁사료 진열관'이 정식으로 대중에게 무료 개방되었다. 난징에서는 최초였다. 우선생은 항전 역사에 관련된 사료를 근 3년 동안 소장하고 있었는데, 사진 3만여 장, 글로 된 기록 400여 만자, 군사 지도 60여 장과 일본군 철모, 군도, 기념휘장 등 실물 등이 포함되어 있었다. 그 중에서도 소중한 것은 40%의 사료가 모두 새로운 것이라는 점이었다. 진열관 건립 과정에서 그는 특히 두 개 층에 심혈을 기울였는데, 두 개 층에는 사진, 글, 실물 등 역사 자료의 진열실이 있었고, 대중이 교류하는 회의실이 있었다. 진열 내용은 그가 소장하고 있던 것 가운데 일부분으로서 그것들은 모두 역사사실의 고증을 거쳐 사료로 확정된 것들이다. 전체적으로 봐서 두 개 부분과 9개의 전시 구역으로 나누어진다. 첫 번째 부분은 '난징성의 고발'로서 당시 중국 침략 일본군에 의해 비참하게 유린당한 난징의 모습을 보여주고 있다. 일본군이 나태하고 산만하게 의자에 기대어 앉아 있는 모습, 놀이처럼 중국인을 죽이고 한가롭게 쉬는 사진, 그리고 일본군의 칼, 보총, 콘돔, 주고받은 편지 등의 실물이 있다. 두 번째 부분은 '노예가 되고 싶지 않은 사람들'로서 중화민족의 불굴 항쟁을 말하고 있다. 여기에는 지도자나 영웅의 거대한 이미지가 없다. 이름을 알 수 없는 소소한 인물들이 많이 있다. 이들 평범한 대중들이 항전 중에 떨쳐 일어나 투쟁하는 사료를 골라냈다. 한 사람 한 사람의 진실한 표정이 드러나고 있고, 전쟁 중에 그들이 겪은 운명에 관심을 기울이고 있다. 진열관의 배치 설계는 독창성이 넘쳐난다. 진열관 전체의 기조는 검은색이다. 역사는 흑백으로 분명하게 나뉘며 고칠 수 없다는 의미를 보여주는 것이다. 진열의 두 부분은 벽체의 양면으로 나뉘어 표현된다. 이를 통해 도드라지게 대비되는 것이다. 어떤 특별한 소리, 빛, 전자 효과도 없고 심지어 해설사도 없다. 이에 대해 우선생은 관람객들이 가장 자연스러운 상태에서 가장 진실한 역사 사료를 보게 하려는 뜻이라고 하였다. 이성적인 방식으로 그 당시 역사를 볼 수 있어야 한다는 것이다. 또 금색의 〈의용군 행진곡〉과 눈에 띄는 붉은색 표어 '역사는 아는 사람은 어떻게 내일을 대해야 할지를 안다.'와 함께 생존자 66명의 사진 등이 있는데, 이런 섬세함은 모두 관람객들이 심령을 두드려 역사를 기억하게 하는 것이다.

난징대학살 기념관과 비교해서 야드 바솀 기념관은 외국 것이기는 하지만 관제 기념장소이고, 역사를 거울삼는 비, 시깡터우 기념비와 난징의 민간 항일 전쟁 사료 진열관은 국내의 것이지만 민간 기념장소이다. 그것들은 나름의 특색이 있고, 사회기억에 큰 영향을 미쳤다.

유태인들이 나치의 유태인 학살을 교육하는 과정에서 인문주의 이념이 매우 존중을 받았다. 교육에서는 피해를 본 한 명 한 명의 개인을 매우 중시한다. 그 역사가 말해주고 있는 것은 피해를 본 600만 개개인의 스토리하고 생각하는 것이다. 나치의 유태인 학살 과정에의 생존자이자 1986년 노벨 평화상 수상자인 엘리 비젤Elie Wiesel은 이렇게 말했다. "모든 개인은 자신의 이름이 있다. 모든 이름에는 각자의 스토리가 있다. 이 스토리들이 역사를 만든다." 600만이라는 이 숫자는 추상적이다. 하지만 이 600만은 600만 개의 1이 쌓여 이루어진 것이다. 600만의 살아있는 생명이 한 명씩 학살되었다. 이런 행위는 구체적이다. 또한 600만

번 진행되었고, 600만 명이라는 이 사람들의 스토리가 일어난 것이다. 이스라엘
계 미국인 건축사인 모쉬 사프디Moshe Safdie는 이런 이념을 야드 바셈 기념관 설
계 과정에서 잘 드러냈다. 기념관의 진열과 전시는 피해자 한명 한명의 스토리를
말해주고 있다. 또한 구체적인 사건을 통해서 관람객들이 그것이 담고 있는 보편
적인 의미를 더 잘 이해할 수 있게 해준다. 그렇게 하여 그 당시 역사에 대해 사
람들이 더 잘 몰입할 수 있도록 해준다.

　앞에서 언급했던 것처럼, 난징대학살 기념관의 공간은 상징적으로 구성되어 있
다. 전체 형상과 개별적 요소는 난징대학살 역사의 기억을 함께 강화해 준다. 그
가운데 통곡의 벽이 있는데, 벽 중앙에서 양쪽으로 뻗은 검은색 대리석 위에 학
살 피해자 3천 명의 이름이 적혀 있다. 그것은 30만 피해 동포를 상징한다. 야
드 바셈 기념관은 600만 명의 피해자를 추모하기 위해 지어진 것으로, 기념관 내
에 새겨진 피해자의 이름은 300만 명에 달한다. 난징대학살 기념관의 인터넷 사
이트에는 피해자의 이름을 띄워놓고 있다. 하지만 하나하나 개별 기호로서의 차
가운 이름일 뿐이다. 유태인들은 나치 학살 피해자 성명 중앙 데이터 뱅크를 세
웠다. 우리가 어디에 있든지 관계없이 인터넷을 통하여 300만 피해자의 이름, 성
별, 국적, 본적, 출생지, 직업, 거주지, 피해를 본 장소, 부모 친척 등을 찾아볼 수
있다. 3천 명 대 30만, 300만 대 600만, 각각 1%와 50%라는 비율이 금세 눈에 띄
는데, 더욱 중요한 것은 역사를 기억하는 유태인들의 방식이다. 구체적인 사람과
구체적인 사건과 피해자 각 개인의 생명을 중시하는 것이다. 그들이 볼 때는, 그
역사는 공허한 개념도 아니고 600만이라는 추상적 숫자도 아니다. 한 명 한 명의
구체적인 사람이고, 각각 순진한 얼굴을 하고 있으며, 그 웃는 얼굴들 뒤에는 또
구체적인 스토리가 있는 것이다. 1953년에 야드 바셈 기념관이 세워졌을 때부터
그들은 세계적인 범위 내에서 있는 힘을 다해 나치에게 학살당한 피해자와 생존
자의 개인 자료를 찾아다니고, 조사하고 수집하였다. 그 노력은 지금까지도 지속
하고 있다. 이 자세하고도 믿을만한 기록들과 사진, 음향자료들은 모두 설득력이
있는 사실 증거들이다. 그들은 이러한 노력을 통해 전 세계를 향해 최소한 300만

명의 사람들이 생생하게 살아 있었지만, 나치에 의해 사라져 버렸다고 고발하고 있다.

야드 바셈 기념관은 바로 이런 구체적인 방식으로 관람객들을 생각에 잠기게 하고 역사를 기억하도록 한다. 한 유태인 노인이 기념관을 관람하면서 홀에 걸려 있는 피해자의 사진을 물끄러미 바라보며 전혀 미동도 없이 눈물이 그렁그렁한 채로 침통해 하며 말했다. "만약 저 때 내 부모님이 조금만 늦게 뛰었더라면 오늘 나는 저 위에 사진으로 남았을 겁니다." 기념관 공간에서 관람객들은 자연스럽게 몰입하게 된다. 피해를 본 유태인의 수가 600만 명이 넘는다는 사실을 명확하게 알게 되고, 동시에 개개인 각각의 생명 가치를 절실하게 깨닫게 된다. 그리고 나치의 유태인 학살이라는 역사에 대해 더욱더 구체적으로 느끼고 알게 된다. 난징대학살 기념관을 찾은 관람객들이 피해자의 이름이 적혀 있는 통곡의 벽 앞을 급하게 지나가는 것과 비교해 보면, 이는 실로 야드 바셈 기념관의 가장 특별한 점이라고 말할 수 있다.

나치의 유태인 학살 기념관은 현재 세계 각지에 퍼져 있다. 그중에는 민간에서 출자하여 지어진 것이 많다. 우시엔빈 선생은 '민간의 것일수록 진실하다'라는 믿음을 줄곧 가지고 있었다. 그가 소장한 것은 모두 민간의 경로를 통한 것으로서, 이렇게 민간의 방식으로 교류하고 소장하는 것이 더욱더 많고 또 원활하다. 그의 진열관은 민간 성격을 띠고 있는데 관청에서 관리하는 기념관과 다른 점은 민간의 시각에서 당시 역사를 살펴보고, 전쟁 당시 중국 민중들의 표정에 관심을 기울인다는 점이다. 이처럼 진열관은 민간의 힘으로 플랫폼을 구축하고 우선생의 소장품을 사회와 대중을 향해 내놓음으로써, 많은 사람이 더욱 깊이 있게 전쟁과 역사를 이해할 수 있도록 해주고, 역사적 장소를 기억할 수 있도록 해준다. 이것이 바로 우선생의 생각이었다. 우선생이 사료를 소장하고 진열관을 건립하는 과정에서 전문가, 학자, 유학생, 평범한 대중들의 엄청난 도움과 지지를 받았다. 아울러 전 사회의 관심을 불러일으켰는데, 이는 이미 전체 사회를 동원하여 역사를 기억하게 한 것이다. 이런 커다란 힘을 가볍게 여겨서는 안 될 것이다.

2005년 3월 3일, 전국 정치협상회의 10기 3차 회의에서 49명의 정치협상회의 위원이 연명으로 의안을 제출하였다. 매년 12월 13일을 '국가 추모일'로 정하고, 기념관을 국가급 기념관으로 승격하며 세계 문화유산으로 신청하자는 내용이었다. 이를 통해 난징대학살이 단지 난징에만 국한되는 것이 아니라 중화민족, 더 나아가 전 세계에 속하는 일이라는 사실을 사람들에게 일깨우자는 취지였다. 그들이 제출한 의안은 민중에 대한 광범위한 조사연구의 기초 위에서 이루어진 것으로서, 국가의 법규와 인도주의 원칙, 그리고 역사 기억이라는 세 가지 내용을 유익하게 합친 것이었다. 이는 역사에 대한 우리 민중의 인식, 생명에 대한 기억, 문명에 대한 태도가 이미 발전했다는 것을 분명하게 보여주는 것이다. 우리 민중은 과거부터 역사를 피동적으로 이해하였다. 이제는 능동적으로 역사를 복원하고 갈수록 많은 행동을 보여주고 있다. 이러한 변화는 바로 민족 전체 공동 기억의 시작인 것이다. 여러 가지 방식으로 온 나라와 온 민족, 더 나아가 전 세계를 동원하여 역사를 기억하게 하는 유태인에 비해서, 난징대학살에 대한 우리들의 기억은 빈약해 보이는 것 같다. 이는 정치, 역사, 문화 등 여러 요인에 의해 만들어진 것이다. 하지만 의심할 바 없이 우리는 지금 여러 가지 노력을 하는 중이다.

2005년 12월 13일 난징대학살 기념관은 3기 확장공사를 시작하였다. 그 범위는 원래 기념관 자리의 양측에서 이루어진다. 공사 후 부지는 74,000㎡가 되고 건평 20,000㎡가 증축되었다. 신관의 총체적인 구상은 원래 기념관의 풍격을 충분히 존중하여, 전쟁, 살육, 평화라는 세 가지 개념을 조합하여, 동쪽에서 서쪽으로 이루어지며 이와 대응되는 것은 '자르는 칼' '죽음의 마당', '평화의 소리'라는 제목으로 공간 분위기를 만들어 본래 기념관과 유기적인 통일을 이루게 하고 순서를 통일시키며 건축언어를 통일시키기 위해 노력하였다. 신관은 2007년 12월 13일, 난징대학살 70주년 기념일에 맞춰 새로이 대중에게 개방되었다. 새로 확장 건설된 기념관은 건물 설계가 독특하고 소장 사료가 풍부하며 전시 수준이 선진적인 전쟁 박물관으로 자리 잡았다.

우리는 매년 12월 13일 '난징대학살 30만 피해 동포 추모식 및 난징 국제평화

집회'를 거행하여, 역사를 마음속에 아로새기고 평화를 호소하고 있다. 의식의 규모는 점차 확대되어, 성과 시 정부 지도자, 민주당파, 사회단체, 해방군, 학생, 노병, 난징대학살 생존자, 난징대학살 피해 동포 유가족, 전문가 학자 등 사회 각계각층의 대표들이 변함없이 참가하고 있다. 또한 국가의 관련 부문, 박물관 기념관, 외국의 우호 단체들도 대표를 파견하여 의식에 참여하고 있다. 동시에 방공경보를 울리고 자동차 경적을 울리는 등, 여러 가지 방식으로 분위기를 조성하고 있으며, 사람들을 그 분위기에 참여하고 기억하도록 하고 있다. 물론 기념 장소는 제한적이고 부분적인 면이 있다. 박물관이 이런 여러 가지 기념을 애초 목적을 해치지 않으면서 담아나갈 수 있을 것인가 하는 점에서는 문제가 여전히 있기는 하다. 난징대학살 기념관이 '과거의 일을 잊지 말고 미래의 스승으로 삼으며, 역사를 거울삼아 미래를 열어나가자'는 것을 추모광장의 벽에 새겨놓고, 사료진열실에도 '과거를 잊지 말고 미래의 스승으로 삼자'를 마지막 부분에 배치하고, 매년 거행되는 의식에도 평화집회의 주제를 늘이고 평화선언 함으로써 대중들이 역사를 잊어서는 안 된다는 사실을 알기를 희망하고 있지만, 역사와 현실은 다르다. 평화와 발전은 현재 세계의 두 가지 큰 주제이다. 감정을 승화하고 이성적인 사회기억을 세워나가는 것이다. 하지만 필자가 관람객을 취재하는 과정에서 일부 분이기는 하지만 비이성적인 목소리를 들었다. 민족주의 감정은 이해할 수 있다. 하지만 그것은 좁고 폐쇄적이어서는 안 된다. 폭넓고 적극적이어야 하는 것이다. 그래야만 전체 사회의 역사 기억은 진정으로 이성적으로 세워질 수 있고, 그래야만 영원히 보존되며 과거를 살피고 미래를 열어나갈 수 있는 것이다.

민국 명사들이 그려낸 난징대학살

1. 국민당 고위인사가 그려낸 난징대학살
2. 경험자가 그려낸 난징대학살
3. 문화 명사가 그려낸 난징대학살
4. 중국 공산당측이 기록한 난징대학살
5. 맺음말

민국 명사들이 그려낸 난징대학살

난징대학살에 관한 연구에서 아직 해결해야 할 문제가 남아 있는데, 그것은 바로 난징대학살이 벌어지고 나서 어느 정도의 시간 동안, 중국 측에서 시의적절한 반응이 있었는지 여부이다. 특히 국민당과 공산당의 고위 인사가 관련 정황을 알고 있었는지와 그에 대한 어떤 논평이 있었는가 하는 것이다. 이런 것들에 대한 사료가 비교적 흩어져 있어 과거 역사학계에서는 아직 수집하지 못하여 명확하지가 않다. 이 문제는 훗날 일본 우익이 난징대학살을 부정하는 이유 가운데 하나가 되기도 하였다. 본문에서는 이미 공개된 각종 사료와 새로 발굴된 자료를 분석하여 대학살이 일어나기 전후의 몇 개월부터 1년여의 세월 범위 안에서 중국 측이 이미 각종 경로를 통해 난징에서 벌어진 만행을 이해하고 있는 상황을 설명하도록 하겠다. 중국 측의 군과 정계의 요인들로부터 일선의 장병들, 그리고 국민당과 공산당, 사회 각계각층은 모두 다른 방식으로 이 만행에 대해 상세한 기록과 분노에 찬 비판을 쏟아냈다. 그 후 10년간 직접 보고 들은 것을 위주로 하는 여러 종류의 저술도 계속 출판되었다. 광범위한 사회 전파는 일본군의 만행을 폭로하였고, 함락 시기 난징의 진실한 상황을 반영해냈다. 이 사료들은 일본 우파의 잘못된 논리를 강력하게 반박하였고, 새로운 시각에서 중국 침략 일본군의 난징대학살에 증거를 더해 주었다.

1980년대 이후로 난징대학살을 부정하는 일본 우익의 관점은 다나카 마사아키의 〈난징대학살의 허구〉와 〈난징사건의 총결 - 학살을 부정하는 15가지 논거〉 등 두 권의 책 내용이 대표적이다. 그들은 난징대학살에 대한 각종 증거를 보고도 못 본 채 하면서, 도쿄재판에서 제출된 난징대학살 관련 증거가 '날조'된 것이라 생각한다. 설사 피할 수 없는 제삼자의 증거를 들이밀어도 일부를 잘라 제멋대로 사용하는 방법으로 곡해하기도 한다. 다나카 마사아키는 그의 이른바 '열다섯 가지 논거'에서 그 스스로 유력한 증거라고 생각하는 두 가지를 제기하였다. 그것은 바로 중국 정부 군사위원회 참모본부 총참모총장 허잉친이 1938년의 '군사보고'에서 언급하지 않았다는 점과 중국공산당도 기록이 없다는 점이다. 이것으로 그들은 난징대학살 만행이 있었다는 것을 부정하려고 시도했다. 일본 우파가 내미는 이유는, 만약 난징에서 대학살이 일어났다면 중국 정계, 여론, 출판매체 등은 왜 그 당시에 그 사실을 반영하지 않았느냐 하는 것이다.

역사적 사실은 이러했다. 대학살이 벌어지고 나서 비록 일본 측에서는 매우 엄격하게 소식을 봉쇄하고 있었지만 중국 측에서는 매우 얻기 힘든 적은 자료를 이용하여 난징에서 벌어진 일본군의 만행에 대하여 짧은 시간 내에 폭로하고 비난하였다. 국민당과 공산당, 정치, 군사계의 고위 인사들도 불완전하기는 하지만 이미 분명해진 난징에서의 일본군 만행 소식을 들었다. 이는 그들의 일기와 편지 등 개인 문건에서 분명하게 그려지고 있다. 다른 신분의 여러 생존자가 일본군의 난징대학살을 폭로하는 간행물에서도 만행 발생 말기와 이듬해 출판되었고, 사회에서 널리 전파되었다. 이 출판물들은 1940년대 말까지 계속 이어졌다. 문화계 유명 인사들도 글과 저술을 통하여 일본군의 만행을 폭로하고 비판하였다. 일본군의 반인륜범죄가 백일하에 드러난 것이다.

1. 국민당 고위인사가 그려낸 난징대학살

먼저 설명해야 할 내용이 있다. 1938년 3월 29일, 우한에서 개최된 국민당 임시 대표 회의에서 총참모장 허잉친何應欽이 보고한 군사보고에서 일본군의 난징대학살이 언급되지 않기는 했지만, 이것이 참사가 없었다는 것을 의미하지는 않는다는 점이다. 그 이유는 다음과 같다.

첫째, '언급하지 않았다'와 '존재하지 않았다' 사이에는 필연적인 인과관계가 없다.

둘째, 당시 일본군은 난징을 철저하게 봉쇄하였다. 그 결과 일본군에게 점령을 당한 이후의 난징 상황에 대해 외부 세계에서는 알 수가 없었다.

셋째, 국민정부에서는 일본군이 난징을 점령한 후에 사상자 수를 집계할 방법이 없었다. 그리고 이러한 집계 자체는 많은 인력과 시간이 있어야 하는데, 상황이 불분명하고 1차 자료를 충분히 파악하지 못하는 상황에서 허잉친이 보고하는 가운데 난징대학살을 언급하지 못한 것은 정상적인 일이다. 또한 난징대학살 과정에서의 사상자 숫자를 확정하는 것은 신중할 수밖에 없는 일이고, 나중에 제출된 숫자는 조사를 거쳐서 얻어낸 결과로 신빙성이 있다.

넷째, '장제스, 탕성즈唐生智 등이 병사들을 버리고 도망쳤다.'라는 외국 인사들의 비판을 받은 허잉친이 임시 대표회의 석상에서 한 군사보고에서 대학살사건을 언급하지 않은 것은 여론의 질책을 피할 수 없는 일이다. 하물며 보고가 이루어질 당시에 일본군의 난징에서의 범죄는 여전히 지속되고 있었다.

이상의 네 가지 이유에서 출발하여 다나카 마사아키의 '부정론'을 지탱해주는 유력한 증거는 이미 그 날개가 꺾인 셈이다.

사실, 중국 침략 일본군의 난징대학살이 발생하고 얼마 지나지 않아서 장제스, 쏭메이링宋美齡, 허잉친 등을 포함한 수많은 국민당 고위 인사들은 그들의 일기와 편지 등의 공적, 사적 문건들에서 당시 난징에서 발생한 비극을 '언급'하고 있다. 이것은 분명하게 사료에 기재되어 있기도 하다.

(1) 장제스의 기록

난징대학살이 한창 벌어지고 있을 때, 1938년 1월 22일 장제스는 자신의 일기에 다음과 같이 쓰고 있다. "주의할 점 4 - 왜구의 난징에서의 학살과 강간이 그치지 않으니 저들은 진퇴유곡으로 빠져들고 있고, 우리 동포들의 고통은 극에 달하고 있다."

같은 해 3월 5일, 그는 또 일기에 "적들이 나의 난징 부근의 장정을 거의 다 죽였다. 극도로 아프다."고 적었다. 이것은 장제스의 난징 대학살에 관한 명확한 기록이다.

후에 다시 장제스는 1938년 5월 12일의 일기에서 이렇게 쓰고 있다. "요점 : 설욕. 우리 남녀 동포가 적들에게 비참하고 흉악하게 죽임을 당하고 강간을 당하는 사진을 보고도 그 치욕을 씻고 복수하고자 하는 마음이 없다면 사람이 아니다." 5월 13일 일기에서도 이렇게 쓰고 있다. "요점 : 설욕. 적들의 잔학성은 실로 고금의 유례가 없는 것이다. 만약 소멸하지 않으면 어찌 인간의 도리를 지킬 수 있겠는가!" 7월 19일 일기에서는 이렇게 쓰고 있다. "적군이 우리 민간인 동포들을 죽이는 사진을 보니 너무 분통한 나머지 어지럽기까지 하다. 동방민족의 원수를 갚아주지 못할까 매우 걱정이 된다. 어느 날 마칠 수 있을지 모르겠다." 이 몇 편의 일기에서 언급한바, 그가 본 일본군 만행 사진은 비록 난징대학살 사진이라고 확실하게 말할 수는 없지만, 장제스가 중국 침략 일본군이 저지른 만행에 대해서 분노한 정도를 말해줄 수는 있다. 그리고 당시 중국의 군과 정치 최고 지도자로서의 장제스가 일본군이 난징과 각 점령 지역에서 벌인 만행을 잘 알고 있었고 분노를 표하면서 반드시 설욕할 것을 다짐했다는 사실을 말해준다.

이와 동시에 장제스는 일본군의 만행을 폭로하는 선전 사업에 매우 주의를 기울이고 있었다. 당시 정치부 부장이었던 천청陳誠에게 '일본이 중국에 침략전쟁을 벌이면서 행한 짐승 같은 행동들을 수집하여 중국어와 서양어로 출판하여 선전자료로 할 것'을 명령하는 친필서신을 전달하였다. 일본군 장병들이 벌이는 사람의 도리를 말살하는 짐승 같은 행위를 세상에 알리자는 것이었다. 이 원문은 다음과 같다.

"천陳부장에게… 중국 침략전쟁 중에 왜구가 벌인 짐승 같은 행위에 관하여 국내외 자료들을 신속하게 수집하여 책으로 묶어, 앞으로 매월 한 권씩 중국어와 서양어로 출판하는 동시에 개별적으로 복사를 해도 좋을 것입니다. 중정中正 25일" "왜구 장병들의 짐승 같은 행동은 전시 국제법을 위반했을 뿐만 아니라 사람의 도리를 저버린 것입니다. 세계 문명 우방국의 군인들에게 알려서 심판을 받게 하고자 합니다. 중정."

또 장제스의 〈사략고본事略稿本〉에 기록된 바에 따르면, 항전 승리 후인 1946년 6월 10일, 장제스는 난징시 임시 참의회 의장 천위꽝陳裕光, 부의장 천야오둥陳曜東을 만나 수도 건설 문제에 관한 의견을 청취하면서, 일본군의 난징 점령 기간 동안 일어난 학살사건을 조사할 것을 지시하였다.

난징 함락 초반부터 항전에서 승리하기까지 국민당 최고 지도자 장제스의 난징대학살과 관련 선전 및 조사 작업에 대한 관심은 고증할만한 증거가 있다. 이는 장제스가 이 사건의 기본적인 상황에 대해서 잘 알고 있었고, 중시하고 있었다는 사실을 말해준다.

장제스 일기의 역사적 증거 문제에 있어서 일본 우파는 후루야 케이지古屋奎二가 펴낸 〈장제스비록祕錄〉 가운데 1938년 1월 22일 일기에서의 한 구절, "중국 군대 사상자가 6,000명을 넘는다."고 한 부분을 잘라내어 글을 쓰면서도, 같은 일기에서 명확하게 기재되어 있는 난징의 참상을 기록한 내용을 고의로 회피함으로써 역사적 사실을 말살하려는 비열한 수단을 충분히 드러냈다.

(2) 쑹메이링의 일기

중국 정계의 지도자 가운데 한 사람인 장제스의 부인은 난징대학살에 대한 기록을 남겼다.

항전 기간 쑹메이링은 대외 선전 사업에서 자신의 장기인 영어를 활용하여 구미 각국의 정치 요인들 및 평범한 민간인들과 폭넓은 교류를 하면서 일본 군벌의 야심을 폭로하고 침략을 막아내려는 중국의 갖은 노력과 엄청난 희생을 알렸다. 그와 함께 세계 평화를 지켜내는 것의 중대한 의미를 알림으로써 매우 좋은 효과를 거두었다. 그중에서도 그녀는 중국 침략 일본군이 중국 각지에서 벌인 각종 만행과 죄악상을 중점적으로 폭로하였다. 특히 중국 여성과 어린이에게 일본군이 가한 잔혹한 행위들은 세계 여러 나라 사람들의 공분을 불러일으켰다. 아울러 그녀는 강연과 통신에서 여러 차례 난징대학살을 언급하였다. 여기에 특별히 예를 들어 보도록 하겠다.

1938년 1월 8일, 쏭메이링은 〈뉴질랜드 모 군에게 보내는 답장〉에서 다음과 같이 쓰고 있다.

> 베이징, 상하이 일대는 원래 세계에서도 손꼽히는 인구 밀집 지역이었는데, 지금은 황폐해졌습니다. 일본 비행기가 있는 힘껏 소탕 작전을 벌이고 있고, 남아 있는 장년 남성들은 육군으로 쓸어가 버렸습니다. 여성과 어린아이들도 예외 없이 살해되었고, 수없이 많은 여성이 그들에게 강간을 당했습니다. 수만 명의 난징 시민들이 그들에 의해 개별적으로 총살을 당해 죽거나, 그들에게 잡혀가서 기관총 공격을 당했습니다. 다른 각 도시도 모두 이와 같습니다. 그래서 일본군이 도착한 지역은 극도의 파괴와 죽음이 있을 뿐입니다.

1938년 1월 10일, 그녀는 또 〈미국 세인트루이스 모 군에게 보내는 답장〉에서 다음과 같이 쓰고 있다.

> 학살당하지 않거나 도망치지 못한 불행한 국민들은 더 무서운 운명을 맞이했습니다. 각지의 여성들은 짐승 같은 일본군에게 모욕을 당했고, 수많은 사람은 잔혹하게 살해되었습니다. 동시에 싸울 능력이 있는 남자들은 총과 칼로 생명을 잃었습니다. 일본군에게 부역하는 사람을 제외하고는 모든 청년이 차례차례 끌려가 살해되었습니다. 난징과 항저우에 일본군이 도착하고 나서 놀란 만 한 만행이 이렇게 시작되었습니다. 대

도시에서 일어난 모든 상황은 일본군이 점령한 다른 도시나 향촌에서도 모두 일어났습니다. 게다가 화베이와 화중도 마찬가지입니다. 온통 역사 기록을 깰만한 살인, 방화, 강간, 약탈의 만행이 벌어지고 있습니다.

같은 해 4월 23일, 쏭메이링은 〈캐나다 토론토의 모 군에게 보내는 답장〉에서 다음과 같이 쓰고 있다.

일본은 전력을 다해 우리를 침략했습니다.… 군대와 무고한 양민들은 모두 말할 수 없는 손실을 보았고, 일본군은 그들을 엄청나게 학살했습니다. 또 여성들을 짓밟았고, 너무 비참해서 필묵으로 표현할 수 없을 정도입니다. 세상에서 이제까지 일어난 적이 없던 공포가, 그 규모의 크기로 말하자면, 이번에 우리가 당한 것과는 비교할 수 없고, 앞으로도 없을 것입니다.

이상을 통해 알 수 있는 바와 같이 쏭메이링은 일본군의 난징 만행을 가장 먼저 인지한 국민당 고위 인물 가운데 한 사람이었다. 아울러 그녀는 일본군의 만행을 사람들에게 알리기 위해서, 그리고 세계 여론의 지지를 받기 위해서 끊임없는 노력을 했다.

장체스 부부 이외에 당시 국민정부의 고위 장교들은 난징대학살에 대해서 명확한 기록을 남기고 있다.

(3) 허잉친의 기록

국민정부 군사위원회 참모본부 총참모장으로서 허잉친은 일본군에게 점령당한 후의 수도 상황에 대해 당연하게도 특별한 관심을 기울이고 있었다. 1940년에 그가 〈3년 항전의 경과〉를 저술할 당시에 난징에서 일어난 비극에 대해 다음과 같이 서술하고 있다.

난징을 점령하고 나서 적군은 방화, 약탈, 학살, 강간을 일삼았고, 무고한 시민들과 저항 의지를 상실한 맨손의 사병들을 밧줄로 묶어서 백 명 또는 수백 명 단위로 기관 총을 이용하여 사살하거나 자동차 기름을 이용하여 불태워 죽였다. 장병들은 사병들을 인솔하여 곳곳에 불을 질렀고, 수색한다는 명분으로 양민들 집과 기관에 쳐들어가 귀중품과 중국 예술품들을 싣고 가버렸다. 강간당한 여성들은 그 수를 셀 수 없을 정도였고, 강간한 뒤에는 칼로 여성의 유방을 잘라내기도 하고, 벌거벗은 몸 위에서 서로를 쳐다보며 소리를 지르면서 즐거워하기도 하였다. 하루 동안 한 여성을 37차례에 걸쳐 윤간하기도 했는데, 강간당한 여성의 연령은 겨우 12세였다. 난징의 적군은 5만여 명인데, 헌병은 17명에 불과하여 헌병의 직무를 아예 집행하지 않아 매우 짧은 시간에 나쁜 짓을 저지를 수 있었다. 짓밟히고 죽임을 당한 우리 민중들, 여성과 아이들은 10만 명 이상이었다. 당시 상황을 목격한 외국인들에 따르면, 현대사에서 기록적인 잔혹한 행위로서, 야만적인 행위는 미개한 인종에 비해서 지나치면 지나쳤지 못 미치지는 않는다고 하였다.

이로부터 알 수 있는 것은 허잉친이 단순한 그 군사보고에서 난징대학살을 언급하지 않았던 또 하나의 가능한 원인이다. 그는 일본군이 무고한 민중과 저항 의지를 상실한 맨손의 사병에 대해 저지른 학살을 일종의 군사행동으로 여기지 않았다는 사실이다. 본래는 군사보고에서 편 폭을 할애할 준비가 되어 있지 않았다. 편의 병을 없애버리는 것이 바로 일본군의 학살행위를 핑계 대는 구실 가운데 하나였다. 이 기록은 당시의 군사보고와 상호 대조증거가 되어 일본 측이 역사적 범죄행위를 없애려는 음모를 폭로하였다.

(4) 왕스지에王世杰의 기록

당시 군사위원회 참사실 주임, 정치부 지도위원이었던 왕스지에는 1937년 12월부터 1938년 2월 사이의 일기에서 자신이 들은 난징 보위전의 진행 상황과 성이 함락된 뒤에 난징에서 벌어진 일본군의 학살, 강간, 약탈 등의 만행에 대해 매우 구체적으로 연속 기록하고 있다. 왕스지에는 1937년 12월 21일 일기에서 다음과 같이 쓰고 있다. "이번 난징 방어를 맡은 부대는 모두 12개 사단으로 12만 명이 넘는다. 중앙군은 수 개 사단만 있고, 철수할 당시에 적은 이미 남쪽에서 성으로 들어오는 상황이었다.… 수도 방위 부대를 전체적으로 계산해보면, 안전하게 철수한 인원이 약 전체의 절반 정도이고, 사상자와 성내에 갇혀 난민 구역으로 분산해 들어간 사람들은 약 3, 4만 명 정도이다. 포로로 잡힌 사람들 숫자는 적군의 선전에 따르면 약 4만여 명 정도이다."

12월 24일, 왕스지에는 처음으로 일기에 난징에서의 일본군 만행을 기록하였다. "적군의 입성 상황을 목격한 미국, 독일이 상하이에서 발표한 소식에 따르면, 적군이 입성한 뒤에 강간과 약탈이 옛날 우리나라의 토비들보다 심하고, 무장을 해제한 우리 측 포로병들 역시 적군에게 대량 학살을 당했는데, 그 숫자가 수만 명에 이른다고 한다. 적군의 군기가 하늘을 찌를 기세로 악화하고 있다."

1938년 1월 10일, 왕스지에는 다시 자신의 일기에서 다음과 같이 쓰고 있다. "진링대학의 미국인 교수 바티스는 수도에서 작년 12월 13일 일본군이 입성한 후에 개인의 물품들을 약탈하고 무장을 해제한 우리 측 병사와 난민들을 대량 학살하고 있으며 청년 남녀를 한 곳에 모아 놓고 협박하면서 강간하는 것을 목격하였다. 이 교수는 자신이 목격한 상황을 외국 인사들에게 전송하였다. 다만 이름을 적지는 않았다."

"수도가 함락된 후에 일본 측에서는 노획한 보총이 20만 자루가 넘고 고사포 또한 50여 문이 넘는다고 했는데, 나는 애초 믿을 수가 없었다. 나는 오늘 허잉친을 만났는데, 그가 말하기를, 대체로 맞는 말이라고 하였다! 군사위원회 동료들은 탕셩즈에게 불만이 많았다."

1938년 2월 8일 일기에서 그는 다음과 같이 쓰고 있다. "난징, 항저우, 쑤저우 등지에서 일본군은 강간과 방화 살인을 일삼았다. 국내외 인사들은 함께 비난을 퍼부었다. 쑤저우 점령 소식을 들은 일본군 최고사령관 마쓰이는 직접 쑤저우로 가서 평소 문화재 소장으로 유명한 판潘, 꾸顧 양가를 직접 찾아, 명화와 골동품들을 찾아냈는데, 최고사령관 자신이 이렇게 할 정도였으니 나머지 상황은 알 만하다. 나이 어린 여성들을 강간하고 남자들을 위협하고 살해하는 것은 난징이 함락된 이후 난징과 상하이 일대에서는 보편적으로 벌어지는 일이다. 듣자 하니 오늘 마쓰이가 정부의 명령을 받들어 난징과 상하이에서 군기를 바로잡을 것을 선포하였다고 한다. 국내외적인 비판이 이미 적들로 하여금 조치를 취하지 않을 수 없게 한 듯 하다." 2월 14일에 그는 일기에 이렇게 적고 있다. "오늘 한커우에서 강을 건너 우창武昌으로 화중華中대학의 식사 약속에 갔다. 자리에서 이 학교 총장대행 황푸黃溥가 난징에 머물고 있는 미국인 교수 바티스가 최근에 미군에 부탁하여 정보를 내보낸다고 말하였다." 바티스 교수의 1월 10일 편지에 따르면, 일본군이 난징에 들어온 후에 강간과 약탈, 그리고 비무장 민간인을 죽이는 등의 참상이 벌어지고 있는데, 그 참상은 외부에서 상상할 수 있을 정도가 아니다. 난징성 전체에서 일본군이 저지른 강간 사건은 독일인 집계로 2만 건 이상이나 된다. 진링대학 건물로 좁혀서 말해도 이 학교로 피신한 난민은 약 3만여 명이고, 강간 사건은 8천 건 이상이며, 11세 여자 어린이와 53세 여성도 예외는 아니었다. 성안에 있는 집과 상점 중에 약탈당하지 않은 곳이 없고 약탈 이후에는 화학물질을 이용해 불태워 버리는데, 이런 강간 방화 행위는 대낮에 학교에서도 벌어지곤 한다. 또 장교들의 인솔하에 일어나기도 한다! 이 밖에 이미 무기와 군복을 버린 중국 병사와 일반 난민, 일본군에게 총살을 당한 사람들은 눈에 보이는 것만 해도 무수히 많다. 난징에 머무는 외국인들도 많은 수가 모욕을 당하고 약탈을 당했다. 각국 대사관도 모두 약탈을 당했다.(바티스의 우편물은 이 학교로부터 한 부를 받았다)

왕스지에가 사용한 자료는 당시 난징에 있던 제3국 인사가 직접 보고 들은 것이 많아서 그 효용성이 매우 크다. 객관적이고 진실하다는 것은 의심의 여지가 없다. 일본군의 엄격한 정보 차단이 이루어지고 있는 상황에서 난징 안전구역의 국제위원회 회원들이 파악하고 있던 정보는 그들 자신의 경험에 국한되어 있었는데, 이 드물디드문 기록은 이미 충격적이다!

당시 전란 상황 속에서 어떤 사람이라도 일본군의 만행에 대해 전면적이고 세

부적인 조사가 어려웠다. 정확한 인적 피해와 재산상의 손해 수치를 정확하게 파악하기는 불가능했다. 따라서 앞에서 말한 자료들 가운데 일부 수치와 오늘날의 통계 결과는 약간의 편차가 존재할 수 있다. 그런데 일본 우파는 이것에 대해 객관적으로 부정확하다고 곡해하고 있다. 그리고 제삼자 증인이 생명의 위협을 무릅쓰고 수집한 증거를 마음대로 재단하면서 '주워들은 것을 모은 것'이라 매도하거나 한가지 측면으로 전체를 개괄하는 식으로 국제안전위원회가 일본 영사관에 보낸 부분적인 사건 사례를 일본이 난징성에서 저지른 전체 범죄행위로 삼기도 하였다. 또는 난징 사건이 도쿄 재판 이전에는 절대 존재하지 않았다는 말을 퍼뜨리면서 도쿄재판 때에 바티스 교수의 태도가 180도로 바뀌었다고 주장하였다. 마치 이 이전에는 바티스 교수가 일본군의 행위가 지나친 면이 있다는 것을 인정하지 않았다는 것처럼 한 것이다. 하지만 왕스지에의 일기를 보면 바티스 교수는 처음부터 일본군의 만행에 대해 분명하게 증명하고 있다는 것을 알 수 있다. 왕스지에의 이 일기와 1938년에 출판된 〈외국인이 목격한 일본군의 만행〉은 서로 간에 증거가 된다. 두 자료 모두 일본군의 범죄행위에 대한 증거이자 안전구역 외국 인사들 중국 국민들에 대한 큰 도움을 기록하고 있다.

(5) 펑위시앙馮玉祥의 기록

펑위시앙은 민국 시기의 유명한 고급 장교였다. 항전이 발발했을 때, 그는 장제스의 위임을 받아 제3전구 사령관을 맡아 상하이 전선에서 8.13 항일작전을 지휘하였다. 펑위시앙은 오랜 기간 일기를 적는 습관이 있었다. 〈펑위시앙 일기〉는 중화민국 역사상 중대한 사건을 연구하는 1차 자료이다. 그 안에는 난징대학살에 관한 기록이 있다.

1937년 12월 25일, 펑위시앙은 그의 일기에서 이렇게 기록하고 있다. "돌아와서 석간신문을 읽었다. 오늘 신문 내용은 항저우가 이미 전시 상태로 접어들었다는 것과 난징에서 우리 청년 5만 명이 피살되었다는 것, 난징에서 우리 12세 이하 남자아이들이 모두 적에게 잡혀갔다는 것이다.…" 일본군이 엄격하게 소식을 통제하고 있는 상황에서도 당시의 신문은 어렵게 얻은 일부분 자료를 통해 일본 군의 만행을 폭로하고 있었다는 사실을 이 일기는 말해주고 있다.

(6) 리쭝런李種仁과 바이충시白崇禧의 회고

국민당의 유명한 장수이자 지도자인 리쭝런과 바이충시가 전후에 쓴 회고록에는 모두 난징대학살과 관련된 구체적인 기록이 있다. 리쭝런과 바이충시 두 사람은 항전 초기 중국 측 고위 장교로 제5전구 사령관과 국민정부 군사위원회 부참모장 겸 군훈軍訓부장을 지내면서 중국군의 작전을 직접 지휘했다.

리쭝런은 회고록에서 다음과 같이 말하고 있다. "적은 12월 13일 입성한 후 더욱더 심하게 강간과 약탈과 방화 살해를 저질렀다. 포로로 잡힌 우리 군과 학살당한 민간인 수는 수십만 명에 달했다. 일본 군인의 짐승 같은 성격을 충분히 나타낸 것으로서, 인류 문명사에 영원히 오점으로 남을 것이다." 바이충시는 다음의 내용을 구술하였다. "적들이 난징을 점거한 이후에 일본 병사들은 약탈, 학살, 강간을 저질렀다.… 여성 강간은 무수히 일어났으며 민간인 학살 숫자는 1만 명 이상이었다. 당시 난징에 있던 외국 선교사들에 따르면 이런 야만적인 행위는 현대 역사에서 전무후무한 기록"이라고 하였다.

앞에서 서술한 국민당 고위인사의 일기와 회고는 난징대학살의 일부분 기록이고 전체적인 기술은 아니다. 하지만 당시 대학살의 상황에 관해 외부에서 파악할 수 있었던 내용을 진실하게 대표한다. 이들 기술 가운데 나오는 수치의 부정확성은 그 객관성과 단계성을 말해주는 것이다. 그들이 직접 피점령 지구에서 현장 조사를 할 수 없었기 때문에 모든 자료의 출처는 한 특정 시기의 하급 보고 또는 신문 보도였다. 따라서 그들이 파악하고 있던 것은 난징 대학살의 전체 상황일 수가 없었다 하지만 민국의 정계나 군사 분야에서 나온 뚜렷한 지위가 있는 명사들의 기록 자료는 난징에서 일본군이 저지른 만행 규모가 크고 정도가 심하다는 것을 충분히 증명해주고 있다. 설사 당시 일본 측이 극도도 엄격하게 함구령을 내리는 상황에서도 감출 수는 없었다.

2. 경험자가 그려낸 난징대학살

당시에 일본군이 아무리 애를 써서 소식을 봉쇄하려고 해도, 또 일이 벌어지고 나서 후안무치하게도 침략을 미화한다고 해도 난징대학살을 목격한 모든 사람의 눈을 가리는 것은 불가능하다. 또한 그들이 사실의 진상을 폭로하는 것을 막는 것은 더더욱 불가능하다. 난징 보위전에 참전했던 중국 장병들이 직접 경험한 것은 일본군이 저지른 범죄의 직접적인 증인이다. 그들을 상세하면서도 진실한 기록을 많이 남겼다. 그들 중의 몇몇 사람은 이 역사를 씀으로써 당시에 역사적인 '유명 인사가 되었다.

(1) 처우시엔밍鈕先銘 저 〈환속기還俗記〉

처우시엔밍은 난징 보위전에서 교도총대 구이용칭桂永清 부대 공병단 부단장 겸 대대장을 맡아 전투에 참전하였다. 12월 12일 밤에 그는 철수 명령을 받고 양쯔강 변으로 물러났다. 강을 건너갈 선박이 없어서 무푸산幕府山 용칭사永淸寺로 피해 들어가 머리를 깎고 몸을 숨겼다. 일본군이 난징을 점령한 뒤에 그는 체포되었고, 난징대학살에서의 일본군이 저지른 각종 만행을 직접 목격하였다. 그는 일본군에게 잡혀가서 대학살 현장에서 피해자 시신을 정리하는 작업에 참여하였다. 중국 침략 일본군의 난징대학살 만행을 직접 목격한 증인이 된 것이다. 1938년 8월이 되어서야 그는 난징에서 탈출할 기회를 잡아 상하이를 거쳐 우한武漢으로 귀대하였다.

난징 보위전과 난징대학살 과정에서 겪은 처우시엔밍의 드라마와 같은 경험은 일찍이 항전 초기에 발굴되었고, 유명 작가 장헌수이張恨水, 추이완치우崔萬秋가 그의 경험을 기초로 하여 〈강은 동쪽으로 흐른다〉〈두 번째 세월〉 등의 작품을 써 냈다. 1943년에 미국의 〈뉴욕 타임스〉는 그에 관한 취재를 하여 보도하였다. 일본군도 그가 용칭사에 은신했던 상황을 눈치챘다. 1939년 초에 일본 종군기자는 보도하던 중에 중국 군인이 '절에 피신했다.' '머리를 깎고 스님이 되었다.'고 하였고, 결국 '불당에서 도망쳤다.'고 하였다. 일본군 중국파견군 부참모장 이마이 다케오今井武夫가 1964년에 그의 회고록에서 이 일을 언급하기도 하였다. "점령 후의 혼란은 일단락되었다. 일본군 장병은 늘 지밍사雞鳴寺에 놀러가 처우씨와 만나곤 했다. 하지만 이상한 점 발견하지 못했다." 이런 사실들은 처우시엔밍이 기록한 직접 경험이 완전히 진실한 것이고 그의 창작이 아니라는 것을 말해준다. 국민당 군대의 대대장으로서 처우시엔밍은 난징대학살이라는 죽음 속에서 살아 돌아온 경험으로 인해 인기 있는 '명사'가 되었다. 1971년에 그는 타이완에서 자신이 난징대학살에서 경험한 것과 보고 들은 것을 정리하여 〈환속기〉를 출판하여 폭넓은 관심을 불러일으켰다. 2005년 7월에 이 책은 〈불문 피난기〉로 제목을 바꾸어 난징에서 재판再版을 냈다.

이런 예는 한 가지만 있는 것이 아니었다. 민국 시기에 난징대학살과 관련된 직접적인 경험 기록과 그 사실이 커다란 영향을 미친 것은 절대 한 사람만은 아니었다. 처우시엔밍과 마찬가지의 경험과 같은 기록을 남긴 사람으로 중국군 방어부대 대대장 궈치郭岐가 있다.

(2) 궈치郭岐 저 〈함락된 수도의 피눈물 어린 기록陷都血淚錄〉

1937년에 교도총대의 군수품 관리부대 대장이었던 궈치는 부대를 인솔하여 성을 지키라는 명을 받고, 난징 보위전에 참전하였다. 나중에 철수할 수 없는 상황이 되었고, 성이 함락된 뒤에 난징에서 3개월을 숨어 지냈다. 그는 난징 국제 안전구역 내에 있는 중국 주재 이탈리아 총영사관에서 숨어 지냈고, 나중에는 안전구역 안에서 몇 차례 옮겨 다니다가 1938년 3월 12일에 죽음을 무릅쓰고 난징성을 탈출하였다. 그 기간 그는 난징에서 일본군이 저지른 천인공노할 대학살과 방화, 약탈, 강간 등의 참극을 직접 목격하였다. 위험지역에서 후방으로 돌아온 후에 그는 난징에서 보고들은 일본군의 대학살 만행을 계속 글로 써냈고, 그 글을 모아 〈함락된 수도의 피와 눈물로 쓴 기록〉을 펴냈다. 이 책은 역사의 증거물이 되었다. 이 책은 또한 난징대학살과 관련된 직접 보고들은 1차 자료이기도 하다.

1947년 3월에 그는 전후 난징의 중국군사법원에 대학살의 원흉 다니 토시오谷壽夫 등을 재판하는 자리에 증인으로 출석하여 학살자들을 형장의 이슬로 사라지게 하였다.

마찬가지로 1938년 초부터 1940년까지 난징대학살 상황을 직접 겪은 사람들이 남긴 일기와 필기, 후방으로 도망쳐 나온 이후의 회고 등을 기록하고 이름이 알려진 인사와 그 작품들은 아직도 매우 많다. 그 내용을 아래에 기술하도록 하겠다.

(3) 청루이팡程瑞芳 저 〈청루이팡 일기〉

진링여자 문리대학 사감으로서 당시 '난징 국제안전구역 제4구역(진링여자대학 난민구역)'의 위생팀 팀장이었던 청루이팡이 쓴 〈청루이팡 일기〉(1937년 12월 8일부터 1938년 3월 1일까지) 가 2003년에 중국 제2 문서보관소에서 발견되었다. 이 일기는 대학살을 직접 경험한 중국인이 쓴 첫 번째 일기로서, 내용이 상세하고 진실하며 믿을 만하다. 아울러 나중에 발표되는 외국 인사가 목격하고 쓴 〈리베 일기The Diaries of John Rabe〉〈바우트린 일기〉 등과 서로 증거가 되어 매우 높은 역사적 증거 가치가 있다.

(4) 후란치胡蘭畦 등 저 〈상하이 최전선에서淞滬火線上〉

난징에서의 일본군 만행이 실려 있다. 창장長江 주편 〈항전 중의 중국〉 (1938년 2월판)에 실렸다.

(5) 루자陸佳 편 〈함락 지역 동포의 참상〉 제1집 (피해 동포의 참상)

글이 시작되기 전에 설명 하나가 붙어 있다. 아래는 난징에서 탈출한 전사가 난징에서 포로생활을 할 때 직접 본 사실을 적은 것이다. 적들의 이성을 잃은 잔혹함과 피해를 본 강남 일대의 동포들의 참상을 알 수 있다. 이 피의 부채를 우리는 잊어서는 안 된다. 우리는 반드시 적들에게 빚을 갚아야 한다. 내용은 '난징에 있는 난폭한 적의 가혹한 행위', '화려한 도시가 적에 의해 비참하게 망가진다' '난징은 이미 도적들의 세상이 되었다' 등의 셋으로 나뉜다. 이 책은 상하이 항전 편집사에서 1938년 3월에 출판되었고, 〈민족일보〉에 실렸다.

(6) 정꽝자오鄭光昭 편 〈공습당하는 수도의 갖가지 모습首都空襲中的形形色色〉〈공습당하는 난징〉 〈일본 비행기의 난징 공습을 목격하다〉

일본의 난징 공습 내용. 정꽝자오 편 〈항전총간〉 제2집에 실림. 상무인서관 1938년 3월 출판.

(7) 왕푸취엔汪馥泉 편 〈난징에서의 일본 오랑캐의 만행日寇在南京的獸行〉〈더럽혀진 한 소녀의 고백〉

일본군이 난징에서 저지른 방화, 살인, 강간 등의 범죄를 기록. 왕푸취엔 편 〈짐 승 군인의 짐승 행동獸軍獸行〉에 실렸고, 치우왕救亡일보사 1938년 4월 30일 출판됨.

(8) 무명 편, 〈日寇燃犀录〉 3 : 〈六朝金粉今蒙尘〉

내용 : 1. 난폭한 적의 짐승 같은 행위를 만천하에 알리다.
2. 지옥의 난징
3. 구사일생
4. 쯔진산紫金山에서의 살인 대회 독립출판사 1938년 5월판

(9) 팡치우웨이方秋苇 저, 〈중일전쟁의 회고〉 가운데 〈우리 난징을 보위하자〉

〈중일전쟁의 회고〉 가운데 제4절. 난징대학살 상황이 기록됨.
지엔궈建國출판사 1938년 6월판.

(10) 군사위원회 정치부 편, 〈일제만행실록〉 가운데 〈일제만행기략〉

관련 내용 : 1. 11세 여자아이 강간 2. 생면부지 윤간 등
1938년 7월 출판

(11) 리커헌李克痕 저 〈난징 함락 오월기〉

난징시 문화기관 직원 리커헌이 지은 〈난징 함락 오월기(1937년 12월~1938년 6월)〉 난징에서의 일본군의 여러 가지 포악한 행위 상술. 1938년 7월부터 한커우 〈대공보〉에 연재

(12) 천루이陳履夷 저 〈首都留守事实纪略〉 가운데 〈함락 난민 구역 내에서의 경험〉

교통부 총무처 편 〈항전과 교통〉 반월간 제11기. 작가가 난징 안전구역 내에서 보고 들은 것을 기술. 1938년 9월 16일 출판

(13) 이엔핑燕萍 저, 〈적군의 만행을 드디어 남김없이 폭로하다〉

난징 진링대학 부속병원 간호사가 일본군에 의해 강제로 위안부 생활을 한 경험을 자술. 중국 제2역사 문서관 1938년 장서. 지금은 파손됨

(14) 쟝꽁꾸蔣公穀 저 〈난징 함락 3개월 회고록〉

난징 수비부대 군의관 쟝꽁꾸가 쓴 〈난징 함락 3개월 회고록〉은 일기(1937년 12월 13일부터 1938년 2월 27일까지) 형식으로 대학살 기간 작가가 직접 보고 들은 내용으로, 1939년 〈난징문헌〉 제26호에 발표.

(15) 원진文金 편저, 〈특교총간特敎叢刊〉 제5종 〈적의 만행〉

내용 : 1. 머리말 2. 함락 후의 난징 3. 천당이 지옥으로 4. 학살 본성 5. 비열한 약탈 6. 불타는 비극 7. 여성의 액운 8. 사람의 덕을 모욕하고 말살하는 만행 9. 어떻게 적들의 만행에 대처할 것인가 10. 우리의 출로 이 책은 1940년 3월에 정중서국正中書局에서 출판됨

(16) 창쟝長江 등 저, 〈중산릉 앞 혈전 추적기〉〈난징 함락 이후〉〈진링을 지나는 감개무량함〉

창쟝 등이 저술한 〈명성 요새 함락기〉에 실림. 난징 보위전 및 성이 함락된 뒤

의 상황을 수록. 정중서국 1940년 3월 출판.

(17) 무명 저, 〈일본군 만행 실록〉〈난징대학살 목격기〉

이 책은 난징대학살에 관련된 기록으로 비교적 가치가 높다. 정이正義출판사에서 1940년 3월에 출판됨.

(18) 주민웨이朱民威 등 저, 〈돌아볼 수 없는 강남－난징〉

주민웨이 등이 저술한 〈전구통신戰區通信〉 제1집에 실림. 일본군의 난징 만행이 기록됨. 전시출판사 1940년 4월 출판.

(19) 티에훈鐵魂 저, 〈수도 보위 "우리 첫 번째 포를 쏴보자"〉

황전치우黃鑢球의 〈항전 중 지상 방공부대의 전적〉 제1집에 실림. 그 가운데 일본군의 난징 대폭격에 관한 기록. 1940년 8월 출판.

(20) 중앙육군 군관학교 제2분교 편, 〈항전 제1기의 하루 일본군 만행기록〉

난징에서의 일본군 만행을 폭로. 1. 공포상태 2. 만명 참살 3. 총살 4. 방화 5. 트럭으로 여성 납치 6. 어린 소녀 윤간 7. 사람들 앞에서 배를 가르기 8. 중앙호텔이 기생집으로 바뀜 9. 살인경쟁 10. 유혈이 낭자 11. 민가 약탈 12. 윤간한 뒤 배를 가르고 유방을 자름 13. 강간 후 살해 14. 구타 치자 15. 사람 다리人橋 16. 나체로 길거리를 다니게 하고 칼로 찌름 17. 잔혹함 18. 약탈 후 팔아넘김 19. 위조지폐로 법정지폐 흡수 20. 영세 상인 착취 21. 두 개의 큰 고기무덤 22. 재산몰수 23. 여관 주인으로 경찰청 조직 24. 이런이 유혹 25. 민간인 강제징용 26. 승차 제한 그 밖에 난민 양식 거절도 있다. 2개월간 난징은 8만여명이 죽었다. 5월에 베이징 상하이 공장은 점령당했다. 일본군이 영화촬영 중인 미인을 폭행했다. 이상의 내용이 실림. 1940년 10월 출판됨.

(21) 꽌쉬에치管雪霽 저, 〈항적 일지〉

내용 : 12월 22일 적군의 만행, 난징에서 적은 난민을 강간 살해하였고, 피해자
는 5만 명 이상에 달함. 12월 27일, 월요일, 적군의 만행. 난징에서 적은
우리 부상병과 의사, 간호사를 학살. 교회가 운영하던 구러우鼓樓병원도
약탈당함. 〈항적일지 첫 번째 해〉는 정중서국에서 1941년 5월에 출판됨

(22) 왕슈밍王叔明 저, 〈항전 첫해〉 (상권)

왕슈밍의 〈항전 첫해〉는 2만여 자의 분량으로 두 단락으로 나누어 '난징 보위
전'과 '난징 적군의 잔혹함'을 기록하였다. 두 번째 단락에서 저자는 〈대공보〉의
보도와 상하이 영어신문을 인용하여 12월 21일 사설을 발표, 적군의 만행을 통렬
하게 비판하였다. 평론에서 왕슈밍은 "적군이 난징을 점령한 뒤 거리낌 없이 행
동했고, 그 잔혹한 행위는 세상 사람들이 모두 아는 바이다."라고 하였다. 글의
내용은 : 1 흉악한 학살 2. 방화 3. 강간 4. 약탈 5. 양식 공황 6. 온갖 추태 7. 적
군 배치 8. 시내 상황 등 8개 부분으로 구성되어 있다. 중국 침략 일본군의 난징
대학살 과정에서의 범죄 사실과 일본군에 점령당한 난징의 비참한 상황을 상세하
게 서술하였다. 난징대학살에 관련된 매우 진귀한 기록이다. 1941년 창샤長沙 상
무인서관에서 출판되었다.

(23) 왕커王克 저, 〈중국전쟁터〉

상하이 징웨이經緯서국 1946년 1월 출판

(24) 타오시우푸陶秀夫 저, 〈난징에 화를 미친 일본군 시말기〉

〈이엔징燕京문헌〉 제1호에 실림. 난징시 통지관通志館 1947년 1월 발행.

(25) 루용황陸泳黃 저, 〈정축丁丑 만행 후 이문里門 견문록〉

〈난징문헌〉 제1호에 실림. 난징시 통지관 1947년 3월 발행.

이상에서 서술한 출판물들은 동시기 난징대학살에 관련된 기록 전부는 아니다. 하지만 이 내용만 봐도 알 수 있는 것은 다음과 같다. 1938년 2월부터 중국에서는 거의 매월 난징대학살 내용을 싣는 보도나 간행물들이 발행되었다. 비록 내용은 조금씩 다르지만, 주제는 모두 난징과 상하이 일대에서 저지른 일본군의 만행이다. 그 가운데 많은 간행물에는 난징대학살과 관련된 비교적 상세하고 구체적인 기록이 실려 있다. 이는 당시 난징에서의 일본군의 만행이 비교적 광범위하게 중국 사회에 폭로되고 있었다는 사실을 충분히 증명해 준다.

이 밖에도 각 간행물의 기자 중에서도 대학살을 직접 경험했거나 직접적인 증인도 있었다. 그들은 매우 풍부한 사료적 증거를 남겼다. 중국 중앙사, 홍콩의 〈대공보〉는 1937년 12월 24일부터 난징에서의 일본군 만행을 보도하기 시작했고, 그중에는 일본군이 벌인 살인 경쟁 소식도 포함되어 있다.

점령당한 난징에서 이 진귀한 기록들을 쓴 사람들의 생명 안전은 수시로 일본군으로부터 위협을 받았다. 난징대학살의 생존자로서 그들은 가장 설득력 있는 증인이다. 일본군의 만행을 폭로한 용감하고 정의로운 그들의 행위는 역사에 기록될 것이다. 민국의 명사일 뿐만 아니라 중화 민족이 반드시 기억해야 하는 중요한 내용이기도 하다.

3. 문화 명사가 그려낸 난징대학살

정계와 군부의 민국 명사들이 난징대학살을 기록했던 한편, 당시 문화계 유명 인사들도 그들의 특기를 발휘하여 손에 펜을 잡고 일본군의 만행을 세상에 알렸다.

(1) 바이우白蕪 저, 〈오늘의 난징〉 및 장여우루안張友鸞이 쓴 머리말
〈오늘의 난징〉은 1938년 11월 25일 충칭의 〈난징만보〉 출판사에서 출판되었다. 당시 15,000권을 인쇄하였고, 판매가는 3지아오角였다. 글쓴이 바이우는 난징

의 회계사 출신으로, 그는 〈난징만보〉에 연재되었던 난징대학살과 함락된 이후의 난징성 상황에 관련된 보도 85편을 묶어 책으로 펴냈다. 당시 충칭에서 큰 반향을 불러일으켰다. 책의 자료는 구체적이고 생동감 넘치며 진실한 것으로, 난징에서 도망쳐 나온 사람들이 직접 말한 것을 모은 것이다. 난징에서 일본군이 끊임없이 저지르고 있던 학살, 강간, 약탈, 방화, 오염, 가혹한 고문 등의 만행이 담겨 있다. 또 중국 문화 파괴. 난징대학살 중 중국 병사와 민간인이 죽음 속에서 탈출한 경험. 일본군 만행에 대한 난징 시민들의 반항과 항쟁. 공자묘, 구러우 등 유명 건축물의 파괴. 쇠 발굽에 짓밟히는 여성과 아이들의 참상. 중국 군대의 반격을 바라는 난징시민들의 바램. 나쁜 일을 돕는 매국노에 대한 중국 용사의 제재. 성 근교에서의 중국 군대 작전. 난징 외국인의 시민에 대한 보호. 적군 병사의 전쟁 혐오와 반전 행위. 일본 가짜 정권의 난징에서의 엄혹한 통치 등이 실려 있다. 내용은 생동감 넘치고 진실하다. 이 내용은 일본군 난징 만행의 확실한 증거이기도 하다.

　민국 시기 유명한 신문인 장여우루안은 이 책에 쓴 머리말에서 비통하게 말하고 있다. "작년 난징을 떠날 때는 우중충하게 비가 내리는 오후였다.… 난징의 모습은 어떠할까? 세상에! 누가 예상이나 하고 싶었을까? 누가 또 감히 예상할 수 있단 말인가? 난징은 매일매일 망가져 가고, 짐승들은 난징의 가죽을 벗겨내고 있다. 난징의 피와 골수를 빨아먹고 있다. 난징의 뼈를 씹어먹고 있다. 〈오늘의 난징〉은 전체적인 기록이다. 〈난징만보〉에 실렸을 때 사람들은 매일 이 칼럼을 찾아보았고, 마음이 제일 괴로웠던 것이 바로 이 칼럼이었다. 이것은 예로부터 지금까지 국내외적으로 존재하지 않았던 '커다란 장부'이다. 바이우 형은 맑은 두뇌를 가진 세심한 회계사이다. 짐승들이 갖지 못한 이렇게 큰 채무를 보고 우리는 어떻게 하나씩 상환받을 수 있을까? 양저우揚州 10일, 자딩嘉定 싼투三屠는 역사상 조그만 대출이라고 할 수 있다." 일본군이 저지를 난징대학살의 규모가 크고 정도가 심하며 역사에서도 보기 드문 일이라는 사실이라는 것을 다시 한번 명확하게 지적하였다.

바이우는 이 책의 '머리말'에서 이렇게 쓰고 있다. "〈오늘의 난징〉이 〈난징만보〉에 발표될 때, 많은 사람들이 하는 말을 듣고, 꾸미지 않고 진솔하게 썼다. 사람들이 함락된 지역이 어떤 세계라는 것을 알게 하고자 함이었다!… 책을 내게된 것은 몇몇 친구들이 보고 문학적 수법이 없고, 문구 하나하나를 꾸미지 않은 까닭에 보고 이해하는 사람들이 더 많으리라 생각해서 문학적인 감상력이 필요 없는 대중들도 볼 수 있기 때문에 서둘러 내게 되었다." 저자는 특별히 강조해서 말하였다. "머리말에서 꼭 말해둘 것이 있는데, 그것은 바로 〈오늘의 난징〉에서 채택하고 있는 자료는 모두 함락된 뒤에 적들이 어떻게 난징을 통치하고 있는지 하는 것들이고, 초반기의 참상은 생략하였다. 적들이 저지른 천인공노할 만행은 모두 알고 있는 사실이고, 우리 동포들을 노예로 부려 대대로 괴롭게 하고 몸을 팔게 하고 흉악한 놈들을 돕게 하는 것을 지적한 신문은 많이 보이지 않기 때문이다. 그 혹독함은 학살과 방화와 약탈보다도 백배는 더 심하다. 인간의 비통함이 이보다 더할 수 있을까? 써 내려가다 보니 만약 수많은 독자 가운데 지금 세상이 어떤 세상인지를 느끼는 사람이 얼마나 있을지 하는 생각이 든다. 떨쳐 일어나 직들과 결산을 한다면, 내가 이 책을 쓰는 것이 종이와 잉크를 낭비한 것은 아닐 것이다. 27년 11월 10일 바이우 씀."

이 언급은 난징대학살이 벌어진 후 일본군의 만행 사실이 오래지 않아 사람들에게 모두 알려졌고, 신문 분야 뿐만 아니라 출판계에서도 직접적인 반향이 있었다는 것을 말해주고 있다. '머리말'에서 작가는 책의 내용이 주로 적들의 난징 통치를 묘사하고 있고, 함락 초기 짐승들에게 유린당하는 우주에서의 가장 추악한 일들은 생략하였다. 하지만 천인공노할 범죄행위는 여전히 적시되어 있다. 당시 일본군은 함락 지구의 통치 질서를 꾸며대고, 자신들이 저지른 끔찍한 만행을 덮으려 하였다. 이 책은 날카롭게 당시 난징성이 '화장을 한 채로 피를 줄줄 흘리는 시신'이었다고 지적하고 있다. 이 책은 '꾸밈없이 진술한 간단한 기록'을 이용하여 이른바 '태평, 번영'의 진실한 면모를 철저하게 폭로하였다. 이를 통해 일본 우익의 날조된 거짓말을 남김없이 박살냈다. 하지만 이 책은 난징대학살의 중요한 사료로서의 가치를 충분히 인정받지 못하였다. 출판된 뒤에 당시에는 커다란 반향을 불러일으켰지만 나중에 차츰 사그라들었다. 필자 생각으로는, 난징대학살이라는 역사적 사실을 폭로하는 측면에서 출발하여 이 책의 사료적 가치와 역사적 위치는 더욱 높은 관심과 평가를 받아야 한다고 본다.

(2) 궈모뤄郭沫若가 〈외국인이 목격한 일본군 만행〉에 쓴 머리말

난징대학살 기간 난징에 있던 외국인들은 일본군의 만행을 목격하고 진실한 기록을 남겼다. 아울러 일본군 만행의 소식을 양쯔강에 있던 외국 선박의 무선통신기를 통하여 상하이와 전 세계로 보냈다.

영국 〈맨체스터 가디언Manchester Guardian〉의 중국 주재 기자 팀펄리Timperley Harold John는 자신이 직접 보고 들은 것과 난징 국제 안전구역에서 일하던 바티스, 스미스 등의 외국 인사들이 제공한 자료 및 도움에 근거하여 〈외국인이 목격한 일본군의 만행What War Means, The Japanese Terror in China〉을 펴냈다. 이 책은 난징과 상하이 일대에서 일본군이 저지른 대학살 만행을 가장 먼저, 가장 영향력 있는 저술로서 세계에 커다란 충격을 주었다. 1938년 6월, 이 책의 중국어 번역본이 출판되었을 때, 당시 군사위원회 정치부 제3청 청장이었던 궈모뤄는 서문을 썼다. 발췌문은 아래와 같다.

인류의 정의가 아직 그 절대적인 권위를 세우기 전에, 민족과 민족 또는 국가와 국가 사이에 의해 충돌로 인한 전쟁은 피할 수 없는 일이었다. 하지만 이 전쟁은 최소한 그럴듯한 승부를 요구하였다. 파괴의 참화는 전투 성원과 전투 장비에 국한될 것을 요구한 것이다. 이들 인원과 장비 이외에는 임의로 파급될 수 없었다. 이것은 문명 민족 간에 가지는 의무였다. 하지만 모든 세계를 공공연하게 짓밟고 있는 일본 군부는 이런 행보를 보여주지 않고 있다. 9·18 이후 그들은 시종일관 해적의 모습으로 출현하여, 전쟁을 일으킬 구실을 제멋대로 만들어내고, 선전포고도 없이 대규모 침략을 저질렀다. 독가스와 마약을 함부로 사용하였고, 방어시설도 없는 도시와 저항하지 않는 민간인 노약자들을 향해 제멋대로 폭격을 가했다. 이것은 잔학무도한 짓이고, 세계 각국이 비난하는 행위이다. 그런데 잔혹한 만행은 매번 작전 과정이 일단락 될 때까지 이어지고 있다. 대규모 학살, 강간, 약탈, 파괴 등의 참극이 점령당한 도시에서 계속 벌어지고 있다. 한 달, 두 달, 석 달 동안 계속 이어지고 있으며 밥 짓는 연기가 사라진 폐허가 될 때까지 이어지고 있다. 학살과 강간 수단의 참혹함은 더욱이 사람들의 치를 떨게 만든다. 이미 무장을 해제한 병사들을 속여서 집단으로 총살하거나 불태워 죽인다. 열한두 살 먹은 여자아이, 5, 60세 이상의 노인들은 모두 음욕의 마수에서 벗어나지 못한다. 강간한 후에 죽이기도 하여 형언할 수 없는 모욕이 이어진다. 이 죄악은 인류 역사에서 씻을 수 없는 오점을 남기는 것이다.

이상하게도 궈모뤄 자신이 난징대학살 상황을 잘 알고 있다는 사실을 증명할 수 있는 이 머리말은 〈항일전쟁 회고록〉에 수록되지 않았고, 또 1958년에 출판된 〈모뤄문집〉에 도 수록되지 않았으며, 심지어는 1938년에 딩싼丁三이 편집하고 짠스戰時출판사가 출판한 〈문예와 선전〉과 〈항전 중의 궈모뤄〉 제4편 〈최근 언론〉에도 궈모뤄의 이 서문이 수록되지 않았다. 그 원인을 추측해보면 두 가지가 가능하다. 그 하나는 궈모뤄의 성격이 비교적 솔직해서 일본 군벌의 만행을 증오하면서 쓴 문장이 예리한 관찰과 분석으로 일본인들을 만신창이로 만들고 감정 색채가 비교적 강렬하여 일본통이자 일본 사위로 여겨지는 그가 이 머리말을 자기 것으로 남겨 놓고 싶지 않았으리라는 것이다. 1938년 3월 31일에 쓴 〈일본군의 잔혹한 심리 해부〉도 앞에서 서술한 〈문예와 선전〉, 〈항전 중의 궈모뤄〉, 〈우서집 羽書集〉에 싣지 않은 것도 그 증거가 될 수 있다. 두 번째 이유는 〈외국인이 목격한 일본군의 만행〉을 출판할 때에, 우한武漢이 함락되기 직전으로 국면이 혼란한 상황이어서 국내에서 널리 퍼질 수 없는 상황이었다. 심지어 궈모뤄 본인의 수중에도 이 책이 없을 정도였다. 따라서 이 서문을 그 이후의 저작에 실을 수 없었다는 것이다.

(3) 린위탕林語堂 저, 〈폭풍우 속의 나뭇잎〉

린위탕은 민국 시기의 유명한 편집자이자 교수로서 일찍이 국민당 원로 우즈후이吳稚暉의 비서를 하다가 나중에 미국으로 건너가 간행물을 발간하고 교육과 출판계에서 이름을 날렸다. 1937년 난징대학살이 일어나자 그는 비록 미국에 있었지만 얼마 지나지 않아서 사건의 진상을 알게 되었고, 글을 써서 명확한 견해를 밝히었다. 1941년에 그는 영어로 〈폭풍우 속의 나뭇잎〉을 써서, 난징에서의 일본군 대학살 만행에 대해 비평하였다.

하느님이 인류를 창조한 이래로, 인류는 오늘에야 비로소 보게 되었다. 군인들이 경멸하듯 웃으면서 어린아이를 공중으로 던지고 나서 그를 예리한 칼날 위로 떨어지도록 하고서는 그것을 스포츠라고 부른다. 오늘 또 포로―그들은 눈이 가려져 있고 참호 옆에 앉아 있다―들을 칼 찌르기 연습대상으로 삼아 집단적인 살인 연습을 하고 있다. 두 군인(일본군 소위 무카이 토시아키向井敏明와 노다 다케시野田毅)은 쑤저우에서 난징으로 물러난 중국 군인들을 뒤쫓고 있다. 그들은 서로 간에 누가 먼저 100명을 베어 죽이나 내기 중이다. 두 사람의 살인 기록은 동료들의 열렬한 관심을 불러일으키고 있다. 고상한 무사의 규범을 통하여 봉건사회의 국민들을 향해서 자신들의 행위를 설명할 수 있을 것이다. 하지만 이런 설명은 그 밖의 다른 나라 국민들에게는 통하지 않는다. 정상적인 사람들이 볼 때 이런 일은 일어날 수 없는 일이다. 또한 인류와 오랑우탄 사이의 혈연관계에서도… 있을 수 없으며… 심지어는 문명의 최초 단계, 인류학에서도 살인을 즐거워하여 살인하는 기록은 존재하지 않는다. 아니다. 그런 두려운 행위는 사람의 행위이고, 한 종족의 사람이 다른 종족의 사람에게 취하는 행위이다. 오랑우탄은 오랑우탄을 한 군데 집단으로 가두지 않는다. 거적이 깔린 막사에 가두고 자동차 기름을 이용해서 불을 붙이고서는 계속 웃어대지 않는다. 오랑우탄은 대낮에 아무런 거리낌 없이 교배한다. 하지만 다른 수컷 오랑우탄이 교배하는 것을 지켜보면서 즐거워하지 않는다. 또 은밀한 곳에 숨어서 다음 교배 차례를 기다리지도 않는다. 게다가 오랑우탄은 일이 다 끝난 다음에 칼로 암컷 오랑우탄의 생식기 안에 칼을 찌르지도 않는다. 대장 오랑우탄의 즐거움은 이런 정도에 이르지는 않는다. 강간과 더러운 짓이 이루어질 때 그 동료에게 옆에 서 있으라고 강요하는 것 말이다. 이런 일들은 본래 창작을 통해 반영되어서는 안 되는 것이다. 왜냐하면 정신병을 앓고 있다고 생각될 수도 있고, 상상력이 풍부한 작가가 디자인한 것으로 생각할 수도 있기 때문이다. 아니다. 이런 일들은 오직 중국전쟁과 일본 제국 군대의 상당히 믿을 만한 역사고증에 의해서만 반영될 수 있는 것이다. 그것은 역사적인 기록과 국제위원회의 정식보고가 되어야만 믿을 수 있는 것이다.… 하지만 우리는 이런 현상에 대해서 흥미가 있고, 이런 현상은 일본인의 인종 심리학연구와 전 인류를 대상으로 하는 인류학 연구에서 이해하기 힘든 여러 영역 내에 깊숙이 숨겨져 있다.… 이런 사실들은 그들이 성폭로증을 앓고 있음을 보여주는 것이다. 하지만 사무라이 전통을 가진 일본 제국 군대는 세계 여러 나라 사람들 앞에서 부끄러움을 모른 채 바지를 벗고 자신을 더럽히는 행위를 했고, 동시에 난징이라는 이 멀고 먼 아시아 대륙의 도시에서 자신을 폭로하고자 했으니, 이 일을 어떻게 설명하면 좋을 것인가? 일본 제국 군대를 어떻게 설명하면 좋을 것인가?—그 정신을 어떻게 설명할 것인가, 그 이데올로기를 어떻게 설명할 것인가, 그 전술의 거친 성격을 어떻게 설명할 것인가, 그리고 또 소화불량인 서구 제국주의와 마찬가지로 소화불량인 중국 유교―중세기의 구조에서 일본 자신에 불철저하게 이식된 봉건 정신도―와의 상호결합을 어떻게 설명할 것인가? 일본의 장교들은 이에 대해 어떻게 생각하고 있는가? 일본은 병사들은 그들 자신에 대해 어떻게 생각하고 있는가? 어째서 일본의 장교들은 계속 이렇게 하는 것일까? 그들은 이렇게 하는 것을 제지할 수 있을까? 혹시 그들은 우매하게도 공포전술을 생각해내서 병사들이 이렇게 하는 것을 권장하거나 강제하는 것일까? 만약 그렇다면 문제는 매우 복잡해질 것이다. 이른바 강제성이 결핍된 기율로는 그런 경솔하고 정리에 부합되지 않으며 약탈적이고 덕이 결여된 짐승의 행위를 정확하게 설명해 낼 수 없다.

린위탕의 이 글은 일본어로 번역되어 일본에서 발표되었다. 일본 번역자 다케우치 요시미竹內好는 다음과 같이 말했다. "나는 이 소설을 번역하면서 손이 떨려

펜을 꽉 쥘 수가 없었다. 정말 잔혹하기 이를 데가 없었다. 물론 약간 과장되거나 왜곡된 면이 있기는 했지만, 중국인들이 겪은 비참한 상황을 생각해보면 그것을 바로잡으라고 의견을 제기할 용기가 없었다. 이 소설을 번역할 때 나는 정말이지 너무 괴로웠다. 그리고 시선을 옮기고 싶었다. 하지만 마침내 그런 심정을 억제하고 말았다."

궈모뤄와 린위탕은 모두 당대의 문학 거장들이다. 그들의 작품은 폭넓은 독자와 엄청난 영향력을 가지고 있다. 그들이 사회 정의와 양심적 책임에서 일본군의 난징대학살 만행에 대해 분노 어린 폭로와 강렬한 비판을 하도록 하였다. 그들의 날카로운 펜은 일본군이 저지른 만행과 그 원인을 예리하게 폭로하였고, 매우 중요한 선전작용을 하였다. 아울러 일본의 우익 언론을 반박하는 강력한 무기가 되었다.

4. 중국 공산당측이 기록한 난징대학살

다나카 마사아키는 난징대학살을 부정하면서, "중국공산당도 기록이 없다."고 주장하였다. 또 "만약 떠도는 소문에서 주장하는 몇만이나 몇십만 대학살이 있었다면 중국공산당이 침묵할 리가 없다."고 주장하였다. '허잉친의 군사보고'에 대한 대응과 마찬가지로 그는 1938년 6월의 어느 군사 관련 글에서 난징대학살을 거론하지 않은 것이 사건 전체를 부정한 것이라고 한 것은 완전히 근거가 없는 것이었다. 당시 중국 공산당이 이끄는 팔로군은 난징 보위전에 참전하지 않았었다. 당연하게도 대학살에 관한 조사도 할 수가 없었고, 그런 까닭에 난징대학살을 언급하지 않았다. 이는 중국 공산당의 치밀한 태도를 보여줄 뿐이다. 하지만 그가 말한 것처럼 만약 대학살이 벌어졌다면 중국 공산당이 침묵하고 있었을 리가 없다.

자료에 기록된 바에 따르면, 대학살 발생 일주일 뒤인 12월 20일에 중국 공산당은 프랑스 파리에서 출판된 〈구국 타임스〉에 일본군의 만행을 폭로하는 글을 실었다. 이후 1938년 1월 5일과 31일, 2월 5일에 이 신문은 〈일본군의 난징에서의 만행〉〈일본군의 학살, 강간, 인성파괴〉〈러시아 여성 동포가 항전에 적극적으로 참가하다〉 등을 제목으로 난징에서의 일본군이 곳곳에서 저지른 방화, 강간을 통렬하게 비판하고 일본군의 만행으로 야만의 어둠이 극에 달했고, 선량한 인성을 파괴하였다고 고발하였다. 일본군의 전례 없는 병력으로 난징을 공격하였고, 잔인한 폭력을 제멋대로 저질렀다. 민간인 거주 지역에 잔혹하게 폭격을 퍼부었고, 시가지를 폐허로 만들었으며 사상자가 곳곳에 널렸다. 중국의 문화 유적은 오랑캐의 손에 의해 수없이 훼손되었다. 런던의 데일리 메일 난징 주재 통신원에 따르면, 오랑캐가 중국군 포로 300명을 총살에 처하는 것을 자신이 직접 보기도 했다고 전했다. 강을 따라 시신이 낭자했고, 일본군 자동차는 길에서 달리면서 남녀노소의 시신을 넘어가기도 하여 피와 살이 뒤범벅되고 팔다리는 끊어져 나가 눈 뜨고는 볼 수 없는 상황이라고도 하였다. 난징대학살의 진상에 대해 비교적 상세한 폭로와 선전을 진행하였고, 아울러 '중국 난징 중앙통신사가 일본의 폭격에 의해 부서진 참상' 등의 사진 두 장을 첨부하였다.

　1938년 1월 중국 공산당이 창간한 우한의 〈신화일보新華日報〉는 눈에 잘 띄는 제목으로 일본군의 난징 만행을 여러 차례 보도하였다. 1월 23일과 25일, 〈신화일보〉는 〈공포의 난징성 큰 불이 39일간 꺼지지 않다〉와 〈난징 쯔진산紫金山 살인경쟁 일본군 만행의 참혹함〉이라는 제목으로 난징대학살의 진상을 상세하게 보도하였다. 3월 9일, 이 신문은 〈일본군의 난징에서의 만행〉을 제목으로 난징에서 일본군이 벌인 살인, 방화, 강간, 약탈 등의 야만적인 행위를 체계적으로 폭로하였다. 5월 30일, 이 신문은 또 〈난징 동포 비참하게 짓밟히다〉를 제목으로 "왜적이 수도에 쳐들어온 이후로 우리 군민에 대해 살인과 약탈과 강간을 저질러 실로 흉악하기 이를 데 없고, 참혹하기 그지없는 일이다."라고 하였다.

　'적들의 상황을 파악하기 위하여' 옌안延安은 '시사 문제 연구회'를 조직하고 '시사문제총서'를 편집하여 일본문제, 함락지구 문제, 국제문제, 항전 중의 중국문제에 대해 연구를 진행하고 각각 자료를 수집하였다. 1939년 10월, 마오쩌둥은 시사문제 총서 제2집 〈중국 함락지구에서의 일본제국주의〉의 첫 문장 〈함락지구 연구〉에서 함락지구 적들이 무엇을 했던 가와 앞으로 어떻게 할 것인가에 대해 체계적인 연구를 명확하게 밝혔다. 그러면서 '모든 항전 간부들이 자료를 공급' 하는 문제의 중요성과 필요성을 제기하였다. 그리고 '조사하지 않으면 발언권도 없다.… 이것이 과학적 방법론의 출발점이다.'라는 점을 강조하였다.

이 시사 자료집 가운데 '난징에서'의 일부분에 '난징 난민 구역 국제위원회가 일본당국에 제기한 고소 보고'를 기재하였다. 편집자가 임의로 발췌한 12건의 내용은 각종 만행을 다루고 있다. 이 책에서는 "적들이 함락 지구에서 방화, 살인, 강간, 약탈을 저지른 것이 글로 다 쓸 수 없을 정도이고" "절대로 참을 수 없는 일이고, 피맺힌 원수는 피로 갚아야 한다."고 하였다. 난징대학살에 관련된 중국 공산당 측의 보도와 기록은 일본 우파가 말하는 중국공산당은 기록이 없다는 잘 못된 논리를 철저하게 반박하고 있다.

5. 맺음말

앞에서 예를 들어 살펴보았던 민국 명사들이 그려낸 난징대학살 기록을 통해 우리는 다음과 같은 결론을 얻을 수 있다.

첫째, 기록한 사람의 신분이 다양하다. 정계, 군사계, 교육계, 신문 및 출판 등 사회 각계각층이 망라되어 있다. 그들은 모두 난징대학살이 일어난 지 얼마 지나지 않아서 일기와 편지, 공문, 서적 등의 여러 가지 형식으로 일본군이 저지를 천인공노할 범죄를 기록하였다. 이러한 자료의 다양성은 우리에게 다양한 각도에서 난징대학살을 입증하는 강력한 증거를 제공해 주고 있다. 동시에 이러한 다양성은 자연스럽게 만들어진 기록이어야만 가질 수 있게 되는 것이고, 이들 재료들의 원시성과 진실성을 충분히 인증해 주는 것이다. 게다가 이 기록들은 일본군의 만행을 잘 그려내고 있을 뿐만 아니라 중화민족의 애국 열정과 설욕의 결심을 충분히 표현하고 있다. 역사적 증거는 물론이고 민족적인 기억으로 말하자면 이 기록들은 진귀한 1차 자료이다.

둘째, 이 기록들은 단계적이고 지역적인 특징이 있다. 이는 다음의 두 가지 주요한 이유 때문이다. 먼저, 일본군 만행이 긴 시간 동안 이어졌기 때문이다. 만행이 비교적 집중적으로 발생한 난징대사건만 봐도 1937년 12월 상순부터 1938년 3, 4월까지 지속하였다. 만행이 끊임없이 일어나므로 인해 당시의 기록은 단계적으로 이루어질 수밖에 없었다. 다음으로, 만행이 일어난 장소가 특정한 곳이 아닌 보편적이었다는 사실이다. 신문 기자의 보도나 각계 인사들의 증명, 하급에서 상급까지의 보고서, 직접 경험한 사람들의 기술을 막론하고 그것들이 다룰 수 있었던 것은 만행의 개별적이고 부분적이어서 지역적인 지역적 특성을 띨 수밖에 없었다.

셋째, 이 기록들에서 내용의 부분적인 중복과 기록상의 차이는 불가피한 것이다. 먼저, 일본 점령하의 난징에서 소식이 전해지는 것에는 매우 커다란 장애물이 존재하고 있었다. 각종 피해에 대한 전방위적인 조사 통계는 불가능했다. 다음으로, 새로운 살육과 상해가 끊임없이 일어나서 매일 매시간 증가하고 있었다. 기록의 중복과 차이는 그것들의 진실을 대표해 준다. 정확하고 분명한 통계를 낼 수 없는 상황에서 위조한 기록만이 정확하게 끼워 맞춰질 수 있는 상황이었다.

넷째, 기록의 부분적인 중복과 숫자 기록의 차이는 난징대학살의 존재와 성격을 바꿀 수는 없는 것이다. 동시에 이 기록들이 설사 중복되고 차이를 보인다고 할지라도 난징대학살의 전체적인 통계 작업에 매우 중요한 자료를 제공해 주고 있다. 바로 이런 관련 기록들을 통해서 우리는 사실의 진상에 가장 가까운 수치를 얻을 수 있다.

다섯째, 설사 다나카 마사아키가 최선을 다하여 조작해낸 '전반기 자료'와 '후반기 자료'의 논리를 가지고 앞에서 서술한 기록들을 검증한다고 해도, 그것들은 난징대학살의 확실한 증거가 될 수 있다. 하지만 다나카 마사아키는 사실상 난징대학살이라는 사실을 말살하려는 각도에서 자료를 취사 선택하였고, 자신에게 불리한 언론 증거는 몽땅 '3급 자료'로 매도하면서 부정할 수 없는 제삼자의 기록에 대해서는 '과장된 소문'이라고 배제하였다. 이는 분명하게 강도 논리이다.

그 밖에도 덧붙여 설명할 것은, 서로 다른 신분의 인사들이 써낸 기록은 각기 나름의 치중한 측면들이 있다는 것이다. 예를 들어, 국민당 고위 관리는 난징 보위전과 난징대학살에 대해 그려낸 내용이 상대적으로 많다. 하지만 경제와 그 밖의 분야 관리들은 이것에 대한 기록이 비교적 적다. 국민정부의 행정원 비서장이자 자원위원회 주석 웡원하오翁文灝는 1937년 12월 17일 일기에서 다음과 같이 쓰고 있다. "일본군 마쓰이 대장과 해군 사령관 타니가와谷川의 인솔하에 난징을 점령하였다." 그 밖에는 관련 기록이 없다. 그 원인을 분석해보면, 대체로 아래 몇 가지로 나누어 볼 수 있다. 1. 점령 후의 난징에서 일본이 신문 검열제도를 엄격하게 시행하였다. 2. 점령 지구 각지에서 일본군의 만행이 너무 많이, 그리고 대단히 보편적으로 이루어져, 곳곳에서 살인, 방화, 강간, 약탈이 일어났다. 후방의 인사들은 난징에서 일본군의 만행이 벌어지고 있다는 말을 들어도 의외라고 느끼지 않고 일본군이 저지를 이런 범죄를 예측할 수 없었다. 3. 사람마다 신문 보도에 관심을 기울이는 분야가 다르다. 예를 들어 전시 경제 사업을 주관하는 웡원하오는 일기에서 자신이 종사하는 경제건설 사업과 그에 상응하는 관련 상황들을 주로 쓰고 있고, 다른 일에 대해서는 매우 적게 기록하고 있다. 하지만 그렇다고 해서 그가 일본군의 만행을 몰랐다거나 난징대학살이 없었다고 말할 수는 없는 것이다.

일본군의 난징대학살에 대해 민국의 명사들이 기록한 것은 난징대학살의 중요한 사료 가운데 하나이다. 그 기록들은 난징대학살을 부정하는 일본 우익들의 잘못된 논리에 반격을 가하는 무기이다. 또한 글을 쓴 사람들의 중요한 역사적 지위로 인해 이 사료들의 가치와 중요성은 일반 자료보다 훨씬 더 두드러진다. 지면의 제한으로 인해 본문에서는 관련 인사들의 모든 기록을 수집할 수는 없었다. 하지만 인용했던 증거들만 가지고도 난징대학살의 역사적 존재를 증명해내고 일본 우파의 거짓말을 박살 내는 데는 충분하다.

일본 학술계
〈난징대학살 사건〉
논쟁 및 각 파의 논점

1. 난징대학살 사건 논쟁에 관한 간략한 회고
2. 90년대부터 지금까지, 논쟁의 반복과 첨예화
3. '허구파'와 '긍정파'의 주요 관점
4. '허구파'의 최근 동향
5. 난징대학살사건에 관한 일본 역사교과서의 기록과 그 변천

일본 학술계 '난징대학살 사건' 논쟁 및 각 파의 논점

1970년대 이후로 난징대학살 사건 등 일본의 전쟁범죄 문제에 관해 일본 학계의 일부 우익 문인들은 '학술연구'라는 기치를 내세워 3차례에 걸쳐 난징대학살 존재 자체를 부정하는 역류를 일으켰다. 이로 인해 국내외 지식계의 강력한 비판을 받았다. 본문에서는 난징대학살에 대한 일본 학계의 논쟁 및 각파의 주요 논점에 대해 분석해보고자 한다.

1. 난징대학살 사건 논쟁에 관한 간략한 회고

(1) 70년대의 논쟁

난징대학살 사건의 진실 여부에 관한 일본 학계의 논쟁은 1970년대에 시작되었다. 1966년부터 와세다대학 교수 호라 토미오洞富雄가 난징대학살 문제의 조사와 연구를 시작하였고, 1967년에 난징대학살을 기록한 비교적 볼륨이 두터운 책을 펴냈다. 1971년에 〈아사히신문〉 기자 혼다 가츠이치本多勝一가 〈중국 여행〉을 출판했는데, 중국 침략 일본군의 중국에서 벌인 범죄행위가 그 주요 내용이었다. 전쟁이 끝난 후 일본 정부가 줄곧 숨겨오던, 난징대학살을 포함한 일본군의 반인도적 만행이 백일하에 폭로되자 국내외, 일본 사회 각계에 큰 충격을 안겨주었다. 이어서 호라 토미오의 〈난징사건(신진부츠新人物 라이오우슈來往社 1972년 출판)〉이 출판되었다. 〈난징사건〉은 난징대학살을 연구한 호라 토미오의 첫 번째 대표작이자, 전쟁 이후 난징대학살사건에 관한 일본 역사학계의 첫 번째 전문 서적이다. 책에서는 참혹하기 그지없는 난징대학살 사건을 상세하게 고증하고 폭로하였다. 아울러 다음과 같이 결론지었다. 즉, 일본군이 1937년 말부터 1938년 말까지 난징에서 최소한 20만 명 이상의 중국 군민을 학살하였고, 한걸음 더 나아가 20여 년간 갇혀 있던 중대한 역사적 사건의 진상을 재현해냈다.

중국 침략 일본군의 극악무도한 범죄행위가 세상에 폭로되었고, 이는 전쟁 책임 인정을 거부하고 반성과 사죄, 사과를 거부하는 정부와 민간 우익 세력에 대해 우렁찬 외침이 되었다. 이에 먼저 튀어나온 것은 '초보수파' 작가로 불리우는 스즈키 아키라鈴木明였다. 그는 1972년에 〈쇼군諸君〉 잡지에 〈난징대학살의 허구〉 등 일련의 문장을 발표하였다. 이듬해에는 이 글들을 모아 〈난징대학살의 허구〉라는 제목의 책으로 묶어 공개적으로 출판하였다.(문예출판사, 1973년판) 이 책에서 그는 혼다와 호라 토미오의 저술에 "난징대학살을 증명할 수 있는 자료는 존재하지 않는다."고 하면서 제시된 증거들은 날조된 것이라고 공격하였다. 또 몇몇 종군기자와 참전 장병들의 '목격 증언', 그리고 필요한 부분만 잘라낸 '자료'를 통하여 난징대학살은 허구라는 결론을 내밀었다. 1975년 11월, 전쟁을 경험했다는 야마모토 가나헤이山本七平의 〈쇼군〉 잡지에 발표한 연재물을 모아서 〈내가 있었던 일본군〉(상, 하권)을 출판하였다. 이 책에서는 난징대학살이 황당무계한 이야기라고 날조하였다. 이렇게 두 가지 관점이 첫 번째 대결을 펼쳤다.

허구파의 망언에 반격을 가하기 위해서 1973년에 호라 토미오는 〈일본 전쟁사 사료 제8권 : 난징사건〉과 〈일중전쟁사 사료 제9권 : 난징사건 2〉를 출판하였다. 1975년에는 〈난징대학살 허구화 행위에 대한 비판(현대사現代史 출판회)〉를 출판하였고, 혼다 가츠이치는 〈펜의 음모(쇼潮출판사, 1977년판)〉을 출판하였다. 이 사료와 저작들은 여러 방의 포탄처럼, 사료에서부터 연구에 이르기까지 허구설에 대해 전면적인 반박을 가하였다. 허구파는 구태의연한 타령을 거듭하면서 다른 신선한 사료로 대응하지 못하였다. 그저 잠시 잠깐 지탱해 나가면서 대충대충 수습해 나갈 뿐이었다.

(2) 80년대 허구파의 반박

1980년대에 들어서서 일본의 신보수주의 노선이 무대에 등장하면서, 나카소네 내각은 '전후 정치 총결산' 구호를 명확하게 제출하고, 일본은 정치, 군사 대국의 목표를 향하겠다고 천명하였다. 이러한 정치적 배경하에서 허구파 진용은 학대되었고, 스즈키 아키라 등의 고군분투는 더 이상 없었다. 다나카 마사아키田中正明, 와다나베 쇼오이치渡部升一, 후지 노부오富士信夫, 하타이쿠 히코秦郁彦, 이타쿠라 요시아키板倉由明 등이 차례로 등장하여 난징대학살의 진실 여부에 대해 격렬한 논쟁을 벌였다. 과거에 마쓰이 이와네의 비서를 지낸 다나카 마사아키는 1984년에 〈난징사건의 허구(교문사)〉를 출판하였고, 와타나베 쇼오이치와 무라카미 효오에村上兵衛는 그 책에 서문을 썼다. 와다나베 마스이치는 죠치上智대학의 교수로서 〈국익의 입장에서〉〈신 우국론〉등을 쓴 인물로서, 역사 수정주의 패거리에서 활동하고 있다. 무라카미 효오에는 근위사단의 중위였던 인물로서, 침략전쟁에 직접 참가하였고, 〈재검증, 왜 대동아전쟁을 치렀는가〉 등을 썼다. 이 두 사람은 다나카를 위한 응원의 성격으로서, 동일한 허구설의 노래를 부르고 있는 것을 알 수 있다. 다나카는 이 책에서 마쓰이 대위의 일기를 주요 실마리로 하여 난징대학살 사건이 "도쿄재판이 연극식으로 연출해낸 것"이라고 욕하면서, 다른 의도를 가지고 일본군의 잔인무도함을 증명해낸 것이라고 하였다. 아울러 법정에서 채택한 증언은 모두 위증이고, 호라 토미오가 사용한 사료는 모두 거짓으로 만들어낸 소문이나 거짓말이라고 주장하였다. 다나카는 또 성에 들어간 일본군을 대대적으로 미화하였다. 장병들은 모두 마쓰이 사령관의 명령을 집행하였고, 행동할 때

군기가 매우 잘 잡혀 있었고, 질서정연하였다고 하면서 그랬기 때문에 무슨 대학살이 일어났을 리가 없다고 하였다. 중국 방면을 포함한 군사보고에서도 대학살 관련 일은 아예 언급되지도 않았다고 하면서 만약 소문에서의 그런 몇만, 몇십만 대학살이 있었다면 중국공산당이 침묵하고 있었을 리가 없다고도 하였다. 1985년 12월에 그는 〈세이론正論〉 잡지에 〈아홉 가지 질문 '난징대학살 기념관'〉이라는 제목의 글을 발표하였다. 1987년 다나카는 〈난징사건의 총결산, 학살파를 부정하는 15가지 논증〉(겐코사謙光社)을 출판하였다. 3년이라는 짧은 시간 동안 다나카의 저술은 풍성했고, 그는 부정파의 대표 인물이 되었다. 하지만 바로 이때, 사람들은 다나카가 1985년에 〈역사와 인물〉에 발표한 〈마쓰이 대장의 진중일기〉에서 900여 군데의 잘못된 곳을 찾아냈고, 그 가운데에는 고의로 바꿔치기한 내용도 있다는 것을 발견하였다. 이에 여론이 들끓었고, 나중에는 다나카가 마쓰이의 일기에 어떤 행동을 취했다는 것이 드러났다. 결국 다나카의 허구설은 사람들로부터 자연스럽게 의문시되었고, 그의 학문적 태도 또한 웃음거리가 되고 말았다.

다나카 외에도 평론가 아라 켄이치阿羅健一는 1985년에 〈세이론〉 잡지에 〈수수께끼 같은 '숭선당崇善堂'과 그 실태〉라는 제목의 글을 발표하여, '숭선당' 매장 부대의 매장 시신 통계는 '완전히 날조된 것'이라고 주장하였다. 이어서 아라 켄이치는 〈난징 사건 취재 : 일본인이 본 난징대학살 사건(도서출판사, 1987년판)〉을 출판하였는데, 이 책에서 그는 난징대학살 사건의 존재를 전면 부인하였다.

주목할만한 것은 이 시기에 일단의 '소수파'가 나타났다는 점이다. 그들은 난징대학살의 피해자 수가 몇천 명에서 몇만 명 사이라고 주장하는데, 그들 가운데 대표 인물은 타쿠쇼쿠拓殖대학의 교수 하다 이쿠히코秦郁彦(전 지바千葉대학)였다. 하다 이쿠히코는 1986년에 〈난징사건(추우코오신쇼中公新書를 출판하였고, 같은 해에 또 난징 사건, 학살의 구성 추우코오신쇼)〉를 출판하였다. 그는 "난징에서 일본군이 포로를 포함해서 중국군 4만 명 내외를 죽였다." 주장하였다. 그는 또 일본군이 '편의대便衣隊'를 죽인 것은 국제법을 위반한 것이 아니라고 하는 중요한 관점을 유지하고 있었다. 여기에서 말하는 '편의대'는 무기를 버리고 도망간 장병들에 불과하다. '소수파'는 고의로 이 전쟁터에서 철수했거나 민간인 복장으로 갈아입은 장병들을 '편의대'라 부른 것이다. 이 사람들은 여전히 저항을 포기하지 않았기 때문에 처리한 것은 국제법 위반이 아니라고 주장하는 것이다. 하다 이쿠히코와 마찬가지로 이타쿠라 요시아키는 1980년대 중반에 〈난징대학살 숫자 연구〉를 연속 발표하여, 일본군이 난징을 함락한 후에 난징성내 그리고 장닝江寧현에서 민간인 15,000명, 병사 32,000명에서 35,000명이 죽었고, 그 가운데 난징성 주민 사망자는 5,000명, 사병은 8,000명 등 모두 합쳐서 약 13,000명이 사망했다고 주장했다. 그는 또 일본군이 난징에서 편의대를 처리한 것은 국제법 위반이 아니라고 주장하였다. 이른바 소수파는 움직일 수 없는 수많은 증거를 부인할 방법이 없자 각종 수단을 동원하여 피해자의 숫자를 낮추고, 편의대설을 통하여 일본군의 잔학무도한 만행을 덮으려 한다는 것을 알 수 있다. 본질적으로 말해서, 그들은 허구파와 아무것도 다른 점이 없다. 예를 들어 이타쿠라 요시아키는 일본에서 그를 소수파라고 부르기는 하지만 사실상 그와 허구파는 같은 위치에 서 있다고 할 수 있는바, 허구파의 활동에 그는 모습을 드러내곤 한다. 비교해 보면 하다 이쿠히코와 이타쿠라 요시아키는 구별이 있는 듯 보인다. 전자는 일본군의 난징 학살 행위를 인정하고 최소한 과격 행위가 있었다고 하면서 때로는 참된 말을 하기도 한다. 하지만 후자는 학살된 것은 모두 편의대이고 이는 국제법 위반이 아니라고 하면서 전쟁범죄가 되지도 않는다고 주장한다.

　허구파의 반박에 맞서 실사구시적인 자세를 견지하는 일본의 역사학계는 물러서지 않고 적극적으로 맞서나갔다. 1984년에 호라 토미오, 후지와라 아키라藤原彰, 혼다 가츠이치, 가사하라 주큐지笠原十九司, 요시다 유타카吉田裕, 이노우에 히사시井上久史 등의 학자들은 '난징 사건 조사연구회'를 만들어 정기적으로 토론회를 개최하여 자료를 교환하고 연구 토론하며 책을 출판하고 사료와 진실을 이용하여 허구파의 망언에 반격을 가하였다. 이 시기에 호라 토미오의 〈결정판, 난징대학살(현대사 출판회 1982년)〉, 소장 학자 요시다 유타카의 〈천황 군대와 난징사건(아오키靑木서점 1986년)〉, 난징사건 조사연구회의 〈난징사건 현지조사(히도쯔바시대학 요시다 작업실 내부판 1985년)〉, 호라 토미오의 〈난징대학살의 증명(아사히 신문사 1986년)〉, 호라 토미오와 후지와라 아키라, 혼다 가츠이치가 공동 저술한 〈난징사건에 관한 사고 (오츠키大月서점 1987년)〉, 〈난징대학살 현장에 가다(아사히 신문사 1988년)〉, 후지와라 아키라의 〈신판, 난징대학살(이와나미岩波서점 1988년)〉, 혼다 가츠이치의 〈심판받는 난징대학살(반세에샤晚聲社 1989년)〉, 〈난징으로 가는 길(아사히 문고 1989년)〉 등이 출판되었다. 이 밖에 호라 토미오가 편집한 〈일중전쟁, 난징대학살 자료집(1, 2권)〉이 있다. 이 저작과 자료집들은 풍부하고 사실에 입각한 사료들로서 피비린내 나는 역사 비극을 세상 사람들에게 하나씩 보여주고 있다. 아울러 허구파의 논조에 대해서 반박을 가하면서 긍정파의 진영을 웅장하게 만들었다.

또 지적해두어야 할 내용은 난징 전투에 참가했던 몇몇 장병들도 나와서 난징에서의 일본군이 벌인 만행을 폭로했다는 사실이다. 소네 카즈오曾根一夫의 〈난징학살과 전쟁(타이류우샤泰流社 1988년)〉 히가시시로東史郎의 〈소집병이 체험한 난징대학살(아오키 서점 1987년)〉 등이 그것인데, 그들은 직접 겪은 난징대학살 사건을 사람들 앞에 드러내 보여 주었고, 허구파의 거짓말을 박살 냈다. 이 밖에도 시모사토 마사키下里正樹의 〈가려진 연대사, 하급 사병이 본 난징대학살의 진상〉과 〈속편, 가려진 연대사, 중대 대원들이 본 난징대학살의 진상(아오키 서점 1987, 1988년)〉은 참전 연대 사병의 회고를 통하여 난징대학살 사건을 폭로하였다. 허구파를 더욱더 당혹스럽게 만들고 날카로운 풍자의 의미를 가졌던 것은 1988년에 옛 군인 단체 '가이코우샤偕行社'가 준비한 〈증언 : 난징전쟁사〉였다. 편집자의 애초 의도는 전사들의 증언을 통해 난징대학살의 존재를 부정하려던 것이었는데, 예상치 못하게 모아진 증언 가운데 일본군이 포로와 무고한 민간인을 살해했다는 사실이 폭로되고 말았다. 가이코우샤의 〈난징 전쟁사〉에 기록된 학살된 포로의 숫자는 16,000여 명에 달한다. 편집에 참여했던 카토가와 코우타로加登川幸太郎도 난징대학살의 존재를 인정하지 않을 수 없었다. 그는 일본군이 난징에서 "중국 국민에 대하여 매우 잔인했고, 마땅히 사과해야 한다."고 하였다. 카토가와는 육군대학에서 공부할 때에 난징에서의 여러 가지 일본군 불법행위를 들은 적이 있었던 터라 그는 처음부터 일본군이 깨끗하지 않았고, 일본군의 범죄행위는 변명의 여지가 없다고 생각하였다.

이 밖에 옛 군인들의 몇몇 전투 자료에서도 일본군의 잔학무도한 장면들이 나온다. 이 시기에 연이어서 출판된 〈구마모토熊本 병단兵團전쟁사〉, 〈후쿠치야마福知山 보병 제20연대 제3중대 역사〉, 〈와카마츠若松 연대 회고록〉, 〈보병 제36연대 전우회 기록〉 등의 자료들은 일본군의 난징대학살 범죄행위를 충분히 기록하고 있다.

2. 90년대부터 지금까지, 논쟁의 반복과 첨예화

1990년대에 들어와 두 가지 관점의 논쟁은 일단락되었다. 허구파는 분명한 사실 앞에서 휴전 모드로 들어갔다. 난징대학살은 틀림없이 존재했었고, 일본군은 난징에서 최소한 무고한 양민 20만 명 이상을 학살했다는 이 역사적 진실은 일본 사회에서 보편적으로 인정받았다. 이에 따라 1993년 10월 20일, 도쿄고등법원은 이에나가 산家永三郞 교과서 고소사건을 판결할 때에 문부성이 이에나가의 교과서에서 난징대학살과 여성을 강간한 행위를 다룬 내용을 삭제한 것은 위법이라고 판결하였다. 이 판결은 일본의 사법기관도 일본군이 난징에서 벌인 범죄행위를 정식으로 인정하지 않을 수 없다는 사실을 말해주는 것이다.

바로 이런 원인으로 이 시기부터 일본 교과서에 '개선' 추세가 나타나기 시작했다. 즉 일본의 초, 중, 고 역사(사회) 교과서에 난징대학살 등 일본의 전쟁 범죄 행위가 실사구시적으로 실리기 시작했다.(4에서 자세하게 다룸)

교과서의 '개선' 추세는 일본 정계의 일부 정치가와 역사수정주의 단체 '학자'들의 신경을 자극하였다. 1945년 5월에 법무대신 나가노 시게토永野茂門가 먼저 뛰쳐나왔다. 그는 난징대학살이 '허구'라고 망발하면서 일본 국민을 포함한 정의로운 세력의 규탄을 받았다. 그는 전쟁 이후 난징대학살을 부정하다가 무대 뒤로 사라진 첫 번째 정치인이 되었다. 1995년 6월 9일, 사회당의 주선으로 일본 국회는 매우 애매한 〈전후 50년 국회 결의〉를 통과시켰다가 우익 보수세력의 저지와 공격을 만났다. 이 이전에 자민당 역사연구위원회는 침략 전쟁을 전면적으로 긍정하는 〈대동아전쟁의 총결산〉이라는 책을 편집 출판하였다. 이 책에서는 자민당의 전쟁관과 역사관을 뚜렷하게 드러냈다. 책에는 다나카 마사아키 등의 난징대학살 '허구설'을 수록함으로써 실사구시파에게 공격 신호를 내린 것과 다름없었다. 이런 분위기 속에서 수많은 역사수정주의 단체(자유주의 사관 연구회, 신역사 교과서 편찬회 등)들은 뛰쳐나와 난징대학살 등 일본의 전쟁범죄에 대하여 한꺼번에 부정하는 태도를 보이고 또 한차례의 공격을 시작하였다. 그 기세는 등등했고, 흉측했으며 저술도 전례 없이 쏟아져 나왔다.

그중에는 와다나베 쇼오이치渡部升一의 〈역사의 독법(쇼오덴샤祥傳社 1991년)〉, 아가리모토 마사미甫元正巳의 〈진상 : 난징사건 - 라베 일기 검증(文京출판 1998년)〉, 이타쿠라 요시아키板倉由明의 〈난징사건 정말 이러했나?(일본도서 간행회 1999년)〉, 후지 노부오富士信夫의 〈난징대학살은 이렇게 조작되었다(일본도서 간행회 1995년)〉, 오오이 미츠루大井滿의 〈조작된 난징대학살(텐우타타샤展轉社 1995년)〉, 히가시나카노 슈도우東中野修道의 〈'난징학살'의 철저한 검증(텐우타타샤 1998년)〉, 마츠무라 토시오松村俊夫의 〈난징대학살에 대한 커다란 의문(텐우타타샤 1998년)〉, 스즈치 아키라鈴木明의 〈신'난징대학살'의 허구(아스카飛鳥출판사 1999년)〉, 이시하라 신타로石原愼太郎의 〈망국의 무리에게 묻는다(후미하루文春문고 1999년)〉, 니시오 간지西尾干二, 후지오카 노부카츠藤岡信勝의 〈국민의 마비(PHP 출판 1996년)〉, 후지오카 노부카츠, 히가시나카노 슈도우의 〈'잊혀진 대학살' 연구(텐우타타샤 1999년)〉, 〈난징사건의 전체 모습 - '난징학살' 철저 검증(사단법인 국민회관 1999년)〉, 〈'난징학살' 연구의 최전선(텐우타타샤 2002, 2003판)〉, 다케바야시 타다오竹林忠雄의 〈재심 '난징대학살' - 세계를 향한 고소 사건(아키나리샤明成社 2000년)〉, 키타무라 미노루北村稔의 〈'난징사건' 탐구, 그 진면목을 회복하다(분슈文春신서 2001년)〉, 다나카 마사아키의 〈학살 부정의 논거 - 난징사건의 총괄(텐우타타샤 2001년)〉, 아라 겐이치阿羅健一의 〈'난징사건' 일본인 48명의 증언(쇼오가쿠칸小學館 2001년)〉, 다나카 마사아키의 〈아사히의 내막, 중국의 거짓말〉〈다카키 서방 2003년), 토미자와 시게노부富澤繁信의 〈난징사건의 핵심 - 수치로 사건의 진상을 해명하다(전전사 2003년)〉, 고바야시 요시노리小林善則의 만화 〈전쟁론(겐토샤幻冬社 2003년)〉 등이 있다. 온 세상을 다 뒤덮을 정도로 기세가 등등하다. 이 책들의 근본적인 목적은 먹물로 쓴 거짓말로 피로 쓴 사실을 덮으려는 것이다.

2000년 1월 21일, 도쿄고등법원은 〈히가시시로東史郎일기〉를 이른바 '명예훼손죄'에 해당한다고 판결하였다. 우익 단체는 이 기회를 이용하여 '난징대학살은 결코 존재하지 않았다.'고 주장하기 시작했다.

2000년 1월 23일 일본 사회 각계의 우익 단체는 오사카 국제평화 센터에 모여 이른바 '20세기 최대 거짓말—난징대학살을 철저하게 검증하자'라는 집회를 개최하였다. 전쟁이 끝난 이후 난징대학살의 부정하는 세 번째 난리굿을 피워댔다.

허구파의 공격에 맞서 대학살 긍정파는 합리적이고 강력한 반격을 가하였다. 1990년대부터 지금까지 세상에 발표된 전문 서적과 사료에는 다음과 같은 것들이 있다.

호라 토미오, 후지와라 아키라藤原彰, 혼다 가츠이치가 합작 출판한 〈난징대학살 연구(반세에샤晚聲社 1992년)〉, 츠자사타 니지로泷谷二郎의 〈목격자의 난징사건 - 발견된 매기 목사의 일기(산코오샤三交社 1992년)〉, 가사와라 쥬큐지笠原十九司의 〈아시아의 일본군(오츠키서점 1994년)〉, 〈난징 난민구역의 백일 - 학살을 본 외국인(이와나미岩波 서점 1995년)〉, 〈난징사건(이와나미 서점 1997년)〉, 〈역사사실은 어떻게 인정되고 어떻게 강의 되는가 - 731부대, 난징학살사건, 종군위안부(교육사료 출판회 1997년)〉, 〈난징사건과 3광光 작전(오츠키 서점 1999년)〉, 〈난징사건의 낮과 밤(오츠키 서점 1999년)〉, 〈독일 외교관이 본 난징사건(요시다 유타카吉田裕와 합작, 대월서점 2001년)〉, 리츠타 미치오律田道夫의 〈난징대학살과 일본인의 정신구조(사회평론사 1995년)〉, 오노 겐지小野賢二, 후지와라 아키라, 혼다 가츠이치의 〈난징대학살의 사병들을 기록하다(오츠키 서점 1996년)〉, 후지와라 아키라의 〈난징의 일본군 - 난징대학살의 배경(오츠키 서점 1997년)〉, 유희라노 쿄코由平野卿子가 번역한 라베의 〈난징의 진실(코오단샤講談社 1997년)〉, 요시다 유타카의 〈천황의 군대와 난징사건 - 또 다른 일중 전쟁사(아오키 서점 1998

년〉, 후지와라 아키라 〈난징 사건을 어떻게 볼 것인가 - 일본, 중국, 미국 학자의 검증(아오키 서점 1998년)〉, 난징사건 조사연구회가 편집 출판한 〈난징사건 자료집 1, 미국 측 자료〉와 〈난징사건 자료집 2와 중국 측 자료(아오키 서점 1992년)〉, 1999년에 이 모임에서는 다시 〈난징대학살 부정파의 13가지 거짓말(카시와柏 서방)〉을 편집 출판하였다.

이 밖에 많은 학자가 여러 종류의 잡지에 수많은 문장을 발표하여 난징대학살 사건이 부인할 수 없는 역사적 진실이라는 것을 실증하고 있다.

3. '허구파'와 '긍정파'의 주요 관점

난징에서의 일본군 학살행위를 인정하는 '소수파'는 일본에서는 '중간파'라고도 불린다. 그들의 관점은 이미 앞에서도 언급했으니 더 중복하지는 않는다. 시구는 난징대학살의 존재를 부인하면서, 살해된 사람의 숫자가 '제로'(후지오카 신쇼오藤岡新勝)라고 망언을 늘어놓는 '허구파'는 탁자 위에 놓은 '증거'도 아무런 설득력이 없다고 하였고, 믿을만한 확실한 사료도 없다고 하였다. 요약해 보면 흘러간 옛노래를 다시 부르는 격이다.

(1) 당시 난징 인구수를 문제 삼은 글

난징의 인구문제에 관하여 중국과 외국의 학자들은 연구와 고증을 거쳐 당시 인구가 100만 명 안팎이라는 사실을 밝혀냈다. 하지만 '허구파'는 난징 인구가 20만 명이 안된다고 억지 주장을 폈다 사실상 발뺌하기 힘든 상황이 되자, 만약 30만 명이 학살되었다면 최소한 원자탄 두 방이 필요했을 것이라고 하면서, 당시 일본군의 무기 장비로서는 불가능한 일이었다고 하였다. 설사 한 사람을 죽이는데 총알 한 방을 쓴다고 하더라도 30만 발이 필요했을 것인데, 당시 전략 물자가 부족한 상황에서 일본군이 어떻게 민간인을 학살하기 위해서 귀중한 탄약을 쓸 수 있었겠느냐는 것이다.

(2) 난징 함락 후 "난민들이 성으로 돌아와 인구가 급속히 증가하였다." 거짓말하면서 일본군의
군기가 엄격했고 대학살은 없었다고 설명

다나카 마사아키의 주장이다. "1937년 12월부터 이듬해 1월까지 일본군은 16만
장의 '양민증'을 발급하였다. 거기에는 60세 이상과 10세 이하의 아이는 포함되
지 않았다. 총인구수는 25만 명에서 27만 사이이다. 만약에 일본군의 학살이 있
었다면, 난징시의 인구가 감소했을 터인데, 거꾸로 빠른 속도로 늘어났다.… 만약
곳곳에 시신이 있었고, 피를 강물처럼 흘렸다면 어째서 난민들은 이 공포의 도시
로 속속 돌아왔겠는가?"

(3) "시신이 산처럼 쌓여 있는 것을 어떤 사람도 본 바가 없다."

여기에서 말하는 '어떠한 사람'은 참전한 일본 장병, 종군 기자, 사진사, 평론
가 등을 지칭하고 있다. 그들 가운데 한 사람도 학살 장면을 본 사람이 없다고
주장하는 것이다. 아라 켄이치阿羅健一는 〈난징사건 - 일본인 48명의 증언〉을 출판
하여 주장하기를, 그가 취재한 48명의 일본인 중에서 난징대학살을 목격한 사람
은 단 한 사람도 없었다고 했는데, 이는 그의 취재 대상이 선택적이었고, 전쟁 패
배를 늘 가슴 속에 두고 있고, '대동아 성전'을 쉬지 않고 뇌까리는 완고파였다
는 사실을 말해주는 것이다. 사실상 난징대학살이 있었다는 것을 확실히 증언해
주는 참전 장병들은 적지 않으며, 그들은 아라 켄이치의 취재 대상이 아니었다.

(4) 도쿄재판은 "소문에 기댄 자료로 판결을 하였고, 어떠한 직접 증거도 없었다."

도쿄재판은 일본군의 난징에서의 만행을 폭로하였고, 이것이 '허구파'로서는
가장 참을 수 없는 일이었기 때문에 도쿄재판을 공격하는 것은 그들의 중요한 수
단 가운데 하나였다. 후지 노부오富士信夫는 자신의 책 〈내가 본 도쿄재판〉에서,
도쿄재판이 채택한 증언은 모두 '소문'이며 완전히 믿을 수 없는 것으로서 법정

은 변호인 측이 제출한 증거를 무시하였다고 주장하였다.

(5) '100인 참수'는 날조된 뉴스

'허구파'는 '100인 참수'가 사기를 고취하기 위해서 만들어진 것으로서, 일본 군도는 '공예품'이지 '실용품'이 아니어서 '100인을 참수하는 것은 불가능한 일'이라고 주장하였다. 또 '100인 참수'에 참가했던 두 사람 중의 한 사람은 포병이고, 다른 한 사람은 부관인데, 그런 작전에 참가가 불가능하다고 하였다. 전쟁이 끝난 뒤에 처형된 무카이 도시아키向井敏明의 딸 무카이 치에코向井千惠子는 특수한 신분을 이용하여 계속 글을 썼고, 소송수단으로 이용하여 자신의 부친에 대한 판결을 뒤집으려 하였다.

(6) 숭선당崇善堂 등 자선단체의 매장 시신의 숫자는 '믿을 수 없다'

아라켄이치는 그가 최근 '새로운' 사료를 발견했는데, 그것은 〈민국 24년도 난징 시정부 행정보고 통계〉로서 그 안에 당의 업무, 즉 희사, 구제, 영아 보육 등의 항목이 기재되어 있다고 했다. 아라켄이치는 자신이 '신대륙'을 발견했노라고 하면서, 이 보고서는 숭선당이 '장례와 매장 업무에 종사하지 않았다'는 것을 증명해 주는 것이라고 주장하였다. 다른 한 부의 〈중화민국 27년도 난징시 개황〉에 있는 숭선당의 업무가 시신 처리와 무관하다는 주장을 폈다. 아라켄이치는 이들 '새로운 자료'들에 근거하여 황당한 결론을 내렸다. 즉, 숭선당은 시신 매장업무와 관련된 일을 하지 않았기 때문에 숭선당의 매장 시신 숫자는 당연히 믿을 수 없다는 것이다.

(7) 일본군의 '편의대' 살해는 전투행위에 속한다.

'허구파'의 편의병에 대한 정의는, 평범한 민간인 차림으로 저항을 포기하지 않고 심지어 난동을 부리는 중국 군인으로, '편의병'을 학살하는 것은 국제법 위반이 아니고 정당방위에 해당한다는 것이다.

(8) 중국 패잔병들이 중국 민간인을 살해하고 약탈하였다.

고바야시 젠小林善은 만화 〈전쟁론〉에서 한 무리의 국민당 장병이 일본군으로 분장하고 대량 약탈, 강간, 방화를 저지르는 장면을 묘사하였다. 그리고는 "중국 군대가 책임을 일본군에게 전가하였다."고 주장하였다.

(9) 난징대학살 모독 사진은 대부분 '위조'

그 '대표작'은 히가시나카노 슈우도오東中野修道 등이 펴낸 〈난징 사건의 증거 사진 검증(소오시샤草思社 2005년)〉이다. 그는 또 난징사건 연구회 사진분과 모임을 만들었다. 인원을 조직하여 대학살 사건을 증명하는 역사 사진 143장(일설에는 139 장이라고도 한다)을 대상으로 '고증'을 실시하여 다음과 같은 최종 결론을 도출하였다. 지금 공개된 난징대학살의 사진은 대부분 '위조'이거나 '합성'한 것으로서, 난징대학살을 증명할 수 있는 사진은 한 장도 없다. 그렇다면, 이 사진들을 부인하는 '근거'는 또 뭐란 말인가? 정확히 말하자면 추측이요 주관적 독단일 뿐이다. 예를 들어, 머리를 잘리고, 입에 담배를 물고 있는 사진 (당시 서방 매체가 이 사진을 실었다)이 있는데, '허구파'는 이 사진이 '합성'이라고 주장하면서 진실한 사진이 아니라고 우긴다. 그 이유는 "일본은 에도江戶시대부터 참수제도를 없앴다. 쇼와昭和 초기에는 더욱이 이런 야만적인 행위를 금지하였다."는 것이다. 또 일본군 사병이 한 손에 칼을 들고 또 한 손에 중국인의 머리를 들고 있는 사진이 있는데, '허구파'는 주장하기를, 사진에 있는 일본군 사병은 해군 복장을 하고 있는데, 해군은 난징 전투에 참여하지 않았기 때문에 이 사진은 '가짜'라는 것이다. 일본 사병 한 명이 서양검을 높이 들고 땅에 꿇어앉아 있는 중국인의 머리를 막 베려는 사진(이 사진은 1938년 국민정부 군사위원회가 펴낸 〈일본 오랑캐 만행 기록〉에 실림)이 있다. 이 사진에 대해 '허구파'는 주장하기를, 이 사병은 내의를 입고 있는데, 난징을 점령한 것은 12월인데 난징의 기후가 이렇게 얇게 입을 수 없는 정도이니 이 사진은 가짜라는 것이다. 일본군 한 명이 칼을 들어 눈이 가려진 소년을 막 베려는 사진에 대해, 허구파는 칼을 쥔 자세가 옳지 않고, 일본 검도의 자세가 아니기 때문에 칼을 들고 있는 것은 중국 군인이라고 모함하였다. 이런 사례는 수를 셀 수 없을 정도로 많다. 그들은 이러한 '증거'나 궤변으로 사진의 진실성을 부정하였다.

'허구파'는 대학살 사진의 진실성을 부정하는 한편, 다른 한편으로는 일본 종군 기자들이 찍은 사진들, 즉 일본군 사병이 중국인에게 이발을 해주고, 일본군이 밭에서 일하는 농민들을 보호해 주는 모습, 일본 군의관이 중국인을 진찰하는 모습을 담은 사진 등을 내세워 이 사진들이야말로 '1차 자료'라고 하면서, 이를 빌어 난징 질서가 안정되어 있었고, 일본군 군기가 엄했다는 것을 말하고자 하였다. 하지만 밝은 눈을 가진 사람이라면 그 가운데 있는 허구적인 면을 금방 찰해 낼 수 있다.

(10) 피해자와 증인에 대한 공격과 모독

히가시시로東史郎 사건이 배후에서 허구파가 못된 장난을 하고 있다는 것은 모두가 아는 사실이다. 히가시시로 사건에서 승소한 후 허구파는 기뻐 소리 지르며 날뛰었다. 이 사건의 승소는 난징대학살 사건이 허구였음을 증명하는 것이라고 주장하였다. 또 마츠무라 토시오松村俊夫를 대표로 하는 '허구파'는 난징대학살의 사실 존재를 전반적으로 부정하기 위하여 리시우잉李秀英, 시아슈친夏淑琴이 가짜 증인이라고 제멋대로 무고하였다. 가짜 증인으로 인해 난징대학살이 진짜로 존재했었는가의 여부를 가리는 소송이 벌어졌고, 최종적으로 마츠무라 등은 참패함으로 이 소송은 끝이 났다.

앞에서 언급한 관점 외에도 '허구파'는 난징을 점령한 일본군의 군기가 잘 잡혀 있었다고 허풍을 떨었다. 매기 목사의 증언과 기록영화는 가짜이고, 아사히 신문사는 중국 공산당 쪽으로 치우쳐 있어서 난징대학살 사건을 위조하는 데에 책임이 있다고 하였다. 또 장춘루張純如의 저작은 반일선전을 하는 가짜책(후지오카의 말)이라고 주장하였다.

호라토미오洞富雄, 후지와라 아키라藤原彰, 히메다 고이치姬田光一, 카사와라 쥬큐시笠原十九司, 요시다 유타카吉田裕, 에구치 게이이치江口圭一 등을 대표로 하는 난징대학살 '긍정파' 학자들은 우익 사회의 압력을 받으며 여러 해에 걸친 자료 수집, 고찰, 연구를 거쳐 도쿄 국제법원의 난징대학살 사건에 대한 재판을 긍정하였다. 또 일본군이 분명히 난징에서 천인공노할 반인륜범죄를 저질렀으며, 일본 정부는 사망자와 그 가족들에게 배상하고 사죄해야 한다고 판단하였다. 하지만 피해자 숫자에 관해서는 사료와 시공간적인 제한 및 통계 숫자의 어려움으로 인해 일치된 견해를 보이지 못했다. 난징대학살 사건 연구의 개척자인 호라토미오 선생은 〈결정판 - 난징대학살〉에서 난징성 안에서 일본군이 학살한 중국 군민은 20만 이상이라고 하였다. 후지와라 아키라는 이 관점을 지지하였다. 아울러 "불법적으로 살해된 희생자는 전사자를 훨씬 넘어선다."고 밝혔다. 카사와라 쥬큐지는 치밀한 학자로서 여러 해 동안 난징대학살 사건 연구에 매진한 인물이다. 그는 지금 가지고 있는 사료에 근거하여 피해자 수가 십 수만에서 20만 내외일 것이라고 하였다. 하지만 그는 사료의 공개와 발굴에 따라서 살해된 사람 수는 늘어날 가능성이 있다고 하였다. 요시다 유는 연구를 통해, 최소한 십수 만 이상이라고 하면서, 특히 난징 근교 농촌에서 살해된 사람 수는 통계로 잡기 힘들다는 의견을 냈다. 히메다 고이치, 에구치 게이이치, 이노우에 히사시井上久士 등의 학자들이 낸 결론은 최소 십수만명 이상이었다. 평론가 다카사키 루우지高崎隆治는 난징성에서 피살된 사람 수는 20만 명 안팎이라고 하였다.

이상의 논의를 통해 알 수 있는 것은 '긍정파' 학자들의 대부분이 난징대학살 사건 피해자의 숫자를 20만 명 안팎으로 본다는 것이다. 피해자 수에서 그들이 의견통일을 보이진 못하는 이유는 시간이 오래 흘러 숫자 계산에 상당히 어려움이 있다는 것인데, 도쿄재판의 결론을 고려하여 충분한 증거가 없는 상황에서 숫자를 줄이는 한이 있더라도 함부로 추측할 수는 없는 노릇이기 때문이다. 이는 또 다른 측면에서 그들의 학문을 대하는 자세가 치밀하다는 것을 반영하는 것으로서, 중국학자들이 그들의 입장과 학문을 대하는 태도를 이해해야 할 부분이라고 생각한다.

4. '허구파'의 최근 동향

21세기에 들어와서 '허구파'는 죽어라고 인정하지 않으면서 입에서 나오는 대로 지껄여대는 과거의 방법을 바꾸어, 국제법을 중심으로 하여 글을 쓰고 있다. 그들의 쓰는 방법은 대체로 다음 몇 가지가 있다.

(1) 국제법을 왜곡하여 해석하고, 나아가 난징대학살 사건의 존재를 부정한다

난징대학살의 증거가 계속해서 발굴됨에 따라 '허구파'도 난징에서 일본군이 벌인 일들을 부정하기 어렵게 되었다고 느끼게 되었다. 이에 국제법상에서 글을 써내고 있는데, 그 대표작은 코무로 나오키小室直樹와 와타나베 쇼오이치渡部升一가 함께 쓴 〈봉인된 쇼와昭和 역사〉이다. 이 책에서 두 사람은 국제법 규정에 따라 투항하여 포로가 되는 것은 양쪽의 계약관계이어야 하고, 상대방 지휘관은 반드시 정식으로 투항을 신청해야 하며, 다른 쪽에서는 투항을 받아들여 줄 것인가 여부를 결정할 권한이 있다고 판단하였다. 하지만 난징 전투에서는 상대방 사령관 탕성즈가 도주하였고, 정식으로 투항을 신청할 책임자가 없어져 버린 상태였다. 이렇게 하여 이미 투항한 중국 병사를 죽이는 것은 관계없는 일이라고 주장하였다. 코무로 등 두 사람은 또 일본군의 〈전투배치 훈령〉을 꺼내 들어, 일본군은 투항의 규정이 없고, 지휘관도 투항 명령을 내릴 권한이 없다고 주장하였다. 따라서 "남방의 전장에서 많은 일본군이 전사하였고, 투항하고 싶은 일본 병사는 죽임을 당할 상황이었다."고 주장하였다. 그들의 '해석'에 따르면 난징에서 포로로 잡힌 중국 병사는 '포로'라고 부를 수 없다는 것이다. 왜냐하면 중국 군대의 지휘관이 일본 측에게 정식으로 투항을 신청하지 않았기 때문이었다. 게다가 일본군은 투항의 규정이 없기 때문에 상대방 사병이 무기를 버리고 포로가 되는 것을 받아들이지 않는다. 이런 사람들을 죽이는 것에 대해 국제법을 위반했다는 근거는 찾을 수 없고, 또 일본군의 〈진투배치 훈련〉 규정에도 부합한다는 것이다.

또 사토 가즈오佐藤和男라는 법학 연구자는 이런 주장을 폈다. "병사와 민간인을 엄격하게 분리하여 변장한 병사를 사형에 처하는 것은 부득이한 일이다. 왜냐하면 군사법원에서 재판할 수 없기 때문이다. 당시에 수많은 편의병을 재판할 수는 없는 노릇이었다. 또 도시의 평범한 민간인들 앞에서 편의병을 죽이는 것을 피하고자 그들을 다른 곳으로 가서 집행할 수도 있는 것이다. 숨어 있는 패잔병들을 찾아내서 죽이는 것은 법을 위반한 학살이라고 볼 수는 없다."

코무로와 사토 등의 황당한 주장에 대해서 '긍정파' 학자들은 정곡을 찌르는 반격을 가했다. 당시 국제법의 관례 규정에 따르면, 교전을 벌이는 시기의 죄인을 사형에 처하는 데 있어서 심문을 거치지 않고 사형에 처하는 것은 국제법에서 금지하는 행위이다. 군장과 휘장을 착용하지 않고, 또 무기를 휴대하지 않으면, 설사 일본군에 저항한다고 하더라도 (만약 편의대일 경우) 그에 대한 처형은 반드시 군사법원의 절차를 따라야 하고, 반드시 군사법원의 판결에 따라 진행해야 한다. 전장에서 마음대로 살육하는 것은 생명을 경시하는 것이고, 무고한 민간인들을 억울하게 만들기 십상이다.

(2) 난징에서 중국 군대는 '교전 자격'을 갖추지 않았고, 국제법 적용을 받지 않는다고 밝힘

히가시나카노 슈도우는 책 〈'난징대학살'을 철저히 검증하다〉에서 헤이그 회의가 통과시킨 〈육전 법규 관례의 규칙에 관하여〉를 단편적으로 인용하면서 주장하였다. 교전 군대는 반드시 네 가지 자격을 갖추어야 하는데, 첫째, 부하를 책임지는 지휘관이 있어야 할 것. 둘째, 먼 곳에서 보이도록 특수한 휘장(복식)을 달아 평범한 민간인과 구별됨을 보여줄 것. 셋째, 공개적으로 무기를 휴대하고 숨기지 말 것. 넷째, 전투 중에는 반드시 전쟁 법규의 관례에 따를 것. 히가시나카노는 이 네 가지 조건을 갖춘 군대라야만 비로소 교전 자격을 갖춘 것이고, 포로가 되었을 때 포로로 인정받아 인도적인 대우를 받을 수 있다고 생각하였다. 이어서 히가시나카노는 말머리를 돌려, 전투 중인 중국 측 지휘관 탕셩즈가 도주하여 첫 번째 자격을 상실하였다고 주장하였다. 그리고 중국군대는 군장을 벗고 무기를 버리고 난민 구역으로 도망쳤으니 두 번째와 세 번째 자격을 잃었다고 하였

다. 따라서 교전 법규를 위반한 것이고, 중국 군대는 국제법에서 배제되는 것이라고 주장하였다. 이런 황당무계한 설명을 통해서 히가시나카노가 내린 결론은, 중국군대는 이미 교전의 자격을 상실하였고, 이로 인해 국제법으로 난징 전투를 평가하고 재단할 수 없으며, 일본군이 무기를 버린 편의대를 학살한 것은 국제법 위반이 아니라는 것이다.

여기에서 지적해야 할 것은, 히가시나카노가 채택한 것이 사기 수법으로서, 당시의 육전 법규를 편파적으로 인용하고 왜곡했다는 사실이다. 사실상, 당시의 국제법규는 유격대, 민병, 의용군의 민간 무장도 국제법으로 똑같이 적용하고 있었다. 그 우두머리가 설사 정부의 임명을 받지 않았다 하더라도 효과를 발휘하며, 교전 과정에서 만약 포로가 되어도 반드시 국제법 원칙을 이행해야 하고, 설사 무기를 은닉하거나 몰래 저항하는 사람이 있더라도 반드시 군사법원의 재판을 거쳐야 하며 법률 절차를 뛰어넘어서는 안 된다는 것이었다. 더욱이 중국군대의 지휘관이 전장을 이탈한 것을 구실 삼아 무고한 사람을 함부로 죽일 수는 없는 것이다. 태평양전쟁 말기에 오키나와 제32군 사령관 칸우시지마 미츠루官牛島滿와 그 참모장이 자살한 사실을 사람들은 여전히 기억하고 있다. 히가시나카노의 이론에 따르면, 중국인이 무기를 버린 일본군을 집단 학살했어도 호들갑 떨면서 놀랄 일은 아닐 것이다.

(3) 무기를 버린 병사를 '유격대'라 부르고, 대학살을 합리화하다

두 가지 논조는 모두 국제법을 왜곡하거나 평면적으로 사용하는 패턴이고, 또 다른 논조는 국제법의 존재를 적나라하게 부정하고 무시하며 심지어는 입에서 나오는 대로, 무기를 내려놓은 병사를 '유격 부대'라고 부르는 것이다. 우리는 고바야시 요시노리小林善紀의 만화 〈전쟁론〉에서 그것의 원형을 찾아볼 수 있다. 고바야시는 〈전쟁론〉에서 공공연히 말하고 있다. '편의대는 유격대'이며, '군복을 입지 않은 민간인과 구별이 되지 않는 병사'이다. 국제법에서는 '유격대를 죽일 수 있다'고 규정하고 있다. 왜냐하면 '유격대는 비열한 수단을 취하기 때문'이다. 여

기에서 고바야시는 일부러 개념을 뒤섞고 있다. 무기를 버린 중국 병사를 유격대라고 부르고, 그렇기 때문에 마음대로 죽일 수 있다는 것이다. 이는 '허구파'의 '편의대설'보다 한 걸음 더 나아간 것이다. 원래 '편의대설'은 대학살을 부정하는 '허구파'의 핑계거리이다. 사실상 난징이 점령당한 후에 무슨 '편의대'라고 하는 것은 존재하지 않았다. 이는 수많은 전쟁 경험자의 증언을 통해서도 그 근거를 찾을 수 있다. 〈증언: 난징전쟁사〉에 기록된 일본군 제9사단 제7연대 부관의 회고에 따르면, 이른바 '편의대'는 전투의지를 잃고 무기를 버리고 군복을 벗고 난민 구역으로 도망친 중국 병사로서, 그들은 거의 저항하지 않았다고 한다. 하지만 일본군은 그들을 난민 구역에서 색출해냈다. 감별 기준은 추측뿐이었다. 예를 들어 머리에 모자를 쓴 흔적이라든가, 눈빛이 기괴하다든가, 남방 발음을 한다든가 하는 것들이다. 나중에는 젊은이들 대부분을 잡아갔다. 고바야시는 '편의대'를 '유격대'라고 승격시키면서, 유격대를 학살하는 것은 국제법 위반이 아니라고 떠들어댔다. 사실 당시의 국제법도 유격대(의용군 부류를 포함한 민중 무장)의 교전 자격을 인정하고 있었고, 형에 처해지는 자에 대해서는 군사법원을 거치도록 규정하였으며, 마음대로 유격대를 학살하는 조항은 아예 존재하지 않았다.

(4) 패잔병 학살 정당설

난징이 함락된 후에 많은 난민과 패잔병들이 도망치던 와중에 일본군의 포격과 기관총 난사로 목숨을 잃은 사람이 부지기수였다. 이런 전형적으로 비인도적인 행위는 당시에 국제 여론의 질타를 받았다. 하지만 '자유주의 사관 연구회'의 리더인 후지오카 노부가츠藤岡信勝는 이렇게 주장했다. "도망치는 적들은 반드시 죽여야 한다. 만약 그들을 죽이지 않으면 그들은 되돌아와서 반격할 것이기 때문이다." 따라서 그는 난징대학살 사건 중에 무고하게 살해된 중국인 숫자는 '제로'라고 생각하였다. 후지오카와 마찬가지로 아가미나카노 슈우도東中野修道 역시 이런 관점을 가지고 있었다. 그가 내린 결론은 난징대학살 사건에서 학살된 사람은 41명뿐이라는 것이다.

이상 '허구파'의 새로운 동향에서 알 수 있는 것은, 그 가운데 한 가지 공통점이 있다는 것이다. 그것은 바로 난징대학살 관련하여 실제로 존재하는 수많은 사료를 면전에서 대하면서, 잘 아는 상태에서 극구 부인하기는 힘들기 때문에 '편의대'니 '포로'니 '패잔병'을 죽인 것이 국제법에 맞는지의 여부를 둘러싸고 글을 써서 최대한 국제법을 편파적으로 해석하고 왜곡하는 수단을 통해 대학살 '합리설' 내지는 '합법설', '정당설'을 만들어내고 있다는 것이다. 그것들 속에서도 허구파의 공백과 빈약함을 꿰뚫어 볼 수 있다.

(5) 아가미나카노 슈우도의 '신작' 〈국민당 기밀문서 해독으로부터 본 난징사건〉

2006년 4월, 아가미나카노는 또 〈국민당 기밀문서 해독으로부터 본 난징사건(쇼시샤草思社 출판)〉을 출간하였다. 제목을 보면, 그가 무슨 중대한 발견이라도 한 것 같다. 사실 아가미나카노가 인용한 것은 2003년 타이베이의 '국민당 역사관'에서 발견한 〈중앙선전부 국제 선전처 사업 개요〉이다. 그의 주장은 다음과 같다. 이 개요 안에는 '난징에서의 일본의 학살 또는 살인의 만행'은 기록되어 있지 않고, 다만 미국의 〈뉴욕 타임스〉와 영국 기자 팀펄리Harold John Timperley가 쓴 〈전쟁이란 무엇인가〉를 빌어다 쓴 '대적 선전자료'로서 수도가 함락된 뒤에 적군(일본군)의 만행 폭로를 선전 사업의 중심으로 놓은 것이다. 그의 판단으로는 이것이 세계를 향해 일본군의 잔학성을 알린 것이고, 나아가 일본을 깎아내린 것이었다. 그래서 그는 결론적으로 이렇게 말하였다. "이것은 국민당 중앙도 학살(행위)가 없었다고 생각했다는 것을 설명해준다." 아가미나카노의 억지 주장이 우스울 정도라는 것은 쉽게 알 수 있다. 그가 인용한 이 개요는 난징에서의 일본군 대학살 행위를 미국과 영국 기자가 보도한 내용을 명확하게 기술했을 뿐만 아니라 선전 사업의 중심이 일본군의 만행을 폭로하려는 것인데, 국민당 중앙이 난징대학살을 인정하지 않았다는 결론을 어떻게 낼 수 있다는 말인가?

(6) 허구파 내부의 이견

　'자유주의 사관 연구회'의 리더 후지오카 노부가츠는 죽을힘을 다해서 난징 사건에서 학살된 사람 수는 제로라는 억지 주장을 펴면서 '태평양전쟁 긍정파'인 나카무라 아키라中村粲와 논쟁을 벌였다. 나카무라는 난징을 점령한 일본 병사들 중에 밝은 면도 있었고 어두운 면도 있었다고 하면서, 밝은 면은 매우 빠르게 사회 치안을 회복하였다는 것이고, 어두운 면은 포로를 학살한 행위가 있었다는 것을 부인할 수 없다고 하였다. 또한 일부 민간인들까지 해를 입었다고 하였다. 후지오카는 이를 문제 삼아 나카무라 아키라를 비판하였고, 나카무라 아키라는 글을 써서 반격하면서, 후지오카에게 상식으로 돌아갈 것을 권고하였다. 해군 출신의 군사 평론가인 오쿠부 마사다케奧宮正武는 난징이 함락된 뒤에 난징으로 들어갔다. 그는 〈내가 본 난징사건〉을 써서, 자신이 본 학살된 사람이 최소한 5만여 명이라고 인정하였다. 그는 후지오카 노부가츠의 이름을 거론하며 비판하였다. "일본에 후지오카 같은 사람이 있으면 일본과 중국 관계는 좋아질 수가 없다." 이 밖에도 소수파인 하타이쿠 히코秦郁彦는 나카무라, 와타나베 쇼우이치, 이타쿠라 요시아키板倉由明 등과, 다나카 마사아키는 나카무라 등과 늘 공개적으로 다툼이 있었다. 이타쿠라 요시아키는 잡지에 자신의 이름을 건 글에서 하타이쿠 히코를 비판하고 진에게 충고하였다. "소네 카즈오曾根一夫를 지지하고 변호하느라고 하타이쿠 히코의 학자적 생애에는 오점이 남았다."

5. 난징대학살사건에 관한 일본 역사교과서의 기록과 그 변천

(1) 1955년 이전의 역사교과서

　일본이 전쟁에서 패하고 항복을 한 이후에 미국은 일본에 대해 자 7년에 걸쳐 점령하였다. 그 기간 미국은 일련의 민주개혁을 펼치는 동시에 〈교육기본법〉을 제정하고 시행하였다. 교과서 집필도 미국인의 '태평양전쟁사관'에 입각하여 일본이 대외적으로 일으킨 전쟁이 침략전쟁이라는 사실을 분명하게 담아냈다. 1946년 문부성이 펴낸 중학교용 〈일본 역사〉(하권)에서는 난징대학살에 대해 이렇게 기술하고 있다. "(1937년) 12월에 아군이 난징을 점령하였을 때, 그곳에서 잔악한 살상행위를 벌였다." 1947년에 발행된 〈일본 역사〉에는 다음과 같이 기술되어 있다. "일본군의 난징에서의 잔학한 행위를 계기로 하여 중국의 항전은 갈수록 격화되었다." 1952년 고등학교 교과서에서는 이렇게 기술하고 있다. "난징 만행 등의 사건, 일본 군대의 약탈, 잔악한 행위는 세계에 악명을 남겼다." 이 시기의 교과서는 난징대학살 사건을 비교적 객관적으로 서술하고 있다고 할 수 있다.

(2) 1955년부터 1980년대 후반까지의 역사교과서

1955년에 일본의 보수체제가 확립되고 집권당이 교과서를 공격하는 역류를 처음으로 일으켰다. 전쟁 이후의 교과서가 '적색 교과서'라고 비판하면서 반드시 바로잡아야 한다고 주장하였다. 이를 위해 교과서 심사 검정제도 시행을 지적하여 '침략'이라는 말이 씌어 있는 교과서는 일괄적으로 통과시켜 주지 않고, 각 편찬기관에 태평양전쟁에 대해서 일본을 나쁘게 말해서는 안 되고, 설사 사실이라고 해도 모호한 표현방식을 사용해야 한다고 분명하게 지시하였다. 이렇게 해서 1980년대 중반이 되면, 난징대학살 사건은 중학교와 초등학교 교과서에서 점차 모습을 드러내지 않게 되었다. 단지 몇몇 출판사에서 나온 교과서에서만 건성으로 난징사건을 다루었다. 1986년 일본 서적 출판사에서 발행된 초등학교 사회 교과서에는 다음과 같이 서술되어 있다. "일본군이 난징을 점령하고… 많은 민중들과 포로들이 생명을 빼앗겼다." 오사카서적 출판사가 펴낸 1984년판 중학교 역사교과서에는 "일본군이 난징을 점령했을 때 무기를 버린 중국 병사를 포함해서 많은 민중이 살해되었는데, 그것을 난징대학살 사건이라 부른다."고 기술되어 있다.

(3) 80년대 중후반부터 90년대 중반까지의 역사교과서

1982년 나카소네 야스히로中曾根康弘가 정치, 군사 대국의 신보수주의 노선으로 치달아 가는 배경하에서 문부성 심의 검정 기관은 각 출판기관에 교과서에 있는 '침략'이라는 단어를 모두 '진출'로 바꾸라고 지시하였다. 그렇지 않으면 통과시키지 않을 것이라는 말도 덧붙였다. 이로써 전쟁 이후 교과서를 공격하는 두 번째 역류를 일으켰다. 계속해서 우익단체 '일본 보위 국민회의'는 문부성으로부터 합격 통과된 〈신편 일본사(고등학교 교과서)〉를 출판하였다. 이 교과서는 일본의 침략전쟁과 전쟁 범죄를 전면 부정하면서, '태평양전쟁'을 찬양하고, 천황의 파시즘과 군국주의 체제를 힘껏 미화함으로써, 사람들로부터 '옛 국정 교과서의 부활'이라고 공격당했다.

이와 동시에 이에나가 산家永三郎의 교과서 소송 사건이 국내외에서 커다란 파문을 일으켰다. 수많은 양식 있는 인사들과 시민들이 가영을 지지하는 입장에 서서 교과서 개악을 반대하는 운동을 크게 일으켰다. 바로 이 시기에 유명한 기자 혼다 가츠이치의 〈중국여행〉과 모리무라 세이치森村誠一의 〈악마의 포식飽食〉이 연이어 출판되었다. 이 책들은 일본군이 중국에서 일으켰던 난징대학살, 헤에초오산平頂山 사태, 신체 세균 실험실 운영, 생체해부 등의 범죄행위를 폭로하였다. 전쟁 이후 줄곧 숨겨져 왔던 전쟁 범죄가 단숨에 백일하에 드러났고, 사회 각계 대중의 충격과 반성이 이어졌다. 전쟁 가해국이자 가해자의 입장에서 일본의 전쟁 책임을 추궁하는 시민운동이 맹렬하게 일어났고, 교과서의 개선 추세는 객관적으로 추진되었다. 대부분의 역사 교과서는 난징대학살 사건을 기록하고 있을 뿐만 아니라 일본군이 잔혹하게 살해한 중국인의 숫자도 기록하고 있다는 것으로 구체적으로 표현된다.

예를 들어 도쿄서적 출판사의 1997년판 중학교 교과서에는 이렇게 기술되어 있다. "일본이 난징을 점령한 후에 여성을 포함한 중국인 20만 명을 살해하였다(난징대학살)".

오사카서적 출판사의 1997년판 중학교 교과서에는 "일본군이 난징을 점령한 후 20만 민중을 학살하였고, 외국의 비판을 받았지만, 국민들은 이 사실을 모르고 있었다. 중국 측에서는 학살된 사람 수가 30만이라고 생각하고 있다. 이 밖에도 1940년부터 화베이의 항일근거지에 대해서 깡그리 죽이고, 깡그리 불태우고 깡그리 약탈하는 3광光정책을 실시하였다."라고 기술하였다.

교오이쿠敎育출판사의 1997년 중학교 교과서에는 이렇게 기술하고 있다. "일본 군이 난징을 점령했을 때에 아이와 여성을 포함한 거주민을 많이 살해하였고, 약탈과 폭행을 하였다.(난징학살 사건)" 아울러 다음과 같이 주석을 달았다. "이 사건의 희생자는 20만 명에 달한다. 중국 측에서는 전사자를 포함해서 30만 명에 달한다고 생각한다." 이 시기 대부분의 출판 기관들의 교과서는 모두 비교적 진실하게 난징대학살 사건을 싣고 있다고 말할 수 있다. 전쟁 이후 일본의 역사교육은 오랜 기간의 '겨울'을 보낸 후에 가까스로 눈과 얼음이 녹는 봄날을 맞이한 것이다. 일본 역사 교과서에 '개선'이라는 기쁜 싹이 나타난 것이다.

⑷ 90년대 중반부터 지금까지의 역사 교과서

1993년에 자민당은 총선에서 패배하고 야당 자격으로 '대동아 성전聖戰'의 찬가를 크게 불렀다. 그 해에 자민당 요인들은 '역사 연구토론 위원회'를 만들었고, 곧이어 침략전쟁을 전면적으로 긍정하는 〈대동아전쟁의 총결〉을 세상에 내놓았다. 정계의 요인들의 솔선수범하는 인도에 따라 '자유주의 사관 연구회', '신역사 교과서 편찬회', '역사수정협의회' 등 지식계의 역사수정주의 단체가 수면위로 떠올랐다. 그들은 난징대학살 등 전쟁범죄를 부정하는 것을 돌파구로 하여 역사교과서가 자기학대를 하고 있다고 공격하였다. 아울러 2001년에 역사를 왜곡하고 뜯어고친 〈신역사교과서〉를 출판하여, 세 번째로 교과서를 공격하는 역류를 일으켰는데, 그 기세가 맹렬하기 이를 데 없었다. 후소샤扶桑社 외에도 다른 일곱 곳의 출판사의 중학교 역사 교과서의 출판 기관들은 모두 난징대학살 사건에 대해서 모호하게 처리하였다.

예를 들어, 도쿄서적 출판사는 1997년판의 논조를 바꾸어 "여성을 포함한 20만 중국인을 살해하였다."는 문구를 삭제하고, "일본군이 난징을 점령하고 여성과 아이를 포함한 많은 중국인을 학살하였는데, 이것이 바로 난징사건이다."로 바꾸었다.

　오사카출판사도 일본군이 살해한 중국인 숫자를 삭제하고 '난징을 점령했을 때 여성과 아이를 포함한 많은 사람을 살해하였고, 각국의 비판을 받았다는 표현으로 고쳤다.

　제국출판사는 "일본군이 상하이와 당시의 수도인 난징을 점령하고, 난징에서 여성과 아이를 포함하여 많은 중국인을 살해하였다."고 고쳤다.

　일본 문교교과서는 "일본군이 난징을 점령했을 때 많은 중국 민중을 살해하였다. 이것이 바로 난징대학살 사건이다."라고 기술하였다.

　교육출판사는 "일본군이 난징을 점령했을 때 포로, 어린이, 여성 살해를 포함한 만행을 저질렀다."라고 기술하였다.

　요컨대, 이전에 비교적 객관적으로 난징사건을 평가하던 출판사들이 모두 정도의 차이가 있지만 그 내용을 줄이거나 그 표현을 모호하게 하거나 대학살의 인원수 언급을 회피하는 방법을 쓰고 있다. 이는 전체적으로 교과서의 '개악' 추세를 반영한 것이다.

　학계의 우익이 펴낸 2005년판 〈신역사교과서〉는 더욱 공공연히 대학살의 존재를 부정하고 아예 2001년판의 본문에서 언급한 '난징사건'을 삭제해 버렸다. 단지 '각주'의 형식으로 다음과 같이 언급하였다. "당시 일본군은 중국 군민의 사상자가 다수 발생하였고,(난징사건) 이 사건 사상자의 실제 숫자에 관해서는 자료에 의문점이 있고, 여러 가지 견해가 있어 지금까지 논쟁 중이다."

　마지막으로, 이 글을 마무리하면서 이 점을 강조하고 싶다. 즉, 난징대학살 '허구파'들이 온갖 방법을 동원하여 대학살 사건의 존재를 부정하는 근본목적이 일본의 정치 우경화 추세에 영합하기 위한 것이고, 일본의 침략전쟁에 명분을 주기 위한 것이며, 나아가 신국가주의와 초민족주의를 고무하면서 '학술연구'라는 탈을 뒤집어쓰고 역사를 왜곡하고 바꾸는 수단으로 삼아 그들의 목적을 달성하려고 하므로 그들의 '연구'나 '학술 활동' 같은 것들은 정당한 학술연구와 함께 섞어서 논할 수 없다는 것이다.

가

가사하라 주큐시笠原十九司 54, 358

가와베 고시로河邊虎四郎 182, 192

경만보京晚報 219

고바야시 요시노리小林善則 362

구이용-칭桂永淸 334

궈모뤄郭沫若 116, 344

궈치郭岐 335

궈타이치郭泰祺 108

기시 노부스케岸信介 256

꾸정룬谷正倫 16

꾸창궈顧强國 269

나_다_라

나카무라 아키라中村粲 374

나카소네 야스히로中曾根康弘 376

난징평화선언 308

노다 다케시野田毅 141, 288

니우셴밍钮先铭 167

다나카 마사아키田中正明 235, 356

다니 토시오 218~221, 224, 225, 336

다카사키 루우지高崎隆治 368

다카야나기 겐조 247

다카하시 탄高橋坦 215

다케우치 요시미竹內好 347

다케후지武藤 240

대공보 28, 140, 219, 338, 340, 341

대공보大公報 28, 140

더딘Frank Tillman Durdin 118

덩롱광鄧龍光 56

덩샤오핑 256, 258, 261, 277, 309

동시엔꽝 107, 108

딩즈판丁治磐 55

라스웰Harold Dwright Lasswell 123

량팅팡梁庭芳 240

로순G. F. Rosen 118

롤링B.V.A. Roling 231

루용황陸泳黃 340

루자陸佳 336

루천陆沈 240

뤄종양駱中洋 172, 174

리시우잉李秀英 153, 367

리우샤오우劉邵武 56

리우싱劉興 21, 56

리우쓰쥔劉思軍 301
리우페이劉斐 16
리쭝런李種仁 333
리츠타 미치오律田道夫 362
리커헌李克恨 338
리티아오성李滌生 240
린보야오林伯曜 303
린위탕林語堂 346
린통춘林同春 303

마

마쓰이 이와네 5, 181, 182, 184~186, 214, 223~243, 356
마오쩌둥 135, 136, 142, 143, 147, 148, 177, 349
마웨이룽馬威龍 56
마츠무라 토시오松村俊夫 361, 367
만인갱萬人坑 262, 273
매기 85, 88, 96, 101, 109~113, 117, 119, 120, 122, 125, 126, 145, 240, 241, 279, 284, 286, 362, 367
맥다니엘C. Yates McDaniel 118
맥카룸James Henry MaCallum 81
맨체스터 가디언The Manchester Guardian 141
메리 브래디Mary Brady 111
메이루아오梅汝璈 234
모리무라 세이치森村誠一 376
모리엘 레스터Murial Lester 109
모쉬 사프디Moshe Safdie 316
무라카미 효오에村上兵衛 356
무카이 도시아키向井敏明 288, 365
무카이 치에코向井千惠子 365
무토우 아키라武藤章 183
미츠루官牛島滿 371
미친 눈狂雪 276
밀스W. P. Mills 125

바

바우트린Minnie Vautrin 77, 83, 97

바이우白蕪 341
바이충시白崇禧 16, 333
바티스 71, 72, 74, 75, 87, 90, 97, 113~115, 117~121, 125, 126, 146, 330~332, 344
백자정百子亭 20
버튼Basil Burton 112
베르나르Berenard 238
벤 틸렛Ben Tilett 114
보인튼Charles L. Boynton 119
브라이언 로슨Bryan Lawson 303
빅스Herbert P. Bix 236

사

사략고본事略稿本 326
사카이 류酒井隆 215
사토 가즈오佐藤和男 370
3광光정책 377
샹이더尚义德 240
소네 카즈오曾根一夫 359, 374
수잔 브라운밀러Susan Brownmiller 100
쉬용창徐永昌 16
쉬위엔취엔徐元泉 20, 55
쉬지우徐繼武 57
쉬취앤인许传音 240
스기야마杉山 183
스미스Lewiss. C. Smythe 71, 199
스즈치 아키라鈴木明 361
시게미츠 마모루重光葵 238
시모사토 마사키下里正樹 359
시에청루이謝承瑞 49, 166
신보申報 28, 147, 219
신중화보新中華報 133, 134
신화일보新華日報 349
쏭메이링宋美齡 19, 107, 324
쏭시리엔宋希濂 20
쑨원孫文 16
쑨위엔전孙远震 240

쑨자이웨이 3, 7, 54, 385

아

아가리모토 마사미苗元正巳 361

아라 켄이치阿羅健一 357, 364

아사카 히코朝香宮鳩彦 184

앙리 레페브Henri Lefebvre 266

애쉬스 난디Ashis Nandy 235

앨리슨John M. Allison 118

야나가와 헤이스케柳川平助 183

야드 바셈 홀로코스트 기념관Yad Vashem - The World Holocaust
 Remembrance Center 312

야콥슨Roman Jakobson 308

양밍전楊明貞 84, 89

양티엔스楊天石 18, 54

양허우찬楊厚燦 56

어벤드Hallet Edward Abend 118

얼 리프Earl H. Leaf 111

에구치 게이이치江口圭一 368

에른스트 카시러Ernst Cassirer 268

엘리 비젤Elie Wiesel 315

오노 겐지小野賢二 362

오오이 미츠루大井滿 361

오췬칭吳君淸 240

오쿠부 마사다케奧宮正武 374

와다나베 쇼오이치渡部升一 356, 361, 369

왕쉬엔王選 314

왕슈밍王叔明 340

왕스지에王世杰 162, 329

왕징지우王敬久 57

왕천스王陈氏 240

왕총훼이王寵惠 107

왕커王克 340

왕통링王同嶺 63

왕판王潘 240

왕푸취엔汪馥泉 337

요시다 유吉田裕 368

요시다 유타카吉田裕 358, 362

우장더伍長德 240

우징차이吳径才 240

원위앤닝溫源寧 126

원진文金 338

웹William Webb 230

위엔왕袁王 240

위화타이雨花臺 21, 263

유 희라노 쿄코由平野卿子 362

이노우에 히사시井上久士 142, 149, 368

이마이 타다시今井正剛 173

이소타니 렌스케磯谷廉介 215

이시하라 신타로石原慎太郎 361

이엔핑燕萍 338

이치카와 마코토市川誠 290

이타쿠라 요시아키板倉由明 356, 361, 374

자

장둥먼 253, 254, 256~258, 267, 272~274, 298, 311

장리엔홍張連紅 314

장시엔원張憲文 113

장야오화張曜華 256

장원티엔張聞天 135

장원란張允然 305, 307

장제스 16~26, 29, 38, 40, 42, 43, 50, 54, 66, 84, 111, 116,
 127, 161, 162, 193, 194, 218, 223, 324, 325, 326, 332

장지샹張继翔 240

장쩌민江澤民 264

장춘루張純如 82, 97, 276

쟝꿍구蔣公縠 338

저우더周德 135

저우언쑹周恩宋 135

저우쟈오띵周紹定 168

저우전챵周振强 56

정꽝자오鄭光昭 337

조지 마샬George Marshall 111

존 다우어John Dower 235

존 라베John Rabe 83
주민웨이朱民威 339
주용웅朱勇翁 240
지나사변 181, 182, 192, 194
진링대학 73, 76, 87, 88, 96, 97, 109, 114, 118, 120, 121, 144~146, 155, 175, 199, 203, 216, 241, 269, 330, 331, 338
쯔진산紫金山 21

차 _ 카_ 타 _ 파

찬드라 보스Chandra Bose 236
처우시엔밍鈕先銘 334
천꽝위陳光虞 215
천루이陳履夷 338
천순신陳順馨 101
천야오둥陳曜東 326
천위꽝陳裕光 326
천이청陳貽程 56
천창허陳長河 54
천청陳誠 325
청루이팡程瑞芳 88, 240, 336
치엔샤오치엔錢小芊 303
친민췬秦敏群 302

카이후 토시키海部俊樹 290
카타무라 미노루 124
캐서린 매키넌Catharine A. MacKinnon 102
케빈 린치Kevin Lynch 267
코무로 나오키小室直樹 369
콩시앙시孔祥熙 107
키난 231, 232, 239, 247, 248

타오시우푸陶秀夫 340
탄다오핑 34, 38, 62
탕셩즈唐生智 16, 17, 19~22, 30, 34, 35, 37, 38, 40, 42, 43, 54, 56, 57, 156, 161~163, 165, 166, 173, 324, 330, 369, 371
토미자와 시게노부富澤繁信 362

트라우트만Dr. Oskar P. Trautmann 193
티모시 브룩Timothy Broock 245
티에훈鐵魂 339
팀펄리Harold John Timperley 112, 373

팔Pal 235
팡치우웨이方秋苇 337
펑위시앙馮玉祥 332
편의대便衣隊 357
포스터Ernest. H. Foester 77
푸코Michel Foucault 267
피치G. A Fitch 109

하

하다 이쿠히코秦郁彦 357
하브와흐Maurice Halbwachs 291
하세가와 세이長谷川淸 186
하타이쿠 히코秦郁彦 356, 374
하프와시Maurice Halbwachs 267
허잉 친何應欽 16, 91, 324
허춘루이何春蕤 102
호라 토미오洞富雄 354
혼다 가츠이치本多勝一 354
황창黃江 240
후란치胡蘭畦 336
후루야 케이지古屋奎二 326
후지 노부오富士信夫 356, 361, 364
후지오카 노부가츠藤岡信勝 372
후지와라 아키라藤原彰 358, 362, 368
후쿠이 준福井淳 243
히가시나카노 슈도우東中野修道 361
히가시東鄉 238
히가시시로東史郎 276, 359, 362, 367
히로타廣田 238
히메다 고이치姬田光一 368
히카리료光華寮 사건 298

● 엮은이

장롄훙張連紅

난징사범대학 역사학과 교수
난징사범대학 난징대학살 연구센터 주임
장쑤성 중국 근현대사학회 부회장
중화민국사, 난징대학살 관련 저작 80여 편

쑨자이웨이孫宅巍

장쑤성 사회과학원 연구원
장쑤성 중국 근현대사학회 부회장
중화민국사, 난징대학살 관련 저작 30여 부

● 옮긴이

신진호申振浩

연세대학교 중어중문학과 및 동 대학원 졸업(문학박사)
연세대학교 인문학연구원 전문연구원
명지대학교 방목기초교육대학 객원교수
역서: 『마테오리치의 중국선교사』, 『곽말약의 역사인물 이야기』 등
저서: 『중국현대문학사』, 『중국문학사의 이해』 등
논문: 「21세기 중국의 문화대국 전략에 관한 고찰」, 「중국문화의 세계화 전략」 등

탕쿤 唐坤

중국 루동대학교魯東大學校 외국어대학 한국어과 교수
고려대학교 아세아문제연구소 연구원

난징대학살

진상과 역사 기록을 담다

초판 1쇄 발행 2019년 7월 15일

엮은이 장롄훙張連紅 · 쑨자이웨이孫宅巍
옮긴이 신진호 · 탕쿤
펴낸이 홍종화

편집·디자인 오경희 · 조정화 · 오성현 · 신나래
　　　　　 김윤희 · 박선주 · 조윤주 · 최지혜
관리 박정대 · 최현수

펴낸곳 민속원
창업 홍기원 **편집주간** 박호원
출판등록 제1990-000045호
주소 서울시 마포구 토정로 25길 41(대흥동 337-25)
전화 02) 804-3320, 805-3320, 806-3320代
팩스 02) 802-3346
이메일 minsok1@chollian.net,minsokwon@naver.com
홈페이지 www.minsokwon.com

ISBN 978-89-285-1322-2
S E T 978-89-285-0359-9 94380

ⓒ 신진호 · 탕쿤, 2019
ⓒ 민속원, 2019, Printed in Seoul, Korea

※ 책 값은 뒤표지에 있습니다.
※ 잘못된 책은 바꾸어 드립니다.